Ryszard Kapuściński

IMPERIUM

Ryszard Kapuściński

IMPERIUM

CZYTELNIK · WARSZAWA 2010

Opracowanie graficzne
Andrzej Heidrich

ISBN 978-83-07-03237-5

– czyli, że to są dziwy; i to wszystko się składa
na obraz –

– I m p e r i u m

Andriej Biełyj

Rosja wiele widziała w ciągu tysiąca lat swoich dziejów. Jednego tylko nie widziała Rosja przez tysiąc lat – wolności.

Wasilij Grossman

Teraźniejszość jest czymś, co nas wiąże. Przyszłość tworzymy sobie w wyobraźni. Tylko przeszłość jest czystą rzeczywistością.

Simone Weil

W Rosji cała energia artysty powinna być skierowana na pokazanie dwóch sił: człowieka i przyrody. Z jednej strony słabość fizyczna, nerwowość, wczesne dojrzewanie seksualne, namiętne pragnienie życia i prawdy, marzenia o szerokiej jak step działalności, pełna niepokoju analiza, niedostatek wiedzy przy wysokich wzlotach myśli, a z drugiej – bezkresna równina, surowy klimat; surowy, szary naród z jego ciężką, ponurą historią, tatarszczyzna, czynownictwo, ciemnota, bieda, wilgotny klimat stolic, apatia słowiańska itp. Rosyjskie życie tak młóci

Rosjanina, że ten się pozbierać nie może, młóci jak tysiącpudowy kij.

Antoni Czechow

Zasadnicze wrażenie, jakie odnieśliśmy po przyjrzeniu się sytuacji w Rosji – to obraz olbrzymiego, nie dającego sie naprawić krachu. Historia nie znała jeszcze tak gigantycznej katastrofy.

H. G. Wells, 1920

Przygoda Związku Radzieckiego jest największym doświadczeniem i najważniejszym zagadnieniem ludzkości.

Edgar Morin

Rosja zwymiotowała tę ohydę, którą ją karmiono.

Fiodor Dostojewski

Ustrój, jaki nami rządzi, to połączenie starej nomenklatury, rekinów finansjery, fałszywych demokratów i KGB. Tego nie mogę nazwać demokracją – to wstrętna, nie mająca precedensu w historii hybryda, o której nie wiadomo, w jakim kierunku będzie się rozwijać... [ale] jeśli ten sojusz zwycięży, będą nas eksploatować nie przez 70, ale przez 170 lat.

Aleksander Sołżenicyn, 1992

Coś tam się rozjaśniło, ale coś nadal pozostaje niejasnym.

Władimir Wojnowicz

Książka ta składa się z trzech części:

Część I nazywa się „Pierwsze spotkania (1939–1967)" i jest relacją z moich dawnych pobytów w Imperium. Opowiadam w niej o wkroczeniu wojsk sowieckich do mojego rodzinnego miasteczka na Polesiu (dziś jest tam Białoruś), o podróży przez zaśnieżoną i bezludną Syberię, o wyprawie na Zakaukazie i do republik Środkowej Azji, a więc do obszarów b. ZSRR pełnych egzotyki, konfliktów i osobliwej, pełnej emocji i sentymentów atmosfery.

Część II nazywa się „Z lotu ptaka (1989–1991)" i zdaje sprawę z kilku moich dłuższych wędrówek po rozległej ziemi Imperium, jakie odbyłem w latach jego schyłku i ostatecznego rozpadu (ostatecznego w każdym razie w tej formie, w jakiej istniał do roku 1991). Podróże te odbywałem sam, omijając oficjalne instytucje i trasy, a szlak tych wypraw prowadził od Brześcia (granica b. ZSRR z Polską) do Magadanu nad Pacyfikiem i od Workuty za Kołem Polarnym do Termezu (granica z Afganistanem). W sumie jakieś 60 tysięcy kilometrów.

Część III nazywa się „Ciąg dalszy trwa (1992–1993)" i jest to zbiór refleksji, uwag i notatek powstałych na marginesie moich podróży, rozmów i lektur.

Książka jest napisana polifonicznie, to znaczy przewijają się przez jej stronice postacie, miejsca i wątki, które mogą powracać kilkakrotnie w różnych latach i kontekstach. Wbrew jednak zasadzie polifonii, całość nie kończy się wyższą i ostateczną syntezą, lecz przeciwnie – dezintegruje się i rozpada, a to dlatego, że w trakcie pisania książki rozpadowi uległ jej główny przedmiot i temat – wielkie mocarstwo sowieckie. Na jego miejsce powstają nowe państwa, a wśród nich – Rosja, ogromny kraj, zamieszkany przez naród, który od wieków ożywiała i jednoczyła a m b i c j a i m p e r i a l n a.

Książka ta nie jest ani historią Rosji i byłego ZSRR, ani historią narodzin i upadku komunizmu w tym państwie, ani też podręcznym kompendium wiedzy o Imperium.

Jest ona osobistą relacją z podróży, jakie odbyłem po wielkich obszarach tego kraju (czy raczej – tej części świata), starając się dotrzeć tam, gdzie mi pozwoliły czas, siły i możliwości.

Pierwsze spotkania
(1939–1967)

Pińsk, 39

Moje pierwsze spotkanie z Imperium odbywa się przy moście łączącym miasteczko Pińsk z Południem świata. Jest koniec września 1939. Wszędzie wojna. Płoną wioski, ludzie chowają się przed nalotami po rowach i lasach, gdzie mogą, szukają ratunku. Na naszej drodze leżą zabite konie. Chcecie jechać dalej, radzi jakiś człowiek, musicie usunąć je na bok. Ile przy tym mitręgi, ile potu: martwe konie są bardzo ciężkie.

Tłumy uciekających, w pyle, w kurzu, w panice. Po co im tyle tobołków, tyle walizek? Po co tyle czajników i garnków? Dlaczego tak złorzeczą? Dlaczego bez przerwy o coś pytają? Wszyscy gdzieś idą, jadą, biegną – nie wiadomo dokąd. Ale moja mama wie, dokąd. Mama wzięła za rękę moją siostrę i mnie i we trójkę idziemy do Pińska, do naszego mieszkania przy ulicy Wesołej. Wojna zastała nas koło Rejowca, na wakacjach u wujka, więc teraz musimy wrócić do domu. Tutti a casa!

Ale kiedy po dniach wędrówki jesteśmy blisko Pińska, kiedy z daleka widać już domy miasta, drzewa pięknego parku i wieże kościołów, na drodze przy samym moście wyrastają nagle marynarze. Ci marynarze mają długie karabiny i ostre, kolczaste bagnety, a na okrągłych czapkach – czerwone gwiazdy. Kilka dni temu przypłynęli tu aż z Morza Czarnego, zatopili nasze kanonierki, zabili naszych marynarzy, a teraz nie chcą wpuścić nas do miasta. Trzymają nas na odległość, nie ruszać się! krzyczą i mierzą z karabinów. Mama, a także inne kobiety i dzieci – bo zebrali nas już całą gromadę – płaczą i proszą o litość. Wołajcie o litość, błagają nas nieprzytomne ze strachu mamy, ale co my, dzieci, możemy jeszcze zrobić, i tak już od dawna klęczymy na drodze, szlochamy i wyciągamy w górę ramiona.

Krzyk, płacz, karabiny i bagnety, wściekłe twarze spoconych i złych marynarzy, jakaś furia, jakaś groza i niepojętość, to wszystko jest tam przy moście nad Piną, w tym świecie, w który wkraczam mając siedem lat.

W szkole od pierwszej lekcji uczymy się alfabetu rosyjskiego. Zaczynamy od litery „s". Jak to od „s"? pyta ktoś z głębi klasy. Przecież powinno być od „a"! Dzieci, mówi zgnębionym głosem pan nauczyciel (który jest Polakiem), spójrzcie na okładkę naszej książki. Jaka jest pierwsza litera na tej okładce? „S"! Petruś, który jest Białorusinem, może przeczytać cały napis: Stalin „Woprosy leninizma". Jest to jedyna książka, z której uczymy się rosyjskiego, jedyny egzemplarz tej książki. Na sztywnej okładce, pokrytej szarym lnianym płótnem, duże, złocone litery.

ODCHODZĄC OD NAS, TOWARZYSZ LENIN NAKAZAŁ NAM duka w pierwszej ławce pokorny i cichy Władzio. Lepiej nie pytać, kto to był Lenin. Wszystkie mamy zdążyły już nam powiedzieć, żeby o nic nie pytać. Zresztą te ostrzeżenia nie były nawet potrzebne. Nie umiem tego określić, nie umiem powiedzieć skąd się to brało, ale w powietrzu było coś tak trwożnego, tak napiętego i ciężkiego, że miasto, w którym dawniej hasaliśmy w najdzikszy i najweselszy sposób, stało się nagle podstępnym i niebezpiecznym polem minowym. Baliśmy się nawet głębiej odetchnąć, żeby nie spowodować wybuchu.

Wszystkie dzieci będą należały do Pioniera! Któregoś dnia zajeżdża na podwórko szkolne samochód, z którego wysiadają panowie w błękitnych mundurach. Ktoś mówi, że to NKWD. Co to jest NKWD, nie bardzo wiadomo, ale jedno jest pewne, że jeśli starsi wymawiają tę nazwę, zniżają głos do szeptu. NKWD musi być najważniejsze, ponieważ ich mundury są eleganckie, nowe, jakby prosto spod igły. Wojsko chodzi obdarte, zamiast plecaków mają płócienne woreczki, najczęściej puste, związane byle jakim kordonkiem, i buty chyba nigdy w życiu nie czyszczone, natomiast jeżeli idzie ktoś z NKWD, na kilometr bije od niego błękitna łuna.

Otóż ci z NKWD przywieźli dla nas białe koszule i czerwone chusty. Jeżeli będą ważne święta, mówi wystraszonym i smutnym głosem pan nauczyciel, każde dziecko przyjdzie w tej koszuli i chuście. Przynieśli też i rozdali nam pudło znaczków. Na każdym znaczku był portret innego pana. Jedni mieli wąsy, a inni – nie. Jeden pan miał bródkę, a dwóch nie miało włosów. Dwóch albo trzech nosiło okulary. Jeden z NKWD chodził od ławki do ławki i rozdawał znaczki. Dzieci, powiedział pan nauczyciel głosem, który przypominał dźwięk pustego drewna, to są wasi przywódcy. Przywódców było dziewięciu. Nazywali się: Andrejew, Woroszyłow, Żdanow, Kaganowicz, Kalinin, Mikojan, Mołotow, Chruszczow. Dziewiątym przywódcą był Stalin. Znaczek z jego portretem był dwa razy większy od pozostałych. Ale to było zrozumiałe. Pan, który napisał tak grubą książkę jak „Woprosy leninizma" (z której uczyliśmy się czytać), powinien mieć znaczek większy niż inni.

Znaczki przypinało się na agrafce, po lewej stronie, tam gdzie starsi noszą medale. Ale wkrótce powstał problem – zabrakło znaczków. Ideałem, a nawet niemal obowiązkiem, było nosić wszystkich przywódców, z dużym znaczkiem Stalina jako otwierającym kolekcję. Tak również polecali ci z NKWD: trzeba nosić wszystkich! Tymczasem okazało się, że ktoś ma Żdanowa, a nie ma Mikojana, albo – ktoś ma dwóch Kaganowiczów, a nie ma Mołotowa. Janek przyniósł jednego dnia aż czterech Chruszczowów, których wymienił za jednego Stalina (Stalina ktoś mu wcześniej ukradł). Prawdziwym krezusem był wśród nas Petruś – miał aż trzech Stalinów. Wyjmował z kieszeni, pokazywał, chwalił się.

Kiedyś sąsiad z bocznej ławki – Chaim, odciągnął mnie na stronę. Chciał wymienić dwóch Andrejewów na Mikojana, ale powiedziałem mu, że Andrejewy mają niską cenę (co było prawdą, bo nikt nie mógł dojść, kim jest ten Andrejew), i nie zgodziłem się. Nazajutrz Chaim znowu wziął mnie na bok. Wyciągnął z kieszeni Woroszyłowa. Zadrżałem. Woroszyłow był moim marzeniem! Nosił mundur, więc pachniał wojną, a wojnę już poznałem, stąd był mi jakoś bliski. Dałem mu w zamian Żdanowa, Kaganowicza i jeszcze Mikojana na dokładkę. W ogóle Woroszyłow szedł dobrze. Podobnie Mołotow. Za Mołotowa można było dostać trzech innych, ponieważ starsi mówili, że Mołotow jest ważny. W cenie był również Kalinin, bo przypominał poleskiego dziadka. Miał jasną bródkę i – jako jedyny – coś w rodzaju uśmiechu.

Czasami lekcje przerywa wystrzał armatni. Wystrzał rozlega się tuż obok, gwałtowny, donośny, drżą szyby, dygocą ściany, a pan nauczyciel patrzy z przerażeniem i rozpaczą w okno. Jeżeli po wystrzale następuje cisza, wracamy do czytania naszej grubej książki, ale jeżeli słychać łomot blachy, huk pękających murów i łoskot spadających kamieni, klasa ożywia się, słychać podniesione głosy – trafili! trafili! i ledwie rozlegnie się dzwonek, a już pędzimy na plac zobaczyć, co się stało. Nasza mała, piętrowa szkoła znajduje się tuż przy rozległym placu, który nazywa się Trzeciego Maja. Przy tym właśnie placu stoi wielki, ale to naprawdę wielki kościół, największy w całym mieście. Trzeba wysoko zadzierać głowę, żeby zobaczyć, gdzie kończy się kościół, a zaczyna niebo. A właśnie dokładnie w to miejsce strzela teraz armata. Strzela do wieży, żeby ją strącić.

W klasie rozumowaliśmy wtedy tak: kiedy bolszewicy szli do nas, to nim zobaczyli Polskę i nim zobaczyli nasze miasto, musieli najpierw dostrzec wieże pińskiego kościoła. One są takie wysokie. To ich widocznie bardzo zdenerwowało. Dlaczego? Na to pytanie nie umieliśmy sobie odpowiedzieć. Natomiast o samym fakcie zdenerwowania wnioskowaliśmy stąd, że kiedy tylko Rosjanie weszli do miasta, nim jeszcze odsapnęli, nim się rozejrzeli, gdzie jaka ulica, nim pojedli i nim zaciągnęli się machorką, już prędko ustawili na placu armatę, przywieźli amunicji i zaczęli strzelać w kościół.

Ponieważ cała artyleria pojechała na front, została im tylko jedna armata. Strzelali z niej bez ładu i składu. Jeżeli trafili, z wieży unosiły się kłęby ciemnego pyłu, czasem błysnął język płomienia. Wokół placu w głębokich bramach kryli się ludzie, którzy patrzyli na to bombardowanie ponuro, ale i z ciekawością. Kobiety klęczały i odmawiały różaniec. Po pustym placu chodził pijany artylerzysta i krzyczał: Widzicie, strzelamy do waszego Boga! A on nic, cicho siedzi! Boi się czy jak? Śmiał się, a potem dostawał ataku czkawki. Nasza sąsiadka powiedziała mamie, że kiedy któregoś dnia opadł kurz, zobaczyła na szczycie zburzonej wieży świętego Andrzeja Bobolę. Święty Andrzej, powiedziała, miał bardzo cierpiącą twarz – palili go żywcem.

Idąc do szkoły, muszę przejść przez tory kolejowe, tuż koło stacji. Lubię to miejsce, lubię patrzeć na pociągi, które przyjeżdżają i odjeżdżają. Najbardziej lubię patrzeć na lokomotywę: chciałbym być maszynistą. Otóż idąc któregoś ranka przez tory widzę, że kolejarze zaczynają gromadzić wagony towarowe. Dziesiątki i dziesiątki wagonów. Gorączkowy ruch na przetokach: jeżdżą lokomotywy, skrzypią hamulce, dzwonią zderzaki. I pełno czerwonoarmistów, pełno NKWD. W końcu ruch ustaje, na kilka dni zapada cisza. Ale któregoś dnia widzę, jak do wagonów podjeżdżają furmanki pełne ludzi i tobołków. Przy każdej furmance kilku żołnierzy, każdy trzyma karabin tak, jakby miał za chwilę wystrzelić. Do kogo? Ci na furmankach ledwie żyją ze zmęczenia i strachu. Pytam mamę, dlaczego zabierają tych ludzi. Ona, bardzo zdenerwowana, mówi, że to zaczęła się wywózka. Wywózka? Dziwne słowo. Co ono znaczy? Ale mama nie chce odpowiedzieć na pytanie, nie chce ze mną rozmawiać, mama płacze.

Noc. Pukanie do okna (mieszkamy w małym domku wrośniętym w ziemię). Twarz ojca przylepiona do szyby, płaska, roztopiona w mroku. Widzę, jak ojciec wchodzi do pokoju, ale poznaję go z trudem. Pożegnaliśmy się latem. Był w mundurze oficera, miał wysokie buty, nowy, żółty pas i skórzane rękawiczki. Szedłem z nim ulicą i słuchałem z dumą, jak wszystko na nim chrzęści. Teraz stoi przed nami w ubraniu poleskiego chłopa, chudy, zarośnięty. Ma na sobie lnianą koszulę do kolan przewiązaną parcianym paskiem, a na nogach łykowe łapcie. Z tego, co mówi mamie, rozumiem, że dostał się do niewoli sowieckiej i że pędzili ich na wschód. Mówi, że uciekł, kiedy szli kolumną przez las, i w jakiejś wiosce zamienił z chłopem mundur na koszulę i łapcie.

Dzieci, mówi mama do siostry i do mnie, zamknąć oczy i spać! W sąsiednim pokoju, w którym są rodzice, słychać szepty i gwałtowne poruszenia. Rano, kiedy wstaję, ojca już nie ma. Idąc do szkoły rozglądam się na wszystkie strony – a nuż go zobaczę? Tyle chciałem mu opowiedzieć – o sobie, o szkole, o armacie. I że znam już rosyjskie bukwy. I że widziałem wywózkę. Ale ojca nie widać nawet w najdalszej perspektywie ulicy Łochiszyńskiej, która jest tak długa, że prowadzi chyba na koniec świata. Jest jesień. Wieje chłodny wiatr. Szczypią mnie oczy.

Następna noc. Łomotanie do okien, do drzwi tak natarczywe, natrętne, tak huraganowe, że za chwilę zawali się sufit. Wpada ich kilku, czerwonoarmistów i cywilów, wdzierają się tak nerwowo i błyskawicznie, jakby ścigały ich rozwścieczone wilki. Od razu karabiny w nas wymierzone. Strach wielki: a jeżeli strzelą? A jeżeli zabiją? Bardzo nieprzyjemne uczucie widzieć zabitego człowieka. Także widzieć zabitego konia. Aż przechodzi dreszcz.

Ci, którzy trzymają karabiny, stoją jak posągi, ani drgną, natomiast pozostali wywalają wszystko na podłogę. Z szaf, z komód, z łóżek. Sukienki, czapki, nasze zabawki. Sienniki, buty, ubrania ojca. I do mamy – muż kuda? A mama, blada jak papier, rozkłada drżące ręce i mówi, że nie wie. Ale oni wiedzą, że ojciec tu był, więc znowu – muż kuda? A mama nic, że nie wie, no nie wie i już. Ach, ty, mówi jeden i robi taki ruch, jakby chciał mamę uderzyć, a mama chowa głowę w ramiona, żeby nie trafił. A inni szukają i szukają. Pod łóżkami, pod kredensem, pod fotelem. Czego szukają? Mówią, że broni. Ale jaka u nas może być broń? Mój zepsuty kapiszonowiec, z którym chodziłem walczyć z Indianami. Owszem, kiedy kapiszonowiec był dobry, zawsze mogliśmy wyprzeć Indian z naszego podwórka, ale teraz mój rewolwer ma złamaną sprężynę, nie nadaje się do niczego.

Chcą zabrać mamę. Zabrać za karę czy jak? Grożą jej pięściami i okropnie klną. Idi! krzyczy żołnierz do mamy i chce wypchnąć ją kolbą na dwór w ciemną noc. Ale wtedy moja młodsza siostra rzuca się nagle na żołnierza i zaczyna go bić, gryźć i kopać, rzuca się w jakimś szale, w furii, w obłędzie. Jest w tym taka nieoczekiwana, zaskakująca determinacja, taka drapieżna nieustępliwość, zawziętość i ostateczność, że jeden z czerwonoarmistów, pewnie najstarszy, pewnie komandir, waha się przez chwilę, w końcu nakłada czapkę, zapina kaburę pistoletu i mówi do swoich ludzi – paszli!

W szkole, w czasie przerw, albo kiedy wracamy gromadą do domu, mówi się o wywózkach. Nie ma teraz ciekawszego tematu. Nasze miasteczko jest pełne zieleni, wokół domków rozciągają się ogródki, wszędzie aż gęsto od wysokich traw, chwastów, krzewów i drzew, łatwo więc schować się, widzieć wszystko, a samemu być niewidocznym. W starszych klasach są tacy, którym udało się wyrwać z domu, ukryć w zaroślach i obejrzeć całą wywózkę od początku do końca. Mamy już prawdziwych ekspertów od wywózek. Rozprawiają oni na ich temat ochoczo i ze znawstwem.

Więc wywózki odbywają się nocą. Chodzi tu o zaskoczenie. Człowiek śpi, a oto nagle budzą go krzyki, widzi nad sobą wściekłe twarze żołnierzy i NKWD, siłą wyciągają go z łóżka, popychają kolbami i każą wychodzić z domu. Każą oddać broń, której i tak przecież nikt nie ma. Bez przerwy miotają straszliwymi plugastwami. Najgorzej, jeżeli nazwą kogoś burżujem. Burżuj to okropne wyzwisko. Cały dom przewracają do góry nogami, w tym znajdują największe upodobanie. W czasie, kiedy robią rewizję i cały ten nieopisany bałagan, przyjeżdża podwoda. Jest to chłopski wóz zaprzężony w lichego konika, bo Poleszucy są biedni i konie mają marne. Więc kiedy komandir widzi, że jest już podwoda, krzyczy do tych, których będą wywozić: macie piętnaście minut, żeby się spakować i siadać na furmankę. Jeżeli komandir ma dobre serce, daje pół godziny. Wtedy trzeba po prostu rzucać się na wszystko i pchać do walizek, co się da. Nie ma mowy, żeby coś tu wybierać albo nad czymś się zastanawiać. Szybko, natychmiast, już, bystro, bystro! Potem pędem do furmanki, dosłownie – pędem. Na wozie siedzi chłop, ale chłop nie pomoże, nie wolno mu, nie wolno mu się nawet obejrzeć, żeby zobaczyć, kto wsiada na furmankę. Dom zostaje pusty, bo zabierają całą rodzinę, dziadków, dzieci, wszystkich. Gaszą światło.

Teraz furmanka jedzie w ciemnościach, wymarłymi ulicami, w stronę dworca kolejowego. Wóz trzęsie się i kolebie, ponieważ większość naszych ulic nie ma asfaltu, nie ma nawet bruku. Koła wpadają w głębokie dziury albo toną w błocie. Ale wszyscy są tu do takich niewygód przyzwyczajeni – i woźnica Poleszuk, i jego koń, i nawet ci nieszczęśnicy, którzy kołyszą się teraz na swoich tobołkach, zgnębieni i przerażeni.

Chłopcy, którym udało się podglądać wywózki, mówią, że szli za tymi furmankami aż do torów kolejowych. Tam stoją towarowe wagony, długi transport. Każdej nocy było furmanek kilkanaście albo kilkadziesiąt i więcej. Wozy zatrzymywały się na placu przed dworcem. Dalej, do wagonów, trzeba było iść pieszo. Do takiego wagonu trudno wsiąść, bo jest wysoki. Ci z eskorty musieli poganiać, wymachiwać karabinami, krzyczeć, kląć. Kiedy napełnili jeden wagon, szli do następnego.

Co to znaczyło – napełnić wagon? To znaczyło upchać w nim kolanami i kolbami tych ludzi tak, żeby nie było gdzie wetknąć szpilki.

Nigdy nie było wiadomo, której nocy po kogo przyjdą. Chłopcy, którzy wiedzieli dużo o wywózkach, próbowali ustalić tu jakieś reguły, jakieś hierarchie, znaleźć klucz. Niestety, daremnie. Bo na przykład zaczęli wywozić z Bednarskiej, ale nagle – przestali. Wzięli się za mieszkańców Kijowskiej, ale tylko po stronie parzystej. Raptem zniknął ktoś z Nadbrzeżnej, ale tej samej nocy zabrali ludzi z drugiego końca miasta – z Browarnej. Od czasu rewizji w naszym mieszkaniu mama nie pozwala nam zdejmować na noc ubrań. Można rozzuć buty, ale trzeba mieć je cały czas przy sobie. Palta leżą na krzesłach, tak żeby włożyć je w okamgnieniu. W zasadzie nie wolno spać. Leżymy z siostrą koło siebie i jedno drugie poszturchuje, jedno drugim potrząsa albo pociąga za włosy. Ty, nie śpij! Ty też nie śpij! Ale, oczywiście, wśród tej szamotaniny i przepychań w końcu zasypiamy oboje. Natomiast mama nie śpi naprawdę. Siedzi za stołem i cały czas nadsłuchuje. Cisza na naszej ulicy jest taka, że dźwięczy w uszach. Jeżeli w tej ciszy rozlegną się czyjeś kroki, mama blednie. Człowiek o tej porze to wróg. W klasie czytaliśmy u Stalina o wrogach. Wróg to straszna postać. Kto inny przyjdzie o tej porze? Dobrzy ludzie boją się, siedzą schowani w domach.

Nawet jeżeli śpimy, to tak jak mysz na pudle. Śpimy, a wszystko się słyszy. Czasem nad ranem słychać turkot furmanki. Odgłos ten narasta w ciemnościach, a kiedy już furmanka zrówna się z naszym domem, łoskot jest taki, jakby przejeżdżała jakaś piekielna machina. Mama podchodzi na palcach do okna i ostrożnie odsuwa zasłonę. Być może inne mamy z ulicy Wesołej robią w tej chwili to samo. Widzą one wolno toczący się wóz, a na nim skulone postacie, za wozem idą czerwonoarmiści, a za nimi – z powrotem ciemność. Sąsiadka, która widziała, jak świętego Andrzeja Bobolę palą żywcem, powiedziała mamie, że te furmanki jakby przejeżdżały po niej. Następnego dnia wszystko ją boli.

Pierwszy w klasie zniknął Paweł. Ponieważ zbliżała się zima, nauczyciel powiedział, że na pewno Paweł przeziębił się i został w łóżku. Ale Paweł nie przyszedł następnego dnia ani w następnym tygodniu i wtedy zaczęliśmy domyślać się, że nie przyjdzie nigdy. W kilka dni później zobaczyliśmy, że pierwsza ławka, w której siedzieli Janek i Zbyszek, stoi pusta. Zrobiło się smutno, ponieważ obaj wymyślali najlepsze kawały i dlatego pan nauczyciel, żeby mieć ich na oku, kazał im siedzieć w pierwszej ławce. W innych klasach też dzieci coraz częściej znikały. Już nawet nikt nie pytał, dlaczego nie przyszły i gdzie są. Szkoła pustoszała. Jeszcze po lekcjach graliśmy w piłkę, w podchody i w klipę, ale coś się takiego stało, że piłka zrobiła się bardzo ciężka, w czasie podchodów nikomu nie chciało się szybko biegać, a w klipie każdy machał kijem byle jak. Za to łatwo wybuchały dziwaczne spory i zażarte bójki, po których wszyscy rozchodzili się źli, nadęci i osowiali.

Pewnego dnia zniknął pan nauczyciel. Po prostu jak zwykle przyszliśmy do szkoły na ósmą i po dzwonku usiedliśmy w ławkach, kiedy w drzwiach stanął pan kierownik Lubowicki. Dzieci, powiedział, idźcie teraz do domu i przyjdźcie jutro, będzie uczyć was nowa pani. Po raz pierwszy od czasu wyjazdu ojca czuję kurcz w okolicy serca. Dlaczego zabrali naszego pana? Nasz pan był ciągle zdenerwowany i często wyglądał przez okno. Mówił – ach, dzieci, dzieci i kiwał głową. Zawsze był poważny i bardzo smutny. Był dla nas dobry i jeżeli jakiś uczeń jąkał się czytając Stalina, pan nie krzyczał, a nawet trochę się uśmiechał.

Wracałem do domu przybity. Kiedy przechodziłem przez tory, usłyszałem znajomy głos. Ktoś mnie wołał. Na bocznicy stały wagony, a w nich ludzie, których mieli wywieźć. Głos dobiegał mnie stamtąd. Spojrzałem i w drzwiach jednego z wagonów zobaczyłem twarz naszego nauczyciela. Machał do mnie ręką. Boże! Rzuciłem się pędem w tamtą stronę. Ale w sekundę dopadł mnie żołnierz i uderzył w głowę tak mocno, że przewróciłem się. Wstawałem oszołomiony, z ostrym bólem, a on zamachnął się jeszcze raz, ale już nie uderzył, tylko krzyczał, żebym wynosił się stąd w czorty. I nazwał mnie sobaczym nasieniem.

Wkrótce zaczął się głód. Jeszcze dotąd nie było mrozów, tuż po wyjściu ze szkoły zaczynaliśmy buszować po ogrodach. Znaliśmy dobrze ich zawiłą geografię, ponieważ tam, wśród grządek i krzewów, bawiliśmy się dawniej do upadłego w nasze wojny, w podchody i w Indian. Każdy wiedział, u kogo rosną duże jabłka, u kogo warto otrząsnąć gruszę, gdzie dojrzało tyle śliwek, że aż jest fioletowo, albo gdzie obrodziło pękatą brukwią. Wyprawy te były ryzykowne, ponieważ właściciele ogródków pędzili nas na cztery wiatry. Głód zaglądał już wszystkim do oczu i kto mógł, starał się robić zapasy. Nikt nie chciał stracić ani jednej moreli, brzoskwini czy agrestu. Znacznie bezpieczniej było pustoszyć sady tych, których aresztowali i zamknęli w wagonach, bowiem nikt nie pilnował ich drzew ani grządek.

Targ rzeczny na Pinie, gdzie chłopi zwozili na łodziach swoje skarby – a to ryby, a to miód, a to kaszę – dawno już opustoszał. Większość sklepów była zamknięta albo zrabowana. Jedynym ratunkiem była wieś. Nasze sąsiadki brały pierścionek czy futro i jechały do pobliskich wsi kupić mąkę, słoninę lub drób. Zdarzyło się jednak, że w czasie, kiedy kobiety te były poza miastem, NKWD przyszło do ich domów i zabrało dzieci do transportu. Sąsiadki mówiły o tym rozdygotane i ostrzegały mamę. Ale i bez tego mama była zdecydowana nie ruszyć się od nas na krok.

Nasze miasteczko, zielone i duszne latem, jesienią brązowe i błyszczące w słońcu jak bursztyn, nagle, jednej nocy, zrobiło się białe. Było to na przełomie listopada i grudnia. Zima roku 39/40 była wczesna i ostra. Była mroźnym, lodowatym piekłem. Od strony ulicy Spokojnej, od strony cmentarza, na którym leży moja babcia, doczołgaliśmy się do krzaków, skąd mogliśmy widzieć transport stojący na bocznicy. W wagonach byli ludzie, którzy mieli lada dzień odjechać. Dokąd? Starsi mówili, że na Sybir. Nie wiedziałem, gdzie to jest, ale ze sposobu, w jaki wymawiali to słowo, wynikało, że strach nawet myśleć o tym Sybirze.

Nie zobaczyłem mojego nauczyciela, na pewno dawno odjechał, bo transporty odchodziły jeden za drugim. Siedzieliśmy schowani w krzakach, a ze strachu i palącej ciekawości serce podskakiwało do gardła. Ze strony bocznicy dobiegały nas jęki i płacz. Za chwilę zrobiły się one bardzo głośne, rozdzierające. Od wagonu do wagonu jechały furmanki. Ludzie z wagonów składali na te furmanki tych, którzy tej nocy umarli z zimna i głodu. Za furmankami szło czterech z NKWD i coś liczyli, coś pisali. Znowu liczyli i pisali. Liczyli i pisali. Potem zamykali drzwi do wagonów. Te drzwi muszą być ciężkie, bo robili to z wielkim trudem. Poruszają się one na bloczkach, bloczki przeraźliwie skrzypiały. Zamek zakręcali drutem, drut ściskali obcęgami. Każdy z tych czterech kolejno sprawdzał, czy nie da się drutu odkręcić. Kuliliśmy się w krzakach skamieniali z zimna i przejęcia. Lokomotywa zagwizdała kilka razy i pociąg ruszył. Kiedy był już daleko, ci czterej zrobili w tył zwrot i poszli na dworzec.

Nic nie powiedzieliśmy mamie, żeby jej nie złościć. Mama całymi dniami stała w oknie. Stała nieruchoma, mogła nie ruszać się godzinami. W domu było jeszcze trochę kaszy i mąki. Czasem jedliśmy kaszę, czasem mama piekła na kuchni placki z mąki. Zauważyłem, że sama nic nie je, a kiedy myśmy jedli, odwracała się, żeby nie patrzeć, albo wychodziła do drugiego pokoju. Mówiła – przynieście trochę chrustu. Chodziliśmy po okolicy wygrzebując spod śniegu suche badyle i patyki. Być może nie miała już siły wychodzić sama, a trzeba było choć trochę palić, bo zamarzaliśmy na sople. Wieczorami siedzieliśmy w ciemnościach trzęsąc się z zimna i ze strachu, czekając na wywózkę.

Czasem włóczyłem się z kolegami po oblodzonym i roziskrzonym w słońcu mieście. Węszyliśmy za jedzeniem, właściwie nie licząc, że coś znajdziemy. Można było zjeść trochę śniegu albo possać kawałek lodu, ale to tylko wzmagało głód. Najbardziej męczącym, ale zarazem najbardziej przyjemnym i rzadkim był zapach gotowanego jedzenia. Chłopcy! wołał któryś z nas i machał na pozostałych ręką. Pędziliśmy do niego, a on już stał z nosem wetkniętym między sztachety, wpatrzony w czyjś dom. Razem zaczynaliśmy wdychać płynący w naszą stronę zapach pieczonej kury albo gotującego się bigosu. Od takiego płotu jeden drugiego musiał później odrywać siłą.

Kiedyś, głodni i zdesperowani, powlekliśmy się do żołnierzy pilnujących koszar. Towariszcz, powiedział Hubert, daj pokuszat' i zrobił ręką gest wkładania do ust kawałka chleba. Ale oni tylko wzruszyli ramionami. W końcu jeden z wartowników sięgnął do kieszeni i zamiast chleba wyciągnął płócienny woreczek i podał nam bez słowa. W środku były ciemnobrunatne, niemal czarne, drobno pokrajane łodygi liści tytoniowych. Czerwonoarmista dał nam również kawałek gazety, pokazał, jak skręcić z niej stożek i wsypać wilgotnej, cuchnącej, tytoniowej kaszy. Papierosy zrobione z dobrego tytoniu i bibułki, słowem – normalne papierosy, były wtedy nieosiągalne.

Zaczęliśmy palić. Dym drapał w gardle i szczypał w oczy. Świat zaczął wirować, kołysać się i stawać na głowie. Wymiotowałem, a czaszka pękała od bólu. Ale ssące, tępe uczucie głodu zelżało, osłabło. Mimo wstrętnego smaku w ustach, mimo męczących nudności, było to znośniejsze niż tarmosząca wnętrzności, dojmująca, natarczywa potrzeba wypełnienia żołądka.

Moja klasa stopniała do połowy. Pani posadziła mnie w ławce z chłopcem, który miał na imię Orion. Od razu polubiliśmy się i zaczęliśmy razem wracać do domu. Kiedyś powiedział mi, że na ulicy Zawalnej mają sprzedawać cukierki i jeżeli chcę, możemy razem stanąć w kolejce. Był to piękny gest, że mi powiedział o tych cukierkach, bo dawno już o słodyczach przestaliśmy marzyć. Mama zgodziła się i poszliśmy z Orionem na Zawalną. Było ciemno i padał śnieg. Przed sklepem stała już długa kolejka dzieci, ciągnąca się wzdłuż kilku domów. Sklep był zamknięty drewnianymi okiennicami. Dzieci stojące na początku kolejki powiedziały, że sklep będzie otwarty dopiero jutro i że trzeba stać całą noc. Strapieni wróciliśmy na swoje miejsce, na koniec kolejki. Ale nowe dzieci ciągle przybywały, kolejka rosła w nieskończoność.

Brał mróz jeszcze większy niż w ciągu dnia, ostry, przenikliwy, siarczysty. W miarę jak płynęły minuty, a potem godziny, stać było coraz trudniej. Na nogach i rękach miałem już od jakiegoś czasu piekące, nabrzmiałe materią wrzody, które bardzo bolały. Teraz lodowate zimno powiększało ten ból, który robił się nie do zniesienia. Pojękiwałem przy każdym poruszeniu.

Tymczasem coraz to jakiś fragment kolejki pękał, rozsypywał się po zaśnieżonej, zamarzniętej ulicy. Żeby rozgrzać się, dzieci bawiły się w berka. Baraszkowały, mocowały się, tarzały w białym puchu. Potem wracały do kolejki i następna grupa puszczała się z wrzaskiem w gonitwę. W połowie nocy ktoś rozpalił ognisko. Buchnął pyszny, bujny płomień. Po kolei dopadaliśmy tego ognia, żeby choć na chwilę ogrzać ręce. W twarzach dzieci, którym udało się dopchać do ogniska, odbijał się złoty blask. W blasku tym ich twarze tajały, napełniały się ciepłem. Potem ogrzani wracali na miejsca i oddawali nam, stojącym w kolejce, promienie swojego żaru.

Nad ranem kolejkę ogarnął sen. Nic nie pomogły ostrzeżenia, że na mrozie nie wolno spać, bo to oznacza śmierć. Już nikt nie miał siły ani szukać gałęzi na opał, ani bawić się w berka czy w kółko graniaste. Mróz przeszywał do kości, okrutny, nasrożony, trzaskający. Z zimna odpadały ręce i nogi. Żeby ratować się, żeby przetrwać noc, staliśmy w kolejce kurczowo przytulając się do siebie, jedno za drugim. Był to silnie i rozpaczliwie sczepiony łańcuch, z którego uchodziła resztka ciepła. Śnieg przysypywał nas coraz bardziej, okrywał białym, miękkim kożuchem.

Jeszcze ciemnym rankiem przyszły dwie zawinięte w grube chusty kobiety i zaczęły otwierać sklep. W kolejkę wstąpiło życie. Śniliśmy góry cukierków, wspaniałe czekoladowe pałace. Śniliśmy królewny z marcepana i paziów z piernika. Nasza wyobraźnia płonęła, wszystko się w niej iskrzyło, promieniało. W końcu drzwi sklepu otwarły się i kolejka ruszyła. Wszyscy napierali, żeby rozgrzać się i coś kupić. Ale w sklepie nie było ani cukierków, ani czekoladowych pałaców. Kobiety sprzedawały puste puszki po landrynkach. Po jednej dla każdego. Były to okrągłe, duże puszki, które miały na ścianach namalowane kolorowe, buńczuczne koguty i polski napis – E. Wedel.

Z początku byliśmy bardzo rozczarowani i zgnębieni. Orion płakał. Ale kiedy zaczęliśmy bliżej badać naszą zdobycz, powoli wstępowała w nas radość. Bo na ścianach tych puszek pozostał po landrynach słodki osad, różnobarwne, drobne kruszyny, gęsta, owocami pachnąca szadź. Przecież mamy mogły zagotować w tych puszkach wodę i mieć dla nas słodki, aromatyczny napój! Już udobruchani, już nawet zadowoleni, zamiast iść prosto do domu skręciliśmy do parku, gdzie latem stał cyrk. Cyrk dawno odjechał, ale odjeżdżał w pośpiechu i zostawił karuzelę. Z karuzeli ukradli i motor, i prawie wszystkie krzesełka. Ale jedno krzesełko zostało i jeżeli zebrać kilku chłopców, mogą oni drągiem rozpędzić karuzelę tak, że kręci się jak szalona.

W parku jest pusto i cicho, więc biegniemy do karuzeli i zaczynamy ją rozkręcać. Już ruszyła, już skrzypi. Wskoczyłem na krzesełko i zapiąłem się łańcuchem. Orion wydaje rozkazy, pokrzykuje, zagrzewa, ponagla chłopców, którzy jak galernicy napierają na drąg ile sił, żeby szybciej, szybciej i szybciej! Orion cały w gorączce woła ile mocy w gardle, w chłopców też już wstąpiło szaleństwo, karuzela pędzi, czuję szczypiący, mroźny wiatr, który chłoszcze mnie po twarzy, porywisty i coraz silniejszy wiatr, na którego skrzydłach unoszę się jak pilot, jak ptak, jak obłok.

Transsyberyjska, 58

Miejsce mojego drugiego spotkania z Imperium: daleko, w stepach i śniegach Azji, w trudno dostępnej krainie, której cała geografia nosi obce i przedziwne imiona, rzeki nazywają się – Argun, Unda, Czajchar, góry – Czingan, Ilczuri, Dżagdy, a miasta – Kilkok, Tungir i Bukaczacza. Z samych tych nazw można by układać dźwięczne, egzotyczne poematy.

Pociąg kolei transsyberyjskiej, który wyruszył poprzedniego dnia z Pekinu i odbywa dziewięciodniową podróż do Moskwy, wjeżdża od strony Charbinu, na stację graniczną ZSRR – Zabajkalsk. Zbliżenie się do każdej granicy zwiększa w nas napięcie, podnosi emocje. Ludzie nie są stworzeni do życia w sytuacjach granicznych, unikają ich lub starają się od nich jak najszybciej uwolnić. A jednak człowiek wszędzie je napotyka, wszędzie widzi i czuje. Weźmy atlas świata: same granice. Oceanów i kontynentów. Pustyń i lasów. Opadów, monsunów, tajfunów, użytków i nieużytków, marzłoci i kisłoci, łupka i zlepieńca. Dodajmy granice występowania osadów czwartorzędowych i wylewów wulkanicznych, bazaltu, kredy i trachitu. Możemy też zobaczyć granice tarczy patagońskiej i tarczy kanadyjskiej, strefy klimatów zwrotnikowych i arktycznych, granice form erozyjnych dorzecza Adygi i jeziora Czad. Granice występowania różnych ssaków. Różnych owadów. Różnych gadów i płazów, w tym bardzo groźnej czarnej kobry oraz strasznej, choć na szczęście – leniwej, anakondy.

A granice monarchii i republik? Zamierzchłych królestw i zagubionych cywilizacji? Paktów, układów i aliansów? Plemion czarnych i żółtych? Wędrówek ludów? Granice, dokąd dotarli Mongołowie. Dokąd – Chazarowie. Dokąd – Hunowie.

Ileż ofiar, krwi i bólu związanych jest ze sprawą granic! Cmentarze tych, którzy na świecie polegli w obronie granic, nie mają końca. Równie bezkresne są cmentarze śmiałków, którzy próbowali swoje granice poszerzyć. Można przyjąć, że połowa tych, którzy kiedykolwiek przewinęli się przez naszą planetę i oddali życie na polu chwały, wyzionęła ducha w bitwach wywołanych kwestią granic.

Ta wrażliwość na sprawę granic, ten niestrudzony zapał, żeby je ciągle wytyczać, poszerzać lub bronić, jest cechą nie tylko człowieka, ale całej przyrody ożywionej, wszystkiego, co się porusza na lądzie, w wodzie i powietrzu. Różne ssaki, w obronie granic swoich pastwisk, dadzą się rozszarpać na kawałki. Różne drapieżniki, aby zdobyć nowe tereny łowne, zagryzą swoich przeciwników na śmierć. Ale nawet nasz cichy i potulny kotek, jak się wysila, jak spręża i męczy, żeby wydusić z siebie po kilka kropel to tu to tam i naznaczyć nimi granicę swojego terytorium.

A nasze mózgi? Przecież zakodowana jest w nich nieskończona ilość wszelkiego rodzaju granic. Między półkulą lewą a prawą, między płatem czołowym a skroniowym, między podwzgórzem a przysadką. A granice między komorami, oponami i zwojami? Między rdzeniem przedłużonym a kręgowym? Zwróćmy uwagę na sposób, w jaki myślimy. Np. myślimy: do tej granicy wolno, a dalej – nie. Albo mówimy: uważaj, żebyś nie posunął się za daleko, bo przekroczysz granicę! W dodatku wszystkie te granice myślenia, odczuwania, nakazów i zakazów ciągle przesuwają się, krzyżują, przenikają i piętrzą. W naszych mózgach trwa nieustanny ruch graniczny, przygraniczny, nadgraniczny. Stąd bóle skroni i migreny, stąd tyle zamętu w głowach, ale też zdarzają się i perły: wizje, olśnienia, błyski myśli i – choć, niestety, rzadziej – geniuszu.

Granica to stres, nawet – lęk (znacznie rzadziej: wyzwolenie). Pojęcie granicy może zawierać w sobie jakąś ostateczność, drzwi mogą zatrzasnąć się za nami na zawsze: taką jest granica między życiem i śmiercią. O tych niepokojach wiedzą bogowie i dlatego starają się pozyskać wyznawców obiecując, że w nagrodę wejdą do królestwa bożego, które będzie właśnie *bez granic*. Raj Boga chrześcijan, raj Jahwe i Allacha nie mają granic. Buddyści wiedzą, że stan nirwany to stan błogiej szczęśliwości bez granic. Słowem, tym, co najbardziej pożądane, oczekiwane i przez wszystkich upragnione, jest właśnie owa bezwarunkowa, zupełna, absolutna – bezgraniczność.

Zabajkalsk – Czita

Zasieki. Zasieki to jest to, co się najpierw widzi. Wystają ze śniegu, jak gdyby unoszą się ponad śniegiem linie, kozły, płoty zasieków. Jakież przedziwne kombinacje, zwęźlenia, skłębienia, całe konstrukcje tych zasieków spinających niebo i ziemię, wczepionych w każdy skrawek zamarzniętego pola, w biały pejzaż, w lodowaty horyzont. Z pozoru ta kolczasta, drapieżna zapora rozciągnięta wzdłuż granicy wygląda na pomysł niedorzeczny i surrealistyczny, bo gdzie tu kto będzie się przedzierać, jak okiem sięgnąć śnieżna pustynia, żadnych dróg, żadnych ludzi, a śnieg dwumetrowy, nawet kroku nie można zrobić, a jednak te zasieki coś ci chcą powiedzieć, coś zakomunikować. One mówią ci: uważaj, przekraczasz granicę innego świata. Stąd już nie wymkniesz się, nie uciekniesz. Jest to świat śmiertelnej powagi, rozkazu i posłuszeństwa. Naucz się słuchać, naucz się pokory, naucz się zajmować swoją osobą jak najmniej miejsca. Najlepiej rób, co do ciebie należy. Najlepiej milcz. Najlepiej nie zadawaj pytań.

No, słowem, zasieki dają ci lekcję przez cały czas, kiedy wagony toczą się w kierunku stacji, kładą ci w głowę wszystko, o czym powinieneś odtąd pamiętać, natarczywie, ale to przecież dla twojego dobra, wbijają ci w pamięć długą litanię ograniczeń, zakazów i instrukcji.

Potem są psy. Psy wilczury, rozeźlone, rozdygotane, rozszalałe, kiedy pociąg ledwie stanie, rzucają się pod wagony, szczekają, ujadają, ale kto może pod takim wagonem, przy czterdziestostopniowym mrozie, jechać? Żeby nie wiem ile miał kożuchów, zamarznie po godzinie, a my już jedziemy bez przerwy cały dzień. Widok myszkujących psów jest tak przyciągający, że dopiero po chwili zwraca uwagę następny obraz, a mianowicie: jakby spod ziemi wyrośli żołnierze, którzy momentalnie ustawili się rzędem po obu stronach pociagu. Stoją tak, że między nimi istnieje łączność wzrokowa, że więc wzdłuż wagonów ciągnie się nieprzerwana linia widzenia i gdyby np. jakiś pasażer-wariat (ale może też agent, dywersant, szpieg) postanowił wyskoczyć z wagonu i rzucić się w nieobjętą śnieżnomroźną przestrzeń – zostanie natychmiast dostrzeżony i zastrzelony.

Kto by go jednak mógł tak od razu, od ręki, zastrzelić? Otóż bez sekundy zwłoki mogliby to zrobić wartownicy, którzy stoją na wyżkach i mają karabiny wycelowane w drzwi i okna wagonów (ponieważ właśnie wyglądam przez okno, jeden z karabinów jest wycelowany we mnie, tak – dokładnie we mnie!). Z drugiej jednak strony żaden wariat (czy agent, dywersant lub szpieg) nie mógłby wyskoczyć i rzucić się w śnieżnomroźną przestrzeń, gdyż wszystkie drzwi i okna wagonów są szczelnie, dokładnie zamknięte.

Słowem, nieprzerwana linia widzenia spełnia najwyraźniej tę samą perswazyjną rolę, co owe piętrowe, gęste kłęby zasieków: to po prostu milczące, ale dosadne ostrzeżenie, aby przypadkiem nie przyszedł ci do głowy jakiś niedorzeczny pomysł!

Ale nie koniec na tym. Bo ledwie pod torami przeciągnęła zgraja znerwicowanych i być może głodnych wilczurów, ledwie wzdłuż torów rozstawili się czujnie żołnierze, a wartownicy na wyżkach wycelowali w nas lufy karabinów, do wagonów weszły patrole (w jednym ręku latarka, w drugim długi, stalowy szpikulec) wyrzucając wszystkich pasażerów na korytarz. Zaczyna się przeszukiwanie przedziałów, grzebanie na półkach, pod siedzeniami, w schowkach, w popielniczkach. Zaczyna się opukiwanie ścian, sufitu, podłogi. Badanie, oglądanie, dotykanie, wąchanie.

Teraz pasażerowie zabierają wszystko, co mają – walizki,

torby, paczki, tobołki – i niosą to do budynku stacji, w którym stoją długie, obite blachą stoły. Wszędzie czerwone transparenty witające nas radośnie w Związku Radzieckim. Pod transparentami rzędem celniczki i celnicy bez wyjątku groźni, surowi i nawet z jakąś pretensją, tak, najwyraźniej – z pretensją. Szukam wśród nich twarzy o rysach choć trochę złagodzonych, odprężonych, otwartych, bo sam już chciałbym nieco się odprężyć, na chwilę zapomnieć, że otaczają mnie zasieki i wyżki, wściekłe psy, skamieniali wartownicy, bo chciałbym nawiązać jakiś kontakt, wymienić grzeczności, porozmawiać, zawsze jest mi to ogromnie potrzebne.

– A ty czego śmiejesz się? – pyta ostro i podejrzliwie celnik.

Zmroziło mnie. Władza jest powagą: w zetknięciu z władzą uśmiech jest nietaktem, dowodzi braku szacunku. Podobnie nie należy długo wpatrywać się w kogoś, kto ma władzę. Ale o tym wiedziałem już z wojska. Nasz kapral Jan Pokrywka karał każdego, kto mu się długo przyglądał. – Chodźcie tu do mnie! – wołał. – Czego wy się tak we mnie wpatrujecie? I za karę wysyłał do czyszczenia latryn.

Teraz zaczyna się. Zaczyna się otwieranie, odpinanie, rozsupływanie, wybebeszanie. Gmeranie, zanurzanie, wyciąganie, potrząsanie. A co to? A co tamto? A do czego to? A do czego tamto? A to? A sio? A owo? A ten? A tamten? A którędy? A po co? Najgorzej z książkami. Co za przekleństwo wieźć jakąś książkę! Można wieźć walizkę kokainy, a na wierzchu trzymać książkę. Kokaina nie wzbudzi żadnego zainteresowania, wszyscy celnicy rzucają się na książkę. A już – nie daj Boże! – wieźć książkę po angielsku. Dopiero zacznie się bieganie, sprawdzanie, kartkowanie, czytanie.

A jednak, mimo że wiozę kilka książek po angielsku (są to głównie podręczniki nauki chińskiego i japońskiego), nie ja jestem tym najgorszym. Najgorszych postawiono przy osobnym stole, stole jak gdyby drugiej klasy. To miejscowi, obywatele Związku Radzieckiego, chudzi i drobni ludzie, w podartych chałatach i dziurawych walonkach, smagłolicy, skośnoocy Buriaci i Kamczadale, Tunguzi i Ainowie, Oroczanie i

Korijacy. Jak puścili ich do Chin – nie wiem. W każdym razie wracają, a wracając wiozą ze sobą jedzenie. Widzę kątem oka, że mają pełno woreczków kaszy.

I tu właśnie o tę kaszę będzie teraz chodzić. Bo najwyraźniej kasza należy, obok książek, do produktów najbardziej podejrzanych. Coś w kaszy widocznie jest, jakaś dwuznaczność, jakaś przewrotna, podstępna właściwość, jakaś zwodniczość, jakaś złudność, bo owszem, niby to kasza, ale przecież może okazać się, że to niezupełnie kasza, że to kasza, ale nie aż na sto procent. Dlatego celnicy wysypują całą kaszę na stół. Stół zaczyna się złocić i brunatnieć, wygląda jak rozpostarta przed nami makieta Sahary. Zaczyna się przesiewanie kaszy. Uważne, drobiazgowe przesiewanie w palcach. Palce celników przepuszczają wąziutkie strumyki kaszy, przepuszczają, przepuszczają, ale nagle – stop! Palce zatrzymują się i nieruchomieją. Palce wyczuły dziwne ziarenko. Wyczuły, dały sygnał do mózgu celnika, mózg odpowiedział – stop! Palce stanęły i czekają. Mózg mówi – spróbujcie jeszcze raz, ostrożnie i uważnie. Palce delikatnie i nieznacznie, delikatnie i nieznacznie, ale bardzo uważnie, bardzo czujnie obracają ziarenkiem. Badają. Doświadczone palce celnika radzieckiego. Wprawne, gotowe natychmiast przydusić ziarenko, złapać je w potrzask, uwięzić. Ale ziarenko jest tylko tym, czym jest – to znaczy zwykłym ziarenkiem zwykłej kaszy i co je wyróżniło z miliona innych ziarenek rozsypanych na stole stacji granicznej w Zabajkalsku, to niecodzienny, dziwaczny kształt, wynik jakiejś chropowatości koła młyńskiego, które okazało się zwichrowane, nierówne. Więc żaden przemyt, żaden podstęp, dochodzi do wniosku mózg celnika, ale nie daje za wygraną. Przeciwnie, nakazuje dalej przesiewać, dalej badać, dalej wyczuwać i nawet przy cieniu wątpliwości zrobić momentalnie – stop!

Zważmy jednak, że są to lata pięćdziesiąte i że młyny w Chinach są już bardzo stare i niesprawne. Zważmy, jakie to stwarza problemy celnikom z Zabajkalska. Nieskończona ilość ziarenek ma nietypowy, podejrzany kształt. Palce co sekunda wysyłają do mózgu sygnał. Mózg co chwila alarmuje – stop!

Ziarnko po ziarnku, garstka po garstce, woreczek po woreczku, Buriat po Buriacie.

Nie mogłem od tego widowiska oderwać wzroku. Patrzyłem zafascynowany, zapomniałem o zasiekach i wyżkach, zapomniałem o psach. Przecież to są palce, które powinny rzeźbić w złocie, szlifować diamenty! Ich mikroskopijne ruchy, ich czułe drżenia, ich wrażliwość, ich celnicza wirtuozeria!

Wracaliśmy do wagonów po ciemku, padał śnieg, mróz skrzypiał pod butami. W Zabajkalsku odebrałem kolejną lekcję, jako że granica nie jest tu punktem na mapie, ale szkołą. Uczniowie, którzy wyjdą z tej szkoły, będą dzielić się na trzy grupy. Grupa pierwsza – głucho wściekli. Najbardziej nieszczęśliwi, bo wszystko wokół będzie powodować w nich stres, będzie doprowadzać ich do stanu furii, do obłędu. Denerwować, drażnić, męczyć. Jeszcze nim zdadzą sobie sprawę, że w otaczającej rzeczywistości niczego nie zmienią, nic nie poprawią, powali ich zawał serca albo wylew krwi.

Grupa druga – ci będą przyglądać się ludziom radzieckim i naśladować ich sposób myślenia i postępowania. Jego istotą jest pogodzenie z istniejącą rzeczywistością, a nawet umiejętność czerpania z niej pewnej satysfakcji. W tym wypadku bardzo pomocne jest powiedzenie, które należy powtarzać sobie i innym każdego wieczora, niezależnie od tego, jak okropny był dzień, który właśnie minął: ciesz się z tego dnia, bo tak dobrze, jak było dzisiaj, nigdy więcej nie będzie!

Wreszcie grupa trzecia to ci, dla których wszystko jest przede wszystkim ciekawe, niezwykłe, nieprawdopodobne, którzy chcą ten inny, nie znany im dotąd świat poznać, zbadać, zgłębić. Ci potrafią uzbroić slę w cierpliwość i zachować dystans (ale nie wyniosłość!), spokojny, uważny, trzeźwy wzrok.

Takie są trzy postawy charakterystyczne dla cudzoziemców, którzy znaleźli się w Imperium.

Czita – Ułan-Ude

Patrząc przez okno pędzącego pociągu, myślę: Syberia, więc tak ona wygląda! Po raz pierwszy nazwę tę usłyszałem mając siedem lat. Surowe mamy z naszej ulicy ostrzegały: – Dzieci, bądźcie grzeczne, bo was wywiozą na Sybir! (Mówiły z rosyjska – Sybir, bo to brzmiało groźnie, bardziej apokaliptycznie). Łagodne mamy oburzały się: – Jak można dzieci tak straszyć!

Właściwie nie sposób było wyobrazić sobie Syberii. Dopiero jeden z kolegów pokazał mi w książce rysunek: w gęstej, śnieżnej zamieci szła kolumna oberwanych i skulonych ludzi. Do rąk i nóg mieli przykute ciężkie łańcuchy zakończone żelaznymi kulami, które wlekli za sobą po ziemi.

Syberia, w swojej złowrogiej, okrutnej postaci, to mroźna, lodowata przestrzeń + dyktatura.

W wielu państwach istnieją obszary lodowate, ziemie przez większą część roku skute mrozem, martwe. Takie są np. wielkie połacie Kanady. Weźmy duńską Grenlandię albo amerykańską Alaskę. A jednak nikomu nie przychodzi do głowy straszyć dzieci: umyj rączki, bo ześlą cię do Kanady! Albo: baw się grzecznie z tą dziewczynką, bo wywiozą cię do Ameryki! W tamtych krajach po prostu nie ma dyktatury, nikt nikogo nie zakuwa w kajdany, nikt nie więzi w obozach, nie wysyła do pracy w potępieńczy mróz, na pewną śmierć. Tam człowiek ma jednego przeciwnika – zimno. Tu aż trzech – zimno, głód i uzbrojoną przemoc.

W 1842, w Paryżu, Adam Mickiewicz wygłosił dwa wykłady w Collège de France o pamiętnikach jenerała Kopcia. Kopeć walczył u boku Kościuszki pod Maciejowicami i tam wzięty do niewoli został przez Rosjan skazany na Sybir. Kopcia wieźli jakieś 10 tysięcy kilometrów po bezdrożach Rosji i Syberii – na Kamczatkę.

Była to prawdziwa droga przez piekło.

Wieźli, jak pisze jenerał, w kibitce, „która miała model kufra, obita wkoło skórami, a w środku żelazną blachą, z boku tylko okienko dla podania wody lub jedzenia”.

„Ten kufer, opowiada dalej Kopeć, był bez żadnego siedzenia, a że byłem z ran nie wyleczony, dawano mi wór z słomą i włożony był na mnie tytuł aresztanta sekretnego z numerem tylko, bez imienia. Jest to u nich w takim rodzaju aresztant największy kryminalista, z którym nikt pod największą karą nie może rozmawiać, ani też wiedzieć, jak się nazywa i za co wzięty".

Wieziony w kibitce, jak w zatrzaśniętej wiekiem trumnie, tylko po dźwiękach domyślał się, gdzie jest. Słysząc turkot bruku, sądził, że są w mieście: „Szóstego dnia posłyszałem turkot bruku, był to Smoleńsk". Z ciemnej kibitki wsadzają go prosto do ciemnej celi, tak że Kopeć nigdy nie może się zorientować, czy jest dzień, czy noc: „Były tam dwa okna z kratami żelaznymi, przebijane czarnymi deskami, aby nigdzie dzienne światło wchodzić nie mogło. Trzeba było zgadywać noc lub dzień, warta ani słowa nigdy do mnie mówić nie chciała". Udręczony podróżą, Kopeć jednak nie może spać – punkt postoju na drodze w głąb Syberii to miejsce kaźni: „Sypiać nie mogłem: słychać mi się zdawało poza innymi murami obok mnie jakieś różne bicia, katowania i szczęk kajdan".

Wloką jenerała na śledztwo. „Pytają Kopcia, pisze Mickiewicz, jaka była przyczyna jego buntu. Miłość ojczyzny – odpowiada. Komisja oburza się na tę odpowiedź i przerywa przesłuchanie nie mogąc ścierpieć dumy więźnia".

Dalej wiozą Kopcia na wschód. „Od Smoleńska do Irkucka, wspomina jenerał, trzech żołnierzy z mojej straży zginęło, inni nogi albo ręce połamali z wierzchołka mojej kibitki. Gdy pijani i nieuważni z gór lecieli, zdarzało się to często, że kiedy rozpędzą konie, kibitka się wywraca i konie wleką po ćwierć mili, a ja zamknięty tłukę się jak śledź w beczce, lecz że byłem obwijany worem, sieczką i słomą, to mnie ratowało".

Mimo że wieziony w kibitce-trumnie, jenerał ma świadomość pewnego uprzywilejowania – jego wiozą, innych pędzą latami piechotą: „Na drodze napotykałem po kilkaset ludzi obojej płci, na zsyłkę pędzonych ku Irkuckowi, przy małej bardzo straży, których od kolonii do kolonii przesyłają i ledwo w końcu trzeciego roku z Europy do Irkucka przybywają. Uciec tam żaden nie może, gdyż nigdzie nie masz pobocznych kolonii... gdyby zaś który chciał z niewolników w bok gdzie się schronić do lasu, zostanie od zwierząt zjedzony..."

Ta wędrówka zesłańca nie jest tylko przemieszczaniem się w miejscu i w czasie. Towarzyszy mu bowiem proces odczłowieczenia: ten, który dotrze do kresu (o ile po drodze nie umrze), został już pozbawiony wszystkiego, co ludzkie. Nie ma nazwiska, nie wie, gdzie jest, nie wie, co z nim zrobią. Odebrano mu język: nikt z nim nie chce rozmawiać. Jest przesyłką, jest rzeczą, jest igraszką.

Potem jenerała pozbawiają nawet kibitki, gnają go piechotą: „Szliśmy zawsze od rana do wieczora bez popasu".

I dodaje:

„drogi żadnej, tylko strasznymi górami i wąwozami".

Ułan-Ude – Krasnojarsk

„drogi żadnej, tylko strasznymi górami i wąwozami".

Marzyłem zobaczyć Bajkał, ale była noc, czarna plama w oszronionej ramie okna. Dopiero rano ujrzałem góry i wąwozy. Wszystko w śniegu.

Śnieg i śnieg.

Jest styczeń, środek syberyjskiej zimy.

Za oknem wszystko wydaje się zesztywniałe z zimna, nawet jodły, sosny i świerki wyglądają jak wielkie, skamieniałe sople, wystające ze śniegu ciemnozielone stalagmity.

Nieruchomość, nieruchomość tego pejzażu, jakby pociąg stał w miejscu, jakby był tej okolicy częścią – też nieruchomy.

I biel – wszędzie biel, oślepiająca, niezgłębiona, absolutna. Biel, która wciąga, a jeżeli ktoś da się jej uwieść, da się schwytać w pułapkę i pójdzie dalej, w głąb bieli – zginie. Biel niszczy wszystkich, którzy próbują zbliżyć się do niej, poznać jej tajemnicę. Strąca ich z wyżyn górskich, porzuca zamarzniętych na śnieżnych równinach. Syberyjscy Buriaci traktują wszelkie białe zwierzę jako święte, wierzą, że zabić je, to popełnić grzech i ściągnąć na siebie śmierć. Patrzą oni na białą Syberię jak na świątynię, w której zamieszkuje bóg. Kłaniają się jej równinom, oddają hołd jej krajobrazom, ciągle strwożeni, że stamtąd, z białych głębin, przyjdzie śmierć.

Biel często kojarzy się z ostatecznością, z kresem, ze śmiercią. W tych kulturach, w których ludzie żyją lękiem przed śmiercią, żałobnicy ubierają się na czarno, żeby odstraszyć od siebie śmierć, izolować ją, ograniczyć do zmarłego. Tam jednak, gdzie śmierć jest uważana za inną formę, inną postać istnienia, żałobnicy ubierają się na biało i na biało ubierają zmarłego: biel jest tu kolorem akceptacji, zgody, przystania na los.

Coś w tym styczniowym, syberyjskim pejzażu obezwładnia, przygniata, poraża. Przede wszystkim jego ogrom, jego bezgraniczność, jego oceaniczna bezkresność. Ziemia nie ma tu końca, świat nie ma końca. Człowiek nie jest stworzony na taką bez-miarę. Dla niego wygodną, uchwytną, poręczną jest miara jego wsi, jego pola, ulicy, domu. Na morzu taką miarą będzie wielkość okrętowego pokładu. Człowiek jest stworzony na taką przestrzeń, aby mógł ją przejść za jednym razem, za jednym wysiłkiem.

Krasnojarsk – Nowosybirsk

Za Krasnojarskiem (czwarty już dzień podróży?) zaczęło się rozwidniać (o tej porze roku przez większą część doby panuje tu ciemność). Piję herbatę i wyglądam przez okno. Ta sama równina śnieżna co wczoraj. Co przedwczoraj (a chciałem już z rozpędu dodać: co przed rokiem. Przed wiekami). Te same masywy leśne. Te same ostępy i polany, a na otwartych przestrzeniach wysokie zaspy śniegu, wyrzeźbione przez wiatr w najprzedziwniejsze kształty.

Nagle przypomina mi się Cendrars i jego „Proza transsyberyjskiej kolei i małej Żanny z Francji". W tym wierszu, napisanym jeszcze przed I wojną światową, Cendrars opisuje podróż tą samą linią, ale w przeciwnym kierunku – z Moskwy do Charbinu. Refren tego poematu to nieustannie powtarzające się pytanie, zadawane przez jego wylęknioną dziewczynę – Żannę:

„Błażejku, powiedz, jesteśmy bardzo daleko od Montmartre'u?"

Żanna ma to samo uczucie, które ogarnia każdego, kto zagłębia się w biały bezkres Syberii – uczucie zapadania się w niebyt, z a n i k a n i a.

Autor nie ma jej czym pocieszyć:

„Jesteśmy daleko, Żanno, jedziesz od siedmiu dni
Jesteś daleko od Montmartre'u".

Paryż jest centrum świata, jako punkt odniesienia. Jak mierzyć p o c z u c i e oddalenia, odległości? Być daleko od czego, od jakiego miejsca? Gdzie jest ten punkt na naszej planecie, od którego ludzie oddalając się mieliby wrażenie, że są bliżej i bliżej krańca ziemi? Czy jest to punkt w znaczeniu tylko emocjonalnym (mój dom jako centrum świata)? Czy kulturowym (np. cywilizacja grecka)? Czy religijnym (np. Mekka)? Większość ludzi spytana, co uważa za centrum świata – Paryż czy Meksyk, odpowie: Paryż. Dlaczego? Przecież miasto Meksyk jest większe od Paryża i też ma metro i wspaniałe zabytki, i wielkie malarstwo, i świetnych pisarzy. A jednak powiedzą – Paryż. Albo niech ktoś ogłosi, że dla niego centrum świata – to Kair. Przecież większy od Paryża i zabytki, i uniwersytet, i malarstwo. A jednak czy wielu ludzi poprze Kair? Więc pozostaje Paryż (w każdym razie pozostawał, kiedy wylękniona Żanna jechała z duszą na ramieniu przez Syberię). Pozostaje Europa. Cywilizacja europejska jest jedyną, która miała i (prawie) zrealizowała swoje ambicje światowe. Inne cywilizacje albo z przyczyn technicznych takich ambicji nie mogły zaspokoić (np. Majowie), albo po prostu takich zainteresowań nie miały (np. Chiny) – przekonane, że one właśnie obejmowały cały świat.

Tylko cywilizacja europejska okazała się zdolna do przełamania swojego etnocentryzmu. W jej kręgu zrodziła się chęć poznania innych cywilizacji oraz teoria (sformułowana przez Bronisława Malinowskiego), że kulturę światową tworzy konstelacja równorzędnych kultur.

Nowosybirsk – Omsk

Dzień, noc i dzień.

Łoskot kół monotonny, natarczywy, coraz trudniejszy do zniesienia. Najbardziej donośnie rozlega się nocą: człowiek uwięziony jest w tym łoskocie jak w rozdygotanej, rozwibrowanej klatce. Wpadliśmy w burzę jakąś, bo nagle okno zalepił śnieg, a wycie wichru słyszało się nawet w przedziale.

„drogi żadnej, tylko strasznymi górami i wąwozami".

Omsk – Czelabińsk

Szósty, a może siódmy dzień podróży. W wielkich, jednostajnych przestrzeniach gubią się miary czasu, przestają obowiązywać, przestają coś znaczyć. Godziny robią się nieforemne, bezkształtne, rozciągliwe jak zegary na obrazach Salvadore Dali. Na domiar pociąg przejeżdża przez różne strefy czasu i powinno się coraz to przesuwać wskazówki zegarka, ale po co, co się przez to zyska? Słabnie tu poczucie zmiany (główny wyznacznik czasu), nawet potrzeba zmiany, człowiek żyje tu w jakiejś zapaści, w odrętwieniu, w wewnętrznym bezruchu. Teraz, w styczniu, noce są bardzo długie. Nawet przez większą część dnia panuje ciemnoszary, uporczywy mrok. Niekiedy tylko pojawi się słońce: wówczas świat robi się jasny, błękitny, narysowany ostrą, zdecydowaną kreską. Ale potem mrok jest tym głębszy i tym bardziej wszechobecny.

Podróżując Transsyberyjską co można zobaczyć z tzw. rzeczywistości kraju? Nic właściwie. Większą część trasy kryją ciemności, ale i za dnia niewiele widać poza śnieżną, wszędzie roztaczającą się pustką. Jakieś stacyjki, nocą – samotne i nikłe światła, jakieś widma wpatrzone w pędzący w tumanach śniegu pociąg, który znika zaraz, zapada się, zakryty najbliższym lasem.

Mam dwuosobowy przedział, w którym cały czas jadę sam. Męcząca samotność. Czytać nie można, bo wagonem miota na wszystkie strony, litery skaczą, zamazują się i już po chwili bolą oczy. Nie ma do kogo się odezwać. Można wyjść na korytarz. I co wówczas? Wszystkie przedziały zamknięte, nawet nie wiem, czy ktoś w nich jedzie, bo nie mają okienek, żeby zajrzeć.

– Czy ktoś jedzie w tych przedziałach? – pytam konduktora.

– A różnie – odpowiada wymijająco i znika.

Nie sposób nawiązać z nikim rozmowy. Ludzie (nawet jeśli gdzieś tu się pojawią) albo od razu obchodzą mnie bokiem, albo już niemal schwytani za rękaw coś odburkną i już ich nie widzę. Jeżeli odpowiadają, to niejasno, dwuznacznie, monosylabicznie, tak że nic właściwie z tej odpowiedzi nie wynika. Mówią: zobaczymy, mówią: ano, tak, lub mówią: kto to może wiedzieć, czy też: bezwarunkowo! Ale najczęściej mówią coś, co mogłoby wskazywać, że już wszystko zrozumieli, że przeniknęli do samego jądra prawdy, mówią: ot, takie jest życie.

Jeżeli istnieje coś takiego jak geniusz narodu, to geniusz narodu rosyjskiego wyraża się m.in. w tym właśnie powiedzeniu.

Ot, takie jest życie!

Wiele zrozumie każdy, kto wmyśli się w sens tych słów. Ale chciałbym dowiedzieć się czegoś więcej – i nie mogę. Wokół mnie pusto, wokół mnie ziemia spalona, wokół mnie ściana. Wiadomo dlaczego: cudzoziemiec. Cudzoziemiec budzi mieszane uczucia. Więc budzi uczucie ciekawości (to należy stłumić!), uczucie zazdrości (cudzoziemcowi zawsze lepiej, wystarczy zobaczyć, jak jest dobrze ubrany), ale przede wszystkim wywołuje uczucie lęku. Jednym z filarów, na których opiera się system, jest izolacja od świata, a cudzoziemiec, przez sam fakt, że istnieje, filar ten podkopuje. Stalin za kontakt z cudzoziemcem zsyłał na pięć, dziesięć lat do łagru, a często kazał rozstrzeliwać, jak więc dziwić się ludziom, że boją się cudzoziemca jak ognia.

Ja też jadę w kibitce, tyle że jest ona bez porównania

bardziej komfortowa niż ta, w której wieźli jenerała Kopcia. I nie mam wyroku, nie jestem zesłańcem. Ale zasada izolacji jest ta sama. To podkreślenie, że jest się tu obcym, innym, że jest się intruzem, wtrętem, zgrzytem, kłopotem. To w najlepszym wypadku! Bo cudzoziemiec to przecież coś bardziej groźnego – to dywersant i szpieg! Co on się tak w to okno wpatruje, co on tam chce zobaczyć? Nic nie zobaczy! Cała trasa transsyberyjska jest wyczyszczona z wszystkiego, co mogłoby szpiegowi wpaść w oko. Pociąg pędzi jak gdyby w foliowym tunelu – tylko nagie ściany i ściany: ściana nocy, ściana śniegu. A dlaczego on tak próbuje się wypytywać? Dlaczego go to interesuje? Po co mu to wiedzieć? Notował? Notował. Co notował? Wszystko? Gdzie on trzyma te notatki? Cały czas przy sobie? To niedobrze!

O co pytał? Pytał, czy daleko do Simy. Do Simy? Przecież w Simie nie stajemy. A właśnie. Ale pytał. A wy co? Ja? Ja nic. No jak to – nic! Przecież coś musieliście powiedzieć. Powiedziałem, że daleko. Niedobrze! Trzeba było powiedzieć, że Simę już minęliśmy, to byście go zmylili!

No właśnie! Lepiej unikać pytań, bo nie wiadomo, jak odpowiadać. Łatwo palnąć głupstwo. Coś takiego jest w człowieku, że trudno mu z odpowiedzią utrafić. Najgorsze, że ten, kto spotkał się z cudzoziemcem i zamienił z nim słowo, już jest podejrzany, już naznaczony. Tak trzeba żyć, tak chodzić po mieście, po ulicach, po korytarzach wagonów, żeby tego uniknąć, nie ściągać na głowę nieszczęścia.

Czelabińsk – Kazań

Coraz bliżej starej, rdzennej Rosji, choć do Moskwy jeszcze kawał świata.

„drogi żadnej, tylko strasznymi górami i wąwozami".

Jeszcze w czasie studiów czytałem starą książkę Bierdiajewa, w której rozważał on wpływ wielkich przestrzeni Imperium na duszę rosyjską. Rzeczywiście, o czym myśli Rosjanin gdzieś nad brzegiem Jeniseju albo w głębi tajgi amurskiej?

Każda droga, którą obierze, zda się nie mieć końca. Może nią iść dniami i miesiącami i ciągle będzie otaczać go Rosja. Równiny nie mają końca, lasy ani rzeki. Żeby panować nad takimi bezgranicznymi przestrzeniami, powiada Bierdiajew, trzeba było stworzyć bezgraniczne państwo. I oto Rosjanin popadł w sprzeczność – żeby utrzymać wielkie przestrzenie, Rosjanin musi utrzymywać wielkie państwo, na utrzymanie wielkiego państwa wydaje on swoją energię, której nie wystarczy już na nic więcej – na organizację, na gospodarność itd. Ale wydaje energię na państwo, które go zniewala i gnębi.

Bierdiajew uważa, że ów ogrom, owa nieobjętość Rosji mają ujemny wpływ na sposób myślenia jej mieszkańców. Nie wymaga ona bowiem od nich skupienia, napięcia, koncentracji energii ani tworzenia dynamicznej, intensywnej kultury. Ot, wszystko rozłazi się, rozcieńcza i tonie w tej nieobjętej bezforemności. Rosja – przestrzeń z jednej strony bezkresna, szeroka, z drugiej – tak przytłaczająca wielkością, że zapiera dech i nie ma czym oddychać.

Kazań – Moskwa

Znużenie, coraz bardziej męczące, gniotące, senne znużenie, jakaś lepkość i drętwota. W rzadkich przypływach energii – chęć wyskoczenia z tej rozpędzonej, rozdygotanej klatki. Mój podziw dla wytrwałości Kopcia i tylu tysięcy jemu podobnych, mój hołd dla ich cierpienia, ich męki.

Najpierw zielone, ośnieżone laski i laski, potem laski i domki, potem coraz więcej domków, potem domki i kamienice, wreszcie same kamienice, coraz wyższe i wyższe.

Konduktor zabiera z przedziału prześcieradło, poduszkę, dwa koce i szklankę do herbaty.

Korytarz zapełnia się ludźmi.

Moskwa.

Południe, 67

W dziewięć lat po podróży koleją transsyberyjską pojechałem znowu do Imperium. Trasa mojej wyprawy przebiegała przez siedem południowych republik b. ZSRR: Gruzję, Armenię, Azerbejdżan, Turkmenię, Tadżykistan, Kirgizję i Uzbekistan. Tempo tej podróży było mordercze – na poznanie każdej z republik przypadało kilka dni. Miałem świadomość, jak bardzo powierzchowne i przypadkowe są takie spotkania. Jednak w wypadku kraju tak trudno dostępnego, tak zamkniętego, tak okrytego tajemniczością trzeba korzystać z każdej najmniejszej szansy, najbardziej nieoczekiwanej możliwości, byle trochę uchylić szczelnej i ciężkiej kurtyny.

Co było w tym trzecim spotkaniu z Imperium najbardziej zaskakującego? W naszym wyobrażeniu ZSRR stanowił jednolity, monolityczny twór, w którym wszystko było tak samo szare i ponure, w dodatku – monotonne, sztampowe. Nic tu nie mogło przekroczyć obowiązującej normy, wyróżnić się, nabrać indywidualnego charakteru.

I oto pojechałem do nie-rosyjskich republik ówczesnego Imperium. Co rzuciło mi się w oczy? Otóż mimo sztywnego, koszarowego gorsetu sowieckiej władzy, udało się tutejszym małym, ale prastarym narodom zachować coś ze swoich tradycji, ze swojej historii, swojej z konieczności ukrywanej dumy i godności własnej. Odkryłem tam rozłożony w słońcu dywan wschodni, który w wielu miejscach zachował jeszcze dawne barwy i przyciągał uwagę różnorodnością swoich oryginalnych wzorów.

Gruzja

Dobrze jest zobaczyć muzeum w Tbilisi. Mieści się ono w dawnej siedzibie seminarium duchownego, w którym uczył się kiedyś Stalin. Mówi o tym murowana tablica przed wejściem. Budynek jest ciemny, ale przestronny i stoi w centrum miasta, na skraju starej dzielnicy śródmiejskiej. W salach było właściwie pusto. Oprowadzała mnie studentka, Tamiła Tewdoradze, dziewczyna o subtelnej, skupionej urodzie.

Stara sztuka Gruzji swoim przepychem i doskonałością wprawia takiego prostaczka jak ja w zupełne oszołomienie. Najbardziej fantastyczne są ikony! Są one dużo wcześniejsze od ikon ruskich, najlepsze gruzińskie ikony powstały długo przed Rublowem. Zdaniem Tamiły ich oryginalność jest w tym, że są to ikony metaloplastyczne: malowana była tylko twarz. Najlepszy ich okres to VIII-XIII wiek. Twarze świętych, ciemne, ale emanujące w świetle, tkwią znieruchomiałe w przebogatych, złotych oprawach, utkanych drogimi kamieniami. Są ikony otwierane, tak jak otwiera się ołtarz Wita Stwosza. Rozmiary ich są ogromne, niemal monumentalne. Jest tu ikona, którą mistrzowie robili przez kilka pokoleń, przez trzy wieki. Jest tu mały krzyżyk, najcenniejszy eksponat muzeum, jedyne, co zostało z rzeczy cesarzowej Tamary.

Potem idą freski z gruzińskich kościołów. Takie cuda i tak się o tym mało wie. Nic właściwie. Niestety, najlepsze freski zostały zniszczone. Pokrywały one wnętrze największego kościoła Gruzji – Sweti Tschoweli, zbudowanego w 1010 roku w dawnej Gruzji, w Mcchecie, koło Tbilisi. Te freski były takim arcydziełem średniowiecza jak witraże z Chartres. Zostały zamalowane na rozkaz carskiego gubernatora, który chciał, żeby wybielono kościół, „jak u nas baby bielą piece". Żadne wysiłki restauratorskie nie mogą przywrócić światu tych fresków. Ich blask już zgasł na zawsze.

Sweti Tschoweli jest najlepiej zachowanym w Europie zabytkiem architektury XI wieku. Kościół wygląda tak, jakby miał nie więcej niż sto lat, chociaż nie był restaurowany.

Budował go architekt gruziński, Arsukizdze, któremu cesarz kazał potem obciąć rękę: żeby nie postawił już nic konkurencyjnego. Kilka razy próbował ten kościół wysadzić Tamerlan, ale mur ani drgnął. Świątynia jest czynna do dzisiaj i głowa Kościoła gruzińskiego, Katolikos Wszechgruzji Jefrem II, odprawia nabożeństwa.

Zobaczyłem również, ale już tylko na zdjęciach – Wardzję. Jest to jeden z tych niepojętych dziwów, których współczesny człowiek nie może sobie wytłumaczyć. Wardzja to gruzińskie miasto z XII wieku, całe wykute w skale. Miasto położone jest nie płasko, a pionowo, jakby rozmieszczone na piętrach. Ważne jest, aby zrozumieć, że tu chodzi nie o jakieś pieczary czy rozpadliska, ale o całe miasto, z planem, z ulicami, z oryginalną architekturą, tyle że to wszystko jest wcięte w skałę, wpuszczone w przeogromną górę. Tylko jak, przy pomocy jakich narzędzi? Wykuć takie miasto musiało być trudniej, niż zbudować egipską piramidę. Za to Wardzja była kiedyś tworem praktycznym. Dzisiaj, tak samo jak piramidy, jest martwa. Została ściana skały, uformowana w posępną, surrealistyczną kompozycję.

W końcu Tamiła zaprowadziła mnie do sali Nika Pirosmanaszwili, żebym zobaczył obrazy, które niedługo miały jechać na wystawę do Paryża. Tamiła twierdzi, że Paryż pasjonuje się teraz Nikiem Pirosmanaszwili. Niko umarł w 1916 roku. Był to gruziński Nikifor czy Celnik Rousseau.

Wielki naiwny.

Niko mieszkał w Nachałowce – tbiliskiej dzielnicy lumpów i biedoty. Nigdy nic nie miał. Pędzle robił sam. W obrazach Nika dominuje czerń – miał zawsze najwięcej czerni, bo mu farbę dawali trumniarze. Zbierał stare, blaszane szyldy, żeby mieć na czym malować. Dlatego z tła jego obrazów przebijają napisy niedokładnie zamalowane, jakieś „Magaz" albo „Tabak". Reklama w złocie i czerwieni, a na tym czarno-białe wizje Nika. Gruziński prymityw nałożony na ruską secesję kupiecką. Niko malował w tawernach, w zaduchu nachałowskich knajp. Czasem gapie stawiali mu wino. Może miał gruźlicę? Może miał padaczkę? Mało o nim wiadomo. Wiele rzeczy Nika zginęło, część ocalała. Główny temat jego obrazów to wieczerze.

Niko malował wieczerze jak Veronese.

Tylko wieczerze Nika są gruzińskie i są świeckie. Na tle krajobrazu Gruzji – obfity stół, za tym stołem Gruzini piją i jedzą. Stół jest na pierwszym planie. Ten stół jest najważniejszy. Nika fascynują kulinaria. Co będzie do jedzenia, czym się człowiek opcha. Niko to wszystko namaluje. Niko pokaże, co chciałby zjeść i czego nie będzie jadł ani dzisiaj, ani może nigdy. Stoły zawalone żarciem. Pieczone barany. Tłuste prosiaki. Wina czerwone i ciężkie jak cielęca krew. Soczyste arbuzy. Pachnące granaty. Jest w tym malowaniu jakiś masochizm, jakieś wbijanie noża we własny brzuch, chociaż sztuka Nika jest pogodna, nawet zabawna.

Gruzja Nika jest syta, ciągle biesiadująca, dobrze odkarmiona. Kraj płynie mlekiem. Z nieba sypie się manna. Wszystkie dni są tłuste. Taka Gruzja śniła się Nachałowce po nocach.

Niko malował sny Nachałowki.

Malarstwo nie przyniosło mu szczęścia. Miał dziewczynę imieniem Margerita. Nie wiadomo, co to była za dziewczyna. Niko ją kochał i namalował jej portret. Twarz Margerity jest zrobiona w konwencji wielkich naiwnych, u których wszystko jest za duże i nie w normie. Usta za duże, gały wybałuszone, uszy wielgachne. Niko ten portret dał Margericie. Oburzona dziewczyna wybuchnęła wrzaskiem. Porzuciła go, rozwścieczona, nienawidząca. Jego talent skazał go na samotność.

Odtąd żył w opuszczeniu.

Znosił zardzewiałe szyldy, trumniarze dawali mu farbę. Ciągle malował swoje uczty, z tym stołem na tle górzystego pejzażu. Czasem gapie stawiali mu wino. Miał 54 lata, kiedy umarł, w Tbilisi, w jakiejś izbie, nie wiadomo na co, w głodzie, a może w szaleństwie.

Wachtang Inaszwili pokazał mi miejsce swojej pracy: wielka hala zapełniona pod sufit beczkami. Beczki leżą na stojakach, ogromne, ciężkie, uśpione.

W beczkach dojrzewa koniak.

Nie każdy wie, jak powstaje koniak. Żeby zrobić koniak, potrzeba aż czterech rzeczy: wina, słońca, dębiny i czasu. A poza tym, jak w każdej sztuce, trzeba mieć smak. Reszta wygląda następująco:

Jesienią, po winobraniu, robi się winogronowy spirytus. Ten spirytus wlewa się do beczek. Beczki muszą być dębowe. Cały sekret koniaku ukryty jest w słojach dębowego drzewa. Dąb rośnie i gromadzi w sobie słońce. Słońce osiada w słojach dębiny, jak bursztyn osiada na dnie mórz. Jest to długi proces, który trwa dziesiątki lat. Z młodego dębczaka nie byłoby dobrego koniaku. Dąb rośnie, jego pień zaczyna się srebrzyć. Dąb pęcznieje, jego drzewo nabiera mocy, barwy i zapachu. Nie każdy dąb da dobry koniak. Najlepszy koniak dają samotne dęby, które rosły w zacisznym miejscu, na suchym gruncie. Takie dęby są wygrzane w słońcu. W takim dębie jest tyle słońca, co miodu w plastrze. Grunt podmokły jest kwaśny i wtedy dąb ma w sobie za dużo goryczki. W koniaku to się od razu wyczuje. Dąb, który za młodu był ranny odłamkiem, też nie da dobrego koniaku. W ranionym pniu soki źle krążą i dębina nie ma już tego smaku.

Potem bednarze robią beczki. Taki bednarz też musi wiedzieć, co robi. Jak źle przykroi drewno, dębina nie da aromatu. Odda kolor, aromatu nie popuści. Dąb to jest leniwe drzewo, a przy koniaku dąb musi pracować. Taki bednarz powinien mieć czucie jak lutnik. Dobra beczka może wytrzymać sto lat. A są beczki, co mają dwieście lat i więcej. Nie każda beczka się uda. Są beczki bez smaku, a znowu inne dają koniak jak złoto. Po kilku latach już się wie, które beczki są jakie.

Do beczek wlewa się winogronowy spirytus. Pięćset, tysiąc litrów, to zależy. Beczkę kładzie się na stojak i tak się ją zostawia. Nic więcej nie trzeba robić, trzeba czekać. Na wszystko przyjdzie czas. Ten spirytus wchodzi teraz w dębinę i wtedy drzewo oddaje wszystko, co ma. Oddaje słońce, oddaje zapach, oddaje kolor. Drzewo wydusza z siebie soki, pracuje.

Dlatego musi mieć spokój.

Potrzebny jest przewiew, bo drzewo oddycha. Drzewo lubi mieć sucho. Wilgoć zepsuje kolor, da kolor ciężki, bez światła. Wino lubi wilgoć, a koniak tego nie zniesie. Koniak jest bardziej kapryśny. Pierwszy koniak dostaje się po trzech latach. Trzy lata, trzy gwiazdki. Gwiazdkowe koniaki są najmłodsze, niskiego gatunku. Najlepsze koniaki są firmowe, bez gwiazdek. To są koniaki, które dojrzewały dziesięć, dwadzieścia, do stu lat. Ale naprawdę wiek koniaku jest jeszcze dłuższy. Trzeba dodać wiek dębu, z którego była beczka. Teraz pracuje się na dębach, które wzeszły, jak była Francuska Rewolucja.

Czy koniak jest młody, czy stary, to się poznaje po smaku. Młody koniak jest ostry, szybki, jakby impulsywny. Smak będzie cierpki, chropowaty. A znowu stary wchodzi łagodnie, miękko. Dopiero potem zaczyna promieniować. W starym koniaku jest dużo ciepła, dużo słońca. On pójdzie do głowy spokojnie, bez pośpiechu.

A swoje i tak zrobi.

Armenia

Wanik Santrian prowadza mnie po różnych zaułkach Erewanu, bo o to go właśnie proszę: żebyśmy zeszli z utartego szlaku. Tak trafiamy na podwórko Benika Petrusjana. Podwórze to, zamknięte z czterech stron murami kamienic, jest miejscem stałej wystawy prac Benika. Benik ma 28 lat, skończył Akademię w Erewanie i jest rzeźbiarzem. Drobny, nieśmiały, mieszka w swojej ciasnej pracowni, której drzwi wychodzą na to właśnie podwórko-wystawę. W tej pracowni wiszą wspaniałe ormiańskie krzyże kamienne, tzw. haczkary, które Ormianie rzeźbili dawniej na skałach. W całej Armenii napotyka się te haczkary, bo były one symbolem ormiańskiej egzystencji lub znakiem granicznym, a także – czasem – drogowskazem. Stare haczkary można znaleźć w miejscach najbardziej niedostępnych, gdzieś na szczytach urwistych skał, i dziś już nie można dociec, w jaki sposób rzeźbiarze haczkar, najczęściej mnisi, mogli się tam wdrapać.

Benik gościł nas winem. Siedzieliśmy na pryczy, wśród kamieni, które od kilku lat obrabia. Nastawił nam magnetofon, żebyśmy mogli posłuchać pataraków. Pataraki to rodzaj starych psalmów ormiańskich, przejmujących, pięknych. Benik miał nowe, francuskie nagranie tych pataraków śpiewanych w Paryżu przez chór ormiański. Prawdziwych pataraków można również posłuchać w Armenii, kiedy pojedzie się pod Erewan, do Eczmiadzinu, który jest Watykanem Kościoła Ormian.

Benik rzeźbi w kamieniu, a także uprawia czekankę, rodzaj płaskorzeźby metaloplastycznej. Ma wybitny talent. Jego rzeźba i ta czekanka krążą ciągle wokół tematu miłości, ściślej – miłosnego uścisku. Ale w tych gestach jest mało radości: tak obejmuje się dwoje, którzy za chwilę muszą rozstać się na zawsze. Jeden z cyklów Benika to rozstania Adama z Ewą.

Jego rzeźby rzadko trafiają na wystawę. Najczęściej stoją, ot, tak jak teraz, na podwórzu pod drzewami czy oparte o ścianę lub położone wprost na chodniku. Benik rzeźbi dla mieszkańców tych czterech kamienic, które otaczają jego podwórze. Rzeźbi dla dozorcy i dla listonosza. Dla śmieciarzy, którzy przyjeżdżają czyścić zsypy. Dla dzieci, które te rzeźby myją dla zabawy czy w nadziei, że dostaną cukierka. Dla inkasenta z elektrowni. A także dla milicjanta, jeśli tu zajrzy z jakimś interesem.

W tej samej dzielnicy, w której mieszka Benik, ma swoją pracownię Amajak Bdejan. Bdejan robi ogromne amfory, wazy i konwie, które wystawia na skwerach Erewanu. Jest to monumentalna ceramika, właśnie doskonała do ekspozycji na miejskich placach, na trawnikach szerokich alei Erewanu. Bdejan lubi jasne, pogodne kolory, ale faktura jego form plastycznych jest chropowata, brylasta. Wierzchołki tych gruzłowatych wypukłości Bdejan pokrywa lekką, świetlistą emalią, tak że te wazy i konwie z daleka już połyskują. Amfory Bdejana można spotkać w wielu punktach miasta. Właśnie Bdejan, profesor Instytutu Sztuki Armenii, zapoczątkował ruch, który ma uczynić z Erewanu nie tylko dzieło architektoniczne, ale również twór plastyczny. Władze miejskie użyczają tym ambicjom pełnego poparcia. Bdejan zrobił więc wnętrze Teatru Dramatycznego w Erewanie – jedno z najciekawszych osiągnięć w dziedzinie współczesnej plastyki wnętrz. Jego dziełem jest również wnętrze kawiarni „Araks", a także znakomite wnętrze restauracji „Ararat". „Ararat" mieści się w podziemiach i jest przykładem nowoczesności zrobionej ze smakiem i umiarem. Takich miejsc jest w Erewanie już dużo. Stolica Armenii staje się fragmentami muzeum sztuki najnowszej.

Kiedy przyszliśmy do Bdejana, lał potężny deszcz i jego pracownia, położona niżej poziomu ulicy, podciekała wodą. Bdejan, jak antyczny garncarz, lepił z gliny wysmukłą stągiew. Pokazał nam zdjęcia swoich wystaw – z Kanady, Szwajcarii, Włoch, Syrii. Ma 42 lata, jest masywnym mężczyzną, milczącym, zapracowanym. Niestety, najciekawsze z dzieł Bdejana można zobaczyć tylko w Erewanie. Ponieważ Bdejan tworzy przede wszystkim – miasto.

Jeszcze byliśmy u młodego kompozytora – Emina Aristakesjana. Wanik wziął mnie tam, żebym posłuchał śpiewu wielkiego Komitasa. Komitas jest tym dla Ormian, czym Szopen dla Polaków: ich geniuszem muzycznym. Nazywał się Soomo Soomonjan, ale jako mnich przybrał imię zakonne Komitas i tak go tu nazywają. Urodził się w 1869 roku w Turcji. W Turcji mieszkała wtedy większość Ormian, różnie podają: 2 albo 3 miliony. Studiował kompozycję w Berlinie. Całe życie oddał muzyce ormiańskiej. Wędrował po wsiach zbierając pieśni. Stworzył dziesiątki, inni mówią, że setki, chórów ormiańskich. Był wędrownym gusanem, improwizował eposy, śpiewał. Skomponował setki utworów, wspaniałych, wielkich, znanych wszystkim filharmoniom świata. Napisał msze, do dziś śpiewane w kościołach ormiańskich.

W 1915 roku zaczęła się w Turcji rzeź Ormian. Do czasów Hitlera była to największa rzeź w dziejach świata, zginęło w niej półtora miliona Ormian. Żołnierze tureccy wciągnęli Komitasa na skałę, z której mieli go strącić. W ostatniej chwili uratowała go córka sułtana Istambułu, jego uczennica. Ale już widział przepaść i to pomieszało mu zmysły.

Miał wtedy 45 lat. Ktoś go zawiózł do Paryża. Nie wiedział, że jest w Paryżu. Żył jeszcze 20 lat. Nie wydał żadnego głosu. 20 lat w zakładzie dla umysłowo chorych. Mało chodził, milczał, ale patrzył. Można sądzić, że widział, ci, którzy go odwiedzali, mówią, że przyglądał się twarzom.

Zapytany, nie odpowiadał.

Próbowali różnych rzeczy. Posadzili go przy organach. Wstał i odszedł. Grali mu płyty. Sprawiał wrażenie, że nie słyszy. Ktoś położył mu na kolanach instrument ludowy, tar. Ostrożnie odłożył. Nikt nie wie na pewno, czy był chory. Bo jeśli wybrał milczenie?

Może to była jego wolność.

Nie zginął, ale już nie żył.

Istniał-nie-istniał w tym zawieszeniu między życiem a śmiercią, w czyśćcu obłąkanych. Ci, którzy go odwiedzali, mówią, że był coraz bardziej zmęczony. Pochylił się, wychudł, sczerniał. Czasem przebierał palcami po stole, w ciszy, bo stół nie wydawał odgłosu. Był spokojny, zawsze poważny.

Umarł w 1935 roku: a więc dopiero po dwudziestu latach upadł w przepaść, przed którą uratowała go kiedyś córka sułtana Istambułu, jego uczennica.

W Matenadaranie ogląda się stare księgi Ormian. Są dla mnie podwójnie niedostępne: leżą w gablotach za szkłem i nie potrafię ich czytać. Pytam Wanika, czy je rozumie. I tak, i nie, bo może czytać litery, ale nie chwyta sensu. Alfabet jest ten sam od piętnastu wieków, natomiast język się zmienił. Ormianin wchodzi do Matenadaranu jak muzułmanin do Mekki. To kres jego pielgrzymki, jest wzruszony, przejęty. W dziejach Ormian książka była ich narodową relikwią. Towarzyszka przewodniczka (jakaż piękna!) mówi ściszonym głosem, że wiele tych manuskryptów, które widzimy, uratowano za cenę ludzkiego życia. Są tu stronice zaplamione krwią. Są księgi ukrywane latami w ziemi, w szczelinach skał. Ormianie zakopywali je, tak jak rozbite armie zakopują swoje sztandary. Zostały znalezione bez trudu: wiadomość o miejscu ich ukrycia była przekazywana z pokolenia na pokolenie.

Naród, który nie ma państwa, szuka ocalenia w symbolach. Ochrona symbolu jest dla niego tak ważna jak obrona granic. Kult symbolu staje się formą kultu ojczyzny. Jest aktem patriotyzmu. Nie żeby Ormianie nigdy nie mieli państwa. Mieli, ale zostało zniszczone jeszcze w starożytności. Potem odradza się w IX wieku i po 160 latach ginie – w swoim dawnym kształcie – już na zawsze. Nie chodzi tylko o państwo. Co najmniej przez 2 tysiące lat groziła Ormianom totalna zagłada. Groziła im jeszcze w naszym wieku, jeszcze do roku 1920.

Dzieje Ormian mierzy się tysiącami lat. Jesteśmy w tej części świata, którą przywykło się nazywać kolebką ludzkości. Poruszamy się wśród najstarszych śladów istnienia człowieka. W dolinie Razdanu, koło Erewanu, odkopano narzędzia kamienne sprzed pół miliona lat. Pierwsza wzmianka o Armenii ma 4 tysiące lat, ale już wtedy, jak głosi kamienny napis, na terenie Armenii było „60 cesarstw" i „setki miast". Armenia jest więc rówieśniczką najstarszych cywilizacji świata. Babilonia i Asyria są jej sąsiadami. Biblijne rzeki Tygrys i Eufrat biorą początek w jej granicach.

Ormianie mają inną niż my miarę czasu. Swój pierwszy rozbiór przeżyli 2500 lat temu. Ich Odrodzenie przypada na IV wiek naszej ery. Chrześcijaństwo przyjęli siedem wieków wcześniej niż my. Dziesięć wieków przed nami zaczęli pisać we własnym języku. Ale Armenia dzieliła typowy dla tego obszaru świata dramat starożytnego Egiptu, Sumerów i Bizancjum – jego istotą był brak ciągłości historycznej, to nagłe pojawienie się pustych rozdziałów w podręczniku dziejów własnego państwa.

Wspaniały wzlot, a potem przygnębiający upadek. Stopniowo narody żyjące w owej kolebce ludzkości, stworzywszy wielkie, monumentalne cywilizacje, jakby wyczerpane nadludzkim wysiłkiem, a może wręcz przytłoczone ogromem stworzonego dzieła i już niezdolne rozwijać go dalej, oddawały prowadzenie młodszym, rozpieranym energią i rwącym się do życia ludom. Na scenę wejdzie Europa, a potem – Ameryka.

Źródłem wszystkich nieszczęść Armenii było jej fatalne położenie geopolityczne. Trzeba spojrzeć na mapę, ale spojrzeć nie od nas, ze środka Europy, ale z zupełnie innego miejsca, z południa Azji, tak jak patrzyli na Armenię ci, którzy przesądzili o jej losie. Historycznie biorąc, Armenia zajmowała obszar Wyżyny Armeńskiej. Okresami (a były to stulecia) Armenia sięgała dalej, była państwem trzech mórz – Śródziemnego, Czarnego i Kaspijskiego. Ale pozostańmy tylko w granicach Wyżyny. Do tego obszaru odwołuje się historyczna pamięć Ormianina. Po wieku XI Ormianom nie udało się nigdy odbudować Armenii w tych granicach. Obecna republika Armenii zajmuje zaledwie 1/10 obszaru tej dawnej, wyżynnej Armenii. Reszta leży w Iranie i przede wszystkim – w Turcji.

Mapa, oglądana z południa Azji, tłumaczy dramat Ormian. Los nie mógł umieścić ich ojczyzny w miejscu bardziej nieszczęsnym. Na południu Wyżyny graniczy z dwoma największymi potęgami minionej epoki – z Iranem i z Turcją. Dodajmy Kalifat Arabski. I nawet Bizancjum. Cztery kolosy polityczne, ambitne, szalenie ekspansywne, fanatyczne, żarłoczne. I teraz – co widzi patrząc na mapę każdy z władców tych czterech mocarstw? Widzi, że jeśli zajmie Armenię, to mu się jego imperium zamknie na północy idealnie naturalną granicą. Bo na północy Wyżyna Armeńska jest wspaniale osłonięta, strzegą jej dwa morza (Czarne i Kaspijskie) oraz gigantyczna zapora Kaukazu. A północ jest groźna dla Iranu i Turcji, dla Arabów i Bizancjum. Bo z północy groziło wtedy nieujarzmione szaleństwo mongolskie.

Toteż Armenia spędza sen z powiek wszystkim paszom i cesarzom. Każdy z nich chciałby, żeby to jego mocarstwo miało ładnie zaokrągloną granicę. Żeby u niego, jak u króla Filipa, też słońce nie zachodziło, żeby się ta rubież nie rozłaziła po równinach, ale mogła oprzeć o porządną górę, o brzeg morski. Owocem tych ambicji są stałe inwazje na Armenię, ciągle ją ktoś podbija i niszczy, ciągle pacyfikuje.

To jest strefa polityki. A jest i sprawa religii. W 301 roku, za panowania cesarza Ormian Tiridata III Arszakuni, Armenia przyjmuje chrześcijaństwo. Jest pierwszym krajem świata, w którym chrześcijaństwo zdobywa rangę religii państwowej. Konflikt wisi w powietrzu: sąsiedni Iran wyznaje zoroastryzm, wrogi chrześcijaństwu, a od zachodu nadciągnie niedługo islam, wrogi i jednym, i drugim. Zaczyna się epoka rozpętanych fanatyzmów, rzezi religijnych, sekciarstwa, schizm, obłędu średniowiecza. I Armenia wkracza w tę epokę.

Ormianie mają swój Kościół, który nazywa się Świętym Apostolskim Kościołem Ormiańskim. W wielowiekowym sporze między Watykanem i Bizancjum zajmowali oni pozycję pośrednią, bliższą jednak Watykanowi. Stąd, choć należeli do grupy Kościołów obrządku greckiego, zaliczani byli w Konstantynopolu do odłączonych, nawet – do heretyków. „Ich obrządek – opowiada Runcimian – w wielu szczegółach odbiegał od greckiego. Składali chętnie krwawe ofiary ze zwierząt, rozpoczynali wielki post od Siedemdziesiątnicy, pościli w soboty i przede wszystkim używali chleba przaśnego w Eucharystii". Z powodu tego chleba, przy którym heretycko obstawali, nazywano ich pogardliwie *przaśnikami*.

Głową Kościoła Ormian jest Katolikos, rezydujący zawsze w Eczmiadzinie koło Erewanu. Wśród Katolikosów było kilku wybitnych poetów, filozofów, muzyków i gramatyków. Kiedy państwo ormiańskie nie istniało – co w czasach feudalnych i nowszych było niemal stanem permanentnym – właśnie Katolikosi reprezentowali sprawę Ormian na arenie międzynarodowej. Spełniali więc funkcję nieoficjalnej głowy nie istniejącego państwa. Czerpali stąd dodatkowy prestiż. Również obecnie osoba Katolikosa otaczana jest szacunkiem. Należy to do tradycji.

Pewien mnich, nazwiskiem Mesrop Masztoc, tworzy ormiański alfabet. Życie Masztoca nosi piętno anonimowej egzystencji klasztornej. Cały ukryty jest w swoim dziele. Ormianie mówią o nim zawsze: „genialny Masztoc”. Za ten alfabet Kościół ogłosił Masztoca świętym, co w tym wypadku można traktować jako rodzaj Nagrody Państwowej. Jest zdumiewające, że wymysł mało wówczas znanego mnicha mógł się tak natychmiast przyjąć. A jednak to fakt! Już wówczas musiała istnieć wśród Ormian silna potrzeba identyfikacji i wyodrębnienia. Byli samotną, chrześcijańską wyspą w morzu obcych, azjatyckich żywiołów. Góry nie umiały ich ocalić: mniej więcej w okresie ogłoszenia alfabetu Masztoca Armenia traci niepodległość.

Odtąd obce armie – perskie, mongolskie, arabskie, tureckie – będą hulać po tym kraju jak złe wiatry. Przekleństwo uczepi się tej ziemi. Co zostanie zbudowane, ulegnie zburzeniu. Rzeki będą spływać krwią. Kroniki są pełne posępnych obrazów. „Wyschły armeńskie róże i fiołki – rozpacza ormiański historyk średniowieczny, Leo – Armenia stała się ojczyzną bólu. Ormianin wygnaniec albo tuła się na obczyźnie, albo błądzi, zgłodniały, po zasłanej trupami ziemi ojczystej”.

Podbita na polu oręża, Armenia szuka ocalenia w scriptoriach. Jest odwrót, ale w tym cofnięciu jest godność i wola istnienia. Czym jest scriptorium? Może to być cela, czasami izba w lepiance, nawet – pieczara skalna. W takim scriptorium jest pulpit, a za pulpitem stoi kopista i pisze. Świadomości ormiańskiej towarzyszyło zawsze poczucie zagłady. I związana z tym żarliwa potrzeba ratunku. Potrzeba ocalenia swojego świata. Skoro nie można go uratować mieczem, niech zachowa się jego pamięć. Okręt utonie, ale niechże pozostanie dziennik kapitana.

Tak powstaje to unikalne w kulturze światowej zjawisko: ormiańska książka. Mając swój alfabet Ormianie zaraz biorą się do pisania książek. Sam Masztoc daje przykład. Ledwo objawił alfabet, a już go zastajemy przy tłumaczeniu Biblii. Towarzyszy mu druga wielkość kultury ormiańskiej, Katolikos Saak Partef, i cała plejada zwerbowanych po diecezjach tłumaczy. Masztoc daje początek wielkiemu ruchowi średniowiecznych kopistów, który rozwinie się wśród Ormian do nie znanych nigdzie indziej rozmiarów.

Już w VI wieku przetłumaczyli na ormiański całego Arystotelesa. Do X wieku przetłumaczyli większość filozofów greckich i rzymskich, setki tytułów literatury antycznej. Ormianie mają otwartą, chłonną umysłowość. Tłumaczyli wszystko, co było pod ręką. Przypominają mi w tym Japończyków, którzy tłumaczą hurtem, co popadnie. Wiele dzieł starożytnej literatury ocalało dla kultury światowej tylko dzięki temu, że zachowały się one w ormiańskich przekładach. Kopiści rzucali się na każdą nowość i od razu brali ją na pulpit. Kiedy Arabowie podbili Armenię, przetłumaczyli całych Arabów. Kiedy najechali na Armenię Persowie, przetłumaczyli Persów! Byli w sporach z Bizancjum, ale co się tam ukazało na rynku, też brali i tłumaczyli.

Zaczynają powstawać całe biblioteki. Musiały to być zbiory ogromne: w 1170 roku Seldżucy niszczą w Suniku bibliotekę składającą się z 10 tysięcy tomów. Są to wszystko ormiańskie manuskrypty. Do dziś zachowało się 25 tysięcy ormiańskich manuskryptów. Z tego ponad 10 tysięcy znajduje się w Erewanie, w Matenadaranie. Kto chciałby obejrzeć resztę, musiałby odbyć podróż dookoła świata. Największe zbiory to Biblioteka Św. Jakuba w Jerozolimie, Biblioteka Św. Łazarza w Wenecji i Biblioteka Kongregacji Mekitarian w Wiedniu. Piękne zbiory ma Paryż i Los Angeles. Polska też miała kiedyś wspaniały zbiór we Lwowie, gdzie zresztą była duża drukarnia ormiańska.

Najpierw pisali na skórach, potem już na papierze. Zrobili taką książkę, która waży 32 kilo. Poszło na nią 700 cielaków. Ale mają i drobiazg, książeczki małe jak chrabąszcz. Kto umiał czytać i pisać, kopiował, ale byli zawodowi kopiści, którym całe życie zeszło za pulpitem. Owanes Mankaszarenc przepisał w XV wieku 132 księgi. „Przez 72 lata – notuje jego uczeń, Zachariasz – zimą i latem, dniem i nocą, Owanes kopiował księgi. Kiedy dożył późnego wieku, jego wzrok przygasł, a ręka trzęsła się i pisanie sprawiało mu wielkie cierpienia. I umarł on w Panu, mając 86 lat, a teraz ja, Zachariasz, uczeń Owanesa, dopisuję jego nie dokończony manuskrypt". Byli to tytani mrówczej pracy, męczennicy swojej pasji. Inny kopista opisuje, jak głodując kupował za ostatni grosz łuczywo, żeby oświetlać przepisywane stronice. Wiele z tych ksiąg jest arcydziełem sztuki poligraficznej. Złote armie ormiańskich literek pełzają przez setki stronic. Kopiści byli jednocześnie wybitnymi malarzami. W książce ormiańskiej sztuka miniatury osiąga światowe wyżyny. Zwłaszcza nazwiska dwóch miniaturzystów – Torosa Roslina i Sarkisa Picaka – błyszczą nieśmiertelnym blaskiem. Miniatury, którymi Roslin ozdabiał manuskrypty w XIII wieku, zachowały całą intensywność barwy i jarzą się do dziś na stronicach ksiąg Matenadaranu.

Losy tych ksiąg to historia Ormian. Ormianie, prześladowani i niszczeni, reagowali na swoją sytuację dwojako: część szła w góry, chroniła się w pieczarach, a część emigrowała w świat, na wszystkie kontynenty. I jedni, i drudzy brali z sobą ormiańskie księgi. Ponieważ tułacze opuszczali Armenię pieszo, niektóre rękopisy, zbyt ciężkie, dzielono na pół. Te połówki wędrowały często w różne krańce globu.

Azerbejdżan

Na Bulwarze Nafciarzy Gulnara Guseinowa leczy ludzi zapachem kwiatów. Kto ma sklerozę, wącha laurowe liście. Kto ma nadciśnienie – wącha geranie. Na astmę najlepszy jest rozmaryn. Ludzie przychodzą do Gulnary z kartką od profesora Gasanowa. Na kartce profesor przepisuje nazwę kwiatu, a także czas wąchania. Wącha się na siedząco, najczęściej przez dziesięć minut. Gulnara dogląda, żeby każdy wąchał to, co należy, żeby, powiedzmy, jakiś sklerotyk nie zabrał się do wąchania rozmarynu. Kwiaty stoją rzędami w szklanym domku, który nazywa się gabinetem fitoterapii i przypomina cieplarnię. Gulnara mówi mi, żebym usiadł i też coś powąchał. Czy czuję zapach? Nie czuję nic. Otóż to – bo kwiat nie pachnie sam z siebie. Trzeba poruszyć łodygą, wtedy kwiat czuje, że ktoś się nim zainteresował. I zaczyna wysiewać swój zapach. Kwiaty nie pachną dla siebie, tylko zawsze dla kogoś. Na każde poruszenie kwiat zareaguje zapachem – jest naiwny i lekkomyślny, każdemu chce się podobać. – Towarzysze, poruszajcie kwiatami! – napomina Gulnara siedzących w gabinecie staruszków, którzy zaczynają trząść gałązkami, jakby otrzepywali je z mrówek.

Pytam Gulnarę, która jest studentką medycyny, czy wierzy, że kwiat może wyleczyć człowieka. Wyleczyć nie psychicznie, bo taka możliwość jest dowiedziona, ale wyleczyć fizycznie, na przykład nadać sprężystość wapniejącej komórce. Gulnara uśmiecha się. Mówi tylko, że do niej przyjeżdżają leczyć się ludzie z całego świata. Podkreśla: nawet z Ameryki. Metoda profesora Gasanowa – to właśnie leczenie zapachem kwiatów – stała się już głośna.

Myślę, że Gulnarę, podobnie jak mnie, urzeka w tej metodzie jej rys estetyczny, a także jej pogoda i dobrotliwa mądrość. Bo co ma zrobić profesor ze starcem, który nosi siedem krzyżyków i zapomina swojej daty urodzenia? Oczywiście, profesor mógłby go wsadzić do stłoczonej sali szpitalnej, w odór chloroformu i jodyny. Ale po co? Czy nie jest piękniejszy zmierzch pachnący kwiatami niż zmierzch, który czuć chloroformem? Więc kiedy do profesora przychodzi ktoś taki, kto musi zajrzeć w dowód osobisty, żeby podać datę swojego urodzenia, i narzeka, że mu coś głowę zamula, profesor słucha go uważnie, a potem pisze mu na kartce: „Rp.: Laurowe liście. Dziesięć minut dziennie. Przez trzy tygodnie". I patrzcie, mówi Gulnara, tłumy walą do profesora. Na wizytę czeka się miesiącami.

Siedzimy z Gulnarą na Bulwarze Nafciarzy, nad brzegiem morza. Od tego miejsca Baku wznosi się łagodnie kamiennymi tarasami. Miasto leży w zatoce, ma kształt amfiteatru i przez to całe jest widoczne. Gulnara pyta, czy lubię Baku. Odpowiadam, że tak, że bardzo. Wszystkie style paradują tu obok siebie w wielkiej rewii mód i epok architektury. Czego tu nie ma! I pseudogotyk, i pseudobarok, i styl postmauretański, i szkoła Corbusiera, i konstruktywizm lat dwudziestych, i monumenty okresu patetycznego, i ładne, nowoczesne konstrukcje. Unikalna to ekspozycja. Bo wszystko ma się na miejscu, wystawione obok siebie, jak w witrynie londyńskiej firmy Mr Coxa Kupno – Sprzedaż Nieruchomości, która może zaoferować każdemu dokładnie to, co chce.

Zresztą jest kilka Baku.

Najstarsze Baku jest najmniejsze. Jest nie tylko maleńkie, ale tak ciasno upchane, tak ściśnięte, tak zagracone, że kiedy tu wchodzę, mimowolnie robię głęboki wdech, żeby sprawdzić, czy będę miał czym oddychać. Jeżeli stanąć tu na środku ulicy i rozłożyć ramiona, to można jedną ręką pogłaskać dziecko śpiące w kołysce w mieszkaniu na lewo, a drugą ręką poczęstować się gruszką leżącą na stole w mieszkaniu naprzeciwko. Chodzi się tu gęsiego, bo jak idzie para, to już stwarza tłok. W dodatku ta bakijska Starówka nie ma żadnego planu, a może ma plan, ale tak surrealistyczny, że go normalna głowa nie pojmie. Nigdy nie wiadomo, jak stąd wyjść. Byłem tu z Walerym, który urodził się i wychował w Baku, próbowaliśmy różnych wariantów, i tak, i tak, nic nam nie wychodziło. Byliśmy u kresu sił, kiedy wyratowały nas dzieciaki.

Ta część Baku nazywa się Iczeri-Szereh, to znaczy Miasto Wewnętrzne. Wiele legend osnuwa tę dzielnicę i opiewa ją wiele ballad podwórzowych. Dla mieszkańców dużego Baku Iczeri-Szereh było miejscem na wskroś egzotycznym, gdzie ludzie mówili swoim językiem i żyli jakby pod wspólnym dachem, bez tajemnic. Dzisiaj Iczeri-Szereh stopniowo burzą, będzie tu nowa dzielnica.

Wokół Miasta Wewnętrznego rozciąga się Baku właściwe, duże i trochę snobistyczne. Bo to duże Baku jest miastem zrobionym na zamówienie, dla prywaciarzy, dla dorobkiewiczów, dla królów bakijskiej nafty. Baku zawsze robiło karierę na nafcie. Już w X wieku wspominają Baku autorzy arabscy właśnie jako miejsce, skąd przywozi się naftę. Dziwy opowiadają na ten temat. „Adżaib ad-Dunia”, traktat perski z XIII wieku, mówi, że „przez całą noc Baku płonie jak ogień. Na ziemi stawiają kocioł i gotują w nim wodę”. O tym gotowaniu pisze również w 1666 roku turecki podróżnik Ewli Czelebi: „W Baku są różne miejsca bezpłodne. Jeśli człowiek albo koń postawi tam nogę i trochę postoi, to jego noga zacznie się palić. W tych miejscach przewodnicy karawan rozgrzebują ziemię, wstawiają w nią kociołki i strawa natychmiast się gotuje. Przedziwna jest mądrość Boga!”

Karawany rozwoziły bakijską naftę po całej Azji. Marco Polo pisze, że było to przede wszystkim bezcenne lekarstwo na skórne choroby wielbłądów. Tak więc, w jakimś sensie, transport średniowiecznej Azji zależał od bakijskiej nafty. Z powodu palącej się ziemi Baku było również Mekką hinduskich czcicieli ognia, którzy ściągali tu z Indii, żeby grzać się w pobliżu swoich płonących bogów. Zachowała się ich świątynia, Ateszga, z czterema wygasłymi kominami.

Sto lat temu staje w Baku pierwsza wieża wiertnicza. Zaczyna się zawrotna kariera miasta. Przyjechał tu jeden Polak – opowiadają mi – człowiek elegancki, z polotem. Wynajął dorożkę i kazał się wozić. W pewnej chwili zdjął cylinder i rzucił go na ziemię. Pokazał zdumionemu dorożkarzowi miejsce, gdzie upadł cylinder. Tu będziemy wiercić, powiada. Bogatym był później człowiekiem. Ponad dwieście zagranicznych firm eksploatuje naftę bakijską. „W 1873 roku – pisze Harvey O’Connor – nastąpił w Baku pierwszy wytrysk samoczynnego szybu. W następnym dziesięcioleciu Baku urosło do poziomu najbogatszego miasta na świecie, a ormiańscy i tatarscy milionerzy naftowi zaczęli rywalizować z milionerami z Teksasu. Miasto to stało się największym ośrodkiem rafineryjnym świata. Rosja zajęła pozycję wielkiego eksportera ropy, który miał na kilka lat usunąć w cień Stany Zjednoczone. Bracia Nobel, którzy zupełnie przypadkowo zjawili się w Baku w 1875 roku, zbudowali tu w rok później swoją pierwszą rafinerię, a w 1878 roku utworzyli spółkę Nobel Brothers Naphtha Company, która w 1883 roku kontrolowała już 51 procent produkcji ropy. Zbudowali oni pierwszy rurociąg na polach naftowych w rejonie Baku, sprowadzili wiertaczy z Pensylwanii i zastosowali zdobycze nauki do organizacji tego chaotycznie rozwijającego się przemysłu. W ciągu kilku lat bracia Nobel dorobili się floty wielkich morskich tankowców parowych i mniejszych tankowców rzecznych do przewozu ropy na Wołdze. Działo się to w czasie, kiedy ciągle jeszcze żaglowce przewoziły naftę z Ameryki w beczkach i bańkach. Noblowie mieli być wyjątkiem od zasady, która głosiła, że kto chociaż rok żył wśród magnatów naftowych w Baku, ten nie mógł się już stać ponownie człowiekiem cywilizowanym. «Czarne Miasto» Baku stało się jednym z najszpetniejszych, najruchliwszych i najbardziej niespokojnych zakątków świata. Tatarzy, Ormianie, Persowie i Żydzi tworzyli z Rosjanami etniczną mozaikę, która od czasu do czasu wybuchała gwałtownymi masakrami. Sporo terenów roponośnych darowanych zostało przez cara różnym dworskim faworytom. Rozpętała się spekulacja, fortuny rosły z dnia na dzień. Świat nigdy dotąd nie oglądał czegoś podobnego, nawet w zachodniej Pensylwanii. Ponieważ nie było sposobu ujęcia strumieni tryskającej ropy, szyby otaczano groblami tworząc jeziora. Jednakże często całe rzeki ropy płynęły z szybów wprost do morza".

– Proszę wybaczyć, ale będę mówiła trochę nacjonalistycznie. – Bardzo zabawna jest ta czupurna Azerbejdżanka, która wie, że nacjonalizm jest owocem zakazanym, ale z drugiej strony nie umie się oprzeć pokusie. Stoimy nad plastyczną mapą Środkowej Azji i Azerbejdżanka chce mi pokazać, jak wielki był Azerbejdżan (to właśnie uważa za ten trochę-nacjonalizm). Mówię Azerbejdżance, że jej ambicja przedstawienia mi Wielkiego Wczoraj jest dziś na świecie postawą uniwersalną. Gdziekolwiek by pojechać, w każdym kraju ludzie będą chlubić się tym, gdzie to ich przodkowie kiedyś się zapędzali. Ta świadomość jest ludziom widocznie potrzebna, może nawet

– coraz bardziej potrzebna. Mówię jej, że tu musi działać jakieś prawo rekompensaty. Dawniej było na świecie luźno i jeśli jakiś naród poczuł nagle, że musi się poszerzyć, to w tym poszerzaniu mógł zajść całkiem daleko. Weźmy imponujące poszerzenie Rzymian. Spójrzmy, jak wspaniale poszerzyli się Mongołowie. Jak poszerzyli się Turcy. Czy można nie podziwiać, jak rozszerzyli się Hiszpanie? Nawet Wenecja, mała przecież, a jakie sukcesy w poszerzaniu.

Dzisiaj poszerzanie jest trudne i ryzykowne, z reguły kończy się zwężeniem i dlatego narody muszą kompensować instynkt szerokości poczuciem głębokości, to znaczy sięgać w głąb dziejów, żeby dowodzić swojej siły i znaczenia. Jest to sytuacja, w jakiej znalazły się wszystkie małe narody, którym drogi jest pokój. Na szczęście, jeśli spojrzeć na dzieje ludzkości, okaże się, że każdy naród w tej czy innej epoce miał swój okres rozpierania i poszerzania, przynajmniej jakieś jedno patriotyczne wyładowanie, co pozwala dziś na zachowanie pewnej – co prawda względnej – równowagi psychicznej rodzaju ludzkiego. Albowiem poczucie głębokości pozwala narodom zachować godność bez uruchamiania instynktu szerokości.

Nawet nie wiem, jak ta Azerbejdżanka ma na imię. Imiona dziewcząt mają tu zawsze swoje znaczenie, do wyboru imienia rodzice przywiązują wagę. Gulnara oznacza kwiat, Nargis – to narcyz, Bahar – to wiosna, Ajdyn – to jasna. Imię Sewil otrzymuje dziewczyna, w której ktoś się kocha. Po rewolucji, mówi mi Walery, zaczęto nadawać dziewczynkom imiona sławiące rzeczy nowoczesne, które docierały na wieś. Są więc dziewczyny o imionach Traktor, Lemoniada, Szofer. Jakiś ojciec, widocznie licząc na ulgi podatkowe, nadał córce imię Finotdieł, co jest skrótem od nazwy urzędu finansowego (Finansowyj Otdieł).

Więc z tą bezimienną dla mnie Azerbejdżanką stoję nad mapą Azji i patrzę, jak wielki był Azerbejdżan. Otóż sięgał od Kaukazu po Teheran i od Morza Kaspijskiego do Turcji.

W przeszłości Azerbejdżan był raczej pojęciem geograficznym i kulturowym niż prawno-państwowym. W rzeczywistości scentralizowanego państwa Azerbejdżan nigdy nie było i tym różnią się jego dzieje od historii Gruzji i Armenii. Różnią się jeszcze w innych punktach. Gruzja i Armenia poprzez Morze Czarne i Anatolię utrzymywały kontakt z Europą starożytną, a potem z Bizancjum. Stamtąd przejęły chrześcijaństwo, które na ich terenie oparło się ekspansji islamu. Oddziaływanie Europy na Azerbejdżan jest już słabe i co najwyżej wtórne. Między Europą i Azerbejdżanem wznoszą się zapory Kaukazu i Wyżyny Armeńskiej, natomiast na wschodzie Azerbejdżan przechodzi w niziny, jest łatwo dostępny, otwarty.

Azerbejdżan to przedpole Azji Centralnej.

Religią panującą jest tu najpierw zoroastryzm, a potem islam, ale kiedy czytam „Szkice z historii i filozofii Azerbejdżanu" Ośmiu Autorów, zdumiewa mnie, ilu heretyków, odszczepieńców, bezbożników, sekciarzy, innowierców, mistyków, jamników, pustelników i kacerzy znajdowało tu dla siebie schron i ambonę. Bo są tutaj matazylici, batynici, izmailici, mazdakowie, manichejczycy, a także monofizyci, czciciele ognia, bektaszyci, nugdawidzi, oraz sufici, hurramici, bracia czyści, a poza tym hurufici, zwani mistykami cyfry, serbedarzy, kadiryci i sunnici. W stosunku do centralnych ośrodków Wschodu teren ten musiał uchodzić za głęboką prowincję, miejsce azylu i przetrwania, choć nie zawsze było to prawdą: w 1417 roku odzierają tu żywcem ze skóry heretyckiego filozofa Imadeddina Nezimi, a kilka lat przedtem ginie z rąk muzułmańskiej inkwizycji przywódca hurufitów – Szichabeddin Fazlullach Naimi Tebrizi Azterabadi al-Hurufi.

Uczniowie tego męczennika, hurufici – mistycy cyfry, kabaliści i wróżbiarze – wierzyli, że początek świata sprowadza się do cyfr 28 i 32. Za pomocą tych cyfr można objaśnić tajemnicę każdej rzeczy. W ich pojęciu Bóg wyrażał się poprzez piękno. Im piękniejsze dzieło, tym bardziej przejawia się w nim Bóg. Było to ich kryterium wartościowania zjawisk.

Szukali Boga w twarzy ludzkiej.

Choć muzułmanie, widzieli Boga w twarzach pięknych kobiet.

Światowej sławy poetą Azerbejdżanu był żyjący w XII wieku Nezami Gandżewi. Podobnie jak Kant, Nezami nie opuścił nigdy swojego rodzinnego miasta. Była nim Gandża, dzisiejszy Kirowabad. Hegel mówił o poezji Nezami, że jest „miękka i słodka". „Nocami – pisze Nezami – wydobywam świecące perły wierszy, w stu ogniach spalając swój mózg". Mądra jest jego uwaga, że „przestrzeń słowa powinna być rozległa". Nezami był epikiem i filozofem, zajmował się logiką i gramatyką, a nawet kosmogonią.

Przygniatany z jednej strony przez Turcję, z drugiej przez Iran, Azerbejdżan nie mógł wywalczyć własnej autonomii. Istniało tu co prawda wiele księstw, ale ich znaczenie było lokalne. Przez wiele wieków Azerbejdżan był prowincją Iranu. W latach 1502-1736 rządzi Iranem dynastia Saławidów, która jest właśnie pochodzenia azerbejdżańskiego. Za tej dynastii Iran przeżywa lata świetności. Język azerbejdżański należy jednak nie do języków irańskich, a tureckich. Nie wszyscy zdają sobie sprawę, że grupa turecka stanowi najliczniejszą grupę językową w b. Związku Radzieckim. Uzbecy, Tatarzy, Kazachowie, Azerbejdżanie, Czuwasze, Turkmeni, Baszkirzy, Kirgizi, Jakuci, Dołganie , Karakałpacy, Kumycy, Haguzowie, Tuwini, Ujgurzy, Karaczajewcy, Chakasi, Czułymi, Ałtaje, Bałkarzy, Nogaje, Turcy, Szorci, Karaimowie, krymscy Żydzi i Tofalowie – mówią językami grupy tureckiej. Uzbek z Tatarem, Kirgiz z Baszkirem itd. mogą rozmawiać, każdy w swoim języku, dobrze się rozumiejąc.

Wieczorem Nik-Nik każe mi włazić wysoko na wieżę. Z wieży będę widział, jak świecą Naftowe Kamiemie, a Nik-Nik powiedział, że nie mogę wyjechać, dopóki tego nie zobaczę. Wieża stoi na morzu, morze jest czarne, chociaż nazywa się Kaspijskie, a ja wspinam się do nieba schodami, które trzeszczą, bo są z desek, cała wieża jest zbita z desek, a wysoka do gwiazd, wiatr nią kołysze jak badylem, ale ona stoi, gniotsa nie łamiotsa, po tej wieży wspinam się do nieba, które jest tu ciemne, właściwie czarne jak morze, wchodzimy w smołę, już wolę nie patrzeć, już chciałbym stanąć, ale słyszę, że Nik-Nik idzie dalej, więc ja też, w mrok, w czeluść, w otchłań. Wszystko staje się nierealne, bo nic już nie widać, to znaczy widzę tylko kawałek dechy, nie heblowanej, jakby włochatej, kawałek drewna wetknięty w niebo, w zupełnie przypadkowym miejscu, wystający w ciemności, nieprawdopodobny, abstrakcyjny.

– Nik-Nik! – wołam.

Bo, rozumiecie, zostałem sam z tą dechą, w jakiejś dziwnej sytuacji, już chyba nieważki, zawieszony w nieokreślonym miejscu, gdyż za tą deską był mrok, żadnego punktu odniesienia, żeby ustalić swoje współrzędne, żadnej szansy, żeby się przejść parę kroków, zapalić, spokojnie rozważyć, co dalej, przede wszystkim nie wiedziałem, co zrobić z deską, i tak tkwiłem w ciemnościach durny i bezsensowny, dopóki nie usłyszałem głosu Nik-Nika, gdzieś pode mną, w niższych regionach galaktyki.

– Widzisz to? – wydyszał Nik-Nik, którego dawno utraciłem z oczu. Dopiero teraz spojrzałem w dół, zresztą z uczuciem wielkiego pietra, bo mam lęk przestrzeni.

Zobaczyłem miasto.

Nie jest to nic dziwnego zobaczyć miasto, nawet wsiowi ludzie są dziś obyci z widokiem miasta, ale ja ujrzałem miasto na pełnym morzu, na morzu sztormującym, rozkołysanym, ogromnym, od tego miasta do najbliższego lądu było sto kilometrów.

Zobaczyłem światła miasta, jego ulice, które ginęły na krańcach horyzontu, ruch w śródmieściu, widocznie ludzie wychodzili z kina, sam byłem tu poprzedniego dnia na polskim filmie „Bumerang", w centrum migotały neony, jeździły autobusy, jasno płonęła kawiarnia, świeciły się witryny sklepów i okna domów. W porcie stał jakiś tankowiec, bo jest tu także port, a nawet dwa porty, jest również lotnisko. Bardzo daleko było widać wieże wiertnicze, które szumiały jak ule, co stąd dawało się ledwie słyszeć, na tych wieżach pracowała nocna zmiana. To miasto nigdy nie śpi naprawdę, nawet nad ranem.

W dole, pod spodem, pod miastem przewala się morze. Morze uderza falami w szeregi stalowych pali, na których stoi miasto, wlewa się w labirynty metalowych konstrukcji utrzymujących ponad wodą ulice, place i domy. Ale miasto stoi nieruchome, wsparte o potężne słupy osadzone mocno w dnie morskim. A nawet jeszcze inaczej: jest to miasto zbudowane na szczytach gór, tylko że gór leżących pod wodą.

Łańcuch podwodnych gór łączy wschodni i zachodni brzeg Morza Kaspijskiego. Ciągną się one od Baku do Krasnowodska w Turkmenii. W tych górach, na całej ich długości, znajdują się bogate pokłady ropy i gazu. Kiedy morze jest spokojne, widać miejscami szczyty podwodnego łańcucha. Ze szczelin, spod skał, tu i tam wycieka ropa. Dlatego nazwano te skały Naftowymi Kamieniami i stąd wzięło nazwę miasto zbudowane na środku morza.

Turkmenia

Aszchabad, spokojne miasto. Czasem ulicą przejedzie wołga. Czasem osiołek postuka kopytami o asfalt. Na ruskim rynku sprzedają gorącą herbatę. Jeden czajnik – 20 kopiejek. Ale czy można tak mierzyć wartość herbaty? Tutaj herbata to życie. Stary Turkmen bierze czajnik, nalewa dwie miseczki – jedną sobie, drugą podsuwa małemu blondasowi. Nu – mówi do chłopca. – Oj, diadia – odpowiada mały – zawsze powtarzam, że nie mówi się nu, tylko na. Diadia śmieje się, może do tej samej myśli, która i mnie przychodzi: że nie można go już niczego nauczyć. Taki Turkmen, który dożył siwej brody, wie wszystko. Jego głowa jest pełna mądrości, jego oczy czytały księgę życia. Kiedy dostał pierwszego wielbłąda, poznał smak bogactwa. Kiedy zdechło mu stado owiec, poznał nieszczęścia nędzy. Widział wyschłe studnie, a więc wie, co to rozpacz, i widział studnie z wodą, a więc wie, co to radość. On wie, że słońce przynosi życie, ale wie również, że słońce przynosi śmierć, z czego nie zdaje sobie sprawy żaden Europejczyk.

Wie, co to jest pragnienie i co to jest nasycenie.

Wie, że jak jest upał, trzeba się ciepło ubrać, w chałat i baranią czapę, a nie rozbierać się do skóry, jak to robią biali. Człowiek ubrany myśli, a rozebrany – nie. Człowiek nagi może popełnić każde głupstwo. Ci, którzy tworzyli wielkie dzieła, byli zawsze ubrani. W Sumerze i Mezopotamii, w Samarkandzie i w Bagdadzie mimo piekła upałów ludzie chodzili ubrani. Powstały tam wielkie cywilizacje, których nie znała Australia ani równik afrykański, gdzie chodzono po słońcu nago. Można się o tym przekonać czytając historię świata.

Być może ten stary zna odpowiedź na wielkie pytanie Szekspira.

Widział on pustynię i widział oazę, to znaczy widział cały świat, który w ostatecznej ostateczności sprowadza się do tego jedynego podziału. Na świat przychodzi coraz więcej ludzi, w oazach robi się ciasno, nawet w dużej oazie Europy, nie licząc oazy Gangesu, oazy Nilu. Czy ludzkość, która narodziła się na pustyniach, o czym mówią wszystkie świadectwa, nie będzie musiała wrócić tam, gdzie jest jej kolebka? I wtedy do kogo przyjdzie po radę ten spocony mieszczuch ze swoim przegrzanym fiatem, ze swoją lodówką, której nie będzie miał gdzie podłączyć? Czy nie zacznie szukać Turkmena z siwą brodą, Tuarega owiniętego turbanem? Oni wiedzą, gdzie są studnie, to znaczy znają tajemnicę przetrwania i ocalenia. Ich wiedza, pozbawiona scholastyki i doktrynerstwa, jest wielka, ponieważ służy życiu. W Europie mają zwyczaj pisać o ludziach pustyni, że są zacofani, nawet skrajnie zacofani. Nikt nie pomyśli, że tak nie wolno sądzić o ludach, które w najstraszniejszych dla człowieka warunkach umiały przetrwać tysiąclecia, wytwarzając typ kultury najcenniejszej, bo praktycznej, pozwalającej całym narodom istnieć i rozwijać się, podczas gdy w tym samym czasie wiele cywilizacji osiadłych upadło i zniknęło z ziemi na zawsze.

Niektórzy myślą, że człowiek szedł na pustynię z biedy, bo nie miał innego wyjścia. Ale było akurat odwrotnie. W Turkmenii na pustynię mogli iść ci, którzy mieli stada, a więc bogatsi, koczowanie było przywilejem zamożnych. „Pobyt na pustyni – mówi profesor Gabriel – jest zaszczytem, to teren wybrany”. Przejście do życia osiadłego było dla koczownika zawsze ostatecznością, rodzajem życiowej przegranej, degradacją. Koczownika można osiedlić tylko siłą, przymusem ekonomicznym albo politycznym. Nie zna on ceny, którą można zapłacić za wolność, jaką daje pustynia.

Czy można sobie wyobrazić cywilizację ludzką bez tego wkładu, który wnieśli do niej koczownicy? Weźmy Złotą Ordę i państwo Timuridów. Były to największe imperia średniowiecza. Najdłuższy epos literatury światowej, który nazywa się „Manas” i liczy 40 tomów, jest epopeą narodową ludu koczowniczego – Kirgizów. Weźmy rozkwit sztuki indyjskiej pod rządami koczowniczej dynastii Wielkiego Mogoła. Należy wymienić takie zjawisko, jak islam, który trzynaście wieków wpływa na dzieje świata i jest ciągle religią w stanie ekspansji, mającą wyznawców na wielkim obszarze globu, od Senegalu do Indonezji, od Mongolii po Zanzibar.

Ale przede wszystkim w ciągu tych tysiącleci, które nie znały samolotu, a jeszcze wcześniej nie znały statku parowego, koczownicy, ten jedyny lud, który posiadł wspaniałą i niebezpieczną sztukę pokonywania martwych przestrzeni, tworzyli przez sam fakt swoich ciągłych wędrówek pierwszy w dziejach naprawdę światowy system mass-communications, przenosząc z miasta do miasta, z kontynentu na kontynent, z jednego krańca na drugi nie tylko złoto, korzenie i daktyle, ale książki i listy, wiadomości polityczne i relacje z odkryć, oryginały i kopie wielkich dzieł myśli i wyobraźni, co pozwalało w tamtych wiekach rozproszenia i izolacji wymieniać osiągnięcia i rozwijać kulturę.

Obok tego miejsca, w którym Turkmen, chłopiec i ja pijemy herbatę, stoi handlarka z tobołem kwiatów. „Grażdanki – woła – nie zabywajtie roz.” Aszchabadzkie róże, ciężkie, omdlałe. Nikt nie kupuje kwiatów, o tej porze rynek jest pusty, to południe na pustyni. Aszchabad, przywalony upałem, leży w słońcu odrętwiały, milczący. Od tego miejsca do mojego hotelu jest sto metrów. Od tego miejsca do granicy Iranu – godzina jazdy. A do Moskwy daleko – 4300 kilometrów, do Warszawy ponad pięć tysięcy. W 1935 roku grupa Turkmenów wyprawiła się na koniach do Moskwy. Jechali dzień w dzień blisko trzy miesiace, 83 dni, i ten rekord został zapisany w „Historii Turkmeńskiej SRR".

Na rynku są sprzedawcy warzyw, to znaczy kołchoźnicy, którzy sprzedają plony ze swoich ogródków i działek, sprzedawcy lekarstw, które można tu kupić na straganie, upaństwowieni bukiniści i fryzjerzy. Dużo fryzjerów, ale tylko męskich. Turkmenki plotą warkocze, do tego fryzjer niepotrzebny. Jest sprzedawca ołówków i zeszytów, tak fantastycznie mokry, zroszony, ociekający, jakby bez przerwy stał pod prysznicem. „Uzbek! – woła do sprzedawcy herbaty – daj czaju!" I pompuje w siebie gorący napój, miska po misce. „Grażdanie! – woła za chwilę – podnoście kulturę! Kupujcie zeszyty! Kupujcie zeszyty!"

Cały rynek pokryty jest asfaltem, ulice też pokryte asfaltem. Ulicami jeżdżą trolejbusy rozgrzane jak marteny. Obie strony ulic są wysadzone drzewami, jest dużo trawników i kwiatów, widać tu wielką troskę o zieleń, miasto jest zadbane, jest czyste i umyte. Drzewa dają cień, ale spełniają też inną funkcję psychologiczną. Obecność zieleni łagodzi męczące uczucie klaustrofobii, lęku zamkniętej przestrzeni, którego doznaje mieszkaniec oazy. Człowiek osiadły boi się pustyni, pustynia przejmuje go grozą. Tymczasem wystarczy dojść do granicy miasta, często wystarczy dojść do końca swojego podwórka: dookoła pustynia. Pustynia wdziera się do miasta, zasypuje place i ulice. Byłem w Nuakszott, leży na Saharze, gdzie regularnie usuwa się naniesione na asfalt zwały piachu, tak jak u nas usuwa się zimą śnieg z ulic. Widziałem w oazie Atar chłopów, których wysiłek polega na ciągłym odkopywaniu palm daktylowych zasypywanych po wierzchołek przez pustynię. Pustynia atakuje domy, dlatego nie mają okien albo okna są raz na zawsze zamknięte. W tym klimacie! A jednak w ten sposób człowiek chroni się przed pyłem, który niszczy mieszkanie, zapasy, dobytek.

Drzewa stwarzają łagodzące wrażenie, że oaza nie jest wysepką wiecznie atakowaną przez żywioł pustyni, ale fragmentem wielkiej ziemi przychylnej ludziom i roślinom.

Aszchabad jest miastem podwójnie młodym. Zaczął powstawać dopiero w 1881 roku, kiedy wojska rosyjskie, po złamaniu oporu Turkmenów, zbudowały tu fort wojenny. Fort zaczął obrastać w uliczki, powstało miasteczko. W 1948 roku, w czasie trzęsienia ziemi, jednego z najcięższych w historii współczesnej, w ciągu 15 sekund miasto zniknęło z powierzchni ziemi. Był jeden cmentarz, wspomina Misza, a po trzęsieniu: szesnaście. Z całego miasta pozostał nie ruszony pomnik Lenina.

Aszchabad, który ogląda się dzisiaj, jest miastem powstałym po klęsce, właściwie od podstaw. Amator antyków nie ma tu nic do zwiedzenia.

Raszyd pokazał mi na mapie, którędy płynął Uzboj.

Uzboj brał wody z Amu-darii, przecinał pustynię Kara-Kum i wpadał do Morza Kaspijskiego. Była to piękna rzeka, powiedział Raszyd, długa jak Sekwana. Ta rzeka umarła, powiedział, a jej śmierć stała się początkiem wojny. Dodał, że historię Uzboju badał archeolog Jusupow. Jego zdaniem, rzeka pojawiła się na pustyni nagle i stosunkowo niedawno, może pięć tysięcy lat temu. Razem z wodą ściągnęły na pustynię ryby i ptaki. Potem przyszli ludzie. Ci ludzie należeli do plemion Ali-ili, Chyzr i Tiwedżi. Turkmeni dzielili się wtedy na 110 plemion, a może nawet i więcej. Ludzie Ali-ili, Chyzr i Tiwedżi podzielili Uzboj na trzy odcinki, każdemu plemieniu przypadła jedna trzecia długości rzeki. Brzegi Uzboju zamieniły się w kwitnącą i ludną oazę. Powstały osady i faktorie, ogrody i plantacje. W samym wnętrzu pustyni zrobiło się rojno i gwarnie. Oto, co może sprawić woda. Woda jest początkiem wszystkiego. Jest pierwszym pokarmem. Jest krwią ziemi. Ludzie wyobrażali wodę rysując trzy faliste kreski. Ponad kreskami rysowali rybę. Ryba była symbolem szczęścia. Trzy kreski plus ryba oznaczało – życie.

Po rzece pływały kupieckie łodzie. Tędy szedł towar z Indii do Anatolii, z Chorezmu do Persji. Uzboj był znany na całym świecie. W tych krajach, gdzie byli piśmienni ludzie, zachowały się na ten temat różne wzmianki. Mamy wzmianki u Greków i Persów, a także wzmianki u Arabów. Na brzegach Uzboju stały gościnne karawanseraje, gdzie wioślarze mogli odpocząć, dostać nocleg i strawę. W Dow-Kała, Orta-Kuju i Talajchanie były bazary, każdy mógł tam kupić towar wysokiej, eksportowej jakości.

Ludzie Uzboju oddawali cześć świętym kamieniom. Jest to typowe dla mieszkańców pustyń, którzy oddają cześć wszystkiemu, co mają pod ręką – kamieniom, wąwozom, studniom i drzewom. Tam, gdzie stał święty kamień, nie wolno było walczyć. Kamień ratował przed śmiercią. Tkwiła w nim siła stężona, zamknięta w formie wiecznej, danej raz na zawsze. Całowanie kamienia dawało ludziom niemal zmysłową rozkosz. Raszyd mówi mi, żebym zwrócił uwagę na ten fragment tekstu „Podróży", gdzie Abu Abd Allah Mohammed ibn Abd Allah ibn Mohammed ibn Ibrahim al-Lawati at-Tandżi, znany jako Ibn Batuta, a w krajach Wschodu pod imieniem Szams ad-Dina, pisze, że „usta odczuwają niezmierną słodycz przy całowaniu kamienia, tak iż chciałoby się go całować bez końca". Dla ludzi Uzboju kamień był istotą boską.

Myśl człowieka obracała się wtedy wokół takiej sprawy jak podział wody. Możemy to stwierdzić stosując metodę dedukcji. Jeszcze po Rewolucji, dopóki nie było reformy, podział wody był dla Turkmena wydarzeniem tak samo ważnym jak wybuch wojny albo zawarcie pokoju. Od tego zależało właściwie wszystko. Woda dostawała się na pole kanałami, które nazywają się aryki. Podział wody dokonywał się przy głównym aryku. Jeżeli była dobra wiosna, podział wody był świętem. Ale dobre wiosny bywają tu rzadko. W ciągu całego roku może spaść tylko tyle wody, ile w Europie przynosi jeden deszcz. A może być i tak, że cały roczny opad wyleje się z nieba w ciągu dwóch dni, a potem jest tylko susza. Podział wody zamieniał się wtedy w wojnę. Po obu stronach aryków ciągną się cmentarze, na dnie kanałów leżą ludzkie kości.

Bogacze mieli duże aryki, a biedni – małe. Biedny starał się cichcem uchylić zastawkę, żeby przypuścić do swojego aryku więcej wody. Bogacz tępił podobne praktyki. Tak wyglądała walka klasowa. Woda była przedmiotem spekulacji, była towarem na czarnym rynku. Istniała giełda wodna, hossa wodna, krach wodny. Ludzie zdobywali na wodzie fortuny albo tracili cały majątek. Powstały wtedy różne obyczaje, które zniosła dopiero Rewolucja. Kobieta nie miała prawa do przydziału wody. Wodę dostawali tylko żonaci mężczyźni. Ojciec, któremu urodził się chłopiec, żenił niemowlaka z dorosłą dziewczyną. Niemowlak, jako żonaty, dostawał nadział wody, była to droga bogacenia się tych ludzi, którym rodziło się dużo chłopców. Dopiero w 1925 roku I Zjazd Rad Turkmenii uchwalił rewolucyjny dekret, który zabrania żenić niemowlaki i przyznaje kobiecie prawo do wody.

Każdy starał się żyć jak najbliżej Uzboju. Rzeka niosła wodę, niosła życie. Wzdłuż brzegów prowadziły szlaki karawan. W nurtach Uzboju armia Dżyngis-chana pławiła konie. Tutaj docierali kupcy Samarkandy i Jomuci – handlarze niewolników.

Agonia rzeki, powiedział Raszyd, zaczęła się czterysta lat temu. Rzeka, która nagle pojawiła się na pustyni, zaczęła teraz szybko znikać. Uzboj stworzył cywilizację w samym wnętrzu pustyni, żywił trzy plemiona, łączył Zachód ze Wschodem, na brzegach Uzboju stały dziesiątki miast i osiedli, które odkopał Jusupow. Teraz rzekę pochłaniały piaski. Jej energia zaczęła słabnąć, jej prąd utracił siłę. Nie wiadomo, kto to pierwszy zauważył. Ali-ili, Chyzr i Tiwedżi zbierali się na brzegu patrzeć, jak odchodzi rzeka, źródło życia, siedzieli i patrzyli, ponieważ ludzie lubią przyglądać się swojemu nieszczęściu. Poziom wody opadał z dnia na dzień, przed ludźmi otwierała się przepaść. Cała walka klasowa wokół otwierania i zamykania zastawek straciła wszelki sens. Nie miało znaczenia, kto ma jaki aryk – w żadnym aryku nie było wody. Ludzie biegali do mułłów, biegali do iszanów, obłapywali każdy napotykany kamień. Nic nie pomagało. Wysychały pola i więdły drzewa. Za worek wody kupowało się karakułową owcę. Karawany, które przedtem zatrzymywały się tu i tam, teraz przebiegały w pośpiechu, jakby tę ziemię nawiedziła epidemia. Pustoszały bazary, kupcy zamykali sklepiki.

Jusupow, który kopał w oazach Uzboju, twierdzi, że wśród znalezionych tam rzeczy panuje wielki nieporządek. Ludzie rzucali wszystko, co mieli. Dzieci rzucały zabawki, kobiety rzucały naczynia. Musiała ich ogarnąć panika, histeria, strach. Na pewno krążyły najbardziej fantastyczne plotki. Może pojawili się prorocy i wróżbici. Ludzie czuli, jak zaciska się obręcz pustyni, na progu ich domów śpiewał piasek.

Zaczął się wielki exodus. Ludzie plemienia Ali-ili, plemienia Chyzr i Tiwedżi (ci ostatni zwani również poganiaczami wielbłądów) ruszyli na południe, ponieważ powszechna była wówczas sława południowych oaz Mary i Tedżenu. Wygnańcy szli przez pustynię Kara-Kum, co oznacza Czarne Piaski, największą pustynię Turkmenii i całej Azji Środkowej. Za sobą mieli martwą rzekę, która leżała wśród piasków jak rozbity dzban. Piasek zasypywał aryki, pola i domy.

Raszyd mówi, że plemiona martwej rzeki natrafiły na opór ludności oaz południowych. Mieszkały tam plemiona Teke i Saryk. To wszystko byli Turkmeni, ci przybysze i miejscowi, to był jeden naród rozdzierany walką o wodę. Raszyd mówi, że w oazach panuje idealna proporcja między ilością wody i liczbą mieszkańców i dlatego oaza nie może przyjmować nowych ludzi. Oaza może przyjąć gościa, może przyjąć kupca, ale nie przyjmie całego plemienia, bo to od razu naruszy jej bilans, od którego zależy cały byt. Dlatego między pustynią i oazą musi toczyć się wojna. Człowiek jest tu postawiony w sytuacji bardziej kategorycznej niż jego brat żyjący w strefie umiarkowanej i dlatego przyczyny wojen są tu głębsze i, chciałoby się powiedzieć, bardziej ludzkie niż w Europie, gdzie historia zna wojny wszczynane z tak błahych powodów, jak obraza prestiżu, spór dynastyczny czy mania prześladowcza panującego. Na pustyni przyczyną wojny jest chęć życia, człowiek rodzi się od razu zaplątany w tę sprzeczność, na tym polega dramat. Dlatego Turkmeni nigdy nie znali jedności, rozdzielał ich pusty aryk.

Śmierć Uzboju, która wygnała na południe plemiona martwej rzeki, dała początek bratobójczym wojnom Turkmenów. Ciągnęły się one wiekami, aż do naszych czasów. Zdarzały się jeszcze tuż po Rewolucji, chociaż te wojny porewolucyjne były już bardziej upolitycznione. Raszyd powiedział, że teraz wodę rozdziela ministerstwo. Powiedział, że w 1954 roku przyjechały do Bosagi spychacze. Bosaga leży w Turkmenii, nad rzeką Amu-darią, niedaleko granicy Afganistanu. Od tego miejsca zaczęli kopać kanał. W ten sposób rzeka, która raz pojawiła się sama i odeszła, została z powrotem wprowadzona na pustynię przez człowieka. Oto, jakie koło zatoczyła historia. Podobnie jak kiedyś, razem z wodą ściągnęły na pustynię ryby i ptaki. Brzegi kanału zamieniły się w kwitnącą i ludną oazę. Kanał ma teraz osiemset kilometrów, a będzie miał dwa razy tyle i dojdzie do Morza Kaspijskiego, jak kiedyś Uzboj.

Woda w kanale jest słodka, powiedział Raszyd. Nabrał dzbanek i kazał mi wypić. Była chłodna i smaczna. Ponton kołysał się przy brzegu, naokoło była pustynia. Na tym pontonie, w dużej kajucie wyklejonej zdjęciami aktorek i porozbieranych modelek, mieszkała brygada Jarosława Szczawieja, czterech Ukraińców. Raszyd i ja byliśmy ich gośćmi, zresztą przypadkowo, bo zepsuła nam się motorówka, musieliśmy stanąć. Brygada kopie odnogę kanału, żeby woda mogła dojść do kołchozu. Ogromne ciężarówki, o kołach tak wysokich jak człowiek, wożą ziemię z miejsca na miejsce. Na górze piachu stoi jasnooka dziewczyna, która zapisuje kierowcom kursy. A jak zapisuje? A tak, żeby mieli wykonaną normę. Ma na imię Palina i przyjechała tu gdzieś spod Charkowa. Jeżeli kierowca jest sympatyczny, Palina postawi mu tyle kresek, że zostanie przodownikiem. Kiedy robi się bardzo gorąco, Palina odkłada zeszyt, skacze do kanału, płynie na drugi brzeg, wraca i znowu stawia kreski. Szczawiej goni Palinę, żeby smażyła ryby. Sam posłał jedną z tych wielgachnych ciężarówek gdzieś hen, do kołchozu, po wódkę. Zrobili nam sute przyjęcie. Odjeżdżaliśmy wieczorem. Światła statków odbijały się w wodzie kanału.

Powrót do Mary i ostatni dzień w Turkmenii. Mary jest stolicą oazy Murgabu i drugim miastem po Aszchabadzie, ma 60 tysięcy mieszkańców. Ludność Turkmenii (mniej niż 2 miliony) żyje w pięciu oazach, reszta Republiki, dziewięćdziesiąt procent powierzchni, to pustynia. Śródmieście Mary jest stare, parterowe, pomalowane na kolor niebieski i żółty. Kiedyś były tu setki sklepików uzbeckich, rosyjskich i ormiańskich, teraz upaństwowionych albo zamienionych na warsztaty i składy. Gorąco, duszno, w połowie dnia robi się szaro. Od pustyni nadciąga pylna zamieć. Ostry wiatr i tumany kurzu, które wypełniają całą przestrzeń między ziemią i niebem. Pył, który oślepia i dławi, nie ma czym oddychać. Zamiera życie, stają maszyny. Teraz Palina i Szczawiej, Adda i te dziewczęta ubrane jak do opery chowają się po kątach, zapadają w szczeliny, naciągają na głowy prześcieradła, koce, co kto ma pod ręką, żeby się nie podusić, burza piaskowa zasypuje, potop zalewa ludzi i stada (bo na pustyni są potopy!), a zamieć pylna dławi, dusi, knebluje na śmierć. Ten kurz, ta drobina (to kamień zmielony na pył przez wiatr i wodę), zawieszone w powietrzu, nagrzewają się w słońcu, tak powstaje sucha mgła, postrach wszystkich ludzi pustyni, sucha i gorąca mgła, kłęby miału rozżarzonego jak węgiel, to jest to, czym pustynia każe oddychać w godzinie swojej furii. Jestem w hotelu, w swoim pokoju, nie ma światła, przede wszystkim nie ma wody, wiatr musiał pozrywać druty, piach pozatykał rury, jeszcze mam łyk ciepłej cieczy w dzbanku, ale co będzie potem? Miasto nie ma wody, telefony odcięte, działa tylko łączność radiowa. Leżę na łóżku, ale wszystko jest mokre, zakurzone, poduszka grzeje jak piec, pić, na pustyni, w czasie burzy, ludzie popadają w obłęd wodny, wypijają nagle cały swój zapas wody, łapczywie, bezmyślnie, właściwie jest to rodzaj szaleństwa, piją nie dlatego, że w tej chwili męczy ich pragnienie, piją ze strachu, opętani myślą, że więcej wody nie będzie, piją, żeby uprzedzić cios. Wymarłe ulice, cisza w hotelu, pusty korytarz, schodzę na dół. Pusta restauracja. Bufetowa siedzi, patrzy w okno. Z ulicy wchodzi Rosjanin, zakurzony, wiatr wyciągnął mu na wierzch koszulę, na głowie ciepła uszanka zapięta pod brodą. Dajcie dwieście gram, mówi do bufetowej. Ona wstaje, nalewa mu szklankę. On to wypija i wydaje z siebie takie ahhhhhhhhh! Teraz będzie lepiej, mówi i wychodzi z tym ogniem w środku na ulicę – w ogień pustyni. Bufetowa przez chwilę odprowadza go wzrokiem. Nasz człowiek, odzywa się, taki wszystko wytrzyma. Potem patrzy na mnie, dobrotliwie, ale i z odrobiną ironii, i bez słowa podaje mi butelkę lemoniady.

Tadżykistan

Jedziemy do kołchozu „Komintern". Kołchoz leży niedaleko Duszanbe i obejmuje piętnaście wsi. Jest to duży kołchoz, ale bywają większe.

Dyrektor „Kominternu" nazywa się Abdulkarin Szaripow. Ciężki, ogromny mężczyzna, bez nogi. Nogę stracił na wojnie, w obronie Ukrainy. Dostał niemieckim odłamkiem, zabrali go do szpitala, stamtąd wrócił do domu. Niemca nie widział nigdy, ani na wojnie, ani potem.

Szaripow nie może chodzić, wszędzie wozi nas dyrektorskim gazikiem. Po drodze opowiada, co może mieć kołchoźnik: trzy krowy, dwanaście baranów, a osłów i koni – ile chce. Dobry baran kosztuje 150 rubli, nowy dom kosztuje piętnaście baranów. Oprócz hodowli uprawiają ziemię. Zbierają osiem kwintali pszenicy z hektara. Nie należy dziwić się, że tak mało – pola znajdują się wysoko w górach, żniwa trwają kilka miesięcy, bo pola leżą na różnych wysokościach, niskie pola dojrzewają wcześnie, a wysokie – późno. Tak jest w całym

Tadżykistanie, gdzie sieją i zbierają przez okrągły rok. W czerwcu w dolinie Wachszu już są żniwa, a w Pamirze chłopi wychodzą dopiero siać. O tej porze w Leninabadzie już dojrzewają morele, a w Isfarze morela dopiero zakwita.

Przejeżdżamy przez wieś. Kobiety tadżyckie przystają, odwracają się tyłem do samochodu i ręką zasłaniają twarz. Rewolucja uwolniła te twarze od zasłon, kobiety zdjęły parandże, ale odruch pozostał. Na uniwersytecie w Duszanbe poznałem Rochat Nabijewą, pierwszą kobietę tadżycką, która w roku 1963 zdobyła tytuł naukowy. Tematem jej pracy była walka o zniesienie parandży. Ta walka kosztowała wiele ofiar. Zginęły setki kobiet, które odsłoniły twarz. Basmacze dokonywali na takich kobietach publicznych egzekucji. Ciekawe, że ten sam człowiek, którego natura jest w swojej istocie tak podobna i niezmienna, wytwarza pod różnymi szerokościami tak sprzeczne obyczaje. Bo w jednych cywilizacjach ambicją mężczyzny jest twarz swojej kobiety jak najbardziej odsłonić, a w innych – jak najbardziej zakryć.

Szaripow zawiózł nas na koniec wsi, w cień rozłożystego czinara. Tutaj Szaripow wydał przyjęcie. Były czereśnie, morele i jabłka. Wielkie misy dymiącego mięsiwa. Sterty pszennych placków. Jakieś zupy, narodowe potrawy, sałaty. Góry wszelakiego jadła. Skrzynie wódki. Szaripow wzbraniał się przed piciem, mówił, że muzułmanom pić nie wolno. W końcu jednak coś wypił. Potem wstał, rozebrał się, odpiął protezę i wlazł do strumienia, który płynął obok. Chłopi wpatrywali się w nagiego dyrektora. Co on robi? – spytałem. On sobie obniża ciśnienie, odpowiedział któryś.

Uczta trwała dalej bez dyrektora. Zebrało się pełno Tadżyków. Jeden z nich zaczął coś opowiadać, wszyscy wybuchali śmiechem. Spytałem, o czym mówią. Wtedy nauczyciel przetłumaczył mi historię młodego Tadżyka, który wrócił z wojny do kołchozu „Komintern". Młody Tadżyk wrócił z wojny i zapomniał swojego języka. Do wszystkich mówił po rosyjsku. We wsi mało ludzi zna rosyjski. Wszyscy mówią po tadżycku. Mów po tadżycku, powiedział mu ojciec, ale młody Tadżyk udawał, że nie rozumie, czego ojciec chce. Pod dom tego ojca zaczęli się schodzić ludzie, każdy chciał zobaczyć, jak wygląda Tadżyk, który zapomniał swojego języka. Najpierw przyszli sąsiedzi, potem cała wieś. Tłum stał i przyglądał się młodemu Tadżykowi, który wrócił z wojny. Ktoś zaśmiał się i wszyscy zaczęli się śmiać. Śmiała się cała wieś, cała wieś huczała od śmiechu, ludzie trzymali się za brzuchy, pokładali się na ziemi. W końcu młody Tadżyk nie wytrzymał, wyszedł z domu i krzyknął do ludzi: dosyć! Krzyknął po tadżycku i potem sam zaczął się śmiać. Tego dnia młody Tadżyk przypomniał sobie swój język, we wsi zarżnęli barana i wszyscy ucztowali cały wieczór.

Dobrze znać język rosyjski, zakończył nauczyciel, ale Tadżyk musi znać również swój język. Wypiliśmy toast za wszystkie języki świata.

Rano odlatywałem do Kirgizji. Turan odwiózł mnie na lotnisko. Każda strona świata to inny krajobraz. Na północy – łagodne, zielone wzgórza, na południu – wysokie, śnieżne góry. Na wschodzie – góry pustynne, wypalone słońcem. I wreszcie – pogrążone w zieleni Duszanbe. Za górami śnieżnymi – Indie, za górami pustynnymi – Chiny.

Kirgizja

Wieczór spędziłem w jurcie Dżumala Smanowa, w Tien-szanie, w dolinie Susamyru odległej od Frunze o 200 kilometrów. Dżumal pasie stado owiec kołchozu Panfiłowa, a ponieważ wyróżniał się w pracy, przyznano mu dekretem rządu tytuł „Wybitny Pastuch Kirgiskiej SRR". Stado, które pasie Dżumal, liczy 600 owiec. Jeśli popytać dokładnie, okaże się, że w tym kołchozowym stadzie jest tylko połowa kołchożowych owiec. Reszta to owce Dżumala, jego brata, jego wujka, jego sąsiada itd. Dżumal skończył 7 klas, ma 41 lat i dziewięcioro dzieci. Wszędzie rodziny są tu liczne, wielodzietne. Całe lato Dżumal spędza w swojej jurcie, na zimę wraca do kołchozu. W jurcie mieszka z żoną, z innymi pastuchami i z dużą gromadą swoich i cudzych dzieci. Gościnność tych ludzi jest niebywała, na mój przyjazd, zresztą tym razem zupełnie przypadkowy, Dżumal zarżnął barana i wyprawił kolację. Cała jurta wypełniła się ludźmi, którzy zawiadomieni przez konnego posłańca pościągali z innych pastwisk. Siedzieliśmy w kucki na wojłokach ogryzając baranie kości i pijąc wódkę. W piciu wódki Kirgizi przewyższają Rosjan, nie mówiąc o Polakach. Piją również kobiety. Z reguły w czasie uczty przebywają one poza jurtą. Gospodarz nalewa szklankę stolicznej i wywołuje imię kobiety. Ona wchodzi, kuca i duszkiem wychyla całą szklankę. Potem bez słowa, bez zakąski, wstaje i znika w ciemnościach.

W czasie uczty podają gościowi na talerzu ugotowaną głowę barana. Gość musi zjeść mózg. Potem musi wydłubać i zjeść oko. Należy pamiętać, że oko baranie jest duże jak śliwka. Drugie oko zjada gospodarz. W ten sposób zawiązuje się więzy braterstwa. Jest to doświadczenie, które na długo zostaje w pamięci.

Uzbekistan

Erkin powiedział, że ma sprawę na mieście, i poszedł, a ja zostałem sam w twierdzy emira Buchary. W twierdzy zrobione jest muzeum. Można tu obejrzeć złote płaszcze emira, można obejrzeć nóż kata, tak spiłowany, że z ostrza niewiele zostało. Stare Amerykanki biegają po dziedzińcu, po sypialni emira, fotografują, zaglądają w głąb lochów. Są przejęte płaszczem, widokiem noża. A teraz popatrzcie, mówi nauczycielka do szkolnej wycieczki. Gromada dzieci przepycha się w stronę zakratowanych kazamat. Wewnątrz, w półmroku, widać figury więźniów emira. Jedna figura wisi na stryczku, druga ocieka krwią. Kilka figur siedzi na ziemi, przykutych łańcuchami do ściany. Pani objaśnia, jak okrutnym władcą był emir, i że to wszystko razem – ta twierdza, te płaszcze, ten na stryczku – nazywa się feudalizmem.

Było południe, wyszedłem z twierdzy na wielki, zakurzony plac, naprzeciwko znajdowała się czajchana. O tej porze czajchany są pełne Uzbeków. Siedzą w kucki, w kolorowych tiubitejkach na głowie, piją zieloną herbatę. Piją tak godzinami, często przez cały dzień. Przyjemne to życie, spędzane w cieniu drzewa, na dywaniku, wśród bliskich kompanów. Usiadłem na trawie i zamówiłem czajnik. Po jednej stronie miałem widok twierdzy, tak dużej jak Wawel, tyle że zrobionej z gliny. Ale po drugiej stronie miałem widok jeszcze lepszy.

Po drugiej stronie stał cudowny meczet.

Ten meczet przyciągnął moją uwagę, ponieważ był zrobiony z drzewa, co jest niezwykle rzadkim przypadkiem w architekturze muzułmańskiej, której tworzywem jest kamień i glina. W dodatku wśród upalnej i zdrętwiałej ciszy pustynnego południa słychać było, że w meczecie coś stuka. Odstawiłem czajnik i poszedłem zbadać sprawę.

Stukały kule bilardowe.

Ten meczet nazywa się Bolo-Chauz. Jest to unikalny zabytek architektury Środkowej Azji XVIII wieku, właściwie jedyny, jaki z tego okresu ocalał. Portal i ściany Bolo-Chauzu zdobi ornament drzewny, którego piękno i precyzja nie mają sobie równych. Każdy musi się tym zachwycać.

Zajrzałem do wnętrza. Było tam sześć zielonych stołów, przy każdym stole młodzi chłopcy o rozwichrzonych, jasnych czuprynach grali w bilard. Tłum kibiców dopingował zawodników. Wynajęcie stołu kosztuje 80 kopiejek za godzinę, więc tanio, jest dużo chętnych, przed wejściem stoi kolejka. Nie chciało mi się stać w kolejce, przez to nie mogłem dobrze obejrzeć wnętrza i wróciłem do czajchany.

Oślepiające słońce padało na plac. Po placu wałęsały się psy. Z twierdzy wychodziły wycieczki, najpierw Amerykanki, potem dzieci. W meczecie stukały kule, chłopcy pokrzykiwali. Między twierdzą zamienioną w muzeum a meczetem zamienionym w salę bilardową siedzieli Uzbecy i pili herbatę. Siedzieli w milczeniu, zwróceni twarzami do meczetu, bo tak nakazuje zwyczaj ojców. W milczącej obecności tych ludzi była jakaś godność i mimo szarych chałatów wyglądali oni dostojnie. Miałem ochotę podejść i uścisnąć im ręce. Chciałem im jakoś wyrazić swój szacunek, ale nie umiałem tego zrobić. W tych ludziach, w ich zachowaniu, w ich mądrym spokoju było coś, co w tym momencie budziło mój spontaniczny i rzeczywisty podziw. Od pokoleń siadali w tej czajchanie, która była stara, może starsza niż twierdza i meczet. Wiele rzeczy jest teraz innych, wiele, ale nie wszystkie. Można by powiedzieć, że świat się zmienia, ale nie zmienia się zupełnie, w każdym razie nie zmienia się na tyle, żeby Uzbek nie mógł posiedzieć w czajchanie i wypić herbaty nawet w godzinach pracy.

W Bucharze zobaczyłem jeszcze rojne i kolorowe bazary. Są to stare bazary, tysiącletnie, a jednak ciągle żywe, wypełnione tłumem ludzkim. Erkin pokazał mi bazar, po którym lubił przechadzać się Awicenna. Pokazał mi bazar, gdzie kupował daktyle Ibn Batuta. Małe sklepiki, stragany, stoiska, każde z numerem, bo upaństwowione. Erkin powiedział, że Uzbek woli przepłacić, ale kupi na bazarze, a nie w sklepie. Bazar to tradycja, to miejsce spotkań i rozmów, to drugi dom.

Byłem też na dziedzińcu Medrese Mir-I-Arab. Medrese – to muzułmański uniwersytet. Mir-I-Arab jest imponującym zespołem architektonicznym, zbudowanym w 1503 roku, a teraz poddanym troskliwej restauracji. Po Rewolucji uniwersytet został zamknięty, obecnie jest znowu otwarty. Nowa nazwa uczelni brzmi:

„Seminarium Duchowne Muzułmanów Środkowej Azji i Kazachstanu".

Kolor Buchary jest brunatny, to kolor gliny wypalonej w słońcu. Kolor Samarkandy jest intensywnie błękitny, to kolor nieba i wody.

Buchara jest kupiecka, hałaśliwa, konkretna i materialna, jest miastem towarów i rynków, jest wielkim składem, pustynnym portem, brzuchem Azji. Samarkanda jest natchniona, abstrakcyjna, wyniosła i piękna, jest miastem skupienia i refleksji, jest nutą i obrazem, jest zwrócona do gwiazd. Erkin powiedział mi, że Samarkandę trzeba oglądać w noc księżycową, kiedy jest pełnia. Ziemia pozostaje ciemna, cały blask przejmują mury i wieże, miasto zaczyna świecić, a potem unosi się do góry, jak lampion.

H. Papworth w swojej książce „The Legend of Timur" (Londyn 1937) chciałby kwestionować fakt, że cud Samarkandy jest dziełem Timura, zwanego też Tamerlanem. Jest coś niepojętego w tym – pisze autor – że miasto, które całym swoim pięknem i kompozycją kieruje myśl człowieka w stronę mistyki i kontemplacji, zostało stworzone przez tak okrutnego demona, łupieżcę i despotę, jakim był Timur.

Nie da się jednak zaprzeczyć, że to, co stanowi o sławie Samarkandy, powstało na przełomie XIV i XV wieku, a więc za panowania Timura. Postać Timura to zadziwiający fenomen historii. Jego nazwisko budziło grozę przez dziesiątki lat. Był to wielki władca, który trzymał pod butem Azję, ale ta wielkość nie przeszkadzała mu w zajmowaniu się drobiazgami. Timur poświęcił drobiazgom wiele uwagi. Jego armie słynęły z okrucieństwa. Tam, gdzie pojawił się Timur – pisze arabski historyk Zaid Wosifi – „krew wylewała się z ludzi jak z naczyń", a „niebo miało kolor pola tulipanów". Timur sam stawał na czele wypraw, sam wszystko nadzorował. Tym, których podbił, kazał ścinać głowy. Kazał z czaszek budować wieże, budować mury i drogi. Sam doglądał, jak postępują prace. Kazał kupcom pruć brzuchy i szukać w nich złota. Sam doglądał, czy pilnie szukają. Kazał truć przeciwników i oponentów. Sam szykował im mikstury. Niósł śmierć i ta misja pochłaniała go przez pół dnia. W drugiej połowie dnia pochłaniała go sztuka. Timur poświęcał się krzewieniu sztuki z takim samym oddaniem, z jakim poświęcał się krzewieniu śmierci. W świadomości Timura między śmiercią i sztuką przebiegała niesłychanie wąska granica, i to jest właśnie ten moment, którego Papworth nie może zrozumieć. To prawda, że Timur ścinał. Ale jest również faktem, że ścinał nie wszystkich. Kazał zostawiać przy życiu ludzi twórczych kwalifikacji. W imperium Timura najlepszym azylem był talent. Timur ściągał talenty do Samarkandy, zabiegał o każdego twórcę. Nie dał ruszyć nikogo, kto nosił w sobie iskrę bożą.

Twórcy kwitnęli i kwitnęła Samarkanda. Miasto było jego dumą. Na jednej z bram Timur kazał wypisać zdanie: „Jeżeli wątpisz w naszą potęgę – spójrz na nasze budowle!" i zdanie to przeżyło Timura o wiele wieków. Jeszcze dziś Samarkanda oszałamia nas swoim niepowtarzalnym pięknem, doskonałością formy, geniuszem plastycznym. Każdej budowli Timur doglądał sam. To, co było nieudane, usuwał, a miał smak doskonały. Rozważał różne warianty ornamentów, dbał o delikatność rysunku, o czystość linii. A potem rzucał się znowu w wir nowej wyprawy, w rzeź, w krew, w płomień, w krzyk.

Papworth nie rozumie, że Timur uprawiał grę, na którą stać niewielu ludzi. Timur pokazywał granice możliwości człowieka. Timur pokazał to, co później opisał Dostojewski: że człowiek może wszystko. Dzieło Timura można wyrazić zdaniem, które należy do Saint-Exupéry'ego: „Tego, co zrobiłem, nie zrobiłoby nigdy żadne zwierzę". I w dobrym, i w złym. Nożyce Timura miały dwa ramiona – ramię tworzenia i ramię niszczenia. Są to ramiona działania każdego człowieka. Tylko że zwykle te nożyce są ledwo rozchylone. Czasem są rozchylone bardziej. U Timura były rozwarte do końca.

Erkin pokazał mi w Samarkandzie grób Timura, zrobiony z zielonego nefrytu. Przed wejściem do mauzoleum jest napis, którego autorem jest Timur: „Szczęśliwy, kto wyrzekł się świata wcześniej, nim świat wyrzekł się jego".

Umarł mając 69 lat, w 1405 roku, w czasie wyprawy na Chiny.

Tak więc, kiedy jesienią 1989 zacząłem cykl moich podróży po ziemiach Imperium, moje kontakty z tym mocarstwem, choć sporadyczne i krótkotrwałe, miały już swoją długą historię. Myślałem, że będą mi one teraz wielką pomocą. Myliłem się. Ten ostatni cykl podróży był dla mnie wielką rewelacją i to z dwóch względów: po pierwsze – nigdy nie zajmowałem się bliżej tym krajem, nie byłem specjalistą, nie byłem rusycystą, sowietologiem, kremlologiem itd. Pochłaniał mnie Trzeci Świat, kolorowe kontynenty Azji, Afryki i Ameryki Łacińskiej i temu się niemal wyłącznie poświęcałem. Moja rzeczywista znajomość Imperium była więc znikoma, wyrywkowa, powierzchowna. Po drugie – w miarę oddalania się epoki stalinowsko-breżniewowskiej nasza wiedza o tym systemie i kraju rośnie w postępie geometrycznym. Już nie tylko każdy rok i miesiąc przynoszą nowe materiały i informacje, ale każdy tydzień i dzień! Ktoś, kto dopiero dziś zaczyna interesować się komunizmem jako ideologią i Imperium jako jego praktyczno-mocarstwowym wcieleniem, może nie zdawać sobie sprawy, że 90, jeśli nie więcej, procent dostępnych mu teraz materiałów jeszcze kilka lat temu nie znało światła dziennego!

Z lotu ptaka
(1989–1991)

Trzeci Rzym

Wiosną 1989, czytając napływające z Moskwy informacje, pomyślałem: warto by tam pojechać. Inni popychali mnie w tym samym kierunku, jako że Rosja, kiedy ożywia się, zaczyna interesować wielu ludzi. A nadszedł właśnie czas, kiedy wszystkim udzielił się nastrój ciekawości i oczekiwania czegoś niezwykłego. Wtedy to, w końcu lat osiemdziesiątych, czuło się, że świat wchodzi w okres wielkiej przemiany, transformacji tak głębokiej i zasadniczej, że nie ominie ona nikogo, żadnego kraju ani państwa, a więc także i ostatniego imperium na ziemi – Związku Radzieckiego.

Na naszym globie coraz powszechniej zaczął panować wówczas klimat przychylny dla demokracji i wolności. Na wszystkich kontynentach dyktatury padały jedna po drugiej: Obote w Ugandzie, Marcosa na Filipinach, Pinocheta w Chile. W Ameryce Łacińskiej despotyczne reżimy wojskowe traciły władzę na rzecz bardziej umiarkowanych cywilów, a w Afryce panujące tu niemal wszędzie systemy jednopartyjne (z reguły groteskowe i skorumpowane) rozpadały się i schodziły ze sceny politycznej.

Na tle tej nowej i obiecującej panoramy świata system stalinowsko-breżniewowski ZSRR wyglądał coraz bardziej anachronicznie, jako podupadający i niewydolny przeżytek. Ale był to anachronizm o ciągle potężnej i groźnej sile. Kryzys, jaki przeżywało Imperium, śledzono na świecie z uwagą, ale i niepokojem – wszyscy mieli świadomość, że chodzi tu o mocarstwo wyposażone w broń masowego zniszczenia, która mogłaby wysadzić w powietrze naszą planetę. W tym ostatnim wypadku ów mroczny i zatrważający scenariusz nie przesłaniał jednak zadowolenia i powszechnej na świecie ulgi, że komunizm kończy się i że jest w tym fakcie jakaś nieodwracalna ostateczność.

Niemcy mówią – Zeitgeist, duch czasu. Otóż fascynująca i obiecująco brzemienna jest chwila, kiedy ów duch czasu, drzemiący markotnie i apatycznie jak zmokłe ptaszysko na gałęzi, nagle i bez wyraźnego powodu (w każdym razie powodu dającego objaśnić się wyłącznie racjonalnymi przyczynami) niespodziewanie zrywa się do śmiałego i radosnego lotu. Szum tego lotu słyszymy wszyscy. Pobudza on naszą wyobraźnię i dodaje energii: zaczynamy działać.

Gdyby udało mi się – planuję w roku 1989 – chciałbym przejechać przez cały Związek Radziecki, przez jego 15 republik związkowych (nie myślę jednak, żeby dotrzeć do wszystkich 44 republik, okręgów i krajów autonomicznych, bo na to zabrakłoby mi po prostu życia). Najbardziej wysunięte punkty tej podróży:

na zachodzie – granica z Polską, Brześć;

na wschodzie – Pacyfik (Władywostok, Kamczatka albo Magadan);

na północy – Workuta albo Nowa Ziemia;

na południu – Astara (granica z Iranem) albo Termez (granica z Afganistanem).

Szmat świata. Powierzchnia Imperium wynosi bowiem ponad 22 miliony kilometrów kwadratowych, a jego lądowe granice są dłuższe niż równik i ciągną się przez 42 tysiące kilometrów.

Zważywszy, że gdzie tylko jest to technicznie możliwe granice te były i są grodzone gęstymi płotami drutu kolczastego (widziałem takie zapory na granicach z Polską, Chinami i Iranem) i że drut ten z powodu fatalnego klimatu szybko niszczy się, więc trzeba go często wymieniać setkami, ba, tysiącami kilometrów, można przyjąć, że znaczna część radzieckiej metalurgii to przemysł wytwarzający drut kolczasty.

Bo przecież rzecz nie kończy się na drutowaniu granic! Ileż tysięcy kilometrów drutu zużyto na ogrodzenie archipelagu GUŁAG? Owych setek obozów, punktów etapowych i więzień rozrzuconych na terytorium całego Imperium! Ileż następnych tysięcy kilometrów pochłonęło drutowanie poligonów artyleryjskich, czołgowych i atomowych? A drutowanie koszar? A wszelkich magazynów?

Jeżeli to wszystko pomnożyć przez lata istnienia władzy sowieckiej, łatwo będzie odpowiedzieć na pytanie, dlaczego w sklepach Smoleńska czy Omska nie można kupić ani motyki, ani młotka, nie mówiąc już o nożu czy łyżeczce: na wytworzenie tych rzeczy nie było surowca, surowiec zużyto na produkcję drutu kolczastego. Nie koniec na tym! Przecież tony tego drutu trzeba było dowieźć statkami, koleją, śmigłowcami, wielbłądami, psim zaprzęgiem do najdalszych, najbardziej niedostępnych zakątków Imperium, a następnie to wszystko wyładować, rozwinąć, pociąć, umocować. Łatwo sobie wyobrazić te nie kończące się monity telefoniczne, telegraficzne, listowe dowódców straży przygranicznych, komendantów łagrów i naczelników więzień o przysłanie nowych ton drutu kolczastego, ich zapobiegliwość w tworzeniu zapasów tego drutu, gdyby zabrakło go w magazynach centralnych. Ale z drugiej strony, łatwo sobie również wyobrazić te tysiące komisji i ekip kontrolnych, które rozjeżdżają się po całym obszarze Imperium, aby sprawdzać, czy wszystko jest ogrodzone jak należy, czy płoty są dostatecznie wysokie i gęste, tak drobiazgowo zaplątane i utkane, że ani się mysz nie przemknie. Łatwo też wyobrazić sobie telefony z Moskwy do swoich podwładnych w terenie, telefony nacechowane stałą i czujną troską wyrażającą się pytaniem: – Czy aby tam wszyscy jesteście rzeczywiście dobrze zadrutowani? I oto ludzie, zamiast budować sobie domy i szpitale, zamiast naprawiać ciągle psującą się kanalizację i elektryczność, latami zajęci byli (na szczęście – nie wszyscy) drutowaniem wewnętrznym i zewnętrznym, lokalnym i ogólnopaństwowym swojego Imperium.

Pomysł wielkiej podróży zrodził się w trakcie czytania informacji o pierestrojce: niemal wszystkie pochodziły z Moskwy. Nawet jeżeli chodziło o wydarzenia w miejscu tak odległym jak Chabarowsk – też pisano o nich z Moskwy. Moja reporterska dusza buntowała się. W takich chwilach ciągnęło mnie do Chabarowska, chciałem sam zobaczyć, co się tam dzieje. Była to pokusa tym silniejsza, że znając trochę Imperium wiedziałem, jak bardzo Moskwa różni się od reszty kraju (nie we wszystkim, co prawda) i że olbrzymie obszary tego mocarstwa to niezmierzona terra incognita (zresztą terra incognita również dla mieszkańców Moskwy).

Zaraz jednak opadały mnie wątpliwości – czy aby mam rację? Właśnie dostałem świeżą, bo na początku roku 1989 wydaną książkę wielkiego historyka Natana Ejdelmana „Odgórna rewolucja w Rosji". Autor patrzy na pierestrojkę jako na kolejny zwrotny punkt w dziejach Rosji i przypomina, że wszystkie takie punkty zwrotne, rewolucje, wstrząsy i przełomy dokonywane były w tym kraju z woli cara, z woli genseka, z woli Kremla (lub Petersburga). Energia narodu rosyjskiego, mówi Ejdelman, wyładowywała się zawsze nie w oddolnych, samodzielnych inicjatywach, ale w wypełnianiu woli góry rządzącej.

I w domyśle: pierestrojka będzie trwać tak długo, jak na to pozwoli Kreml.

Więc może lepiej być w Moskwie, blisko Kremla, i śledzić rozstawione wokół jego murów sejsmografy, termometry, barometry i rękawy do pokazywania kierunku i siły wiatru? Bowiem kremlologia częściej przypominała nam meteorologię niż wiedzę z pogranicza historii i filozofii.

Jest jesień 1989. Pierwsze zetknięcie z Imperium po latach. Ostatni raz byłem tu ponad dwadzieścia lat temu, w początkach ery breżniewowskiej. Era Stalina, era Chruszczowa, era Breżniewa. A wcześniej: era Piotra I, Katarzyny II, Aleksandra III. Gdzie jeszcze osoba władcy, jego cechy charakteru, jego manie i fobie odciskają tak silne piętno na historii kraju, jej biegu, jej wzlotach i upadkach? Stąd też uwaga, z jaką zawsze śledzono w Rosji i na świecie nastroje, depresje i kaprysy kolejnych carów i gensekóww – ileż od tego zależało! (Mickiewicz o Mikołaju I: „Car dziwi się – ze strachu mrą Petersburczany, / Car gniewa się – ze strachu mrą jego dworzany; / Ale sypią się wojska, których Bóg i wiara / Jest Car. – Car gniewny: umrzem, rozweselim Cara!").

Car uważany jest za Boga i to w sensie dosłownym. Przez stulecia, przez całą historię Rosji. Dopiero w XIX wieku wydano ukaz carski, aby zdjąć z cerkwi portrety cara. Ukaz carski! Bez niego nie ośmieliłby się nikt tknąć takiego portretu-ikony. Nawet Bakunin, ten anarchista i wywrotowiec, jakobin i dynamitard, nazywa cara „ruskim Chrystusem". O ile carowie są namiestnikami Boga, to Lenin i Stalin są namiestnikami światowego komunizmu. To też pomazańcy. Dopiero po śmierci Stalina zaczyna się proces powolnego zeświecczania władzy Najwyższego. Zeświecczania – a z nim i stopniowego ograniczania wszechmocy. Skarżył się na to Breżniew. Krytykując jesienią 1968 Dubczeka i jego ludzi, którzy chcieli zreformować w Czechosłowacji system, czym ściągnęli sobie na głowę czołgi sowieckie, Breżniew narzekał: „Myśleliście, że skoro macie władzę, to już możecie robić, co się wam żywnie podoba. Ale to wielki błąd! Nawet ja nie mogę robić tego, co bym chciał – z tego, co chciałbym urzeczywistnić, mogę zrealizować chyba zaledwie jedną trzecią" (Zdenék Mlynár – „Mróz ze Wschodu").

No więc lotnisko, kontrola paszportowa. W okienku młody żołnierz z wojsk pogranicznych. Zaczyna się oglądanie paszportu. Oglądanie, czytanie, ale przede wszystkim – szukanie fotografii. Jest fotografia! Żołnierz patrzy na fotografię, a potem na mnie, na fotografię i zaraz na mnie, na fotografię i na mnie. Coś mu się nie zgadza. Zdejmijcie okulary!, rozkazuje. Na fotografię i na mnie, na fotografię i na mnie. Ale widzę po jego twarzy, że teraz, bez okularów, nie zgadza mu się jeszcze bardziej. W jego jasnych oczach dostrzegam skupienie i czuję, że jego myśl zaczyna gorączkowo pracować. Domyślam się, że wiem, nad czym ta myśl w tej chwili pracuje – ona szuka wroga. Wróg nie ma swojej kwalifikacji wypisanej na czole, przeciwnie – wróg jest zamaskowany. Zadanie więc polega na tym, żeby go zdemaskować. W tej właśnie umiejętności szkolą mojego żołnierza i tysiące jego kolegów. Oto macie sto zdjęć, mówi sierżant, wśród nich jedno jest szpiega. Kto odgadnie, dostanie tydzień urlopu. Chłopcy wpatrują się, wpatrują, pot występuje im na skronie. Tydzień urlopu!

Ten? A może ten?! Ten nie, ten wygląda na porządnego człowieka. A myślisz, że szpieg ma rogi na głowie? Szpieg może wyglądać normalnie, może się nawet dobrotliwie uśmiechać! Oczywiście w ogóle nie trafiają, bo pośród tych stu nie było żadnego szpiega. Teraz już nie ma szpiegów. Nie ma? Czy można sobie wyobrazić świat bez szpiegów? Myśl żołnierza pracuje, szuka, przenika. Jedno jest pewne – szpieg chce się tu dostać za wszelką cenę, prześliznąć, przemycić, przerwać. Tylko pytanie – który to on spośród dziesiątków ludzi, którzy cierpliwie oczekują na moment, kiedy na każdym z nich spocznie czujna para jasnych oczu? Czasem mówią – nie ma już zimnej wojny. Ale ona ciągle jest, jest w tym krążeniu wzroku między fotografią a twarzą, w tym natarczywym i świdrującym wpatrywaniu się, w tym badawczym i podejrzliwym spojrzeniu, w tym namyśle, wahaniu i niepewności, co ostatecznie z nami zrobić.

Widok Moskwy zachwycił Chateaubrianda. Autor „Pamiętników zza grobu" towarzyszy Bonapartemu w wyprawie na Moskwę. 6 września 1812 roku wojska francuskie docierają do wielkiego miasta: „Napoleon konno zjawił się przy straży przedniej. Trzeba było przebyć jeszcze jedno wzniesienie; graniczyło z Moskwą jak Montmartre z Paryżem i nazywało się Górą Pokłonną, ponieważ Rosjanie modlili się tutaj na widok świętego miasta, jak pielgrzymi na widok Jeruzalem. Moskwa o złotych kopułach, jak mówią słowiańscy poeci, jaśniała w słońcu: dwieście dziewięćdziesiąt pięć cerkwi, tysiąc pięćset pałaców; domy z ozdobnie wycinanego drzewa, żółte, zielone, różowe, brakło tylko cyprysów i Bosforu. Kreml kryty blachą polerowaną albo malowaną był częścią tej całości. Pośród wykwintnych will z cegły i marmuru płynęła rzeka Moskwa otoczona parkami z sosen – palm tego nieba. Wenecja w dniach chwały nie była na wodach Adriatyku świetniejsza... Moskwa! Moskwa!, krzyczeli nasi żołnierze i zaczęli klaskać w ręce".

„...ponieważ Rosjanie modlili się tutaj na widok świętego miasta, jak pielgrzymi na widok Jeruzalem".

Tak, bo Moskwa była dla nich świętym miastem, stolicą świata, Trzecim Rzymem. Tę ostatnią ideę wysunął już w XVI wieku mędrzec i wizjoner pskowski – mnich Filoteusz. „Dwa Rzymy już upadły (Piotrowy i Bizancjum) – pisał w liście do ówczesnego księcia moskiewskiego Wasyla III. – Trzeci Rzym (Moskwa) stoi. Czwartego nie będzie" – zapewniał kategorycznie księcia. Moskwa: oto kres historii, koniec wędrówki ziemskiej rodzaju ludzkiego, brama otwarta do niebios.

Rosjanie potrafili wierzyć w takie rzeczy głęboko, z przekonaniem, fanatycznie.

Takiej Moskwy, jaką zobaczył Napoleon owego słonecznego wrześniowego popołudnia 1812 roku – już nie ma. Spalili ją Rosjanie następnego dnia, żeby zmusić Francuzów do odwrotu. Potem Moskwa paliła się kilkakrotnie. „Nasze miasta – pisze gdzieś Turgieniew – palą się co pięć lat". To zrozumiałe: budulcem Rosji było drewno. Drewno było tanie, wszędzie rósł las. Budynek z drewna można szybko postawić, a ponadto drewniana ściana dobrze trzyma ciepło. Za to jeżeli wybuchnie pożar – pali się wszystko, całe miasto. Tysiące i tysiące mieszczan rosyjskich znalazło śmierć w płomieniach.

Szanse ocalenia miały tylko te cerkwie i pałace arystokracji, które budowano z cegły i kamienia. Ale takie budownictwo było w Rosji rarytasem, luksusem. Otóż burzenie cerkwi przez bolszewików było nie tylko walką z religią, ale i niszczeniem jedynych śladów przeszłości, całej historii. Zostawała pustynia, czarna dziura.

Starą Moskwę, którą dziś można oglądać już tylko na rycinach Michaiła Pylajewa, próbował ostatecznie zniszczyć Stalin.

Wszelcy dyktatorzy, niezależnie od epoki i kraju, mają jedną wspólną cechę: wszystko wiedzą, na wszystkim się znają. „Myśli Juana Perona" („Doctrina Peronista", Buenos Aires, 1948), „Myśli Przewodniczącego Mao" (Pekin, 1962), myśli Kadafiego i Ceausescu, Idi Amina i Alfredo Stroessnera – nie ma końca tym głębiom i mądrościom. Stalin znał się na historii, ekonomii, poezji i językoznawstwie. Jak się okazało, znał się również na architekturze. W 1934 roku – to znaczy między jedną straszliwą czystką a drugą, jeszcze potworniejszą – polecił stworzyć plan przebudowy Moskwy. Poświęcał mu, pisano z nabożeństwem, wiele czasu i uwagi. Nowa Moskwa miała podkreślać swoim wyglądem następujące cechy epoki: triumf, potęgę, monumentalność, mocarność, powagę, masywność, niezwyciężoność (według E. W. Sidorina, „Woprosy filosofii", 12/1988). Ostro przystąpiono do dzieła. Poszedł w ruch trotyl, kilofy i spychacze. Zaczęto burzyć całe dzielnice, wysadzać w powietrze cerkwie i pałace. Z pięknych mieszczańskich apartamentów wysiedlono dziesiątki tysięcy ludzi – do namiotów, do slumsów. Stara Moskwa znikła z powierzchni ziemi, na jej miejsce powstały ciężkie i monotonne, ale potężne gmaszyska – symbol nowej władzy. Na szczęście, jak to nieraz bywało w realnym socjalizmie, bałagan, lenistwo i brak narzędzi uchroniły część miasta przed ostateczną zagładą.

Jak powiadam, zachowało się trochę starych ulic, domków i kamieniczek, co prawda zapuszczonych, co prawda odrapanych i w liszajach, ale przecież są, przecież stoją. Przy odrobinie wysiłku można sobie wyobrazić, że było to miasto w miarę przytulne. Że można było przysiąść na ganeczku, odsapnąć na ławce pod drzewem, wejść do któregoś zajazdu, karczmy czy baru, żeby odetchnąć, rozgrzać się, wypić herbaty czy koniaku. Nic podobnego nie ma w dzisiejszej Moskwie! Od kilku godzin chodzimy z I. po mieście i nie mamy gdzie się podziać. Nieliczne restauracje albo zamknięte, albo stoją przed nimi starzy KGB-owcy, którzy tylko czekają, żeby złapać cię za kołnierz i rzucić na środek ulicy, pod pędzące samochody. W dodatku skarpetki w moich buciorach pozwijały się w ten sposób, że nie mogę iść dalej, muszę te skarpetki doprowadzić do porządku, ale gdzie usiąść, gdzie usiąść w Moskwie późną jesienią w deszcz i śnieg, kiedy się jest na ulicy, kiedy człowiek nie ma ni domu, ni hotelu (dom czy hotel są daleko) i jedynym miejscem, które mu zostaje, jest przymarznięta kałuża błota?

Otóż gdy chodziłem tak uliczkami starej Moskwy, zdało mi się, że w pewnym momencie zaczynam rozumieć sens Rewolucji Październikowej – wielkiego wydarzenia XX wieku, które (wszyscy to wiemy) zmieniło bieg dziejów ludzkości. A mianowicie – partery tych ciągnących się kilometrami domków i kamieniczek były zbudowane – kiedyś, kiedyś – jako pomieszczenia na sklepy, na warsztaty rzemieślników, na restauracyjki i kawiarenki. Widać to po oknach wystawowych, po rodzaju schodów, skrzydlatych drzwi i przestronnych wnętrz. Tu biło serce starej, kupieckiej, ruchliwej i przedsiębiorczej Moskwy. Tłumy ludzi przewijały się tymi ulicami. Było kolorowo i gwarno, tłoczno, egzotycznie. Otóż idąc dziś przez te same, ale puste i martwe ulice odruchowo zaglądam do okien wystawowych. We wszystkich stoją biurka. Nie ma tu żadnych kontuarów i półek, żadnych artykułów kolonialnych ani materiałów bławatnych. Tylko bardziej lub mniej liche biurka. I to biurka gęsto ściśnięte, stłoczone, upchane kolanami, niemal ustawione piętrami, jak prycze w koszarach. Ileż za tym kryje się dyskusji, ile narad, ile rozmyślań na temat tak życiowo ważny, a mianowicie – gdzieżby tu jeszcze zmieściło się jedno biurko? A na tych biurkach (widać to przez okna wystawowe) – stosy ankiet, formularzy i kwestionariuszy. I – to również widzi się wszędzie – szklanki do herbaty.

Chytrość przejawia się często w rzeczach najprostszych. Uliczki, po których teraz chodzę, potwierdzają tę prawdę; manewr, który dał bolszewikom zwycięstwo, polegał na wyrzuceniu i wywłaszczeniu kupców (ludzi niezależnych, kierujących się prawami rynku) i posadzeniu w ich sklepach urzędników – a więc pokornego i posłusznego narzędzia władzy. Człowieka za kontuarem zastąpił człowiek za biurkiem: rewolucja triumfowała.

Moskwa, nawet stara Moskwa, jest tak rozległa, że można było w nią wbudować mnóstwo domów, ulic, nawet całych osiedli, a nadal jest w niej przestronno i luźno. Właśnie ta przestronność jest jedną z uderzających cech miasta; jak w każdym ze światowych miast-gigantów wszędzie trzeba iść i iść albo jechać i jechać godzinami, metrem, autobusem, taksówką. Największy to kłopot dla tych, którzy mieszkają w nowych wielkich dzielnicach, jakimi obudowano centrum metropolii. Ale nikogo te problemy nie zrażają. Wszyscy chcą mieszkać w Moskwie, Moskwa to Mekka. Miasto liczy około dziesięciu milionów ludzi, a drugie dziesięć milionów przyjeżdża tu codziennie służbowo albo na zakupy. Pisarz moskiewski Władimir Sorokin nazywa swoich sąsiadów, swoich pobratymców, obywateli stolicy (zresztą w ogóle mieszkańców miast rosyjskich) – miejskim chłopstwem. Ludzie ci to socjologiczny fenomen. Kiedyś wyszli ze wsi, ale na wieś nie mogą powrócić – wieś już nie istnieje, została zniszczona, zastąpiły ją kołchozy. Ale przecież zachowała się wśród tych ludzi jakaś pamięć, jakieś nawyki i odruchy. Paradoksalnie, duch wsi rosyjskiej przetrwał nie na rozległych nadwołżańskich polach, ale w kilkunastopiętrowych wieżowcach nowych dzielnic Moskwy: Bielajewa, Miedwiedkowa, Golianowa. Wszędzie trudno tam trafić, a nocą, jeżeli ktoś nie zna dobrze miejsca, nie sposób tam trafić w ogóle. Mówi o tym jedna z czastuszek kierowców taksówek:

Zawiozę cię do tundry
nawet do Iwanowa
zawiozę cię gdzie zechcesz
byle nie do Golianowa (Miedwiedkowa, Boberowa itd.).

Przylecieć do Moskwy w końcu 1989 to wjechać w świat zdominowany przez rozmnożone, nieokiełznane słowo. Po latach milczenia, knebla i cenzury tamy pękają i burzliwe, potężne, wszechobecne potoki słów zalewają wszystko. Inteligencja rosyjska jest znowu (albo raczej – po raz pierwszy) w swoim żywiole, a żywiołem tym jest nie kończąca się, niestrudzona, zażarta, szaleńcza dyskusja. Jakże oni to kochają, jakże jest im z tym dobrze! Gdzie tylko ktoś zapowie jakąś dyskusję, już ciągną tam nieprzeliczone tłumy. Przedmiotem dyskusji może być teraz wszystko, ale oczywiście tematem decydującym jest przeszłość. A co Lenin, a co Trocki, a co Bucharin. Równie ważni jak politycy są tu poeci. Czy Mandelsztam umarł w łagrze z głodu, czy wskutek epidemii? Kto jest winien samobójstwa Cwietajewej? Sprawy te roztrząsane są godzinami, do białego rana.

Najwięcej czasu spędza się jednak przed telewizorami, ponieważ dzień i noc trwa transmisja z obrad Rady Najwyższej. Kilka przyczyn złożyło się jednocześnie na wybuch tych pasji politycznych. Po pierwsze, politykę na szczytach władzy otaczała tu od wieków szczelna, niemal mistyczna tajemniczość. Władców, którzy decydowali o życiu lub śmierci ludzi, ludzie ci nie widzieli nigdy na oczy. A tu można ich teraz zobaczyć, jak złoszczą się, wymachują rękami, jak im się skrzywił krawat, jak dłubią w uchu. Po drugie, śledząc takie obrady wysokiego gremium Rosjanie mają po raz pierwszy poczucie uczestnictwa w czymś ważnym.

I wreszcie – pierestrojka zbiegła się z rozwojem telewizji w tym kraju. Telewizja nadała pierestrojce wymiar, jakiego nie miało dotąd żadne wydarzenie w historii Imperium.

Świątynia i pałac

(Jeszcze w Moskwie)

Ilekroć tamtędy przejeżdżam, nie mogę oderwać wzroku od tego miejsca. Wpatruję się z natężeniem, jakbym chciał coś zobaczyć, przez mgłę, przez czas, choć oczywiście niczego zobaczyć nie można.

Żeby tam dotrzeć, trzeba jadąc Leninskim Prospektem (gdzie mieszkam) w stronę centrum miasta, minąć Kamiennyj Most i zaraz skręcić na prawo w dół, a potem znowu w prawo i wyjechać na ciągnący się wzdłuż rzeki bulwar zwany Nabiereżnaja. Tam właśnie, tuż za światłami, tuż za rozpiętym wysoko wiaduktem, znajduje się, ogrodzone płotem, to miejsce.

Zimą w powietrzu unoszą się tam kłęby białej pary. Para ta bije z wielkiego basenu, czynnego cały rok, ponieważ woda jest podgrzewana. Kiedy mrozy dochodzą do trzydziestu stopni poniżej zera, basen staje się rajem dla specjalnej kategorii ludzi, którzy znajdują najwyższą satysfakcję życiową w tym, że kąpią się na takim strasznym mrozie w odkrytym basenie. I nic! I żyją! Że są z tego naprawdę zadowoleni, widzimy po sposobie, w jaki wychodzą z wody i przechadzają się skrajem basenu: ich ruchy są energiczne, sylwetki – sprężyste, pierś wysunięta do przodu, głowa uniesiona do góry.

Jesień 1812 roku. Napoleon na czele swojej rozbitej i zdziesiątkowanej armii opuścił Moskwę i uchodzi z Rosji. Poniósł druzgocącą klęskę. Rosjanie rozwijają ofensywę, triumfują. Panujący wówczas car Aleksander I, żeby wyrazić wdzięczność Opatrzności, że „uratowała Rosję od grożącej jej zagłady”, postanawia wybudować w Moskwie świątynię „pod wezwaniem tego, który zbawił Rosję” – pod wezwaniem Chrystusa Zbawiciela.

Świątynia ma być tak wielka, jak wielka jest wdzięczność cara dla Syna Bożego – ma być więc olbrzymia, gigantyczna.

Jednakże ponieważ car był zajęty podbojem Azerbejdżanu i Besarabii, a także z powodu bałaganu i może zwyczajnie – zapomnienia, świątyni za jego życia nie postawiono. Dopiero następca i brat Aleksandra I – Mikołaj I, w piątym roku sprawowania swojej imperatorskiej władzy, a więc w 1830, podjął na nowo ideę zbudowania owej świątyni wdzięczności. W dwa lata później car zatwierdził projekt budowy, przedstawiony mu przez architekta Konstantina Tona. Przez sześć lat Mikołaj I zastanawiał się, gdzieby tę świątynię postawić. W końcu zdecydował się i wybrał to właśnie miejsce, w którym dziś specjalna kategoria ludzi, kąpiąc się w odkrytym basenie w czasie tęgich mrozów, daje dowody swojej dzielności i hartu. Miejsce to miało dwie zalety: leżało blisko Kremla, a po drugie – tuż obok płynęła rzeka, w której prawosławny Lud Boży mógł dokonywać swoich tradycyjnych, religijnych ablucji.

Wkrótce car powołał Komitet Budowy Świątyni Chrystusa Zbawiciela i prace ruszyły na wielką skalę.

Budowa trwała nieprzerwanie 45 lat.

Pieczę nad nią sprawował Mikołaj I, który jednak zmarł w 1855 roku, w tajemniczych okolicznościach. Dzieło ojca prowadził dalej jego syn – car Aleksander II, ten wszakże zginął w zamachu bombowym w marcu 1881. Na szczęście stałą i gorliwą troskę o stan budowy przejawiał również następny car, syn Aleksandra II – Aleksander III. Żaden z nich nie szczędził tej ambitnej (i zdawałoby się – wiekopomnej) sprawie czasu ni pieniędzy. Nie tylko Moskwa, nie tylko Rosja, ale i świat cały przyglądał się w zdumieniu i niemym podziwie tej budowie. Carowie przychodzili i odchodzili, stare pokolenia marły, a nowe zaludniały świat. Rosja coraz to rzucała się w odmęty kolejnych wojen i podbojów albo cierpiała z powodu powracających fal głodu i epidemii, a jednak nic nie mogło przerwać, a nawet opóźnić prac nad tym unikalnym i niebywałym dziełem.

Poświęcenie świątyni odbywa się w obecności cara Aleksandra III 26 maja 1883. Zebrani, choć zewnętrzna strona budowli, powstającej latami na ich oczach, była im przecież znana, teraz, po wejściu do wnętrza, wydają okrzyk uniesienia i zachwytu. Podane przez architektów cyfry podnoszą jeszcze ten nastrój niezwykłości i ekstazy.

Bo rzeczywiście. Świątynia Chrystusa Zbawiciela ma ponad 30 pięter. Jej ściany mają 3,2 metra szerokości – zbudowano je z 40 milionów cegieł. Ściany te – na zewnątrz i wewnątrz – pokrywają płyty z marmurów ałtajskich i podolskich oraz z fińskiego granitu. Płyty, na całej powierzchni świątyni, są przymocowane do cegieł za pomocą specjalnych ołowianych uchwytów. Święty przybytek wieńczy gigantyczna kopuła, pokryta miedzianą blachą, a waga tej blachy wynosi 176 ton. Na szczycie stoi trzypiętrowy krzyż. Kopułę otaczają 4 dzwonnice, w których wisi 14 dzwonów o łącznej wadze 65 ton. Główny dzwon waży 24 tony (największy polski dzwon – „Zygmunt" na Wawelu – waży 8 ton). Do wnętrza cerkwi prowadzi 12 wrót wykutych z brązu. Ich łączna waga wynosi 140 ton.

Najbardziej imponujące jest wnętrze. Oświetlają je świece umieszczone w trzech tysiącach świeczników. A ponadto – ponieważ zwyczajem prawosławnym wierni wchodzą do cerkwi i zapalają swoje świece, a wiernych tych świątynia może każdorazowo pomieścić kilkanaście tysięcy – łuny biją z okien świątyni na wielką odległość.

Ale we wnętrzu – co jest we wnętrzu? Po wejściu widzimy przed sobą gigantyczny i olśniewający ikonostas, na który zużyto 422 kilogramy złota. Ikonostas odbija owo rozmigotane światło tysięcy łojowych świeczek, a jego intensywny i władczy blask wprowadza nas niepostrzeżenie w natchnione i pokorne skupienie.

Ściany, w ich części dolnej, pokrywa 177 płyt marmurowych, na których wyryto następujące dane:

– daty i miejsca bitew oręża rosyjskiego;

– nazwy walczących tam pułków i dywizji oraz nazwiska ich dowódców;

– liczby zabitych i rannych;

– kto i jakie otrzymał odznaczenia, w szczególności, komu przyznano Krzyż Świętego Jerzego.

Wyżej, ponad marmurowymi płytami, aż do szczytu kopuły powierzchnię ścian pokrywały obrazy, namalowane specjalną techniką na białych tynkach. Były tam portrety świętych, sceny z życia Chrystusa i apostołów, motywy biblijne. Autorzy tych dzieł to najsławniejsi malarze rosyjscy owej epoki – Bruni i Wiereszczagin, Kramskoj i Litowczenko, Siedow i Surikow.

Ta imponująca i okazała świątynia, jedyne w swoim rodzaju i rozmachu dzieło architektury, prawdziwa chluba sztuki rosyjskiej, istniała 48 lat – do połowy 1931, kiedy to Stalin postanowił ją zburzyć. Nie odbyło się to w tak drastycznie prostacki sposób, że oto Stalin ogłosił wszem i wobec: – A teraz zburzymy Świątynię Chrystusa Zbawiciela!

Nie! Gdzieżby!

Żadnych takich wystąpień i oświadczeń! Po prostu 18 lipca 1931 w „Prawdzie" ukazała się wiadomość, że władze ZSRR podjęły decyzję o zbudowaniu w Moskwie Pałacu Sowietów. Wiadomość zawierała też informację, gdzie ów Pałac ma stanąć. Ludziom postronnym wymieniony adres nie mówił nic, natomiast mieszkańcom Moskwy mówił on wszystko, a mianowicie – Pałac ma być zbudowany w miejscu, w którym stoi świątynia. Dlaczego akurat w tym miejscu? Moskwa jest przecież olbrzymim miastem, dużo tam pustych terenów, nawet w pobliżu Kremla są wolne, nie zabudowane place, można więc było wybrać naprawdę znakomitą lokalizację. A jednak – nie, jednak chodzi dokładnie o ten skrawek ziemi, na którym stoi Świątynia Chrystusa Zbawiciela!

Dlaczego?

Samo wyjaśnienie, że rządzi teraz ateizm, że trwa walka z religią, że zamykają cerkwie i klasztory, było oczywiście słuszne, ale nie tłumaczyło wszystkiego. W końcu w Moskwie jest mnóstwo cerkwi, nawet na Kremlu są cerkwie, a jednak palec Wodza spoczął właśnie na tym jednym miejscu, tam, gdzie wznosiła się imponująca sylwetka świątyni, którą zbudowali carowie Wszechrosji, aby podziękować Bogu, że zmusił Napoleona do odwrotu i ocalił ich Imperium.

Stalin poleca zburzyć największy obiekt sakralny Moskwy. Dajmy na chwilę pole naszej wyobraźni. Jest rok 1931. Wyobraźmy sobie, że Mussolini, który w tym czasie rządzi Włochami, poleca zburzyć w Rzymie Bazylikę Świętego Piotra. Wyobraźmy sobie, że Paul Doumer, który jest w tym czasie prezydentem Francji, poleca zburzyć w Paryżu Katedrę Notre Dame. Wyobraźmy sobie, że Marszałek Piłsudski poleca zburzyć w Częstochowie Klasztor Jasnogórski.

Czy możemy sobie coś takiego wyobrazić?

Nie.

W ciągu jednej nocy olbrzymi plac wokół świątyni otaczają płotem i już od świtu przystępują do pracy. Dzieło zburzenia świątyni można by – stosując kryteria akustyki – podzielić na: a/ etap cichy, b/ etap głośny. W czasie etapu cichego władza rabuje świątynię. Wiemy, jakie w tej cerkwi były skarby. Samego złota prawie pół tony. A ileż ton srebra, mosiądzu, emalii, ametystów! Ileż diamentów i szmaragdów, turkusów i topazów! Ile bezcennych ikon i zdobnych ewangelii, ile pastorałów i kadzielnic! A kolekcje złotem i srebrem tkanych szat liturgicznych, owych tiar, ornatów, pasów, trzewików wysadzanych drogimi kamieniami!

Wszystko to teraz trzeba było pozdejmować ze ścian i z ołtarzy, powyjmować z szaf i z komód, z ram i z zawiasów. Wszystko to trzeba było wywieźć i schować – a to w magazynach Kremla, a to w sejfach NKWD. Najwięcej pracy było przy zdejmowaniu marmurów. Marmury przyspawane ołowiem do ceglanych ścian nie chciały ustępować, nie dawały się oderwać. Trwało to tygodniami, nie wiemy, czy ta zwłoka denerwowała Stalina. Jeżeli tak – trudno byłoby się temu dziwić. Stalin bowiem miał w tym czasie dziesiątki spraw na głowie. Przede wszystkim kierował akcją uśmiercenia głodem dziesięciu milionów ludzi na Ukrainie. Uśmiercenie dziesięciu milionów ludzi przy ówczesnym stanie techniki nie było łatwym zadaniem. Nie znano jeszcze komór gazowych, nie znano broni masowej zagłady. Fakty mówią, że przebieg tej akcji był przedmiotem jego szczególnego zainteresowania. Stalin był człowiekiem podejrzliwym, nikomu nie ufał, sam czytał meldunki z Ukrainy, beształ opieszałych, wydawał nowe polecenia i dekrety, a to przecież musiało kosztować dużo czasu i nerwów.

Jednocześnie generalny sekretarz czuwał nad ambitnie pomyślaną rozbudową sieci łagrów – wielkie zadanie w tak ogromnym kraju, tym bardziej, jeśli weźmie się pod uwagę ciężki klimat, ogrom trudności transportowych i brak wszelkich materiałów budowlanych. A czas naglił – Wódz obmyślał już swoją pierwszą wielką czystkę: gdzieś trzeba było pomieścić miliony skazanych. W tej sytuacji trudno byłoby nawet mieć do Stalina pretensję, gdyby na przykład nieco osłabił swój nadzór i zainteresowanie postępami w burzeniu Świątyni Chrystusa Zbawiciela. W końcu miał on już po pięćdziesiątce i musiał czuć w kościach lata morderczej walki o władzę.

A jednak – nie!

Wszystko wskazuje na to, że Stalin nawet na moment nie zaniedbał tej sprawy. Można sądzić, że był on świadom, jak ogromne było stojące przed nim i jego ludźmi wyzwanie. Chodziło przecież o to, aby dysponując jedynie bardzo zacofaną i prymitywną techniką, zburzyć zaledwie w cztery miesiące (taki termin wyznaczono na tę straszliwą operację) to, co z niezwykłym wysiłkiem i nadzwyczajnym poświęceniem budowano 45 lat.

A przecież i to okazało się możliwe! I kiedy wreszcie świątynia została już ogołocona ze wszystkiego, co dało się wywieźć z jej olśniewającego przebogatego wnętrza, z jej skarbca i garderoby, z jej szaf i skrytek, z ołtarzy i dzwonnic, ze wszystkiego, co dało się zerwać z ikonostasu, ze ścian i wrót, co dało się odkuć, odrąbać, odkręcić, wyciągnąć, wyważyć, wydłubać i wyłamać, kiedy, powiadam, sprawnorękie brygady, pracując dniem i nocą, dokonały ostatecznie swojego dzieła – burzyciele zobaczyli przed sobą widok przejmujący: oto stali we wnętrzu gigantycznej, ponurej i odpychającej skorupy z cegieł, na której to tu, to tam tkwiły uczepione, jak insekty do skóry monstrualnego zwierza, postacie robotników na rusztowaniach.

Analogia z rozdzierającą wizją Gianbattisty Piranesiego nasuwała się sama przez się.

Zaczyna się drugi akt dramatu Świątyni Chrystusa Zbawiciela. Dotąd chodziło o to, żeby ją ograbić i zniszczyć, teraz – aby ją zburzyć i zrównać z ziemią. Tutaj jednak powstał prawdziwy problem techniczny: jak zburzyć tak gigantyczną budowlę stojącą w środku miasta? Najprościej byłoby zbombardować, ale to nie wchodziło w grę, gdyż w pobliżu cerkwi mieszczą się różne ambasady, a przede wszystkim niedaleko jest Kreml. A niechby pilot źle trafił?

Próbowano kuć młotkiem. Ale młotek tu do niczego. Jak można rozkuć młotkiem stumetrowe ściany, których grubość przekracza trzy metry! Oczywiście, w magazynach Armii Czerwonej są dostateczne zapasy dynamitu, aby podłożyć ładunki pod świątynię i wysadzić całą budowlę w powietrze.

Tak, ale jeżeli źle się obliczy i w powietrze wyleci pół miasta, a co najgorsze – wyleci Kreml?

W końcu postanawiają (bardzo przytomnie!) pójść drogą eksperymentów i doświadczeń. A więc kują dziurę i wkładają kostkę trotylu. Huknęło, błysnęło, poszedł kurz. Kiedy tuman opadł, zbierają się, patrzą, mierzą – ile wyrwało. Teraz kują większą dziurę i zakładają dwie kostki. Odpowiednio głośniej huknęło, jaśniej błysnęło, poszedł większy kurz. I tak krok po kroku, kostka po kostce, metr po metrze. To zwalą kawałek kopuły, to wysadzą szczyt dzwonnicy, to skruszą fragment ściany. Liczą na to, że tymi wstrząsami tak rozchwieją całą konstrukcję, tak rozluźnią i osłabią jej strukturę, że później wystarczy jeden mocny ładunek i wielka świątynia legnie w gruzach.

A co o tym mówią mieszkańcy Moskwy (jest ich w tym czasie trzy miliony)? Przecież burzą ich Bazylikę Świętego Piotra, ich Katedrę Notre Dame, ich Klasztor Jasnogórski.

Co mówią?

Nic nie mówią.

Życie toczy się dalej. Rano dorośli śpieszą do pracy, dzieci idą do szkoły, babcie stają w kolejkach. Coraz to zabierają a to kogoś z domu, a to znajomego z pracy, a to sąsiada.

Ot, życie, takie ono jest.

Pewną aktywność przejawiają tylko mieszkańcy domów sąsiadujących ze świątynią. A mianowicie w wolnych chwilach wychodzą na balkony albo wdrapują się na dachy swoich kamienic i przyglądają się pracy burzycieli – strzałowych i tych, co młotkami rozbijają figury świętych, portale i attyki.

Patrzą, przyglądają się, milczą, bo o czym tu mówić?

Nikt nie protestuje, nie manifestuje, nie pikietuje. Zresztą Koba by takich rzeczy nie tolerował.

Śmierć świątyni następuje 5 grudnia 1931.

Od rana miastem wstrząsa seria potężnych detonacji. Gdzie stała cerkiew, po południu wznosi się i dymi wysoka góra gruzu. „Straszna cisza panowała w tym miejscu”, zanotował jeden ze świadków zdarzenia. Nad Moskwą przesunęła się ciężka chmura dymu i pyłu. Zdjęcie, które zachowało się z tego dnia, jest tak nieudolnie zrobione, tak stare i wyblakłe, że trudno po nim zorientować się, czy była już zima, czy był śnieg.

Natychmiast ogłoszono konkurs na projekt Pałacu Sowietów, który (jak pamiętamy) miał stanąć dokładnie na miejscu Świątyni Chrystusa Zbawiciela. Spośród zgłoszonych projektów Stalin wybrał od razu pracę dwóch architektów – Jofona i Szczuko. Nie sposób dziś ustalić, czy Koba powiedział im wcześniej, o co mu chodzi, czy też Jofon i Szczuko sami wiedzieli (lub domyślali się), co jest największą ambicją i szczytem marzeń generalnego sekretarza. A największą ambicją i szczytem marzeń Stalina było dokładnie to samo, co stanowiło największą ambicję i szczyt marzeń wszystkich przywódców radzieckich, a mianowicie – dogonić i prześcignąć Stany Zjednoczone!

Bo oczywiście i Anglia jest ważna, i Francja, i Niemcy, i Włochy, ale jeżeli spojrzeć na mapę świata, wszystko to są kraje małe, nawet bardzo małe. Duża jest dopiero Ameryka. Prześcignąć Francję dla takiego mocarstwa jak ZSRR – jakiż to honor? Natomiast prześcignąć Amerykę – to tak, to już jest rzeczywiście coś!

Stalin rzecz jasna rozumie, że nie może prześcignąć Ameryki w czymś takim, jak na przykład budowa autostrad czy produkcja samochodów. Ale uważa, że można by znaleźć takie dziedziny, w których, zebrawszy wszystkie siły, dałoby się Stany Zjednoczone dogonić i prześcignąć! Idąc za tą myślą, zręcznie podchwyconą przez Jofona i Szczuko, dochodzi do trafnego wniosku, że czymś takim, czym mógłby Ameryce pograć na nosie, byłoby postawienie budynku większego niż największy gmach w Stanach Zjednoczonych (był nim wówczas Empire State Building w Nowym Jorku) i – żeby już Amerykę pogrążyć do końca – umieszczenie na szczycie owej budowli posągu wyższego niż Statua Wolności.

I oto 4 czerwca 1933 podpisuje on do realizacji projekt Jofona i Szczuko, będący owym śmiałym wyzwaniem rzuconym Ameryce, a więc – konstrukcja Pałacu Sowietów będzie sześć razy cięższa od konstrukcji Empire State Building, a wieńczyć ją będzie posąg Lenina, trzy razy wyższy (ponad sto metrów wysoki) i dwa i pół raza cięższy niż Statua Wolności. Inne wskaźniki przyjęte przez Kobę mogą również zaimponować i przyprawić o zawrót głowy:

– wysokość pałacu, łącznie z wieńczącą ją statuą Lenina – 415 metrów (około 150 pięter);

– ciężar pałacu – 1,5 miliona ton;

– pojemność pałacu – 7 milionów metrów sześciennych, co równa się łącznej pojemności sześciu największych wówczas drapaczy chmur w Nowym Jorku.

Posąg Lenina:

– długość palca wskazującego Włodzimierza Iljicza – 6 metrów;

– długość stopy – 14 metrów;

– szerokość ramion – 32 metry;

– ciężar posągu – 6 tysięcy ton.

Przewidziano między innymi import fajansowych płyt z Hiszpanii i majoliki z Florencji. W ogóle znaczna liczba urządzeń miała być importowana z zagranicy.

Przypomnijmy datę, bo jest istotna: czerwiec 1933.

Czerwiec 1933 to jeden z tych miesięcy, kiedy pola i drogi Ukrainy zasłane są dziesiątkami tysięcy trupów ludzi zmarłych z głodu, a wypadki (dziś ujawnione) zjadania własnych dzieci przez kobiety oszalałe z głodu i nieświadome już swoich czynów nie są rzadkością. Z głodu umierają zresztą wówczas nie tylko na Ukrainie. Umierają i na Powołżu, i na Syberii, na Uralu i nad Morzem Białym.

Tak, to działo się wszystko razem – i zburzenie świątyni, i miliony ludzi zamorzonych na śmierć, i pałac, który miał przyćmić Amerykę, i kanibalizm owych nieszczęsnych matek.

Z powodu budowy Pałacu Sowietów rodziły się dwa pytania: pierwsze – dlaczego ma być aż taki ogromny, drugie –

dlaczego ma stanąć dokładnie tam, gdzie wznosiła się Świątynia Chrystusa Zbawiciela.

Dlaczego taki ogromny, już wiemy – chodziło o to, żeby dogonić i prześcignąć. A dlaczego ta lokalizacja? (Dodajmy, że świątynia stała na fatalnym gruncie, na tak zwanej kurzawce, to znaczy na ziemi ruchomej, niestałej, porowatej, ciągle podchodzącej wodą. Gleba to dla budownictwa zdradliwa, kapryśna, podwajająca kosztą każdej inwestycji, choć koszta, co prawda, nie miały tu żadnego znaczenia.)

Długo głowiłem się nad znalezieniem odpowiedzi, aż wyratowała mnie wizyta w Irkucku. Miałem tam ze sobą stary przewodnik po mieście. Była w nim fotografia wielkiego placu, na którym stała bardzo dekoracyjna cerkiew-sobór katedralny z 1894 roku. Odnalazłem plac, ale nie zobaczyłem soboru. – Gdzie jest ta cerkiew? – spytałem jakiegoś przechodnia, pokazując mu w przewodniku fotografię soboru. – A tu – odpowiedział niechętnie i wskazał palcem na ciężką, szarą budowlę, nad którą powiewała czerwona flaga. Mieścił się tu komitet obwodowy rządzącej partii. Podszedłem bliżej, porównując widok placu utrwalony na fotografii z jego stanem obecnym. Tak, wszystko się zgadzało – gmach komitetu partyjnego został zbudowany na fundamentach soboru katedralnego.

Car jest Bogiem – w tej dwoistej naturze Władzy Najwyższej w Rosji leżała jej stabilność, trwałość i siła. Władza ta mogła wszystko, ponieważ miała sankcje Niebios. Car był wysłannikiem i pomazańcem Wszechmogącego, więcej – był jego uosobieniem, ziemskim odbiciem. Tylko ten, kto utrzymywał (i jakoś to udowadniał), że jego władza ma bosko-ludzką naturę, mógł tu sprawować rządy, prowadzić za sobą lud, liczyć na jego posłuszeństwo i oddanie. Stąd tylu w historii Rosji carów-samozwańców, fałszywych proroków, nawiedzonych i fanatycznych świątobliwców – wszyscy oni mogą sprawować rząd dusz, ponieważ dotknął ich palec boży. Ten palec boży jest w tym wypadku jedyną legitymacją władzy.

Bolszewicy usiłują wpasować się w tę tradycję, zaczerpnąć

z jej życiodajnych i sprawdzonych źródeł. Bolszewizm to oczywiście kolejny samozwaniec, ale samozwaniec idący dalej: nie jest on już jedynie ziemskim odbiciem Boga, on jest Bogiem. Aby to osiągnąć, aby wykreować się na nowego Boga, trzeba zburzyć Domy dawnego Boga (zburzyć albo pozbawić rangi miejsc świętych, zamieniając je w składy paliw czy magazyny meblowe), a na ich fundamentach wznieść nowe świątynie, nowe obiekty admiracji i kultu – Domy Partii, Pałace Sowietów, Komitety. W tej transformacji, a ściślej – w tej rewolucji, operuje się prostą i radykalną zamianą symboli. Oto w tym miejscu (stała tu cerkiew), gdzie przepełniony żarliwą wiarą oddawałeś hołd Wszechmogącemu (który jest w niebie), będziesz teraz (stoi tu Dom Partii) oddawać hołd Wszechmogącemu (który jest na ziemi). Słowem, zmienia się sceneria, ale w historii, która się toczy na jej tle, pozostaje nie zmieniona zasada główna – zasada kultu. Toteż nieprzypadkowo, kiedy po śmierci Stalina krytykowano jego rządy, sięgnięto do terminologii ze słownika teologicznego – kult jednostki.

Autor krytycznej biografii o Stalinie – Roj Miedwiediew, pisał:

„W pierwszych dziesięcioleciach XX wieku nawet wśród marksistów istniał prąd «bogotwórców», reprezentowany wtedy przez Anatolija Łunaczarskiego, Wadima Bazarowa i nawet Maksima Gorkiego. Uważali oni za swoje zadanie utworzenie na podstawie marksizmu-leninizmu jakiejś «proletariackiej religii bez Boga». Stalin faktycznie przejął i nawet wykonał to zadanie, ale z istotnymi poprawkami. Przyczynił się do stworzenia na podstawie marksizmu czegoś w rodzaju religii, ale z Bogiem, przy czym wszechmogącym, wszechwiedzącym, a groźnym Bogiem nowej religii ogłoszony został sam Stalin".

Plany Stalina dotyczące budowy Pałacu Sowietów skomplikował niespokojny i nieprzychylny bieg wydarzeń. W tym samym bowiem czasie, kiedy gensek myśli skupić się na budowie pałacu, ożywiają się (z zupełnie innych powodów) resztki (nieśmiałej i słabej, ale jednak) opozycji antystalinowskiej. Nawet najmniejsza opozycja jest w warunkach tamtego systemu bardzo groźna i Stalin musi zająć się walką z tą spędzającą mu sen z oczu zmorą. W kilka miesięcy po zatwierdzeniu projektu Jofona – Szczuko umiera szef GPU – Mienżyński, a jego miejsce z nominacji Stalina zajmuje krwiożerczy oprawca, zresztą aptekarz z Łodzi – Henryk Jagoda. Wkrótce, z inspiracji Stalina, ginie jego główny konkurent – Kirow, a śmierć ta jest dla genseka hasłem do pierwszej wielkiej masakry, która do historii przechodzi pod złagodzonym terminem czystki. Potem są tak zwane wielkie procesy moskiewskie, w których Stalin rozprawia się ze swoimi najbliższymi współpracownikami, potem przychodzi następna masakra – w roku 1937, potem zajmuje się on zaborem Polski, Litwy, Łotwy i Estonii, wojną z Finlandią, wreszcie – drugą wojną światową. Tuż po wojnie musi przesiedlać różne narody, które posądza o zdradę (Krymskich Tatarów, Czeczeńców, Inguszów itd.), musi nadzorować wywózkę na Sybir i do Kazachstanu całych transportów Polaków, Litwinów, Niemców, Ukraińców, musi organizować nowe procesy i masakry, a potem robi się już stary, dostaje wylewu krwi do mózgu i umiera. Wobec takiego nawału zajęć nie sposób oczekiwać, aby mógł spokojnie zająć się budową pałacu. Ponieważ ostatnimi laty nie miał zwyczaju opuszczać Kremla, jest niemal pewne, że nie zajrzał nawet na plac przyszłej budowy, aby zobaczyć, co się na nim dzieje.

A nie działo się dobrze.

W głębokim wykopie stała woda, w której chłopcy z okolicy próbowali łapać ryby. Czy były ryby – nie wiem. Z czasem rozmnożyło się tam mnóstwo żab. Woda pokryła się zieloną rzęsą. Latem plac zarastała gęstwa chwastów – łopianów, lebiody, pokrzyw. Miejscami wyrosły też kępy krzaków. Krzaki dawały schronienie miejscowym pijakom i prostytutkom. Co się działo na placu, było widać z ulicy coraz lepiej, bo ludzie rozbierali płot, kradnąc drewno na opał, aż nic już nie zasłaniało żałosnego śmietnika, który się rozpanoszył tuż pod bokiem Kremla.

W końcu bodaj Chruszczow kazał – wykorzystując fundamenty Świątyni Chrystusa Zbawiciela – zbudować w nich odkryty basen, dający tyle radości owym dumnym z siebie osiłkom, którzy przy trzydziestostopniowym mrozie przechadzają się skrajem basenu, wypinając wysoko swoją nagą pierś. Czasami znikają w kłębach gęstej pary, która zimą unosi się wysoko nad tym niezwykłym miejscem.

Przewodniczącym komisji powołanej przez Stalina dla zburzenia i wymazania z mapy Moskwy i Rosji Świątyni Chrystusa Zbawiciela był Wiaczesław Mołotow. Ten sam, który w kilka lat później podpisał (wraz z Ribbentropem) pakt o wymazaniu Polski z mapy świata.

Patrzymy, płaczemy

Lecę na południe, na Zakaukazie, w strony znajome, ale dawno (ponad dwadzieścia lat) nie widziane. Z początku myślałem pojechać starym szlakiem Tbilisi – Erewan – Baku, ale czasy zmieniły się, między Erewanem i Baku nie ma komunikacji, wybieram więc inny wariant: najpierw Erewan, potem Tbilisi, a stamtąd – do Baku.

W samolocie sąsiad po prawej stronie to Leonid P. – moskiewski demokrata. Moskiewscy demokraci to nowa kategoria ludzi – produkt pierestrojki. Nie są to dysydenci. Dysydenci (nigdy nie było ich wielu, przeciw zbrojnej interwencji w Czechosłowacji w 1968 r. protestowało na placu Czerwonym w Moskwie sześć osób) albo wyemigrowali, albo – jak Marczenko – siedzą w więzieniach. Demokraci wywodzą się z inteligencji, najczęściej z kół akademickich czy literackich, zwalczają rządzącą nomenklaturę i komunizm.

Demokrata zachodni i demokrata moskiewski są to dwie różne formacje myślowe. Umysł demokraty zachodniego porusza się swobodnie wśród problemów współczesnego świata, zastanawia się nad tym, jak żyć dobrze i szczęśliwie, jak sprawić, aby nowoczesna technika służyła człowiekowi coraz lepiej, i co zrobić, aby każdy z nas wytworzył coraz więcej dóbr materialnych i wartości duchowych. Wszystko to są jednak sprawy, które znajdują się poza polem widzenia demokraty moskiewskiego. Jego interesuje tylko jedna rzecz: jak zwalczyć komunizm. Na ten temat może z energią i z pasją rozprawiać godzinami, snuć projekty, przedstawiać propozycje i plany, nieświadom, że w tym momencie już sam po raz wtóry jest ofiarą komunizmu: po raz pierwszy był nią z przymusu, uwięziony przez system, a teraz stał się nią dobrowolnie, ponieważ dał się uwięzić w problematyce komunizmu. Taka jest bowiem szatańska natura wszelkiego zła – że bez naszej wiedzy i zgody potrafi nas ono zaślepić i wcisnąć w swój kaftan.

Obserwowałem sale w Londynie i w Toronto, w Rotterdamie i w Santander, kiedy występowali moskiewscy demokraci. Było to zderzenie umysłów wolnych (słuchacze) z umysłami porażonymi obsesją (mówcy). Słuchano ich z uprzejmą uwagą, ale też z rosnącym przekonaniem, że każda ze stron – mimo że obie uważają się za demokratów – porusza się w innym świecie, że słuchacze rozmyślają nad tym, jak podnieść swój komfort i zadowolenie z życia, natomiast mówcy zajęci są szukaniem odpowiedzi na pytanie sformułowane przez Sołżenicyna: jak weszliśmy w to bagno (tj. w komunizm).

Przez pierwszą połowę drogi Leonid P. przekonuje mnie, że gdyby Trocki więcej słuchał doradców, miałby szanse wygrać ze Stalinem. Niestety, Trocki był bardzo zarozumiały, pewny siebie i nawet opryskliwy. Tym zrażał sobie ludzi, a przecież było wielu takich, którzy mimo to gotowi byli oddać za niego życie. Załóżmy, że Trocki zwycięża. Co byłoby wtedy? Mówię, że nie wiem. Nie wiesz? – ożywia się. – Warto by o tym podyskutować!

W drugiej połowie drogi mój sąsiad zastanawia się, czy Armenia odłączy się od Imperium, czy nie. Jako demokrata godzi się na odłączenie, jako moskwianin wolałby, żeby do tego nie doszło. Najlepiej, mówi, gdyby udało się przepędzić komunistów i wszystko gruntownie zdemokratyzować. Zapala się do tej myśli, ale na wszelki wypadek pyta, co o tym myślę.

Odpowiadam mu na to, że, szczerze mówiąc, nie wierzę, aby można było zdemokratyzować Imperium, które tworzono setki lat drogą podboju i aneksji. Nie czas sięgać tu do historii tak odległych jak Rzym czy nawet Turcja. Weźmy przykład nowszy i znany mi z własnych przeżyć – Iran w latach siedemdziesiątych. Przecież rewolucja przeciw szachowi zaczęła się w Iranie jako ruch demokratyczny, ruch liberalny, skierowany przeciw policyjnej dyktaturze. Ale Iran to państwo wielonarodowościowe, rządzone przez Persów, którzy sprawują władzę nad mieszkającymi w tym państwie mniejszymi społecznościami Arabów, Azerów, Beludżów, Kurdów itd. Otóż te właśnie uciskane narody, słysząc, że w Teheranie ktoś mówi o demokracji, natychmiast przekładają to hasło na hasło niepodległości, od razu chcą się odłączyć i utworzyć własne państwa! Iranowi grozi rozpad, utrata kilku ważnych prowincji, zejście do statusu państwa kadłubowego. Ale wtedy właśnie dochodzi do głosu nacjonalizm wielkoperski, pełnię władzy przejmują jego strażnicy – kler szyicki z ajatollahem Chomeinim na czele, słowo „demokracja" znika z transparentów, a rewolucja kończy się serią krwawych ekspedycji antyazerskich, antykurdyjskich itd., zwycięstwem władzy autorytarnej. I Iran pozostaje w nie zmienionych granicach. Po prostu – kończę, bo już schodzimy do lądowania – istnieje nie dająca się rozwiązać sprzeczność między sztywną i apodyktyczną naturą Imperium a elastyczną i tolerancyjną naturą demokracji. Mniejszości etniczne zamieszkujące Imperium będą wykorzystywać najlżejszy powiew demokracji, aby się oderwać, uniezależnić, usamodzielnić. Dla nich na hasło „demokracja" odzew jest jeden – „wolność". Wolność rozumiana jako odłączenie. To oczywiście z kolei wywołuje sprzeciw narodu panującego, który, aby utrzymać swoją uprzywilejowaną pozycję, gotów jest uciec się do użycia siły, do rozwiązań autorytarnych.

Koła samolotu dotykają ziemi i w tym momencie trzystu pasażerów wielkiego, ociężałego AN-86 jakby za dotknięciem prądu elektrycznego zrywa się z foteli i wśród ryku radości, przepychając się łokciami i napierając jedni na drugich, pędzi do wyjścia! A przecież dopiero jesteśmy na początku pasa startowego, jeszcze samolot pędzi, kadłub chwieje się i kołysze, koła podskakują, amortyzatory łoskoczą, stewardesy krzyczą, błagają i grożą, próbują siłą wciskać ludzi w fotele, ale nic to, wszystko na próżno, tego tłumu już nikt nie powstrzyma, żywioł ruszył i zawładnął sytuacją.

Jakoś szczęśliwie dotoczyliśmy się w pobliże dworca, podstawiono schodki, i tu nowy atak szaleństwa, bo moi współpasażerowie, przeskakując stopnie, nie tyle zeszli, ile jakby spadli na dół, na asfalt i, obładowani torbami, koszami, tobołkami, pognali do budynku, gdzie czekał już na nich gęsty, zbity, rozgorączkowany tłum, i teraz obie te rozpalone, rozedrgane, rozwibrowane ciżby ludzkie rzuciły się na siebie z takim impetem, furią i opętaniem, że patrzyłem na tę scenę jak urzeczony, oniemiały. Szarpaniom, ściskaniom, szamotaniom, okrzykom nie było końca.

Ormianie! Oni muszą być razem. Szukają się po całym świecie i – tragiczny paradoks ich losu – im bardziej powiększa się i rozdrabnia ich diaspora, tym bardziej rośnie ich wzajemna do siebie tęsknota, chęć i potrzeba bycia razem. Dopiero znając tę cechę natury ormiańskiej można zrozumieć, jak bolesnym kolcem jest dla nich sprawa Górnego Karabachu – mieszkać o kilkanaście kilometrów od siebie i nie móc być razem! Wieczna zadra, wieczna rana, wieczny stygmat.

Z tego tłumu jakimś cudem wyrywa mnie mój dobry ormiański anioł Walery Wartanian i wiezie do miasta, do jakiegoś mieszkania, w którym jest pełno ludzi (żyją tu wielkimi rodzinami), zgromadzonych wokół dużego, rozłożystego stołu, zastawionego wszelkim jadłem – mięsiwem, chlebem, serami, cebulą, pili-pili, w ogóle różną zieleniną, a także ciastami, cukrami, butelkami wina i koniaku. Ale tak tu było zawsze. Czy jest coś nowego? Nowe jest to, że oto wchodzą do pokoju dzieci, które z wielkim przejęciem, a nawet zaciętością, śpiewają pieśń o fedainach. Bohaterami dnia są mianowicie młodzi fedaini, którzy, nie szczędząc życia, pójdą walczyć o wolność Górnego Karabachu.

No tak, teraz rozumiem, że przyjechałem do innej Armenii,

do Armenii z fedainami. Ta inność ma zresztą wiele znamion i form, zwróci na nią uwagę każdy, kto, jak ja, odwiedza Erewan po latach.

Po pierwsze – z małej i sennej mieściny zrobiło się duże miasto. Miasto ruchliwe, hałaśliwe, kolorowe – bardzo wschodnie. Jakbyśmy byli w Damaszku, w Istambule, w Teheranie. Na bazarach tłoczno, na jezdniach pełno samochodów, które jeżdżą, jak chcą, obowiązuje tu tylko jeden przepis: odpowiada ten, kto stuknął. Kakofonia klaksonów, trąbią wszyscy, każdy trąbi, jakby chciał w ten sposób potwierdzić, że jedzie. Tu i tam otwierają się nowe bary, szaszłykarnie, restauracyjki. Krzyki, wołania, kłótnie, targi, gestykulacje. Bałagan. Takie kraje reagują na wszelką odwilż wzmożonym bałaganem (często denerwującym, ale i dającym życiu jakiś smak). Trudny do określenia zapach wschodniego miasta, tumany kurzu, malaryczne psy na skwerach, upał, duszno, tu i tam, na chodnikach, na ścianach, w bramach, pod drzewami skrawki ożywczego, chłodnego cienia.

Po drugie – z ulic zniknęła niemal cała symbolika rosyjska i sowiecka. Rosyjskie napisy, plakaty, portrety – tego już nie ma. Miasto przeżywa okres intensywnej i skrupulatnej derusyfikacji. Dużo Rosjan wyjeżdża, zamykają rosyjskie szkoły, rosyjskie teatry. Nie ma rosyjskich gazet ani książek. Przestają również uczyć rosyjskiego w szkołach ormiańskich. Ale ponieważ brakuje nauczycieli angielskiego i francuskiego, coraz bardziej zamykają się w swoim arcytrudnym języku, coraz bardziej izolują się od świata. Z dziećmi mogę już porozumieć się tylko za pośrednictwem starszych, którzy znają rosyjski.

Po trzecie – fedaini. Chodzą po ulicach grupami, jeżdżą w ciężarówkach, w różnych punktach miasta mają swoje posterunki. Dla kogoś, kto znał zwyczaje starego Imperium, właśnie widok tych fedainów jest może najbardziej niezwykły. Tu uzbrojonym mógł być tylko żołnierz Armii Czerwonej. Jeszcze kilka lat temu za posiadanie broni groził łagier albo – najczęściej – rozstrzelanie. A teraz, mówią, w Armenii jest aż 37 własnych, narodowych armii. Armia to duże słowo, ale rzeczywiście widzi się wielu młodych ludzi z bronią. Ubrani są najprzedziwniej, fantastycznie, w co kto ma, byleby to coś przypominało mundur albo ad hoc zaimprowizowany strój partyzanta. Jak się rozpoznają, kto z której armii? Myślę, że po twarzach. Sądzę, że w tym małym kraju wszyscy się znają.

Ale tu i tam życie toczy się jak dawniej. Oto naprzeciw hotelu, w którym mieszkam, burzą starą dzielnicę Erewanu. Burzą stare domki, jakieś podcienia, altanki, wiszące ogródki, klomby i grządki, miniaturowe strumyki i wodospady, przykryte dywanami kwiatów daszki, obrośnięte gęstym winem płoty, burzą drewniane schody, niszczą stojące pod ścianami ławeczki, demolują drewutnie i kurniki, bramy i furtki. Wszystko to znika z oczu. Ludzie patrzą, jak buldożery napierają na ten latami rzeźbiony krajobraz (na tym miejscu postawią betonowe pudła wielkiej płyty), jak tratują i obracają w śmietnik te zielone, ciche i przytulne uliczki, zaułki i zakątki. Ludzie stoją i płaczą. I ja też stoję wśród nich i płaczę.

Wszystko minęło – i ZSRR, i Radziecka Socjalistyczna Republika Armenii, i komunizm, ale myślenie, to myślenie, którego pierwszą zasadą jest, by najpierw, co się da, zniszczyć, to myślenie pozostało, czuje się dobrze, kwitnie.

Hrant Matewosjan, ich wybitny pisarz. Rocznik 1935. Szczupły, wysoki, nieco pochylony. Ma wiecznie zatroskaną minę i wiecznie zatroskane są jego myśli. Dotyczą one przyszłości Ormian. Jest ich na świecie dziesięć milionów. Czy mają szansę przetrwać? Przede wszystkim – przetrwać w Armenii, gdzie jest ich tylko trzy miliony, a coraz to nowe tysiące i tysiące emigrują. Czy nie czeka ich los Żydów: będą egzystować, ale tylko w diasporze, tylko jako wypędzeni, skazani na swoje getta, rozrzucone po wszystkich kontynentach?

Z Ormianami można właściwie porozmawiać tylko o Ormianach. Można dowiedzieć się, w których mieszkają krajach, jakie mają nazwiska i adresy. Można na przykład zapytać: a czy w Senegalu są jacyś Ormianie? Chwila namysłu i odpowiedź: była jedna Ormianka, żona francuskiego lekarza, ale już wyjechała i mieszka w Marsylii.

Ormianie wszędzie starają się spełniać dobre uczynki. Czy wiedziałem, że lekarz próbujący odratować Mickiewicza, którego truli Turcy, był Ormianinem? Nie wiedziałem? Przecież to fakt historyczny!

Ale z Matewosjanem nie rozmawiamy ani o Senegalu, ani o Mickiewiczu. Mówimy o przeszłości. Czy istnieje możliwość, żeby przeszłość minęła? Przeszłość ormiańska to tragiczne drzewo, które nadal rzuca cień. Gdyby nie było przeszłości i rzezi półtora miliona Ormian w 1915 roku, można by porozumieć się z Turkami, porozumieć się z islamem i żyć spokojnie. A tak? W tej rozmowie nie możemy jednak niczego rozstrzygnąć ani znaleźć odpowiedzi na żadne pytanie. Przypomina mi się zdanie francuskiego filozofa Antoine Cournota, że trudności nie rozwiązujemy, a tylko je przemieszczamy. „Sztuka wyjaśnienia, mówi Cournot, tak jak sztuka prowadzenia rokowań, to często po prostu sztuka przemieszczania trudności. Jest, chciałoby się rzec, w pewnych rzeczach jakaś nietykalna rezerwa niepojętości, której kombinacje inteligencji ludzkiej nie są w stanie ani usunąć, ani zmniejszyć, tylko wyłącznie na różny sposób rozmieścić, czasem pozostawiając wszystko w półświetleniu, kiedy indziej rozjaśniając niektóre punkty kosztem innych, które zalewa ciemność jeszcze głębsza niż przedtem".

Kiedy żegnamy się, Matewosjan mówi: Dzwoń do mnie, dzwoń i wołaj – Hrant, chcę herbaty!

Wracam do hotelu. Jest wczesnojesienny wieczór, ciepły, łagodny. Tłumy spacerujących ludzi. Jakaś życzliwość tych ulic, tego miasta. W jednym z zaułków, w głębinach ciemności, żarzą się węgle. Przy żelaznym piecyku siedzi mały chłopiec. Piecze szaszłyki. Jego duże, czarne oczy wpatrzone w ogień. Jego zafascynowane, prawie nieprzytomne spojrzenie, jakby poza miejscem, poza czasem.

Tigran Mansurian, kompozytor. Jego koncerty wiolonczelowe grały orkiestry symfoniczne Bostonu i Londynu. Skomponował ostatnio Le tombeau dla uczczenia pamięci 12-letniej skrzypaczki Siranus Matosjan, która zginęła w czasie trzęsienia ziemi w Spitaku.

Tu? – powtarza pytanie. Ta część świata to pustynia kulturalna. Mamy wielką śpiewaczkę Araks Dawtian, jeden z dziesięciu najlepszych sopranów świata. Ale tu nikt jej nie zna, nikt o niej nie słyszał. Musiałaby śpiewać do pustej sali. Tu? Tu potrafią naciskać cyngiel – to łatwe. Kiedy kończy się rok, mówię sobie – jakie to szczęście, jeszcze jeden rok minął! Mansurian – ożywiony, nerwowy, sama wrażliwość. Nie ma swojej płyty, jeszcze się nie doczekał. To nikogo tu nie obchodzi.

Wygląda przez okno. Mieszka na czwartym piętrze w jednym z tych okropnych bloków z ery Breżniewa, które są tak tandetnie postawione, tak krzywe, koślawe i obskurne, że powinny być rozebrane, nim jeszcze oddano je lokatorom. To nie do wiary, ale w miejsce wind wbudowano klatki górnicze, a kłęby instalacji elektrycznej, miast wewnątrz murów, zwisają na zewnątrz ścian albo leżą na skraju schodów. Ponieważ nie ma strychów, a pralki posiada tylko elita, ludzie rozwieszają bieliznę na sznurach i drutach rozciągniętych między balkonami, między kamienicami i ulicami. Kiedy nastaje cudowny dzień, bo w sklepach pojawi się mydło, wszędzie odbywa się pranie i wieszanie bielizny. Jeżeli wieje wiatr, bielizna wydyma się, faluje i łopoce, a miasta Armenii przypominają eskadry potężnych żaglowców, płynących po rozkołysanym morzu ku odległym brzegom.

Przed domem Mansuriana rośnie kępa wysokich topoli. Z okna widać ich rozedrgane, srebrzące się w słońcu liście. Mój świat, mówi mi Mansurian, kiedy siedzimy w jego ciasnym, schludnym mieszkaniu, to Debussy i te liście. Mogę słuchać ich muzyki bez przerwy. Milknie, przechyla głowę, wskazuje palcem w stronę okna. Słyszysz?, pyta i uśmiecha się. Na głębokim tle muzycznym, jakie daje powracający, rytmiczny poszum drzew, słychać rozłożony na lekki i ruchliwy drobiazg tonalny szelest kruchych, niespokojnych liści, przenizany, przeplatany wysokim, wibrującym świergotem ptactwa.

Jeszcze Walery wiezie mnie 30 kilometrów na wschód od Erewanu – do Garni. Nie mam zupełnie czasu, ale okazuje się, że jazda do Garni jest czymś kategorycznie, radykalnie obowiązkowym! Człowiek jest tu niewolnikiem – musi być pokorny, uległy, posłuszny, inaczej nic nie zobaczy, niczego się nie dowie.

Jak okiem sięgnąć – nagie, kamieniste wzgórza, obłe, gładzone wiatrem miliony lat, jakby z innej planety, z Księżyca. Ani śladu człowieka, ani śladu drzewa. I nagle, na szczycie wzgórza – krowa. Nieruchoma, wrośnięta w ziemię jak kamień. Czym się żywi to biedne zwierzę? Przecież tu nic nie ma, ani trawy, ani liści. Porzucona, jakby zapomniana przez wszystkich krowa. Zdana na samą siebie, na własną cierpliwość, na własne szczęście. Tu dopiero można zrozumieć Jesienina, który, siedząc w Paryżu, marzył o tym, żeby można objąć krowę za szyję!

Po drodze Walery zatrzymał się, żeby pokazać mi miejsce, w którym lubił spędzać czas Egisze Czarenc. Czarenc – ich największy poeta, zamordowany przez Stalina w 1937 roku.

„Więc kiedy stąpasz po swym wonnym polu
I wiosna kroczy u twojego boku".

Widok z tego miejsca przestronny, wysoki. Góry i góry, mgiełka, światło, pastelowa jasność – impresjonizm.

Gari to świątynia zbudowana ponad dwa tysiące lat temu na cześć pięknego boga słońca – Heliosa. Muszę zobaczyć Gari, bo a nuż mam jakieś wątpliwości, czy Armenia rzeczywiście należy do świata śródziemnomorskiego, świata starożytnej Grecji i Rzymu. Więc proszę – dowód. A jeszcze wokół ruiny twierdzy – twierdzy, która wiekami powstrzymywała różnych Mongołów, Tatarów, wszelką rozbestwioną Azję. Oto, co znaczyła kolonizacja w czasach Gari. Znaczyła budować drogi, których używa się nadal, znaczyła budować faktorie, wznosić wspaniałe jońskie świątynie. A dziś co znaczy? Dziś znaczy dawać kałasznikowy do ręki bosonogim, głodnym, oszalałym z nienawiści ludziom!

Teraz autobusem z Erewanu do Gruzji, do Tbilisi. Przy wyjeździe z miasta drogowskaz:

Tbilisi – 253 km

Moskwa – 1971 km.

Szosa biegnie wzdłuż jeziora Sewan. W miejscu, w którym niemal styka się z wodą, gromada chłopców zatrzymuje autobus – sprzedają ryby. Pasażerowie rzucają się do wyjścia i, jak to zawsze w Imperium, gdziekolwiek pojawi się jakiś towar, od razu tworzy się zasapane i wrzeszczące kłębowisko ludzkie, od razu zaczyna się walka. Teraz też jedni drugim wyrywają ryby, ale pojedynek to trudny, a zwycięstwo niepewne i nigdy ostateczne, bo ryby są śliskie, w dodatku jeszcze żywe, sprawne, silne, więc wymykają się, niektórzy próbują chować je za pazuchę albo po kieszeniach, ale też, bestie, albo same wymykają się, albo jakiś chciwy a zręczny współpasażer porwie je dla siebie.

Wojna rybio-ludzka kończy się impasem. Połowa ludzi zostaje z mokrymi, oślizłymi, ale pustymi rękoma. Reszta ugniata swoje, jeszcze skaczące, ale już zdychające zdobycze, gdzie się da. Autobus śmierdzi jak rybny targ, ale najważniejsze – jedziemy dalej.

Wziąłem ze sobą na drogę „Księgę dziejów" – dzieło późnośredniowiecznego historyka ormiańskiego, Arakela z Tebryzu. W rozdziale LIII autor wprowadza nas w tajemniczy i kolorowy świat kamieni szlachetnych:

„Kajc, czyli korund (rubin), właściwości jego są takie: jeżeli człowiek weźmie go do ust, minie mu pragnienie; a jeżeli roztopić złoto i wrzucić korund do roztopionego złota, nie spali się i nietknięta pozostanie zarówno jego barwa, jak i blask. I jeszcze powiedziane jest: kto nosi przy sobie korund, ten bywa miły ludziom; i jeszcze korund dobry jest przy udarze".

Jedziemy nad jakimiś przepaściami, w dole strumienie, w górze kopiaste śniegi, aż w pewnym momencie zakręt i –

kontrola graniczna. Wojsko. Rosjanie. Wchodzą do autobusu, rozglądają się, czegoś szukają. Wiadomo czego – broni. Wtem jakiś Ormianin czy Gruzin zaczyna na nich krzyczeć, że zatrzymują autobus, zabierają czas itd. Krzyczy i krzyczy. Teraz, myślę, ten czerwonoarmista zastrzeli go na miejscu. Ale gdzie tam – nie te czasy! Czerwonoarmista tłumaczy się, przeprasza, mówi, że rozkaz – cały patrol szybko znika, dalej pełzamy po górach.

„Agat, czyli ajn-ul-hurr. Posiada wszystkie właściwości korundu. Ktokolwiek go nosi, nie zachoruje na trąd, świerzb i podobne choroby. Majątek i mienie jego nie podupadnie, on sam i słowa jego miłe będą ludziom. Dobrze jest nosić agat dla przysporzenia rozsądku. I ile by wypił wina, człowiek, który nosi agat, nie straci rozumu. Tak powiadają, ale ja w to nie wierzę, albowiem wino to mleko lwa i kto je pije łapczywie, ten wyzbywa się sławy, rozumu i mienia".

Jesteśmy w Gruzji. Zresztą nie trzeba napisów w innym już, gruzińskim alfabecie. Wystarczy rozejrzeć się po okolicy. W porównaniu z Armenią Gruzja to zamożność, to lepsze, bardziej dostatnie domy, większe winnice, dorodne stada owiec i krów, duże plantacje tytoniu, zielone, soczyste łąki.

Droga ciągle w górach, kręta, przylepiona do stromych zboczy. Lasy już jesienne, wielobarwne, wzorzyste. Ryby, zapach jak na rybim targu.

„Diament. Jeśli zaś zapytasz o właściwości diamentu, to są one takie: gdy człowiek ma plamistą cerę, diament spędza plamy. Ten, kto nosi diament, bywa miły królom, słowa jego budzą szacunek, nie boi się zła, nie będzie cierpiał na bóle żołądka ani na świerzb, nie będzie go zawodziła pamięć i będzie żył wiecznie. Jeżeli diament utłuc na kowadle i podać człowiekowi, można otruć go jak trucizną".

Jeszcze wysoko, na szczyt góry, i nagle, z tego miejsca, widać w dole miasto.

To Tbilisi.

Człowiek na asfaltowej górze

Kiedyś, kiedyś Tbilisi było miastem jednej ulicy – alei Rustawelego, która ciągnęła się kilometrami, dnem krętej doliny. Samym swoim położeniem wśród zielonych i wygrzanych słońcem gór Tbilisi przypominało jeden z tych zacisznych, a chętnie odwiedzanych kurortów, w które obfitują szwajcarskie i włoskie Alpy. W całym Imperium trzeba było stać w kolejce, aby kupić butelkę wody mineralnej, a tu można było pić tę wodę wprost ze źródeł, których pełno w mieście.

Zachodni kraniec alei Rustawelego kończył się rozłożoną na małych i łagodnych wzgórzach dzielnicą Sołołaki, dzielnicą ażurowych, pastelowych domków, werand, balkonów i ogródków. Nawet dziś tu i tam Sołołaki zachowało trochę minionego uroku. Natomiast wschodni kraniec alei jeszcze do niedawna, nim powstała tam nowa dzielnica, ginął w otaczającym miasto lesie.

W ostatnich latach Tbilisi bardzo się zmieniło. Gruzja, podobnie jak i reszta południowych obszarów Imperium, przyjęła typowy dla całego Trzeciego Świata model rozwoju. Polega on na gwałtownej, nienaturalnej rozbudowie stolicy, kosztem zaniedbania i dalszego zubożenia prowincji. Między stolicą a resztą kraju powstają we wszystkich dziedzinach monstrualne dysproporcje.

Jedna czwarta obywateli Gruzji mieszka dziś w Tbilisi, jedna trzecia obywateli Armenii – w Erewanie. Przyjmując te same proporcje, w Waszyngtonie powinno mieszkać ponad 50 milionów ludzi, w Warszawie – 8-10 milionów.

Życie na prowincji jest symbolem wegetacji, biedy, beznadziei. Stąd pęd do zamieszkania w dużym mieście, przede wszystkim – w stolicy. Tu jest perspektywa lepszej egzystencji, awansu, kariery. W rezultacie stare Tbilisi, Erewan, Baku itd. obrosły gigantycznymi dzielnicami tandetnych bieda-bloków, postawionych bez żadnej dbałości, tanio i byle jak. Nic się w tych blokach nie domyka, nie dokręca. Nic do siebie nie pasuje. Co prawda różnice w jakości tych domów są wyraźne. Najlepiej budują w Moskwie. Gorzej – w pozostałej, europejskiej części Imperium. Najniższy standard przypada domom Gruzinów, Uzbeków, Jakutów, Buriatów.

Czy pamiętacie „Ziemię, planetę ludzi" Saint-Exupéry'ego? Jest rok 1926. Autor, początkujący pilot, ma odbyć lot z Tuluzy, przez Hiszpanię, do Dakaru. Technika lotnicza jest w powijakach, samoloty psują się, lotnik musi być przygotowany do lądowania w każdej chwili, w każdym miejscu. Saint-Exupéry studiuje mapę swojej trasy, ale mapa ta nic mu nie mówi, jest abstrakcyjna, ogólna, „jałowa". Postanawia poradzić się starszego kolegi, Henry Guillaumeta, który zna tę trasę na pamięć. „Jakże dziwną lekcję geografii – wspomina autor – dał mi wówczas Guillaumet... Nie mówił o Kadyksie, ale o trzech drzewkach pomarańczowych rosnących na skraju pola pod Kadyksem: «Strzeż się tych drzew, zaznacz je na swojej mapie»... I od tej chwili trzy drzewka pomarańczowe zajmowały na mojej mapie więcej miejsca niż Sierra Nevada". Guillaumet zwraca mu uwagę na strumień, który gdzieś hen płynie, ukryty wśród traw. „«Strzeż się tego strumienia, psuje całe pole, zaznacz go sobie na mapie». Wijąc się wśród traw w tym raju błogosławionego pola, gdzie mógłbym szukać ratunku, czyha na mnie o dwa tysiące kilometrów stąd. Przy pierwszej okazji przemieniłby mnie w snop płomieni... Przybierałem także postawę obronną wobec trzydziestu baranów rozrzuconych jak w tyralierze na zboczu wzniesienia... Myślisz, że nic nie ma na tej łące, i nagle – pac! Trzydzieści baranów pakuje ci się pod koła..."

Myślę, że każdy Gruzin, każdy mieszkaniec Kaukazu ma w swojej pamięci zakodowaną taką mapę. Uczył się jej szczegółów od dziecka – w swoim domu, w swojej wsi, na swojej ulicy. Jest to mapa-memento, mapa zagrożeń. Tylko że mapa mieszkańca Kaukazu nie ostrzega go przed drzewkami pomarańczowymi, strumieniem lub stadem baranów, ale przed kimś z innego klanu, z innego plemienia, z innej narodowości. „Uważaj, to dom, w którym mieszka Osetyjczyk...", „To wioska Abchazów, staraj się ją omijać...", „Nie chodź tą ścieżką, bo nie jesteś Gruzinem. Gruzini ci nie przebaczą..."

Kiedy rozmawia się z tymi ludźmi, uderza, jak każdy z nich ma doskonałą, drobiazgową wiedzę o swojej okolicy. Gdzie kto mieszka, z jakiego plemienia, ilu ich jest, jakie były między nimi stosunki kiedyś, wczoraj, jakie są dzisiaj. Ta nieprawdopodobnie szczegółowa wiedza o innych dotyczy tylko mieszkańców najbliższej okolicy. Co jest poza jej granicami (zresztą trudnymi do określenia), tego już nikt nie wie i – co najważniejsze – wcale się nie interesuje. Świat mieszkańca Kaukazu jest zamknięty, ciasny, ograniczony do jego wioski, do jego doliny. Ojczyzną jest to, co można ogarnąć jednym spojrzeniem, co można przemierzyć w jeden dzień. Kaukaz to przebogata mozaika etniczna, utkana z nieskończonej liczby drobnych, czasem miniaturowych grup, klanów, plemion, rzadko – narodów (choć ze względu na prestiż i szacunek określenie „naród" jest tu w powszechnym użyciu, nawet gdy mowa o małych społecznościach).

Drugie, co zwraca uwagę, to odwieczność panujących tu sądów, tyrania stereotypów. Tu wszystko zostało ustalone, określone, zdefiniowane jeszcze w czasach, które toną w pomroce dziejów. Nikt nie jest w stanie tak naprawdę odpowiedzieć, dlaczego Ormianie i Azerowie tak bardzo się nienawidzą. Nienawidzą się i tyle! Każdy to wie, każdy to wchłonął z mlekiem matki. Tej niezmienności sądów sprzyjała i wzajemna izolacja (góry!), i fakt, że cały rejon Kaukazu był wciśnięty między bardzo zacofane kraje – Iran, Rosję i Turcję. Kontakt z liberalną i demokratyczną myślą Zachodu był niemożliwy, a sąsiedzi nie dostarczali budujących przykładów, nie było od kogo się uczyć.

Ludzi tu mieszkających cechuje też jakaś zaskakująca i niepojęta huśtawka emocjonalna, nieobliczalna, nagła zmiana nastroju. Na ogół są oni życzliwi, gościnni, przecież współżyją, w miarę spokojnie, latami. Aż nagle, nagle coś się stało. Co? Nawet nie pytają, nawet nie słuchają, tylko łapią za kindżały i szable (teraz za automaty i bazuki) i rozdygotani, rozcietrzewieni pędzą na wroga i nie spoczną, dopóki nie zobaczą krwi. A przecież każdy z nich, wzięty z osobna, jest miły, grzeczny, ma dobre serce. Doprawdy, można uwierzyć, że gdzieś tam musi kręcić się i podżegać do waśni diabeł. A potem wszystko nagle się uspokaja, powraca status quo ante, powraca codzienność, zwyczajność i po prostu – prowincjonalna nuda.

Latem roku 1990 w kilku punktach przy alei Rustawelego siedzą ludzie, trzymając transparenty, plakaty, fotografie, w taki sposób, że kto przechodzi obok, a byłby ciekaw, może wszystko dokładnie przeczytać i zobaczyć. Jest to forma protestu, albo zwyczajnie – zwrócenia na swój problem publicznej uwagi, którą znam jeszcze z Iranu i Libanu, a którą wszędzie przyjęto nazywać z angielska: sit-in.

Liczba ludzi uczestnicząca w danym sit-in może być różna – od kilku osób do kilku i więcej tysięcy. Zdarzają się też sit-in jednoosobowe, ale są mało skuteczne: poważna sprawa wymaga jednak liczebnego zaplecza. (Grupy w alei Rustawelego mają po kilkadziesiąt osób.) Najczęściej sit-in organizują na stopniach urzędów (żeby zmusić władzę do działania) albo na stopniach cerkwi czy meczetów (bo tam jest najbezpieczniej).

Najprościej mówiąc, sit-in polega na tym, że się siedzi, eksponując publicznie swoje postulaty. I już. I tyle. Sit-in jest formą działania niesłychanie spokojną i łagodną. Nikt tu nie krzyczy, nikt nie wygraża pięścią, nie przeklina, nie wzywa Pana Boga na świadka. Ci, którzy uczestniczą w sit-in, milczą. Starają się nie rozmawiać ani między sobą, ani z przechodniami. Są skupieni, czuwają. Sit-in to przedziwne połączenie protestu i akceptacji, buntu i pokory. Uczestnicy sit-in w gruncie rzeczy akceptują rzeczywistość w jej najogólniejszych zarysach, chcą tylko wnieść własne korektury i zaznaczyć swoją w niej obecność. Przyjmują, że świat jest niesprawiedliwy, i tylko nadmiar tej niesprawiedliwości to jest to, co budzi ich sprzeciw. Gdyby ktoś chciał, chętnie przystąpiliby do rokowań. Tak naprawdę o to im w głębi serca chodzi – potrzeba im jakiegoś społecznego psychoanalityka, który by odniósł się do nich ciepło i spojrzał życzliwie na ich obolałe dusze.

Sit-in jest bardzo wschodnią formą protestu. W Europie manifestanci idą ławą, ale taka manifestacja szybko rozchodzi się i znika. W Argentynie manifestanci chodzą w kółko, ale to też długo nie może trwać. Natomiast forma sit-in ma dwie mocne strony. Po pierwsze, jest to forma długotrwała. Siedząc można manifestować tygodniami i miesiącami. Do tego, oczywiście, potrzeba ludzi Wschodu – ich kamiennej cierpliwości, ich zdumiewającej wytrzymałości i uporu. Po drugie, usunąć ludzi siedzących jest trudniej, niż rozpędzić maszerujący tłum.

Ale dlaczegóż gonić tych biednych ludzi, którzy siedzą na stopniach Urzędu Rady Miejskiej? Przecież nikomu nic złego nie robią. Na ogół są to ubrane na czarno kobiety, które chcą podzielić się tragiczną wiadomością: oto córkę zabili w czasie manifestacji, oto syna zabili w Armii Czerwonej. Zauważyłem, że kobiety te, wyciągające przed siebie zdjęcia swoich poległych dzieci, chciałyby, żeby ludzie zatrzymywali się, brali do ręki owe fotografie, przyglądali się młodym, czasem jakże pięknym twarzom. Dla nas może jest to sytuacja trudna, ale tutaj, w Gruzji – nie, tutaj żałobę celebruje się otwarcie, jest ona aktem publicznej i rozdzierającej manifestacji.

Obok nieszczęsnych matek rozsiadły się i inne grupy sit-in. Są to grupy niepodległościowe, które domagają się dla swoich narodów samodzielności, chcą same decydować o swoim losie. Więc na przykład sto tysięcy Abchazów chce porzucić Gruzję i utworzyć własne państwo. Trudno im się dziwić. Abchazja to jeden z najpiękniejszych zakątków świata, druga

Riwiera, drugie Monako. Otóż Abchazi wpadli na ten sam pomysł, który dwadzieścia lat wcześniej przyszedł do głowy mieszkańcom wspaniałej i wiecznie słonecznej wyspy na Morzu Karaibskim o nazwie Antigua. Wyspa była brytyjską kolonią. Mieszkańcy Antigui utworzyli w latach siedemdziesiątych partię narodowowyzwoleńczą, ogłosili niepodległość i wydzierżawili wyspę sieci hoteli Hiltona. Londyn musiał wysłać zbrojną ekspedycję (400 policjantów), żeby rozwiązać partię i unieważnić kontrakt. Otóż tu, na Kaukazie – podobnie: wyzwoleni Abchazi mogliby znaleźć na Zachodzie jakąś firmę hotelarską, podpisać z nią umowę i zacząć wreszcie dobrze żyć!

Ale czy Gruzja odda Abchazję, skoro to taki łakomy kąsek? Gruzinów jest cztery miliony, a Abchazów tylko sto tysięcy. Łatwo przewidzieć, czyje szanse są większe.

Sprawa Abchazji (i jej ambicji wyzwoleńczych) mówi najlepiej, dlaczego nagle na Kaukazie (i nie tylko tam) zawrzało, dlaczego Kaukaz stanął w płomieniach. Otóż dlatego, że zbiegły się tam dwie rzeczy, tworząc natychmiast tak gwałtowną mieszankę wybuchową. Po raz pierwszy pojawiło się tam pojęcie interesu i po raz pierwszy znalazła się na rynku łatwo dostępna broń.

W państwie takim jak były ZSRR istniał tylko jeden interes – interes państwa totalitarnego. Wszystko było mu bezwzględnie podporządkowane, wszystkie inne interesy zwalczane i niszczone w sposób najbardziej radykalny. I oto państwo-monopolista nagle i nieodwołalnie upada. Natychmiast setki, tysiące różnych interesów większych i mniejszych, prywatnych, grupowych, narodowych podnosi głowę, identyfikuje się, określa i stanowczo domaga się dawno odmawianych im praw. W państwie demokratycznym oczywiście też są krocie różnych interesów, ale sprzeczności i konflikty między nimi są rozwiązywane czy łagodzone przez doświadczone, wypróbowane instytucje publiczne i państwowe. Tu natomiast takich instytucji nie ma (i prędko nie będzie!). Jak więc rozwiązywać naturalne sprzeczności interesów, skoro nie można już tego robić metodą knuta i przesiedleń?

I oto w miejsce nie istniejących jeszcze instytucji rozjemczych pojawia się droga najprostsza, droga siły. Takiemu rozwiązaniu sprzyja fakt, że wraz z rozpadem dawnego mocarstwa i rozluźnieniem dyscypliny w armii na czarnym rynku pojawiło się mnóstwo wszelkiej broni, do wozów pancernych i czołgów włącznie. Kto żyw więc zbroi się i ostrzy miecze. Ale w kraju tym łatwiej o pistolet i granat niż o koszulę czy czapkę. Dlatego drogami krążą armie i oddziały, które trudno rozpoznać i zidentyfikować, trudno ustalić, kto jest kim, o co mu chodzi, o co walczy. Odradza się formuła samozwaństtwa, typowa dla czasów chaosu i zamętu. Pojawiają się i znikają jacyś wodzowie, jacyś liderzy, odnowiciele, zbawiciele.

Najlepszą próbą jest odwiedzać takie kraje co kilka miesięcy. Za każdym razem widzi się nowe twarze, słyszy nowe nazwiska. A co stało się z tymi poprzednimi? Nie wiadomo. Może się ukrywają? Może otworzyli prywatną firmę? Może zapowiadają, że wrócą lada moment? Nie przypadkiem na placach zabaw dla dzieci kolejka, w której pędzi się w górę i w dół na złamanie karku, nazywa się „Russian Mountain". Wagoniki suną z taką szybkością, że nie sposób dostrzec żadnej twarzy pasażera, wszyscy gdzieś przelatują, znikają. Tak jest w tutejszej polityce. Kogoś wybiorą, ale zaraz wypędzą. Nie potrwa długo, a wypędzony wróci, żeby wygonić tego, co zajął jego miejsce. Na fotografiach gwardia tego, co wrócił, unosi pistolety w triumfującym geście. W tym czasie nowy wypędzony umyka pod osłoną nocy ze swoją gwardią.

„Badacz tureckiej i mongolskiej historii w tej części świata – pisze m.in. o Kaukazie znakomity historyk brytyjski sir Olaf Caroe – znajduje się w sytuacji człowieka, który stojąc na balkonie obserwuje chaotyczne i nie dające się przewidzieć zachowania tłumu zebranego z jakiejś wielkiej okazji. Jedne grupy spotykają się i łączą, inne mieszają się ze sobą, a potem rozpadają. Nagle pojawił się jakiś obiekt zainteresowania i cały tłum zaczyna zmierzać w jednym kierunku tylko po to, żeby za chwilę znowu się rozpełznąć. Jakiś mówca gromadzi na moment garstkę słuchaczy. Tu i tam konflikty polityczne i personalne stają się zaczynem tumultu. A potem następuje rzeź i zniszczenie, choć okresami pojawiają się również zdrowy rozsądek i twórcze działania".

Stolica Abchazji – Suchumi, miasto palm i bougainvilli. Byłem tam w 1967 roku. Notatka z tamtego czasu: w Suchumi Guram zabrał mnie na smażoną rybę do restauracji „Dioskuria". Urocze to miejsce. Lokal jest zbudowany na skałach, zatopionych w Morzu Czarnym. A skały, o które się opiera, są ruinami greckiej kolonii – Dioskurii, istniejącej tu 25 wieków temu. Siedząc przy stoliku, można oglądać pogrążone na dnie morza miasto, zamienione teraz w jakieś monstrualne akwarium, którego ulicami przeciągają gromady tłustych, leniwych ryb.

Ciekawe, czy Dioskuria stoi nadal na dnie morza, czy też, przetrwawszy tam dwa i pół tysiąca lat, została ostatecznie zmieciona przez gruzińsko-abchaskie rakiety.

Z moim gospodarzem Giją Sartanią (jest on młodym pisarzem i tłumaczem) jedziemy za miasto, aby odbyć pielgrzymkę do kościółka Świętej Niny w Santawro. Chrześcijaństwo jest w Gruzji religią prastarą, bo zakorzenioną tu już w IV wieku, i ów kościółek w tym właśnie czasie został zbudowany. Potem jesteśmy we wzniesionym o dwieście lat później kościele w Dżwari. A jednak, mimo tej różnicy dwóch wieków, oba kościoły są do siebie podobne, są dziełem tej samej wyobraźni i wrażliwości, która, jak widać, nie zmieniała się przez stulecia.

Wejść do tych kościółków dziś, to cofnąć się w czasie o tysiąc lat. Rzecz w tym, że były one dotąd albo zamknięte, albo zamienione na muzea ateizmu czy składy paliw lub zboża. A przed tym doszczętnie je zrabowano, pozostawiając gołe, surowe ściany. W takim stanie zostały teraz oddane wiernym. I wszystko jakby wróciło do wieku katakumb. Oto w pustych, nagich murach gromadzą się pierwsi chrześcijanie.

„Ściemniało się tymczasem zupełnie, że zaś księżyc jeszcze nie wszedł, więc drogę trudno przyszłoby im znaleźć, gdyby nie to, że jak przewidział Chilo, wskazywali ją sami chrześcijanie. Jakoż na prawo, na lewo i na przodzie widać było ciemne postaci, zdążające ostrożnie ku piaszczystym wądołom. Niektórzy z owych ludzi nieśli latarki, okrywając je jednak ile możności płaszczami, inni, znający lepiej drogę, szli po ciemku".

To z „Quo vadis" Sienkiewicza. Ale z Giją jesteśmy teraz świadkami podobnego misterium. Bo w tym pustym, lodowato zimnym kościółku w Dżwari jest tylko jeden przyniesiony z zewnątrz przedmiot – stojący na kamiennym, nagim ołtarzu mały metalowy krzyż. Przed ołtarzem pochyla się kapłan, ma kaptur na głowie. Jest cisza, słychać tylko odgłos wody ściekającej po ścianach. I powolne kroki wchodzących ze świecami kilku kobiet. Blask tych świec rozjaśnia półmrok kościółka. Jedna z kobiet wyjmuje z torby pszenny placek i łamie się z każdym z obecnych. Coś jest przejmującego w tym przepełnionym wilgocią i mrokiem wnętrzu, w tej milczącej scenie z pszennym chlebem, w tym dziwnym zachowaniu się kapłana, który się nie odwrócił ani na nas nie spojrzał.

O świcie autobusem z Tbilisi do Baku. Prawie cały czas doliną między Wielkim i Małym Kaukazem. Bohater tej trywialnej, komicznej epopei nazywa się Rewaz Galidze, jest tęgim, a nawet grubym mężczyzną po pięćdziesiątce, kierowcą naszego autobusu. Nie wiem, czy być kierowcą autobusu to dla niego awans czy degradacja, dość że od razu powiedział mi, iż wiele lat prowadził TIR-y do różnych krajów Europy, że więc ma, a jakże, światowy szlif i obycie. W autobusie, który na trasie pięciuset kilometrów był zawsze pełny, a pasażerowie często się w nim zmieniali, jedynymi osobami, które miały legalnie wykupione bilety, były dwie Rosjanki jadące do Kirowabadu i ja. Reszta płaciła Rewazowi wyznaczone przez niego sumy, a on otrzymane zwitki rubli upychał po wszystkich kieszeniach. Rewaz był autentycznym królem tej trasy, jej niekwestionowanym panem i władcą.

Dzień był chmurny i deszczowy, a okolica jak na tamtą część świata – ludna. Toteż coraz to spotykaliśmy stojące przy szosie grupy zmokniętych i zmarzniętych ludzi. Zawsze obładowani paczkami albo trzymając na sznurku barana lub kozę, na widok autobusu błagalnie wyciągali rękę w geście żebraczym. Nie żebrali o kopiejki czy garść ryżu, tylko błagali Rewaza, żeby okazał im odrobinę litości i zabrał ich ze sobą. Można domyślać się, że ludzie ci stoją tak całymi dniami, bo autobusy chodzą tu rzadko, droga jest niebezpieczna, obok toczą się walki (Azerowie z Ormianami), mijamy spalone wraki samochodów, więc odważny Rewaz jest tu naprawdę monopolistą!

I, oczywiście, korzysta z sytuacji. Rewaz prowadzi cały czas coś w rodzaju okrutnej licytacji. A mianowicie, napotkawszy na trasie grupę chętnych do jazdy, zatrzymuje się i pyta – ile płacą i na jaką odległość. Jeżeli płacą dużo, a dystans jest krótki, Rewaz wyrzuca z autobusu tych, co płacą gorzej, mimo że do domu mają jeszcze sto kilometrów! I to wyrzuca pobierając mimo wszystko opłatę!

Mnie Rewaz nie wyrzuca, gdyż – po pierwsze – jestem jedynym pasażerem, który ma bilet (Rosjanki już wysiadły), po drugie jestem cudzoziemcem, po trzecie – mam blisko czterdzieści stopni gorączki i umieram. Im bliżej Baku, tym bezwzględność Rewaza rośnie. Na początku trasy jechało jeszcze wielu jego pobratymców Gruzinów – z nimi Rewaz się liczył, teraz cały autobus to azerscy chłopi – jacyś spłoszeni, nieśmiali, zahukani. Bieda tych ludzi jest przygnębiająca, smutno jest patrzeć na nich, i kiedy jeden z nich, widząc, że mam gorączkę, wyjmuje z koszyka i podaje mi butelkę lemoniady, wzruszenie ściska mi gardło.

Jesteśmy już blisko Baku. Koszmarny pejzaż: ogromne

połacie ziemi zalane smołą, zasypane żużlem i stosami bezładnie rzuconych płyt betonowych. Wszędzie leje się ciężka, bakijska ropa, płynie strumieniami, tworzy cuchnące kałuże, zastoiny, jeziora, zatoki. Na powierzchni morza ropa, a plaże – przecież jeszcze pamiętam tu żółty piasek! – czarne, tłuste, pokryte smarami i sadzą.

Żeby dotrzeć do Baku, które leży w zatoce, trzeba jeszcze wspiąć się stromą i krętą drogą na otaczające miasto wzgórza. Na jednym z zakrętów scena, która pozwala mi spojrzeć ciepło na Rewaza. Pośród tego ciemno-asfaltowego, smolistego i lepkiego krajobrazu stoi bryła betonu, a na niej przez kogoś wniesiony żywy człowiek, tylko człowiek bez nóg, jego korpus jest wstawiony w drewnianą skrzynkę od owoców.

Jestem świadkiem jakiegoś rytuału, najwyraźniej ustalonego przez długą tradycję. Bo kiedy dojeżdżamy do tego miejsca, Rewaz zatrzymuje autobus, pozdrawia tego mężczyznę i wciska mu w kieszeń koszuli solidny zwitek rubli.

Ucieczka przed samym sobą

W Baku zatrzymałem się w mieszkaniu Rosjanki, której udało się stąd wyjechać, kiedy w mieście zaczęły się rozruchy, grabieże i podpalenia. Spotkałem ją w Moskwie, gdzie zamieszkała u swojej rodziny. Dając mi klucz do mieszkania, powiedziała z determinacją: Już tam nigdy nie wrócę. Była nadal wystraszona, przerażona miastem wydanym na łup agresywnych i brutalnych bojówek. Opowiadała, że dostała się na lotnisko tylko dzięki temu, że zgodził się zabrać ją kierowca karetki pogotowia – inaczej nie ośmieliłaby się pokazać na ulicy.

Autobusem Rewaza dotarliśmy już o zmierzchu do dworca w Baku. Przyjeżdżające z prowincji autobusy wpełzają wśród natrętnej kakofonii klaksonów w gęsty, ruchliwy tłum, w mrowie witających i żegnających, między leżące tu wszędzie sterty tobołków, toreb i worków, między sprzedawców pomidorów, ogórków i szaszłyków, między gromady dzieci proszących o bakszysz, między niemrawych i otępiałych policjantów z pałkami w ręku. Wschód, prawdziwy Wschód, pachnący anyżem i kardamonem, baranim łojem i smażoną papryką, jakiś Isfahan czy Kirkuk, Izmir czy Herat, świat egzotyczny, gwarny, osobliwy, zajęty sobą i w sobie zamknięty, niedostępny dla nikogo z zewnątrz. Gdziekolwiek spotkają się jego ludzie, od razu powstaje tam kolorowe, ruchliwe zbiegowisko, bazar, suk, rynek, od razu pełno jest pokrzykiwania, skakania sobie do oczu, kłótni, ale potem (cierpliwości!) wszystko zamienia się w spokój, w tanią restauracyjkę, w pogawędkę, w przyjazne kiwanie głową, w szklaneczkę miętowej herbaty, w kostkę cukru.

Na tej stacji szybko zorientowałem się w beznadziejności swojego położenia. Jak dostać się stąd do domu, który nie wiem dokładnie gdzie jest, mając w dodatku ciężką walizkę z książkami (okropna mania kupowania wszędzie książek) i czterdzieści stopni gorączki? Czy możecie mi uprzejmie powiedzieć, pytam każdego napotkanego człowieka, pociągając go za rękaw lub chwytając za poły chałatu, gdzie jest ulica Pouchina 117? Ale ludzie wyrywają się, odpychają mnie z niecierpliwością, pędzą dalej. W końcu uświadamiam sobie, że nic się od nich nie dowiem, bo to przybysze z terenu, chłopi z kołchozów, handlarze tkanin i owoców z Dagestanu, z Czeczeno-Inguszii czy nawet odległej Kabardyno-Bałkarii. Skądże mają ci zahukani i oszołomieni wielkim miastem górale z Kaukazu wiedzieć, gdzie jest Pouchina 117? Dalej więc snuję się w kółko, ledwie żywy, przede wszystkim z pragnienia. Nie ma co pić. Jest już wieczór i jedyny beczkowóz z kwasem chlebowym stoi pusty.

Nie ma żadnej taksówki. Zrezygnowany i załamany staję w końcu na ulicy i wyciągam rękę, w której trzymam ołówek kulkowy firmy BIC. Nie stoję długo. Dzieci mają wzrok sokołów. Jedno takie dziecko, jadąc z ojcem samochodem, dostrzegło człowieka, który najwyraźniej chce mu podarować długopis firmy BIC. Na prośbę dziecka ojciec zatrzymuje się. Wtedy pytam go o ulicę Pouchina 117. Biorą mnie do samochodu, jedziemy. Jedziemy długo, jesteśmy daleko od stacji autobusowej. Zatrzymujemy się w jakiejś starej części miasta, przy starej, ciemnej ulicy. Tu w pojęciu zabytkowej starości nie ma nic ze snobizmu, nic z kokieterii, nic ze splendoru i ceny antyku. Tu stary dom to znaczy dom nie tknięty żadną naprawą, żadnym remontem przez 73 lata.

Wchodzę w ciemną bramę, w ciemne podwórko, potykam się o stosy śmieci. Słyszę głos kobiety. Pyta, czego szukam. Po jakimś czasie przychodzi do mnie, bierze mnie za rękę i prowadzi do niewidocznych w ciemnościach drzwi. Czemu, dziwi się, macie taką gorącą rękę, mężczyzno?

(Coraz rzadziej mówią tu – towarzysz, ale też nie potrafią powiedzieć – pan, bo to ciągle brzmi zbyt burżuazyjnie, a forma – ty, wobec osoby, której się nie zna dobrze, jest niegrzeczna. Więc zwracają się do siebie per – kobieto, mężczyzno.)

Bo mam gorączkę, odpowiadam. Po omacku natrafiamy na drzwi zamknięte kłódką. Wchodzimy, kobieta zapala światło, Widzę łóżko. Wiecie, mówię do niej, są takie amerykańskie pocztówki, na których znajduje się napis: SZCZĘŚCIEM JEST... a potem różne rysunki wyobrażają, co jest szczęściem. Otóż teraz, mówię, szczęściem jest zobaczyć łóżko.

Tak, jesteście rzeczywiście chorzy, mówi kobieta i za jakiś czas przynosi mi czajnik gorącej herbaty, a na tacy całą kolekcję różnych konfitur i cukierków.

Pyta mnie, jakiej jestem narodowości.

Jak chłopi na całym świecie zaczynają rozmowę od rozważań na temat plonów, a Anglicy wszelką wymianę zdań od dyskusji na temat pogody, tak w Imperium pierwszym krokiem w nawiązaniu kontaktu między ludźmi jest wzajemne ustalenie swojej narodowości. Od tego bowiem będzie bardzo wiele zależało.

W większości wypadków kryteria są jasne i czytelne. Oto Rosjanin, oto Kazach, oto Tatar, oto Uzbek. Ale jest duży procent obywateli tego państwa, którym autoidentyfikacja sprawia poważne trudności, którzy – inaczej mówiąc – nie czują się cząstką żadnego narodu. Oto przykład mojego znajomego, Rusłana, inżyniera z Czelabińska. Jego dziadek był Rosjaninem, babka – Gruzinką. Ich syn, a ojciec Rusłana, zdecydował, że będzie Gruzinem. Ożenił się z Tatarką. Z miłości do matki Rusłan uznał się za Tatara. W czasie studiów w Omsku ożenił się z koleżanką – Uzbeczką. Mają teraz syna – Mutara. Jakiej narodowości jest Mutar?

Czasem te drzewa genealogiczne są jeszcze bardziej zawiłe i skomplikowane, tak że wielu nie czuje się związanymi z jakąkolwiek narodowością. To jest właśnie ów homo sovieticus – nie ze względu na typ świadomości czy postawę, ale dlatego, że jego jedynym wyznacznikiem społecznym była przynależność do państwa sowieckiego. Po upadku tego państwa ludzie ci poszukują dziś nowej identyfikacji (ci, którzy się nad tym w ogóle zastanawiają).

Ów etniczny homo sovieticus jest produktem historii ZSRR, której znaczną część wypełniają nieustanne, intensywne i masowe migracje, przemieszczenia, przesiedlenia i wędrówki ludności. Ruch ten zaczyna się w XIX wieku zasiedlaniem i zsyłkami na Syberię oraz ekspansją kolonialną w Azji, ale przybiera na sile dopiero po roku 1917. Miliony ludzi tracą dach nad głową i zapełniają drogi. Jedni wracają z frontów pierwszej wojny światowej, inni ruszają na fronty wielkiej wojny domowej. Głód 1921 roku zmusza następne miliony do wędrówek w poszukiwaniu kawałka chleba. Dzieci, którym wojna i rewolucja zabrały rodziców, owe miliony nieszczęsnych bezprizornych tworzą krucjaty głodowe, które przemierzają kraj we wszystkich kierunkach. A potem rzesze robotników w poszukiwaniu pracy i chleba jadą na Ural i w inne zakątki kraju, gdzie można zatrudnić się przy budowie fabryk, hut, kopalń, zapór wodnych. Przez ponad czterdzieści lat dziesiątki milionów ludzi odbywają swoje męczeńskie podróże do niezliczonych łagrów i więzień rozsianych po całym terytorium mocarstwa. Wybucha druga wojna światowa i następne potoki ludzkie przemieszczają się we wszystkich kierunkach, razem z liniami frontów. W tym samym czasie, na zapleczu tych frontów, Beria kieruje deportacją w głąb Kazachstanu i na Syberię Polaków i Greków, Niemców i Kałmuków. W rezultacie całe narody znalazły się na obcych sobie ziemiach, w nieznanym otoczeniu, w biedzie i głodzie. Jednym z celów tych operacji było stworzenie człowieka wykorzenionego, wyrwanego ze swojej kultury, ze swojego otoczenia i pejzażu, a tym samym bardziej bezbronnego i posłusznego wobec nakazów reżimu.

A do tego obrazu nieustannych i masowych wędrówek ludów – najczęściej przymusowych – dodajmy bardziej już dobrowolne dziesiątki „zaciągów komsomolskich", multum migracji odbywających się pod hasłami: „ojczyzna potrzebuje metalu", „zaorać ugory", „pokonać tajgę" itd. Pamiętajmy też o falach uchodźców, jakie ruszają po każdym konflikcie etnicznym i rozlewają się po kraju.

I dziś tysiące ludzi nadal koczują na lotniskach, na dworcach, w barakach, w slumsach i pod namiotami. Duch i atmosfera koczownictwa są tu ciągle obecne i żywe, a czastuszka, którą można często usłyszeć, brzmi: Moim adresem nie jest numer domu ani nazwa ulicy, ani nazwa miasta, moim adresem jest Związek Radziecki.

A jednak, mimo tych wielkich i nieprzerwanych migracji, mimo trwającego od pokoleń przemieszania ras, raczej podobieństwo i uniformizm typów ludzkich niż ich różnorodność i kontrast przykuwają uwagę tych, którzy po raz pierwszy zetkną się z mieszkańcami Imperium:

„Ci ludzie wydawali się być wszyscy tacy sami. Zarówno mężczyźni i kobiety noszą ten sam rodzaj kurtki, w sposób oczywisty ciepłej, i te same robocze, wysokie buty. Ich twarze również wydają się być jednakowe. Są one skupione i bez chęci nawiązania kontaktu. Nie wiadomo, czy są zadowoleni, czy poirytowani. Niemożliwe jest nawet stwierdzenie, czy są oni zaciekawieni. To są dziwni ludzie" (Ksawery Pruszyński – „Noc na Kremlu").

Lęk Rosjanki z Pouchina 117 jest obawą na wyrost: Rosjan tu nie tykają. Może Uzbek bić się z Tadżykiem, Buriat z Czeczeńcem, ale Rosjanina nie ruszą. Już Mickiewicz zastanawiał się nad zjawiskiem, które wydawało się, na pierwszy rzut oka, niepojętym: oto jeden carski urzędnik pędzi na katorgę całą kolumnę Tuwińców (plemię syberyjskie) i nikt z tych nieszczęsnych poddanych nie zbuntuje się. A przecież mogliby bez żadnych przeszkód owego urzędnika zabić i rozpierzchnąć się po lesie. Tymczasem idą posłusznie, pokornie spełniają jego rozkazy, w milczeniu znoszą wyzwiska. Bo, tłumaczy Mickiewicz, w oczach zniewolonych Tuwińców urzędnik ten jest personifikacją potęgi wielkiego państwa, którego boją się, które budzi ich lęk, strach, grozę. Podnieść rękę na urzędnika, to podnieść rękę na mocarstwo, a na to żaden z nich się nie zdobędzie. Pisarz tunezyjski Albert Memmi w swojej książce „Portrait du Colonisé" dokładnie przedstawia ów złożony zespół nienawiści, ale i lęku, charakterystyczny dla stosunku człowieka skolonizowanego wobec jego władcy – kolonizatora. Lęk, zauważa Memmi, będzie w ostatecznym rachunku zawsze dominować nad nienawiścią, będzie ją tłumić i paraliżować.

Wystarczy zobaczyć takie miasta, przez które świeżo przetoczyła się fala walk etnicznych – choćby Fergane czy Osz. Wśród spalonych i zdewastowanych domów Uzbeków, Karakałpaków czy Tadżyków widać nietknięte domy Rosjan. Kto bowiem stoi za biednym Karaczajem, którego zaatakuje rozsierdzony Turkmen? Najwyżej – drugi Karaczaj. A za Rosjaninem – kałasznikow, czołg, bomba nuklearna.

A jednak moja Rosjanka z Baku, przy pierwszym poruszeniu ulicy, przy pierwszych odgłosach nadciągających bojówek, które – wszyscy to wiedzą – idą rozbijać głowy Ormianom, tylko Ormianom, pakuje w pośpiechu walizki i pędzi na lotnisko, szczęśliwa, że udało jej się wydostać z piekła. Gdzie jednak jest to piekło? Gdzie się ono znajduje?

Ono znajduje się w niej, w jej świadomości.

Przypomina mi się Afryka, lata sześćdziesiąte, sceny na lotniskach Algieru, Leopoldville i Usumbury, potem, w latach siedemdziesiątych, te same sceny na lotniskach w Luandzie i

Lourenço Marques. Koczujące na tobołkach, nieprzytomne ze zmęczenia i ze strachu tłumy białych uciekinierów. To wczorajsi kolonizatorzy, władcy tych ziem. Dzisiaj natomiast ich jedynym pragnieniem jest wyjechać stąd, wyjechać natychmiast, zostawiając wszystko – tonące w kwiatach domy, ogrody, baseny, żaglówki. Skąd ten rozpaczliwy pośpiech i determinacja? Cóż ich nagle gna do Europy? Jakaż tytaniczna siła wyrzuca ich tak gwałtownie i bezwzględnie z tych wygrzanych tropikalnym słońcem, wygodnych, wspaniałych miejsc na Ziemi? Może tubylcy rozpoczęli masowe rzezie swoich białych panów? Może ich luksusowe dzielnice stanęły w płomieniach? Nie, nic się takiego nie dzieje.

To w świadomości kolonizatora odezwało się jego piekło, piekło wewnętrzne. To obudziło się i wydostało na powierzchnię jego nieczyste sumienie, skrywane i usypiane dotąd na tysiąc sposobów, a często po prostu niezbyt jasno i dokładnie uświadamiane. To nieczyste sumienie nie musi dotyczyć każdej jednostki składającej się na rzeszę kolonizatorów. Wielu tych ludzi czuje się – i jest – najzupełniej niewinnymi. Ale są oni ofiarami sytuacji, którą sami współtworzą, a mianowicie – sytuacji kolonialnej, której istotą jest zasada asymetrii i podporządkowania człowieka skolonizowanego kolonizatorowi. Paradoks polega tu na tym, że, choćbym nie chciał i nawet protestował, jestem kolonizatorem przez sam fakt przynależności do narodu, który kolonizuje innych. Tylko za cenę wyrzeczenia się własnej ojczyzny i narodu, a czasem za cenę zmiany koloru skóry (teoretyczna hipoteza), mógłbym pozbyć się tej skazy, tego odium. Ale ponieważ są to wybory niemożliwe, tu i tam na lotniskach robi się tłoczno i nerwowo: kilkanaście lat temu na lotnisku w Luandzie, teraz – w 1990 roku – na lotnisku w Baku.

Jednakże przed kim uciekacie?

Czy nie przed samymi sobą?

Ale istnieje różnica między Portugalczykiem i Francuzem opuszczającym Afrykę a Rosjaninem, który powinien wyjechać ze słonecznego Baku czy pięknej, secesyjnej Rygi do takiego ponurego, przeraźliwie zimnego Norylska czy przygnębiająco brudnego i zadymionego Czelabińska. Że nie chcą wyjeżdżać z Estonii czy Armenii? Ja im się nie dziwię! Żeby się ratować, w swoich dawnych koloniach tworzą różnego typu związki i partie, których hasłem jest – pozostać, nie ruszyć się na krok! Rosjanka z Pouchina 117 jest raczej wyjątkiem, a to dlatego, że znajduje się w luksusowej sytuacji – ma rodzinę z mieszkaniem, i to w Moskwie!

Baku:

lubię to miasto, jest zbudowane dla ludzi, nie przeciw ludziom (tak, są miasta zbudowane przeciw ludziom). Można tu całymi dniami spacerować, Baku ciekawi i przyciąga. Ma piękne bulwary, ma kilka ulic wspaniałej secesji, którą tu zaszczepił król nafty pan Alfred Nobel. Zresztą można tu zobaczyć wszelkie możliwe style architektoniczne. Przy głównym bulwarze wznosi się kilka jasnych, luksusowych i wielkich kamienic – to domy, które dla swojej kamaryli postawił władca Azerbejdżanu Geidar Alijew. Słynna to postać. Alijew był najpierw szefem KGB Azerbejdżanu, potem, w latach siedemdziesiątych, pierwszym sekretarzem partii komunistycznej w tejże republice. Był pupilem Breżniewa, który mianował go wicepremierem ZSRR. Z tego stanowiska w 1987 roku usunął go Gorbaczow. Jak wspomniałem, Alijew należał do ludzi Breżniewa – grupę tę cechował wysoki stopień korupcji, upodobanie we wschodnim przepychu, wszelkiego rodzaju deprawacja. W ich praktykowaniu korupcji nie było cienia żenady, przeciwnie, cechowała je wyzywająca, prowokacyjna ostentacja. Przykładem tego jest właśnie owa kolonia bloków- -apartamentów, postawiona w najważniejszym, najbardziej reprezentacyjnym punkcie miasta. Wszystkie mieszkania rozdzielał Alijew według ułożonych przez siebie list – on też osobiście wręczał wybrańcom klucze. Kryterium przydziału było proste – najlepsze apartamenty dostawała najbliższa rodzina, za nią szli kuzyni i wyższe osobistości klanu Alijewa. Na tych ziemiach, jak kilka tysięcy lat temu, więzi plemienne nadal są najważniejsze.

Byłem w jednym z takich apartamentów. Jego gospodarz pracował w tutejszym parlamencie, ale rzecz w tym, że był kuzynem Alijewa. Otóż ten człowiek, który oficjalnie zarabiał grosze, miał ustawione wzdłuż ścian całe baterie sprzętu elektronicznego, różnego rodzaju kolumny, telewizory, odtwarzacze, wzmacniacze, głośniki, światełka, Bóg wie co. Zresztą, nawet żeby miał miliony rubli, nie mógłby takich rzeczy kupić w sklepie, bo tam ich nie ma. Stół był zastawiony wszelkim jadłem, łakociami, daktylami, fistaszkami. Najbardziej gospodarz zżymał się na Sacharowa. Sacharow? Po co nam Sacharow? On ma żonę Ormiankę! Ale poza tym jednym problemem (to znaczy poza Sacharowem) wszystko było w porządku. Gospodarz częstował mnie a to serem z Holandii, a to krewetkami z Wysp Bahama. Siedział zadowolony w otoczeniu rodziny. Ze wszystkich stron elektronika mrugała do niego kolorowymi oczkami.

Następnego dnia rozmowa z profesorem Ayudinem Mirsalinoglu Mamedowem. Ciekawy, mądry, ucieszony, bo właśnie po raz pierwszy od 1917 roku pozwolono im założyć Kulturalne Towarzystwo Turkologiczne. Profesor od lat redaguje czasopismo poświęcone turkologii. Nie wszyscy wiedzą, że język turecki (lub: języki tureckie) jest drugim, po rosyjskim, językiem Imperium. W języku tym mówi tam około 60 milionów ludzi. Azerbejdżanin nie tylko porozumie się w Ankarze, ale także w Taszkencie i w Jakucku. Wszędzie żyją jego turkojęzyczni bracia. W jakimś sensie były ZSRR to słowiańsko-tureckie mocarstwo. Pomysł Sołżenicyna polegał na tym, żeby się pozbyć elementu tureckiego, żeby zostało tylko mocarstwo słowiańskie.

Azerbejdżanie nazywają się tak dopiero od 1937 roku. Przedtem wpisywano im do dowodu osobistego – Turek. Teraz czują się Azerbejdżanami, Turkami i muzułmanami.

Największych zniszczeń, mówi Mamedow, komunizm dokonał w świadomości ludzi. Ludzie nie chcą dobrze pracować i dobrze żyć. Chcą źle pracować i źle żyć. Ot, i cała prawda.

Weźmy uniwersytety. Cztery lata studiowania materializmu dialektycznego, cztery lata wkuwania historii KPZR, cztery lata zgłębiania naukowego komunizmu – i wszystko okazało się fałszem!

Po 73 latach bolszewizmu ludzie nie wiedzą, co to jest swoboda myślenia, i na jej miejsce podstawiają swobodę działania. A swoboda działania oznacza u nas swobodę zabijania. Ot, i cała pierestrojka, całe nowe myślenie.

Jak został zbudowany komunizm? Komunizm zbudował Stalin przy pomocy bezprizornych. Miliony osieroconych, głodnych i bosych dzieci błąkało się po drogach Rosji. Kradli, co się dało. Stalin zamknął ich w internatach. Tam nauczyli się nienawiści, a kiedy dorośli, zostali ubrani w mundury NKWD. NKWD trzymało naród w zwierzęcym strachu. Ot, i masz komunizm.

Co to jest szachownica Stalina? On tak porozsiedlał narody, tak je pomieszał i poprzestawiał, że teraz nie można nikogo ruszyć, żeby nie ruszyć kogoś innego, żeby go nie skrzywdzić. Jest trzydzieści sześć konfliktów granicznych, a może nawet i więcej. Ot, i masz szachownicę Stalina, naszą największą biedę.

Mała restauracyjka w centrum Baku. Turecka? Irańska? Arabska? Azerbejdżańska? W tych stronach świata wszystkie te lokaliki są do siebie podobne. Mały, osobny pokoik. Szaszłyk, ryż, pomidory i lemoniada. Obiad z przywódcą Frontu Narodowego Azerbejdżanu, pisarzem Jusifem Samedoglu. Próbuje żeglować między dyktaturą lokalnych kacyków a islamskimi fundamentalistami. Ale trudne to czasy dla liberałów, dla ludzi środka, dla tych, którzy by chcieli wszystkich objąć i uściskać. Wiem, co może powiedzieć mi o sytuacji, więc nie pytam go o nią, pytam, czy coś pisze. Zrezygnowany macha ręką. Kolejny z tych, którzy rzucili literaturę na pożarcie polityce. Zresztą – jak pisać? Pisał cyrylicą, teraz cyrylicę zniosą. Będą używać albo alfabetu łacińskiego, jak w Turcji, albo cofną się do arabskiego, nie wiadomo. A co z książkami, które napisał cyrylicą? Przekładać na inny alfabet? Kto to będzie robić? Czy to warto? Pisarz w sile wieku zostaje z pustymi rękoma, z dorobkiem, który będzie nieczytelny.

Po raz pierwszy w życiu leciałem samolotem, w którym panował tłok jak w miejskim autobusie w godzinie szczytu. Na lotnisku w Baku rozwścieczony i zdecydowany na wszystko tłum wdarł się do kabiny i ani myślał ustąpić. Kapitan krzyczał, groził i klął – nie pomogło. Ludzie stali w przejściach ściśnięci, głusi na to, co się do nich mówiło. W końcu kapitan machnął ręką, zamknął drzwi do swojej kabiny, uruchomił silniki i wystartował.

Workuta, zamarznąć w ogniu

Miała być Workuta i noc, a tymczasem lądujemy w dzień, w słońcu. Musi więc być to jakieś inne lotnisko.

Jakie?

Ruszam się niespokojnie w moim fotelu, ale zaraz widzę, że niespokojny jestem tylko ja, nikomu więcej nawet nie drgnie powieka. Przeleciałem w tym kraju samolotami może sto tysięcy kilometrów. Dwie obserwacje z tych podróży: samoloty są zawsze pełne – na każdym lotnisku na każdy rejs oczekuje, czasem tygodniami, mnóstwo ludzi, nie ma więc mowy, żeby gdzieś został pusty fotel. Po drugie – w czasie całego lotu panuje w kabinie zupełna cisza. Pasażerowie siedzą nieruchomo, milczą. Jeżeli słychać gdzieś gwar, wybuchy śmiechu i brzęk szkła – to znaczy, że leci grupa Polaków: nie wiedzieć dlaczego podróż wprawia ich w stan bezgranicznej euforii, amoku.

Tak, to nie Workuta, to Syktywkar.

Gdzie jest ten Syktywkar, nie wiedziałem, a mapy zapomniałem ze sobą wziąć. Po śniegu dobrnęliśmy do budynku lotniska. Wewnątrz było gorąco, duszno i tłoczno. Ani mowy, żeby znaleźć kawałek wolnej ławki. Wszystkie ławki pełne śpiących ludzi, śpiących tak głęboko i spokojnie, a nawet, chciałbym powiedzieć, tak ostatecznie, jakby dawno już pożegnali się z wszelką nadzieją, że kiedyś stąd odlecą.

Postanowiłem pilnować się pasażerów mojego samolotu, aby nie odlecieli i nie zostawili mnie samego. Stanęliśmy pośrodku wielkiej sali, bo nawet miejsca pod ścianami były zajęte.

Stanęliśmy i tyle.

Stanęliśmy i stoimy.

Miałem na sobie kożuch (leciałem przecież za Koło Podbiegunowe), więc w tym ścisku i ukropie ogrzanej, a nie wietrzonej sali zacząłem ociekać potem. Zdjąć kożuch? Ale co z nim zrobić? W ręku trzymam torby, a wieszaków żadnych nie ma. Stoimy już ponad godzinę i ta czynność stania staje się coraz trudniejsza do zniesienia.

Jednakże nie duszność i pot były najgorsze. Najgorsze było to, że nie wiedziałem – co dalej. Jak długo mam tak stać w Syktywkarze? Następną godzinę? Dobę? Resztę życia? I właściwie – dlaczego ja tu stoję? Dlaczego nie polecieliśmy do Workuty? Czy kiedyś tam polecimy? Kiedy? Czy jest szansa, żeby zdjąć kożuch, usiąść i napić się herbaty? Czy to będzie możliwe?

Rozejrzałem się po swoich sąsiadach.

Stali patrząc nieruchomo przed siebie. Właśnie tak: stali patrząc nieruchomo przed siebie. Nie widać było po nich żadnego zniecierpliwienia. Żadnego niepokoju, zdenerwowania, złości. Przede wszystkim – o nic nie pytali, o nic, nikogo. A może nie pytali, bo wiedzieli?

Zagadnąłem jednego z nich, czy wie, kiedy polecimy? Jeżeli nagle zadać tu komuś pytanie, trzeba cierpliwie poczekać. Widać bowiem po twarzy zapytanego, że dopiero pod wpływem bodźca (pytania) człowiek ten jak gdyby budzi się, ożywia i zaczyna odbywać mozolną podróż z jakiejś innej planety na Ziemię. A to wymaga czasu. Następnie na jego twarzy pojawia się lekkie i nawet rozbawione zdziwienie – po co się dureń pyta?

Nie ulega wątpliwości, że zapytany, nazywając pytającego durniem, ma świętą rację. Całe bowiem doświadczenie uczy go, że z zadawania pytań nie płynie żaden pożytek, że człowiek i tak dowie się tylko tyle, ile – i bez zadawania pytań – powiedzą mu (albo raczej: nie powiedzą) i że przeciwnie – zadawanie pytań jest bardzo niebezpieczne, bo zadając je człowiek może ściągnąć sobie na głowę wielkie nieszczęście.

Co prawda od epoki stalinizmu minęło trochę czasu, ale jej pamięć jest żywa, a nauki, tradycja i nawyki z tamtego okresu pozostały, utrwaliły się w świadomości i będą długo wpływać na zachowania ludzi. Iluż z nich (czy ich rodzin, znajomych itd.) poszło do łagrów za to, że w czasie zebrania, czy nawet w prywatnej rozmowie, zapytało o to i owo? Ilu z tego powodu złamało sobie karierę. Ilu straciło pracę. Ilu straciło życie.

Latami w całej biurokracji i w policji panował rozwinięty system śledzenia i donoszenia , dotyczący jednej tylko sprawy: czy ktoś pytał? O co pytał? Podać nazwisko tego, kto pytał.

Rozmowa dwóch najbliższych przyjaciół przed zebraniem:

– Wiesz, chciałbym na zebraniu zapytać.

– Proszę cię, nie rób tego, przecież cię posadzą!

Albo rozmowa dwóch innych przyjaciół:

– Fiedia, chcę ci coś poradzić.

– Słucham cię.

– Zauważyłem, że za dużo pytasz. Chcesz sobie zaszkodzić? Bądź rozsądny, opanuj się, przestań pytać!

W literaturze (choćby u Grossmana) sceny opisujące powrót z łagrów do domu. Człowiek wrócił po dziesięciu latach wycierpianych w łagrze syberyjskim. Siada pierwszego wieczoru przy rodzinnym stole razem z żoną, z dziećmi, z rodzicami. Jedzą wspólną kolację, może nawet toczy się jakaś rozmowa, ale nikt nie pyta przybysza, gdzie przez te lata był, co robił, co przeżył.

Po co pytać?

Mądre zdanie Eklezjasty: „Kto gromadzi wiedzę, gromadzi ból".

Rozwijając tę gorzką myśl, Karl Popper napisał kiedyś, że (cytuję z pamięci) niewiedza nie jest prostym i biernym brakiem wiedzy, ale jest postawą aktywną, jest odmową przyjęcia wiedzy, niechęcią do wejścia w jej posiadanie, jest jej odrzuceniem. (Słowem: niewiedza jest raczej antywiedzą).

Rozległa i, zdawałoby się, tak niezbędna życiu strefa pytań była nie tylko zakazanym polem minowym, ale wręcz wrogą i nienawistną częścią mowy, a to dlatego, że monopol na zadawanie pytań był w praktyce sowieckiej zarezerwowany dla oficerów śledczych. Kiedyś jadąc pociągiem z Odessy do Kiszyniowa wdałem się w rozmowę z sąsiadem z przedziału. Był kołchoźnikiem z Przydniestrza. Pytałem go a to o pracę, a to o dom, a to o zarobki. W miarę zadawania pytań jego nieufność do mnie rosła, wreszcie spojrzał na mnie podejrzliwie i burknął: – A co to, wy śledczy jesteście czy jak? I nie chciał więcej rozmawiać.

No właśnie! Gdyby śledczy, to w porządku, śledczemu wolno, śledczy od tego jest, żeby pytać. Ale taki zwyczajny człowiek? Taki, co siedzi w przedziale pociągu z Odessy do Kiszyniowa?

– To ja tu jestem od zadawania pytań! – krzyczy do przerażonej, uwięzionej niewinnie Eugenii Ginzburg oficer śledczy Liwanow (Eugenia Ginzburg – „Stroma ściana"). Tak, tylko on, śledczy, ma prawo zadawać pytania.

Wszyscy jednak wiedzą, że pytanie oficera śledczego nie jest pytaniem akademickim, bezinteresownym, zadanym po to, aby mozolnym, choć intrygującym wysiłkiem zgłębiać mroczne tajemnice naszego bytu. W każdym pytaniu śledczego jest przecież ukryty śmiercionośny ładunek, pytanie jest zadawane po to, aby cię zniszczyć, wdeptać w ziemię, unicestwić. Nie przypadkiem określenie „krzyżowy ogień pytań" jest wzięte ze słownika walki, frontu, wojny, śmierci.

W rezultacie w Imperium było coraz mniej i mniej ludzi zadających pytania i coraz mniej i mniej wszelkich pytań. Ponieważ forma pytająca języka była zawłaszczona przez śledczych, przez tzw. organa, przez dyktaturę, już sama tonacja zdania wyrażająca chęć dowiedzenia się czegoś sygnalizowała zagrożenie, mogła zapowiadać złowieszcze fatum.

Dlatego też stopniowo zanikła i sztuka formułowania pytań (bo to jest sztuka!, patrz – studium Romana Ingardena „O pytaniach esencjonalnych") i nawet sama potrzeba ich zadawania. Wszystko coraz bardziej przedstawiało się takim, jakim miało być. Zwyciężyła nie dająca się zakwestionować ani podważyć oczywistość. A skoro się tak stało, pytań już po prostu nie było.

W ich miejsce pojawiła się nieskończona ilość powiedzeń, zawołań i zwrotów wyrażających aprobatę tego, co jest, obojętność, brak zdziwienia, pokorne przyzwolenie, rezygnację.

A niech tam! A co tam! Wszystko możliwe! No i dobra! Co ma być, to będzie! Wsiewo mira nie pierejebiosz! Pożyjesz – zobaczysz! Naczalstwo łutsze znajet! Życie! Takie ono i jest! Lepszego nie trzeba! Pokorne cielę dwie matki ssie! Ptaka w locie nie złapiesz! itd., itp., jako że język to przebogaty.

Jednakże cywilizacja, która nie zadaje pytań, która wyrzuca poza swój obręb cały – wyrażający się właśnie pytaniami – świat niepokoju, krytycyzmu i poszukiwań, jest cywilizacją stojącą w miejscu, sparaliżowaną, nieruchomą. I o to też ludziom z Kremla chodziło, ponieważ najłatwiej jest panować nad światem nieruchomym i niemym.

Po kilku godzinach w Syktywkarze odlecieliśmy do Workuty (do dziś nie wiem, po co był ten przystanek i to beznadziejne, nużące czekanie). Przelot tą trasą wieczorem jest najwyższym przeżyciem artystycznym, malarskim. Samolot po osiągnięciu wysokości kilku tysięcy metrów wlatuje nagle za kulisy jakiegoś wielkiego, kosmicznego teatru. Nie widzimy sceny, która gdzieś na ziemi tonie w ciemnościach. Widzimy tylko rozwieszone w niebie świetliste kurtyny. Są to lekkie, pastelowe kurtyny, wysokie na kilkaset kilometrów, w żółtawych i zielonkawych odcieniach.

Kurtyny te promieniują pulsującym, rozedrganym światłem.

Samolot jakby zagubił się w tych jasnych, barwnych draperiach, jakby zmylił drogę, stracił orientację i zaczął niespokojnie krążyć wśród rozpiętych w niebie kolorowych i sfałdowanych materii. Zieleń! Najbardziej uderzająca była zieleń! „Zieleń i błękit potęgują swój kolor w półcieniu” – to Leonardo da Vinci w swoim „Traktacie o malarstwie”. I rzeczywiście, na tle czarnego, smoliście, przepastnie czarnego nieba zieleń traciła swój naturalny spokój i równowagę i przybierała tony tak intensywne, tak władcze, że inne kolory gasły przy niej, schodziły na dalszy plan.

Byliśmy już nad lotniskiem, kiedy całe teatrum zorzy polarnej nagle zgasło, rozpłynęło się w mroku.

Temperatura minus 35 stopni. Od razu poczułem zimno. Od razu zaciekłe kąsanie mrozu, trudności z oddechem, dreszcze. Wszyscy się jakoś porozjeżdżali. Pusty plac przed małym budynkiem lotniska. Pusty i słabo oświetlony. Co robić? Wiedziałem, że długo na tym mrozie nie wytrzymam. W budynku był posterunek milicji. Schowany w ogromnym kożuchu milicjant powiedział, że zaraz przyjedzie autobus, którym mogę pojechać do miasta, do hotelu. – Tu jest tylko jeden hotel – dodał – łatwo trafisz.

Mały, stary autobus, zatłoczony, upchany, ubity. Ludzie szczelnie okryci, otuleni, omotani w kożuchy, futra, chusty, wojłoki – duże, zesztywniałe, nieruchawe kokony. Gdy autobus hamuje, kokony gwałtownie przechylają się do przodu, gdy nagle rusza – przechylają się do tyłu. Na każdym przystanku kilka kokonów znika w ciemnościach, na ich miejsce pojawiają się inne (to znaczy: domyślamy się, że inne, gdyż wszystkie kokony wyglądają podobnie). Czasem coś ugniata nam nogi tak mocno, że czujemy, iż pękają kości – to jakieś kokoniątko przesuwa się do wyjścia. Pytanie o hotel należy kierować w górną część kokona – to jest do widocznego przed nami kulistego obiektu, zupełnie, jakbyśmy mówili do mikrofonu. Trzeba wytężyć słuch, gdyż odpowiedź nie będzie skierowana do nas, lecz w tym kierunku, w którym z kokona wydobywa się głos. Mankamentem takiego podróżowania jest to, że można jechać obok bardzo pięknej dziewczyny i nie mieć o tym pojęcia – nie widać żadnej twarzy. Nie widać również, gdzie jesteśmy – wszystkie okna pokrywa gruby szron i przebogate, rokokowe bukiety białych kwiatów. Mój pobyt wśród kokonów nie trwa długo, bo oto, po półgodzinie, dojeżdżamy gdzieś w pobliże hotelu. Kiedy z łoskotem otwierają się drzwi, kokony życzliwie rozsuwają się na boki, aby przybysz z dalekich stron mógł wymotać się z wnętrza autobusu, wysiąść i zapaść się w mrok i mróz.

Żaden Luwr, żadne zamki nad Loarą nie mogą dostarczyć tylu przyjemnych i niezapomnianych wrażeń, co ponure i ubogie wnętrze hotelu „Workuta". Działa tu odwieczne prawo względności. Wjazd do Luwru z Paryża nie jest przejściem z ziemi do nieba, natomiast wejście z ulicy do holu hotelowego w Workucie – jest. Hol ratuje nam życie, bo jest w nim ciepło, a ciepło jest rzeczą w tym mieście najcenniejszą.

Dostaję klucz i biegnę do swojego pokoju. Ledwie jednak wszedłem, jeszcze szybciej wybiegłem: okno było nie tylko otwarte, ale jego ramy otaczała gruba, masywna powłoka lodu. Ani mowy, żeby je zamknąć. Pędzę do pokojówki z tą hiobową wieścią. Pokojówka zupełnie nie dziwi się. – Te okna u nas takie są – uspokaja mnie, nie chce, żebym się denerwował. Co poradzisz, takie jest życie, takie są okna w hotelu „Workuta".

Stare leninowskie pytanie (a może nawet sięgające jeszcze czasów Dobrolubowa i Czernyszewskiego) – co robić? Długo naradzamy się. W końcu widzę, że żaden pomysł nie przyjdzie jej do głowy, dopóki nie sięgnę do moich zapasów drogocennej wody kolońskiej Made in New York. Od razu jej umysł rozświetla prosta i praktyczna idea. Pokojówka znika na jakiś czas, po czym wyłania się z ciemności korytarza niosąc siekierę tak samo triumfalnie, jak potrząsali swoimi tomahawkami wodzowie Indian po wygranej bitwie z Jankesami.

Przystępujemy do dzieła. Jest to praca, której nie powstydziłby się żaden szwajcarski zegarmistrz. Chodzi o to, żeby odkuć z ram okiennych ogromne bryły lodu, nie naruszając jednak szyby. Jeżeli stłuczemy szybę, cała praca na nic, szybę – objaśnia pokojówka – będzie można wstawić dopiero latem, to jest za pół roku, kiedy mnie już tu dawno nie będzie. – A do tego czasu? – Do tego czasu będziemy się męczyć – odpowiada, wzrusza ramionami i wzdycha. Trwało to długo, ale wyrąbaliśmy w prostokątnej, lodowej ramie rowki na tyle głębokie, że okno, wsparte do tego celu przeznaczoną, a leżącą pod łóżkiem deską, dało się jako tako przymknąć. Żeby dodać mi otuchy, przyniosła jeszcze garnek z gorącą wodą. Para buchająca z tego garnka miała przez jakiś czas ogrzewać pokój.

Miałem telefon do człowieka, z którym chciałem się spotkać. Zadzwoniłem. Coś zachrypiało na drugim końcu. – Genadij Nikołajewicz? – zapytałem. Zachrypiało, że tak. Ucieszyłem się, on też się ucieszył, wiedział, że przyjadę, czekał. – Wsiadaj w autobus i przyjeżdżaj – powiedział. Pomyślałem, że przecież noc, ale zaraz uświadomiłem sobie, że o tej porze roku tu zawsze panuje noc, i powiedziałem: – Już idę.

Powiedziałem: idę, nie zdając sobie sprawy, że idę w śmierć.

Problem, dramat i makabra Workuty wzięły się z połączenia węgla z bolszewizmem. Workuta leży w republice Komi, za Kołem Polarnym.

W latach dwudziestych odkryto tu wielkie złoża węgla. Szybko zaczęło powstawać zagłębie węglowe. Budowano je głównie rękoma skazańców, ofiar stalinowskiego terroru. Powstawały dziesiątki łagrów. Wkrótce Workuta, obok Magadanu, stała się nazwą-symbolem, nazwą budzącą strach i przerażenie, miejscem upiornej i często bezpowrotnej zsyłki. Składał się na to terror NKWD panujący w łagrach, mordercza praca w kopalniach, głód, jaki dziesiątkował więźniów, i koszmarne, trudne do wytrzymania zimno. Bo chodziło tu o zimno dręczące ludzi bezbronnych, półnagich, chronicznie głodnych, krańcowo wycieńczonych, oddanych na pastwę najbardziej wymyślnego okrucieństwa.

Dzisiaj Workuta jest nadal zagłębiem węglowym. Tworzy je trzynaście kopalń, rozłożonych w dużym pierścieniu wokół miasta. Przy każdej kopalni znajduje się osiedle górnicze, część tych osiedli to dawne łagry, w których nadal mieszkają ludzie. Osiedla i kopalnie połączone są szosą-obwodnicą, po której krążą dwa autobusy – każdy w przeciwną stronę. Ponieważ samochód jest tu ciągle rzadkością, autobus jest jedynym środkiem komunikacji.

Tak więc i ja pojechałem takim autobusem do Genadija Nikołajewicza, wiedząc tylko, że mam rozpytywać się o Komsomolskij Posiołek, dom numer 6. Po godzinie kierowca zatrzymał się w miejscu, które miało być przystankiem Komsomolskij Posiołek, otworzył drzwi kabiny i wskazał mi kierunek, w którym powinienem iść, ale wskazał tak niewyraźnie, że mogło wynikać, iż mam iść w stronę jednej z miliona gwiazd tworzących Drogę Mleczną. Z drugiej strony, jak się zaraz przekonałem, jego gest i tak nie miał żadnego znaczenia, gdyż po wyjściu z autobusu szybko straciłem orientację, gdzie jestem.

Najpierw uświadomiłem sobie, że stoję wśród zupełnych ciemności. Z początku nie widziałem nic, ale kiedy mój wzrok zaczął przyzwyczajać się do mroku, zobaczyłem, że otaczają mnie wielkie góry śniegu. W wierzchołki tych gór uderzały co chwilę potężne fale wiatru, które podrywały ku niebu ogromne tumany śniegu; wyglądało to, jakby raz po raz na szczytach wybuchały gejzery białej lawy. Wszędzie tylko góry śniegu, żadnych świateł, żadnych ludzi. I mróz tak straszny, że nie byłem w stanie głębiej odetchnąć, głębszy oddech powodował rozdzierający ból w płucach.

Instynkt samozachowawczy powinien powiedzieć mi, że jedynym wyjściem z tej sytuacji jest nie ruszać się z przystanku, czekać na następny autobus, który musi kiedyś nadejść (choć było już po północy). Ale instynkt mnie zawiódł i popychany jakąś zgubną ciekawością, a może najzwyczajniej – bezmyślnością, ruszyłem w poszukiwaniu Komsomolskiego Posiołka, a w nim domu numer 6. Ta bezmyślność wynikała z tego, że nie zdawałem sobie sprawy, co to znaczy znaleźć się nocą za Kołem Polarnym, na śnieżnej pustyni, w mrozie, który mnie trzymał za twarz i dusił tak, że nie mogłem oddychać.

Szedłem przed siebie nie wiedząc, gdzie jestem i co dalej robić. Wybierałem sobie za cel jakąś górę, ale nim zdołałem się do niej zbliżyć – brnąc w głębokim śniegu, dusząc się i coraz bardziej słabnąc – góra znikała. To trwająca wichura, owa złowroga polarna purga, przenosiła góry śniegu z miejsca na miejsce, zmieniała ich położenie, ich kompozycję, zmieniała cały krajobraz. Nie miałem o co zaczepić wzroku, nie miałem żadnego punktu orientacyjnego.

W pewnym momencie zobaczyłem pod sobą dół, a w dole drewniany, parterowy dom. Zjechałem, a trochę stoczyłem się po oblodzonym stoku góry – w dół. Ale był to sklep, jakiś sklep zamknięty na cztery spusty. Miejsce zdawało się zaciszne i przytulne i chciałem nawet tu zostać, kiedy przypomniały mi się wszystkie ostrzeżenia polarników, którzy mówili, że taka ciepła nisza na śnieżnej pustyni – to grób.

Wygrzebałem się więc na górę i ruszyłem dalej. Ale dokąd? Dokąd iść? Widziałem już coraz mniej, bo śnieg zalepiał mi twarz, zasypywał oczy. Miałem tylko świadomość tego, że muszę iść, że jeżeli położę się, to zginę. I strach, zwierzęcy strach człowieka zaszczutego przez jakąś straszną siłę, której nie może ani rozpoznać, ani nic jej przeciwstawić, i która – czuje to – pcha go, coraz słabszego i bezwładnego, w białą otchłań.

Będąc już u kresu sił, ale co chwila zrywając się, żeby jeszcze zrobić kilka kroków, zobaczyłem szamocącą się z wichurą, pochyloną, skuloną sylwetkę kobiety. Dowlokłem się do niej i wykrztusiłem: – Dom numer 6. Powtórzyłem: – Dom numer 6 – z taką nadzieją w głosie, jakby pod tym adresem kryło się całe moje zbawienie.

– Idziesz w złą stronę, mężczyzno – powiedziała, przekrzykując wiatr. – Idziesz w stronę kopalni, a to trzeba iść o... tam – i, jak kierowca autobusu, wskazała mi ręką jedną z miliona gwiazd, z których składa się Droga Mleczna.

– Ale ja też tam idę – powiedziała. – Chodź, pokażę ci, gdzie to.

Do domu, w którym mieszka Genadij Nikołajewicz, wchodzi się tak jak do innych domów tutejszego osiedla. A więc: jeżeli zobaczymy z daleka górę śniegu, możemy domyślać się, że w jej wnętrzu, na jej dnie, stoi dom. Trzeba wdrapać się na szczyt góry. Pod nami, w dole, będzie widać dach piętrowego budynku. Z wierzchołka góry do drzwi prowadzą wygrzebane w śnieżnolodowej ścianie schody. Z wielkim mozołem, lękiem i ostrożnością schodzimy w dół. Tam, z pomocą mieszkańców, mocując się ze zwałami śniegu, rozchylamy drzwi na tyle, żeby wejść do środka.

Przybycie każdej osoby jest tu tak niezwykłym wydarzeniem, że na jej przywitanie wychodzą wszyscy mieszkańcy domu (jest tu kilka mieszkań). Każdy prosi, żeby zajrzeć do niego bodaj na chwilę.

Genadij Nikołajewicz, górnik, właśnie skończył lat 50 i przeszedł na emeryturę. Tak wczesna emerytura jest jednym z przywilejów, jakie otrzymuje się za pracę w tych strasznych, polarnych warunkach. Przywilejów zresztą wątpliwych – tylko 20 procent górników dożywa tu 50 lat. Duża, rozdęta klatka piersiowa. Kiedy mówi, chrypi i poświstuje – ma zaawansowaną pylicę. Przyjechał tu do pracy, gdy miał 16 lat. Łagier? Nie, u nich, w kołchozie pod Kurskiem, był głód. Ktoś mu powiedział: Chcesz jeść, jedź do Workuty, tam podobno dają jeść. I rzeczywiście, mógł kupić chleb, a czasem i kawałek mięsa. Teraz jest gorzej, bo jedyne, co można dostać, to mięso renifera, twarde jak kamień. Szkoda zębów!, mówi Genadij Nikołajewicz i pokazuje w uśmiechu swoje zęby. Część jest złotych, a część srebrnych. Tu kolor zębów jest ważny, pokazuje miejsce w hierarchii społecznej. Im wyższa persona, tym więcej złotych zębów. Niżej postawieni mają zęby srebrne. Najniżej – zęby sztuczne, przypominające kolorem i wyglądem naturalne. Korci mnie, żeby spytać, jakie zęby miał Stalin. Ale znam odpowiedź: nie wiadomo, Stalin nigdy się nie uśmiechał.

Pytam go o baraki, które widziałem po drodze. A, to stare łagry, objaśnia. Ale widziałem światła w oknach! Tak, mówi, bo tam mieszkają ludzie. Łagry zamknęli w tym sensie, że nie ma wyroków, nie ma strażników, nie ma znęcania się. Dużo dawnych łagierników wyjechało. Ale część została – nie mają gdzie wyjechać, nie mają rodzin, znajomych. A tu jest i dach nad głową, i praca, i koledzy. Workuta jest ich jedynym miejscem na ziemi.

Dla Genadija Nikołajewicza granica między łagrem a światem poza łagrem nie jest zbyt wyraźna. Nie jest to granica między niewolą a wolnością. Chodzi tu raczej o różny stopień zniewolenia. Bo mówi się, że przyjechał on do Workuty dobrowolnie. Dobrowolnie? Przyjechał wypędzony z domu batem głodu! Albo mówi się, że mógł stąd w każdej chwili wyjechać. Wyjechać? A dokąd? A gdzie by mieszkał? Z czego żył? Genadij Nikołajewicz skłania się raczej do opinii Iwana Sołoniewicza, jednego z nielicznych łagierników, któremu jeszcze w 1934 roku udało się zbiec na Zachód: cała Rosja była w łagrze.

Wie, że przyjechałem tu, ponieważ jest strajk górników. Ich kopalnia już zakończyła strajk, ale inne jeszcze stoją. Jeżeli chcę, możemy pójść do kopalni. Pogrążamy się w morzu ciemności, w śniegu, w lodowatej wichurze. Trzymamy się, żeby wiatr nie zwalił nas z nóg albo nie rzucił w przeciwne strony.

Będąc w Workucie, po raz pierwszy odczułem zimno nie jako przenikliwy, przejmujący chłód, ale jako ostry ból ciała. Z bólu pękała mi głowa. Nogi i ręce bolały tak, że nie mogłem ich dotknąć.

W gęstej i porywistej zadymce coraz to majaczyły jakieś cienie ludzkie, jakieś zamazane sylwetki, skulone, zgięte w pół postacie.

To druga zmiana, wykrzyczał mi w ucho zadyszany Genadij Nikołajewicz, druga zmiana wraca do domu.

Mijaliśmy ludzi, którzy miesiącami nie widzą światła dziennego. Idą do kopalni w ciemnościach, na dole, w podziemiach też jest ciemno i kiedy wracają z pracy, otacza ich mrok. Są jak załoga łodzi podwodnej – tylko zegarki oraz narastające zmęczenie, głód i senność mówią im o upływie czasu.

Kopalnia „Komsomolskaja" – oblodzone ściany, oblodzone konstrukcje, nikłe światełka, pod nogami czarna, mokra maź. Kobiety rozdzielające wózki, przestawiające jakieś dźwignie, belki, podpory. Chcesz z nimi rozmawiać?, pyta Genadij Nikołajewicz. Ale o czym rozmawiać? Takie zimno, taki mrok, taki smutek. I one, zajęte, ociężałe, zmęczone, może coś je martwi, może coś je boli? Niechże je uszanuję, niechże im ulżę przynajmniej w ten sposób, że nie będę od nich niczego chciał, żadnego dodatkowego wysiłku, choćby tak znikomego, jak odpowiedź na jakieś rutynowe pytanie.

W domu czekali już na mnie dwaj młodzi górnicy, Jewgenij Aleksiejewicz i Michaił Michajłowicz. Wezmą mnie do kopalni „Wargaszowskaja", gdzie nadal trwa strajk i gdzie odbędzie się zebranie, ale jeszcze mamy dużo czasu. Michaił, szczupły, wysoki brunet, ciągle w ruchu, ciągle rozgorączkowany, jest wściekły, że jego kopalnia (ta, w której byłem przed chwilą) przerwała strajk. A przerwała, ponieważ dyrektor obiecał, że będzie lepsze zaopatrzenie. Ten naród do niczego nie dojdzie, mówi zniechęcony Michaił. Dla tych ludzi ważne jest tylko jedno – pażrat' (pojeść). Pażrat'!, wpada w furię i woła: pażrat'! pażrat'! pażrat'!, tak sugestywnie, że czuje się, jak wzbiera ślina. Głód, oto co nami porusza, oto nasz wściekły pies.

Najwyraźniej chce dać mi do zrozumienia, że on – Michaił, jest inny, zrobiony z droższej materii. Z dumą wyciąga z szuflady w komodzie rzecz, którą uważa za najcenniejszą – piękne, zdobne, siergiejewskie wydanie Biblii z roku 1900. Przygląda mi się, czy aby potrafię zdumieć się i zachwycić. Następnie otwiera wielką księgę na chybił trafił i na chybił trafił czyta:

„A ty nabierz sobie pszenicy, jęczmienia, bobu, soczewicy, jagieł i wyki, i włożysz je w naczynie jedno i sporządzisz sobie chleb..."

Przerwał zaskoczony i zły. Nawet Biblia mówi o tym, jak pażrat'!

Co jeszcze czytasz?, pytam go później. Czyta Vauvenarguesa. Pokazuje mi leningradzkie wydanie w zielonej płóciennej oprawie z 1988 roku. Są tu różne ciekawe rzeczy, mówi o zbiorze aforyzmów francuskiego myśliciela z XVIII wieku. „Niewola tak poniża ludzi, że aż się w niej rozmiłowują". Jakaż to prawda!, kiwa głową. Natomiast w innym miejscu Francuz mówi tak: „Niewiele zyskujemy chytrością". Z tym nie można się zgodzić. U nas chytrością dojdziesz do wszystkiego.

Zaczęli schodzić się sąsiedzi, w pokoiku Michaiła Michajłowicza zrobiło się ciasno. Jewgenij Aleksiejewicz włączył stojący na komodzie kolorowy telewizor. Wielkie, ciemnowiśniowe pudło zawarczało tak groźnie, jakby za chwilę miało się zjeżyć. Dynamo – Spartak, objaśnił mi po cichu Jewgenij Aleksiejewicz, bo inni już dawno wiedzieli.

Wpatrywałem się w ekran. Nie było na nim żadnego określonego obrazu, tylko po szklanej, wypukłej krzywiźnie we wszystkich kierunkach przelatywały nerwowo tysiące różnobarwnych iskier. Telewizor był zepsuty, ale jeżeli taki aparat zepsuje się w Komsomolskim Posiołku, nie ma sposobu, żeby go naprawić.

Nigdy nie widziałem czegoś podobnego. Kilkanaście osób wpatrywało się z napięciem w roziskrzony ekran, na którym coraz to wybuchały snopy iskier, jak z ogniska, gdy rzuci ktoś suchy jałowiec. Plamki, kreski, ziarenka świateł tańczyły, migały i pulsowały jak eteryczna i ruchliwa fatamorgana. Cóż to było za bogactwo form świetlnych, jakaż ich niestrudzona i zwariowana pantomima. Wszystkie te migotania zdawały się szalone i nielogiczne, ale nie miałem racji. Tymi wędrówkami kolorowych drobin, ich nieustannym ruchem i błyskawiczną zmianą kierunków rządził doskonały porządek. Oto lewa część ekranu zaczynała się nagle iskrzyć na czerwono, czerwień tam wibrowała, falowała, szalała i nagle w pokoju rozlegał się krzyk: Goool!, Dynamo strzeliło! Skąd wiesz, że strzeliło, spytałem zdenerwowany Jewgenija Aleksiejewicza, tym bardziej że w aparacie nie działał również dźwięk. Jak to skąd?, odparł zdumiony, przecież Dynamo ma czerwone koszulki! Po jakimś czasie na drugim krańcu ekranu pojawiło się wielkie stężenie błękitu (kolor Spartaka) i pokój jęknął: Wyrównali! (jako że zebrani kibicowali drużynie Dynamo). W czasie przerwy iskierki uspokoiły się, a nawet znieruchomiały, rozłożone równomiernie na całej powierzchni ekranu, aby potem zerwać się do nowych piruetów i harców, ale zrobiło się późno – i musieliśmy już jechać na zebranie.

To, co połyskuje na tle białych, lodowatych ciemności, to światła „Wargaszowskiej" – najbardziej na północ wysuniętej kopalni Zjednoczenia Workutaugol. 180 kilometrów stąd zaczyna się Morze Karskie (jest ono częścią Oceanu Lodowatego).

Przez wartownię przeszedłem ubrany w górniczą tiełogrejkę, a twarz ukryłem w ogromnej uszance z reniferowej skóry. Potem już nikt mnie nie pytał o przepustkę czy legitymację, a nawet ktoś uprzejmie wskazał, gdzie jest sala zebrań. Była to standardowa sala z gipsowym Leninem, z transparentami o zwycięstwie komunizmu i stołem prezydialnym pokrytym czerwonym płótnem.

Sala mieściła około trzystu osób. Było pełno. Atmosfera zaciekawienia, ale i pewnego niepokoju: doświadczenie nauczyło tych ludzi, że z władzą zaczynać to nie żarty. Z drugiej strony, w Moskwie ogłosili, że jest nowe myślenie, więc może coś się zmieni.

Od początku zebrania – zamieszanie, tumult, bałagan. Kto ma zebranie prowadzić? Kto ma prawo udzielania innym głosu? Kto ma prawo decydować, że najpierw będzie mówić ten wysoki, a dopiero później ten niski, czy że najpierw ten z końca sali, a dopiero później ta z lewej strony, która od dawna przecież domaga się głosu? I w ogóle – jaki jest cel naszego zebrania? Zebraliśmy się – i co? Ogłosiliśmy strajk – i co?

Od razu rzucał się w oczy brak przywódców. Coraz to ktoś próbował tym zgromadzeniem pokierować. Kozłow! Niech Kozłow prowadzi! Kozłow zbiera myśli, kręci się, duka. Nie może zdecydować się, komu dać pierwszeństwo głosu – temu, który pyta, kiedy wstawią szyby w magazynie nr 5, czy temu, który wykrzykuje na całą salę pytanie, kiedy zostaną opublikowane wszystkie tomy Lenina? Pietrow!, wołają niezadowoleni z Kozłowa. Dawajcie Pietrowa! Ale i Pietrow duka. Pietrow też się poci, też nie wie, co zrobić z napierającą salą.

W końcu jednak znajduje się wyjście. I oczywiście – wiadomo, jakie wyjście. Oczywiście – pojawia się dyrekcja. Kilku dyrektorów wchodzi na salę, na której strajkujący zdążyli już rozpiąć dwa hasła: Precz z biurokracją! Precz z Partokracją! (właśnie tak – małe b, a duże P). Konsternacja wśród strajkujących, ale nie wśród dyrektorów. Dyrektorzy bowiem uśmiechają się ironicznie, jakby chcieli powiedzieć – ano właśnie!, precz, precz z nami, a bez nas ani kroku zrobić nie potraficie!

I cóż tu dużo mówić – dyrektorzy mają rację. Nigdzie tak dobrze nie widać podziału społeczeństwa na klasę rządzących i rządzonych jak tutaj. Podział ten zresztą trwa co najmniej od czasów Piotra Wielkiego. Zmieniają się tylko nazwy klas, ale relacja zależności, asymetrii i poddaństwa między nimi pozostaje ta sama. Ot, taka prosta, zdawałoby się, rzecz – wiedza o tym, jak zorganizować i przeprowadzić zebranie – jest już zmonopolizowana przez klasę panującą. I rzeczywiście, po wejściu na salę Naczelny Dyrektor staje za stołem prezydialnym z taką swobodą ruchów i taką władczą pewnością siebie, z jaką Richard Strauss czy Arturo Toscanini stawali za pulpitem dyrygenckim.

Sala cichnie.

Kto prosi o głos?, pyta spokojnie Dyrektor. Podnosi się kilka rąk. Dyrektor ustala kolejność, a kogoś, kto próbuje się wyrwać przed innych, karci i usadza jednym spojrzeniem. Ale przede wszystkim sam zabiera głos.

Zebranie trwa już pięć godzin, mówi, do czego doszliście?

Głosy z sali: Ano, do niczego.

A właśnie, niby to martwi się Dyrektor, właśnie – do niczego. A ja załatwiłem sprawę kopalni. Tak, załatwiłem! Wczoraj wróciłem z Moskwy (tu powiedzieć, że było się w Moskwie, od razu podnosi człowieka o kilka oczek w hierarchii).

Zawiesza głos, wpatruje się w znieruchomiałą salę i po chwili mówi z patosem: Będziemy my, my sami, bez żadnego pośrednictwa Moskwy, eksportować nasz węgiel do Anglii i Ameryki! My, prosto z „Wargaszowskiej"!

Na sali ożywienie, tumult, radość. Co to znaczy – do Ameryki? To znaczy – że dolary! A co to znaczy – dolary? To znaczy wszystko, dosłownie wszystko!

Widzę, jak tych biednych, zmarzniętych ludzi, ludzi, którzy tygodniami nie oglądają światła dziennego, ten człowiek, który wczoraj wrócił z Moskwy, zwodzi i nabiera. Widzę, ale nic nie mogę na to poradzić, nie mogę wstać i zawołać: ludzie, nie wierzcie mu! Nie mogę choćby dlatego, żeby nie odbierać im tej odrobiny ciepła, jaka kryje się w myśli, że „Wargaszowska" będzie eksportować węgiel do Anglii i Ameryki.

Po uchwaleniu, że kończą strajk, Michaił zawiózł mnie zdezelowanym, ale chyżym moskwiczem do miasta, do hotelu. Jest to trzydzieści kilometrów drogi, pokrytej grubym i gładkim lodem. Michaił pędził z szybkością stu kilometrów na godzinę. Jechaliśmy i żyliśmy do pierwszego kamienia, jaki mógł sterczeć przed nami. Na tej drodze przy tej szybkości kamień oznaczał śmierć. Patrząc przed siebie myślałem: aha, więc tak wygląda twój ostatni obraz świata – ta ciemność, te światła reflektorów i ta podnosząca się przed nami błyszcząca klinga lodowatej drogi, która za moment potnie nas na kawałki.

Przyjechałem do Workuty, żeby zobaczyć strajk, ale przyjechałem też, żeby odbyć pielgrzymkę. Bo Workuta jest miejscem męczeństwa, jest miejscem świętym. W łagrach Workuty zginęły setki tysięcy ludzi. Ilu dokładnie? Tego nikt nie policzy. Pierwszych łagierników przywieziono tu w 1932 roku, ostatnich zwolniono w 1959. Najwięcej ludzi zginęło przy budowie linii kolejowej, którą dziś wywozi się stąd węgiel do Archangielska, Murmańska i Petersburga. To przy tej budowie jeden z oficerów NKWD powiedział: Zabraknie podkładów? Nie szkodzi ! Wy posłużycie jako podkłady!

I tak właściwie było. Jest to linia kolejowa, wzdłuż której setkami kilometrów ciągnie się niewidoczny dziś dla gołego oka cmentarz. Tylko ci, którzy pójdą przez dotykającą nasypu tundrę (możliwe jest to tylko przez 2-3 miesiące w roku, kiedy nie ma śniegu), odnajdą w niej to tu, to tam zmurszałe paliki z przybitą drewnianą deszczułką. Jeżeli na deszczułce odczytają na przykład napis A 81, oznacza to, że w tym miejscu jest pochowanych tysiąc ludzi. Te symbole A 52, A 81 potrzebne były księgowym łagrów do statystyk: liczba zabitych i zmarłych pozwalała zmniejszać liczbę wydawanych porcji chleba.

Człowiek nie ginął tu od jakiejś jednej, szczególnej broni, ale był ofiarą struktury okrucieństwa, zbudowanej i nadzorowanej przez NKWD.

Tu, na Północy, największym wrogiem skazańca było (obok NKWD) zimno:

„Straszna, nieludzka, katorżnicza praca. W blasku płonących ognisk, wśród polarnej nocy, migały setki, tysiące łopat, odrzucających zgarnięty spychaczem śnieg na dalszą odległość od toru. Jak długo starczyło rozsądku i sił, by cały czas być w ruchu, tak długo były szanse przeżycia, przetrwania. Ale każdego dnia, wokół roznieconych ognisk, gromadziło się po kilka czy kilkanaście skurczonych, opatulonych we wszystkie posiadane szmaty istot ludzkich. Obsiadali kręgiem zbawcze ciepło płynące od wesoło strzelających szczap i trwali bez ruchu. To były już żywe trupy. Nic nie było w stanie uratować zdrowia i życia tych ludzi. Ogrzewani z jednej strony żarem ogniska, wędzeni gryzącym dymem gorejących gałęzi, z drugiej strony narażeni byli na działanie kilkudziesięciostopniowego mrozu. Żaden organizm nie mógł wytrzymać takich zmian temperatury zachodzących w jego wnętrzu. Rozgrzana w naczyniach krwionośnych twarzy, dłoni, piersi i brzucha krew wpompowywana była osłabionym sercem w doprowadzone prawie do stanu hibernacji ciało. W człowieku coś się działo, czego sam nie mógł określić, ogarniała go senność, mdłości, opanowywał go coraz większy chłód. Przysuwał się więc coraz bliżej ognia, prawie doń wchodził. Po kilku godzinach takiego siedzenia przy ognisku tkwiły już tylko zwłoki lub też dogorywający człowiek. Nie było siły, by ruszyć tych ludzi od ognia. Ani stosowanie przemocy, bicie, ani próby rozruszania tężejących mięśni i stygnącej krwi – nic nie pomagało. Po odciągnięciu siłą od ognia walili się jak kłoda w śnieg i trwali bez ruchu. Nie było dnia, by na nosiłkach nie wniesiono do obozu kilku lub kilkunastu zesztywniałych trupów" (Marian Marek Bilewicz – „Wyszedłem z mroku").

Chodziłem po ciemnej, mroźnej i zasypanej śniegiem Workucie. Wystarczy przejść do końca głównej ulicy, aby na horyzoncie zobaczyć podłużne, płaskie zabudowania – to baraki starych łagrów. A te dwie wiekowe kobiety na przystanku autobusowym? Która z nich siedziała w łagrze, a która była jej dozorczynią? Wiek i bieda godzi je teraz, niedługo zamarznięta ziemia pogodzi je ostatecznie i na zawsze. Brnę przez zaspy, mijam jednakowe uliczki i domy, nie bardzo już wiem, gdzie jestem. Cały czas mam przed oczyma wizję Mikołaja Fiodorowa.

Fiodorow był filozofem, wizjonerem, wielu Rosjan uważa, że był świętym. Całe życie niczego nie miał, w mroźnym klimacie Rosji nie miał nawet palta. Był bibliotekarzem w Moskwie. Mieszkał w małym pokoiku, spał w nim na twardej skrzyni, pod głowę podkładał sobie książki. Żył w latach 1828-1903. Wszędzie chodził piechotą. Umarł, ponieważ był wielki mróz i ktoś poradził mu, żeby jednak włożył kożuch i pojechał sankami. Na drugi dzień dostał zapalenia płuc i umarł. Fiodorow uważał, że sława i popularność są objawami bezwstydu, i swoje teksty drukował pod pseudonimem, a najczęściej nie drukował wcale. Po śmierci mistrza jego dwaj uczniowie zebrali prace Fiodorowa i wydali je w tomie „Filozofia wspólnej sprawy", w nakładzie 480 egzemplarzy, i książkę rozdali ludziom.

Fiodorow uważał, że fundamentem wiary chrześcijańskiej jest idea zmartwychwstania, wynikająca z przekonania o wieczności życia.

Przejęty tą myślą, poświęcił się rozważaniom, w jaki sposób

wskrzesić wszystkich ludzi zmarłych. Wszystkich, którzy umarli kiedykolwiek, na całej ziemi. Wierzył, że to jest możliwe. Twierdził, że da się to osiągnąć, jeżeli człowiek opanuje siły przyrody. Siły przyrody, póki są ślepe i niezależne, są groźne, przeciwne człowiekowi. Żeby bronić się przed nimi, człowiek rozwinął w sobie instynkt samozachowawczy. Działanie tego instynktu jest źródłem wrogości między ludźmi, wojen, woli zabijania. Jeżeli rozwiniemy naukę i podporządkujemy sobie przyrodę, instynkt samozachowawczy zaniknie – nie będzie czego się bać. Na Ziemi zapanuje królestwo przyjaźni i miłości. Właśnie nauka pozwoli nam wskrzesić wszystkich zmarłych. Ponieważ ludzkość jest jedną rodziną, której nie może przedzielać bariera śmierci. Dopiero zwycięstwo nad śmiercią, wydarcie jej wszystkich, których ona zabrała, będzie prawdziwym triumfem człowieka.

Ale jak wyglądałby powrót zmarłych Workuty? Czy nagle na ulicach miasta pojawiłyby się pędzone przez strażników kolumny nędzarzy? Wygłodniałe, okryte szmatami cienie ludzkie? Pochód szkieletów? Mikołaj Fiodorow marzył, żeby ich wszystkich przywrócić życiu. Ale – jakiemu życiu?

Przy jednej z ulic zobaczyłem drewnianą budkę. Smagły Azerbejdżanin sprzedawał jedyne kwiaty, jakie można tu kupić – czerwone goździki. Wybierz mi, powiedziałem, najładniejsze, jakie masz. Wybrał mi tuzin goździków i zawinął dokładnie w gazetę. Chciałem je gdzieś położyć, ale nie wiedziałem gdzie. Myślałem – wetknę je w jakąś zaspę śniegu, ale wszędzie byli ludzie i czułem, że to będzie niezręcznie. Poszedłem dalej, ale na następnej ulicy – to samo: dużo ludzi. Tymczasem kwiaty zaczęły marznąć i sztywnieć. Chciałem znaleźć jakieś puste podwórko, ale wszędzie bawiły się dzieci. Bałem się, że znajdą goździki i je zabiorą. Dalej błąkałem się po ulicach i zaułkach. Czułem palcami, jak kwiaty robią się sztywne i kruche jak szkło. Więc poszedłem za miasto i tam, już spokojnie, położyłem kwiaty między zaspami śniegu.

Jutro bunt Baszkirów

Z Workuty wróciłem do Moskwy, żeby trochę się ogrzać, ale również i po to, aby dowiedzieć się, jakie to nowe wiatry wieją na szczytach władzy.

Przede wszystkim – na szczytach władzy imperialnej.

W takim bowiem państwie jak były ZSRR (dzisiaj – WNP, jutro – ?) istnieje warstwa ludzi powołanych do tego, żeby wyłącznie myśleć w skali imperialnej i szerzej – globalnej. Ludziom tym nie można zadawać pytań w rodzaju: Co słychać w Workucie?, ponieważ zupełnie nie potrafią na nie odpowiedzieć. Będą nawet dziwić się: A jakie to ma znaczenie, co słychać w Workucie? Od tego, co tam się dzieje, Imperium nie zawali się!

Oni natomiast istnieją tylko dla jednego celu – aby zapewnić trwałość i rozwój Imperium, niezależnie od tego, jaką obierze ono aktualnie nazwę (a nawet gdyby założyć jego rozpad, ich zadaniem będzie jak najszybciej znowu postawić je na nogi).

W małych i średnich krajach świata nie ma odpowiednika warstwy, o której tu mowa. W krajach takich elity zajęte są swoimi sprawami wewnętrznymi, swoimi lokalnymi rozgrywkami, swoim zamkniętym podwórkiem. Natomiast w Imperium warstwa rządząca (ale często i lud) ma zupełnie inną skalę myślenia, właśnie skalę imperialną i szerzej – globalną, skalę wielkich cyfr, wielkich przestrzeni, kontynentów i oceanów, południków i równoleżników geograficznych, atmosfery i stratosfery, ba – Kosmosu.

W Europie Zachodniej dziwiono się, że stare i ubogie kobiety w Moskwie (pokazywano to w telewizji) wychodziły z kolejki po chleb, rezygnowały z chleba i szły ulicą, skandując hasło: Nie oddamy Wysp Kurylskich!

Ale dlaczego się dziwić? Wyspy Kurylskie to część Imperium, a Imperium zostało zbudowane kosztem wyżywienia i przyodziewku tych kobiet, ich przeciekających butów i zimnych mieszkań, a najsmutniejsze – kosztem krwi i życia ich mężów i synów. A teraz to oddawać? Nigdy. Przenigdy.

Między Rosjaninem i jego Imperium istnieje silna i żywa symbioza, losy mocarstwa to coś, czym się Rosjanin prawdziwie i głęboko przejmuje. Dziś także!

Na świecie drukowane są dwie mapy kuli ziemskiej.

Jedną rozpowszechnia „The National Geographic" (USA) – na tej mapie, pośrodku, w miejscu centralnym, leży kontynent amerykański, otoczony przez dwa oceany – Atlantyk i Pacyfik. Były Związek Radziecki jest rozcięty wpół i rozmieszczony dyskretnie po obu krańcach mapy, tak aby nie straszył dzieci amerykańskich swoim ogromem. Zupełnie inną mapę świata drukuje Instytut Geografii w Moskwie. Na tej mapie, pośrodku, w miejscu centralnym, leży były Związek Radziecki, który jest tak duży, że przygniata nas swoimi rozmiarami, natomiast Amerykę rozcięto na pół i rozmieszczono dyskretnie po obu krańcach mapy, aby dziecko rosyjskie nie pomyślało sobie: Boże! Ależ ta Ameryka jest wielka!

Tak oto dwie mapy kształtują od pokoleń dwie różne wizje świata.

W czasie wędrówek po obszarach Imperium zwróciło moją uwagę między innymi to, że nawet w opuszczonych i zapadłych miasteczkach, nawet w pustych niemal księgarniach z reguły była do kupienia wielka mapa tego kraju, na której reszta świata znajdowała się jakby na drugim planie, na marginesie, w cieniu.

Mapa ta jest dla Rosjan rodzajem wizualnej rekompensaty, swoistą emocjonalną sublimacją, a także przedmiotem nie skrywanej dumy.

Służy ona także do tłumaczenia i usprawiedliwiania wszelkich niedostatków, błędów, biedy i marazmu. Za duży kraj, żeby dało się go zreformować! – tłumaczą przeciwnicy reform. Za duży kraj, żeby dało się go posprzątać! – rozkładają ręce dozorcy od Brześcia do Władywostoku. Za duży kraj, żeby wszędzie dostarczyć towar! – burczą ekspedientki w pustych sklepach.

Wielki rozmiar, który wszystko wyjaśnia i rozgrzesza. Pewnie, gdybyśmy byli takim małym krajem jak Szwajcaria, też wszystko chodziłoby u nas jak w zegarku! Patrzcie, jaka ta Holandia malutka, żadna sztuka mieć dobrobyt w państwie, które ledwie widać na mapie! A weź u nas i spróbuj dać każdemu, co by chciał – każdemu u nas nie dasz!

Nim jednak zdążyłem w Moskwie rozejrzeć się, zasięgnąć języka, odbyć kilka ważnych i pouczających rozmów, gruchnęła wiadomość, że duże, milionowe miasto, położone między Wołgą a Uralem – Ufa, zostało zatrute. Nie to, że wyziewy, spaliny i tak dalej, bo to jest codzienne i powszechne, ale zatrute ciężko, groźnie, śmiertelnie.

Nowy Czarnobyl!, skomentował kolega, który mi tę wiadomość przekazał.

Lecę, odparłem. Jeżeli dostanę miejsce, to lecę jutro.

Wszyscy, którzy w Moskwie wsiadali do samolotu lecącego do Ufy, byli obładowani butelkami, bańkami, kanistrami z wodą. Ufa bowiem była zatruta fenolem. Kto napije się tamtejszej wody, powiedział kolega, rozchoruje się albo umrze.

Ufa jest stolicą Baszkirii, republiki autonomicznej u zachodnich podnóży Uralu. Na południe stąd rozciąga się Kazachstan, na wschód – Syberia, a na zachód – Tatarstan. Przyroda była tu piękna, pokryte lasami góry, sześćset rzek i strumieni, tysiąc jezior. Krocie wszelkich czworonogów, chmary ruchliwego ptactwa, zatrzęsienie pracowitych pszczół. Aż pojawiła się chemia. Baszkiria została przekształcona w poligon chemiczny, w centrum przemysłu chemicznego byłego ZSRR. Niebo pokryły dymy, w powietrzu zawisnął pył, rzekami popłynął fenol. Fenol, jak przeczytałem w encyklopedii, jest brunatnym, bardzo trującym kwasem potrzebnym w produkcji materiałów wybuchowych, tworzyw sztucznych, barwników, garbników i stu innych rzeczy. Ponieważ zakłady chemiczne są tu zbudowane tandetnie, różne filtry i oczyszczalnie traktowano jako wymysł i fanaberie purystów od ekologii, fenol ciągle uciekał do rzek, ale uciekał po cichu, żeby trucie ludzi było rozłożone w czasie, żeby pomór nie zwalił nagle z nóg całego miasta.

Ale właśnie teraz to się dokładnie stało. Ludzie, odkręcając krany, zobaczyli, że cieknie z nich ruda, mętna substancja, i poczuli, że mieszkania wypełniają się potwornym odorem. Fenol! Fenol!, poszło od domu do domu, od ulicy do ulicy.

Nie było jednak widać paniki. Ludzie przyjmują tu wszelkie nieszczęścia, nawet te spowodowane bezdusznością i głupotą panujących, jako ekscesy wszechmocnej i kapryśnej przyrody, takie jak powodzie, trzęsienia ziemi czy wyjątkowo ostre zimy. Bezmyślność lub brutalność władzy to po prostu jeszcze jeden z kataklizmów, których nie szczędzi natura. Trzeba to rozumieć; trzeba się z tym godzić.

Na ulicach, na placach, na skwerach stały kilometrowe kolejki. Były to dziwne kolejki, bo nie przyssane do żadnego sklepu ani instytucji. Ludzie stali w oczekiwaniu na cysterny, które miały przywieźć wodę. Skąd, kiedy i ile tej wody – nikt nie wiedział.

Była cisza i panował porządek. Na przodzie stały kobiety ciężarne. Istniała wśród nich pewna hierarchia – pierwszeństwo przypadało tym, u których wypukłość brzucha była najwyraźniej zaznaczona. Następny sektor to kobiety z małymi dziećmi. Za nimi stały kobiety, które były same (tu pierwszeństwo miały staruszki). Potem zaczynała się część męska – bez żadnych określonych podziałów i preferencji.

Kiedy przyjeżdżała cysterna, każdy mógł brać tyle wody, ile chciał. Ale na jak długo mogło jej wystarczyć? Dzień? Dwa? Nikt nie umiał odpowiedzieć na pytanie – co dalej? W tym kraju prasa, radio i telewizja roją się od historii, które zaczynają się i nie mają końca. Wybuchają walki w Ferganie: są zabici i ranni, miasto stoi w ogniu. Ale następnego dnia Fergana znika z pola widzenia – nigdzie nie można się dowiedzieć, co tam się dzieje. Strajk w Kuzbasie! Wielkie wydarzenie, bo to ogromne zagłębie węglowe. Ten strajk wybuchł dwa lata temu. Co się później stało? Został zakończony? Trwa nadal?

Wędrując ulicami Ufy, trafiłem do muzeum. Wiedziałem, że jestem na ziemi Baszkirów, ale co to dziś znaczy być Baszkirem? Doktor Rim Janguzin pokazuje mi, co ostatnio znalazł w pobliskich górach, w ruinach starych osad, nad brzegami rzek. Oto baszkirski miecz, oto baszkirski naszyjnik, a to gliniany dzban na wodę i mleko. I jeszcze łódka, którą Baszkirzy pływali w XVII wieku, i zdobna uprząż, jaką nosiły ich konie. Mogę też obejrzeć drewnianą sochę, spróchniały już ul i stare sidła na dziką zwierzynę.

Wszystkie te rzeczy zostały zrobione przez Baszkirów, mówi doktor Janguzin, a w jego głosie brzmi duma. Potem siedzimy w jego gabinecie, w którym pełno baszkirskich tkanin (każde plemię, a było ich 31, miało swój ornament), baszkirskich monet i pierścieni, szabel i sierpów. Przez okno można zobaczyć ulicę, kolejkę po wodę, a w tle, daleko, wysokie kominy fabryk. I słuchając doktora Janguzina, który z przejęciem mówi o zaginionym raju Baszkirii, wyraźnie już widzę, że rzeczywistość tego miasta ma dwa, coraz bardziej wchodzące w konflikt, plany.

Na jednym planie jest chemia, synteza i organika, fenol i materiały wybuchowe. Władcami tego świata są Rosjanie, rządzi nim jakieś ministerstwo w Moskwie.

Inny plan zajmuje rodząca się (a ściślej – odradzająca się) świadomość narodowa Baszkirów.

Bowiem przez świat przetacza się dziś rewolucja nacjonalistyczna. Na jej falach wpłyniemy w wiek XXI. Ale już w tej chwili jej odgłosy docierają również do Baszkirii i poruszają tam wrażliwe i ambitne serca.

Baszkirów jest około miliona. Jakie mają zająć miejsce, jaką przyjąć postawę w świecie współczesnym? Uznać, że po trzystu latach rusyfikacji nie są już Baszkirami? To niemożliwe! Żaden terror, żadne prześladowania i łagry nie wypleniły z Baszkirów ich baszkirskości. Sama rusyfikacja jest też w odwrocie, coraz mniej małych Baszkirów chce uczyć się rosyjskiego. A więc umacniać swoją odrębność, swoje poczucie narodowe? Ale z tego wynikną bardzo poważne konsekwencje! Bo jeśli taki wyzwolony, myślący i świadom swojego interesu narodowego Baszkir rozejrzy się wokół siebie – co zobaczy, co stwierdzi?

Stwierdzi przede wszystkim, że z historycznej Baszkirii, która, jego zdaniem, rozciągała się od Wołgi po Ural, tylko połowa ziem znajduje się w granicach obecnej republiki autonomicznej. Część dawnej Baszkirii należy dziś do Kazachstanu, część do Tatarstanu, a część do Federacji Rosyjskiej (której zresztą i obecna republika Baszkirii jest częścią). Jeżeli świadomy Baszkir wypowie to wszystko głośno, od razu będzie miał trzech wrogów – Tatarów, Kazachów i Rosjan. Rzecz w tym, że nacjonalizm nie może istnieć w stanie bezkonfliktowym, nie może istnieć jako byt wolny od pretensji i roszczeń. Tam, gdzie się objawi nacjonalizm jednego ludu, od razu, jak spod ziemi, wyrosną tego ludu wrogowie, a tym samym powstanie zaczyn konfliktu i wojny.

Jednocześnie, rozglądając się wokół siebie, nasz świadomy Baszkir stwierdzi, że jego piękny, zielony kraj został zamieniony w wielką halę fabryczną, której wyziewy zatruwają powietrze. Rozmyślając nad tym obrotem rzeczy, przypomni on sobie, że nikt go nie pytał, czy godzi się, żeby jego kraj zamienić na zakład chemiczny. Więcej – Baszkir uświadomi sobie, że z tej olbrzymiej, a jakże szkodliwej produkcji chemicznej nie ma on żadnych korzyści, Imperium bowiem nie płaci nic swoim wewnętrznym koloniom. Otóż to – szybko bowiem zda on sobie sprawę z kolonialnego położenia swojej Baszkirii, z tego, że rozkrzewione tu „Agrochimy" i „Chimstroje" trochę przypominają mu Union Minière w Katandze czy Mifermę w Mauretanii.

Jednakże, doszedłszy do tych wywrotowych i rewolucyjnych stwierdzeń, co Baszkir ma dalej robić? Jak Guliwer budzi się, żeby odkryć, że jest omotany tysiącem nici tak gęsto, iż nie może wykonać żadnego ruchu. Co robić? Zażądać zamknięcia fabryk? Przecież tu mieści się blisko połowa produkcji chemicznej całego Imperium! Wsiąść na konia, wynieść się w góry? A co tam robić, z czego żyć?

Świadomość myślącego Baszkira jest rozdwojona, pogrążona w sprzecznościach. Rośnie w nim pragnienie samodzielności i nie widzi drogi, żeby je zaspokoić. Ma pewność, że siedzi na worku złota, ale jest biedakiem. Nawet na dużych mapach Imperium jego mała, prywatna ojczyzna jest roztopiona, zagubiona w wielkich przestrzeniach. Baszkir chce ją odnaleźć, zakreślić jej granice, ogrodzić ją wysokim płotem. Jemu też udziela się ów panujący wśród innych mniejszych narodów Imperium nastrój – przede wszystkim odłączyć się, oddzielić chińskim murem, tak jakby oddech każdego innoplemieńca zatruwał powietrze jak fenol. Bo w swoich rozbudzonych ambicjach Baszkir nie jest sam. Imperium przypomina dziś powierzchnię jeziora, na którego dnie zaczyna ożywać wulkan. Na spokojnej, gładkiej wodzie raptem pojawiają się bąble. Z czasem jest ich coraz więcej. Tu i tam woda zaczyna wrzeć. W głębi słychać stłumione pomruki.

Takich małych narodów i plemion jak Baszkirzy jest dziś w Imperium dziesiątki. I wszystkie one coraz uporczywiej i śmielej myślą nad tym, jakby wziąć udział w uczcie bogów. Zastanawiają się nad tym w chwilach optymizmu. Ale potem przychodzi czas zwątpienia, rozpaczliwe poczucie bezsiły i długie okresy załamania.

Rim Achmedow. Dał mi swoją książkę „Słowo o rzekach, jeziorach i trawach", wydaną w 1990 r. w Ufie. Ludzie na różne sposoby rozwiązywali tu problem: system a ja. Jedni władzę popierali, inni byli w opozycji, a wielu po prostu szukało sobie jakiegoś azylu – im dalej od polityki, tym lepiej (być może najdalej na tej drodze zaszło pewne małżeństwo zoologów w b. Leningradzie, które jako przedmiot specjalizacji obrało sobie mimikę małp).

Pozornie, ale tylko pozornie, takim tematem-azylem była przyroda. Mistrzem opisów przyrody był za życia Stalina Michaił Priszwin. W dobie, kiedy nie było jeszcze telewizji ani kolorowej fotografii, proza Priszwina nie miała konkurentów i lśniła wszystkimi kolorami jesiennego lasu, kamyków na dnie strumieni, grzybich kapturów i ptasich piór. Myślałem, że te opisy kropel rosy i kwiatu czeremchy były rodzajem uniku, spokojnego azylu. Powiedziałem o tym poetce rosyjskiej Gali Korniłowej. Ależ skąd! – zaprotestowała. To było pisanie opozycyjne! Kremlowi chodziło o to, żeby zniszczyć nasz język, a język Priszwina był bogaty, wspaniały. Chcieli, żeby wszystko było nijakie, bez wyrazu, szare, a u niego Rosja jest taka barwna, okazała, niepowtarzalna! Myśmy w tych latach czytali Priszwina, żeby nie zapominać naszego prawdziwego języka, bo zastępowano go nowomową.

I coś podobnego jest z prozą Rima Achmedowa. Rim nie pisze o osiągnięciach władzy radzieckiej – o chemii, o przewodach plastikowych, o kranach i garbnikach. Rim tego w ogóle nie dostrzega. Przeciwnie, w opozycji do niszczycieli jego Baszkirii opisuje to, co jeszcze ocalało z jej przyrody, więc leszcze w rzece Sutołoka, drzewa na górze Nurtau, polną, ukwieconą drogę do chutoru Janty-Turmusz. Pływa łódką albo z namiotem i psem wędruje po swoim kraju.

Jego ulubioną rośliną są trawy. Achmedow jest zielarzem, zbiera trawy, suszy je, miesza, czymś tam doprawia i robi lekarstwa. Mówi mi, że jeżeli jest jedno lekarstwo dla wszystkich, to znaczy, że jest ono złe i nie może być skuteczne. Każde lekarstwo musi być dobrane indywidualnie, po rozmowie z chorym. Rozmowa taka jest potrzebna, aby w zależności od osoby dobrać jej taki rodzaj trawy, który rozbudzi w niej siły do walki z chorobą. Bez tego wyleczenie jest niemożliwe.

Stworzeniem, które Achmedow najlepiej z dzieciństwa pamięta, jest mały złotozielony żuczek – Cryptocephalus sericeus. Rim znalazł go na liściu głuchej pokrzywy, głuchej – to znaczy takiej, która nie parzy.

I choć przeżył już sześćdziesiąt lat, nigdy więcej nie udało mu się takiego żuczka znaleźć.

Misterium rosyjskie

Ufa – to początek mojej uralsko–syberyjskiej podróży. Trasa: Moskwa–Ufa–Swierdłowsk–Irkuck–Jakuck–Magadan–Norylsk–Moskwa. Łącznie (wliczając doraźne, lokalne wyprawy) około 20 tysięcy kilometrów przez śnieżną pustynię. 0 tej porze roku (jest kwiecień) nawet tutejsze rzeki to tylko ciągnące się setkami kilometrów bryły lodu. I tylko od czasu do czasu, jak oazy na Gobi czy Saharze – miasta, zamknięte w sobie, żyjące własnym życiem, jakby nie powiązane, nie połączone z niczym.

Świat jest już przyzwyczajony do tego, że płonie Kaukaz, że raz po raz wybuchają krwawe zamieszki w republikach azjatyckich (Tadżykistan, Uzbekistan itd.), że walki toczą się po obu stronach Dniestru. Wszystkie te kolizje, ruchawki i wojny to konflikty na odległych peryferiach byłego ZSRR, to zdarzenia, które dzieją się niejako na zewnątrz Rosji, poza jej organizmem.

Ale budzenie się świadomości narodowej Baszkirów odsłania nam nowy, narastający w Imperium konflikt. Wystarczy spojrzeć na mapę: Baszkiria, z jej mieszkańcami stojącymi w kolejkach po szklankę wody do picia, z doktorem Janguzinem i jego zbiorem starych szabel, z Rimem Achmedowem, który może wyleczyć was miksturą z miejscowych traw, ta Baszkiria leży wewnątrz Federacji Rosyjskiej. I oto teraz Baszkirzy (a razem z nimi inne, nierosyjskie ludy żyjące w państwie rosyjskim) zaczynają podnosić głos, domagać się praw, żądać samodzielności.

Słowem – po rozpadzie ZSRR rysuje się perspektywa rozpadu Federacji Rosyjskiej albo, inaczej mówiąc, po pierwszej fazie dekolonizacji, obejmującej były Związek Radziecki, zaczyna się druga jej faza – dekolonizacja Federacji Rosyjskiej.

Bowiem na obszarze tej Federacji mieszka dziś kilkadziesiąt narodów i plemion nierosyjskich, które coraz wyraźniej manifestują swoją opozycję wobec Moskwy i coraz dobitniej podkreślają odrębność swoich interesów. Ten ruch narodowej emancypacji rozwija się z rosnącą siłą i lawinową prędkością wśród Baszkirów i Buriatów, Czeczeńców i Inguszów, Czuwaszów i Koriaków, Tatarów i Mordwinów, Jakutów i Tuwinców.

Konflikt narasta.

Będzie nabierał on rozmiarów i znaczenia, choćby i dlatego, że te wiekami prześladowane, uciskane i rusyfikowane narody i plemiona szybko obecnie rozrastają się, natomiast procent rdzennych Rosjan wśród mieszkańców Federacji spada od lat – Rosjanie mają bardzo niski przyrost naturalny. Toteż daje się odczuwać, że ogarnia ich niepokój, niepewność i frustracja.

W Irkucku widzę plakat, który zaprasza na widowisko teatralne pt. SŁOWO O ROSJI.

Kupuję bilet, idę.

Widowisko odbywa się w cerkwi, która dawniej nazywała się Muzeum Ateizmu.

O cerkwiach:

paradoksalnie, najlepiej zachowały się cerkwie, które bolszewicy zamienili na centra walki z religią – z prawosławiem, z popami, z klasztorami i właśnie... z cerkwiami. Centra te, nazywane muzeami ateizmu, stały się siedzibą stałych wystaw, które objaśniały, że religia to opium narodu. Odpowiednie rysunki i napisy mówiły, że Adam i Ewa to postacie z bajek, że księża palili kobiety na stosach, że papieże mieli kochanki, a w klasztorach gnieździli się homoseksualiści. Wystaw tych, zrobionych zresztą według jednego, na najwyższym szczeblu zatwierdzonego scenariusza, było w całym kraju tysiące i jeżeli dawnymi laty przyjeżdżało się do Imperium, zwiedzenie muzeum ateizmu należało do żelaznych punktów programu.

Cudzoziemcy po zwiedzeniu takiego muzeum wyrażali czasem oburzenie, że miejsce kultu Boga zamieniono w siedzibę walki z Bogiem. Niesłusznie! Załóżmy, że jakiejś cerkwi wyznaczono rolę walki z Bogiem, tj. zamieniono ją w muzeum ateizmu. Pracę dostawały tam żony miejscowych notabli, które dbały o to, aby mieć ciepło – w oknach były więc szyby, drzwi domykały się, palił się piecyk. Panowała też tam względna czystość – ściany od czasu do czasu bielono, podłogę od czasu do czasu zamiatano. Zupełnie inaczej wyglądał los cerkwi, którym nie kazano walczyć z Bogiem. Te cerkwie zamieniano na stajnie, na obory, na składy paliw, na magazyny. W pięknym kościele Franciszkanów w Niesterowie koło Lwowa urządzono warsztaty naprawy motocykli. Ani tego kościoła, ani tysięcy cerkwi, w których latami trzymano ropę naftową i sztuczne nawozy – nie da się odratować. Nie da się również uratować cerkwi, które pięćdziesiąt, siedemdziesiąt lat temu zostały obrabowane, zdewastowane, zamknięte, wystawione na niszczycielskie działania mrozu, deszczu i wiatru, porzucone szczurom i ptakom. Może uda się ocalić bóżnicę w Drohobyczu – ma ona mocny dach i mieści się w niej skład mebli, a więc nie niszczy jej żadna chemia. Dzisiaj większość cerkwi uratowanych to właśnie wczorajsze muzea ateizmu (w ostatnich latach często zmieniano im nazwę na muzea ikon).

O ikonach:

ta sama dzika i żywiołowa, a potem już zimna i metodyczna barbaria, która zrujnowała i zburzyła cerkwie, zniszczyła również ikonę.

Ile ikon padło jej ofiarą?

Od października 1917 po nasze dni zniszczono w Rosji dwadzieścia – trzydzieści milionów ikon!

Liczbę tę podaje rosyjski historyk sztuki – A. Kuzniecow w miesięczniku „Moskwa" (1, 1990). Kuzniecow wymienia, do czego używano ikon:

w wojsku – jako tarcze na strzelnicach,

w kopalniach – jako chodników w korytarzach zalewanych wodą,

w handlu – jako materiału do robienia skrzynek na ziemniaki,

w kuchniach – jako desek kuchennych do krajania mięsa i jarzyn,

w mieszkaniach – do palenia zimą w piecach i piecykach.

Masowo też, dodaje autor, palono ikony na stosach albo wywożono je na wiejskie i miejskie śmietniska.

Cerkiew w Irkucku (ta ocalona, ta nie zburzona, żeby zbudować na jej fundamentach gmach komitetu partyjnego) ma wysokie, pobielone ściany, na których tle jarzą się połyskujące ciemnym werniksem ikony. Z mrocznych, oprawnych w srebrne fryzy i ramy malowideł patrzą na nas twarze świętych, ewangelistów, apostołów i mistyków, które za chwilę, kiedy światło przygaśnie, cofną się w skrytą i zagadkową ciemność obrazów.

W nawie rozstawiono ogrodowe ławki. Siedzi na nich około dwustu osób – wszystkie miejsca zajęte. Ludzie chowają się w płaszcze, marzną, to Irkuck, wschodnia Syberia.

Na scenę, którą urządzono w prezbiterium, wychodzi teraz siedmiu młodych, rosłych mężczyzn. Ubrani są w staroruskie lniane koszule przepasane krajką i w bufiaste lniane spodnie wpuszczone w wysokie juchtowe buty. Uczesani są po starosłowiańsku, z grzywką, na pazia i mają długie brody. Trzech z nich trzyma fanfary takie, w jakie dęli trębacze drużyny księcia Włodzimierza, a jeden coraz to bije w werbel. Na czele tej bojowej trupy stoi Wódz, Chorąży, Ideolog. Ten wygłasza coś w rodzaju hymnu do Rosji, który miejscami przemienia się w śmiały i wyniosły referat historyczny, a miejscami w żarliwą antyfonę przerywaną długą litanią do Rosji, donośnie skandowaną przez staroruskich wojów, a kończącą się każdorazowo rykiem fanfar i eksplozjami werblowego łoskotu.

– Rosjo! – wołają wojowie – byłaś zawsze wielka i święta! Chwała ci, Rosjo! (Fanfary, werbel, wojowie kreślą znak krzyża, kłaniają się do ziemi).

– Tak – mówi Chorąży – Rosja była potężna, a naród rosyjski przewodził światu!

– Całemu światu! – wołają wojowie (fanfary, werbel, krzyż, pokłony).

– Królowie z Europy i ze wszystkich kontynentów przyjeżdżali bić pokłony naszym carom, zwozili im dary ze złota, srebra i drogocennych kamieni! (pokłony, werbel).

– Ale wielkość Rosji budziła nienawiść jej wrogów. Wrogowie Rosji od dawna czyhali na jej zgubę, pragnęli jej zagłady!

Chorąży zawiesił głos i rozejrzał się po sali. Wszyscy siedzieliśmy nieruchomo, wpatrzeni i zasłuchani. I nagle w tej cerkiewno głębokiej ciszy, unosząc się na palcach, jakby chciał zerwać się do lotu, i prężąc ciało, krzyknął:

– Rewolucja Październikowa!

Krzyknął tak, że poczułem na plecach mróz.

– Rewolucja Październikowa była międzynarodowym spiskiem przeciw narodowi rosyjskiemu! I po chwili:

– Rewolucja Październikowa miała zetrzeć Rosję z powierzchni ziemi!

– Rosjo, chcieli cię zgładzić! – zawtórowali wojowie (fanfary, werbel, pokłony).

– Wszyscy sprzysięgli się, powiedział Ideolog, wszyscy wzięli udział w spisku, Łotysze, Żydzi, Polacy, Niemcy, Ukraińcy, Anglicy, Hiszpanie, wszyscy chcieli zagłady narodu rosyjskiego! Trzy siły, uzupełnił, stały na czele tej zmowy – imperializm, bolszewizm i syjonizm. To były diabły, które zgotowały nam siedemdziesiąt trzy lata piekła!

– Precz, precz, szatany, ratuj się, Rosjo, ratuj! – wołali wojowie żegnając się krzyżem, dmąc w fanfary i bijąc w werbel.

Najbardziej Ideologa złościli Żydzi.

– Żydzi, zawołał głosem najwyższej ironii i oburzenia, chcą sobie przywłaszczyć holocaust. Ale przecież prawdziwy holocaust został popełniony na narodzie rosyjskim!

Odczekawszy, aż wojowie odśpiewają pieśń na temat siły i

nieśmiertelności ziemi rosyjskiej, Ideolog przeprowadził następujący wywód:

– W 1914 roku, powiedział, było na świecie sto pięćdziesiąt milionów Rosjan. Jak obliczyli nasi uczeni, gdyby ci Rosjanie normalnie żyli i rozmnażali się, byłoby ich dziś ponad trzysta milionów. A ilu jest nas w rzeczywistości? zapytał zwracając się do audytorium i zaraz odpowiedział: jest nas tylko sto pięćdziesiąt milionów. Więc pytam, gdzie jest sto pięćdziesiąt milionów Rosjan, sto pięćdziesiąt milionów naszych braci i sióstr? Zginęli, zostali zamordowani, rozstrzelani, zamęczeni, albo nawet nigdy nie przyszli na świat, gdyż ich młodym rodzicom wsadzono kulę w głowę, nim zdołali doczekać się potomstwa.

Coś więcej chcę powiedzieć. Pytam was, jeżeli chcą zniszczyć jakiś naród, w kogo najpierw uderzają? Uderzają w najlepszych, w najzdolniejszych, w najmądrzejszych. W Rosji było podobnie. Zginęła najlepsza połowa naszego narodu. Oto prawdziwy holocaust. Imperialiści, bolszewicy i syjoniści, ta międzynarodówka oprawców i szatanów nie mogła znieść, żeby Rosjanie byli największym białym narodem na świecie! Największym!

Zaryczały fanfary i załomotał werbel.

Spojrzałem po ludziach. Siedzieli zasłuchani, ale ich twarze nic nie wyrażały, żadnych emocji, żadnych wzruszeń. Nie odzywali się, wtuleni w palta, owinięci w szale i szaliki, nie poruszali się. Wokół nas, na białych ścianach ciemniały rozwieszone rzędami ikony, a w prezbiterium siedmiu młodych Rosjan śpiewało pieśń o zagładzie swojego narodu.

Kiedy ucichł śpiew, Chorąży powiedział:

– Świat powinien ukorzyć się i prosić Rosję, aby mu wybaczyła, że zadał jej ten straszny cios, że ugodził w nią Rewolucją Październikową jak zatrutym mieczem.

– Niech narody proszą Rosję o przebaczenie! zawołali wojowie.

– Świat musi oczyścić się z tej winy, z tego grzechu, jaki popełnił wobec Rosji!

Boże, pomyślałem, Ty mu zamroczyłeś rozum.

Bardzo zmarzłem, ale nie chciałem wyjść, czekałem, co będzie dalej.

– Lud Rosji od razu wystąpił przeciw bolszewikom, mówił Ideolog. Wszędzie wybuchały powstania i bunty, w każdym powiecie, w każdej guberni. Czytam, co pisze jeden żołnierz, który walczył przeciw rosyjskim chłopom w guberni Tambowskiej: „Brałem udział w wielu bitwach z Niemcami, pisze ten żołnierz, ale czegoś podobnego nie widziałem. Karabin maszynowy kładzie ludzi rzędami, a oni idą naprzód, jakby niczego nie widzieli, idą po trupach, idą po rannych, idą przebojem, oczy przerażające, matki niosą dzieci przed sobą, wołają Matko Święta, Orędowniczko, ratuj, zmiłuj się, wszyscy giniemy w Twojej obronie. Nie było już w nich żadnego lęku".

Chorąży schował kartkę z cytatem. Dalej panowała cisza.

– Armia bolszewików, powiedział spokojnym głosem Ideolog, wymordowała w latach wojennego komunizmu ponad dziesięć milionów rosyjskich chłopów. Drugie tyle wymarło wtedy z głodu. Dziś wszystko próbują zwalić na Stalina. A przecież wtedy Stalin nie miał jeszcze władzy. Faktycznie rządzili pan Bronstein i pan Dzierżyński. Żaden z nich nie był Rosjaninem.

– Spisek trwa! – zawołał Chorąży i wskazał palcem na olbrzymie drzwi cerkwi, jakby za chwilę mieli wpaść międzynarodowi spiskowcy i osadzić nas w więzieniu.

– Spisek trwa, powtórzył, i naród ginie.

(Długie, żałobne łomotanie werbla).

Cisza, zupełna cisza na sali.

Znowu zabiera głos Ideolog, który tym razem rzeczowym tonem mówi o tym, że w Imperium Rosjanom żyje się najgorzej. Jeżeli średnia długość życia wynosi na Litwie siedemdziesiąt dwa i pół roku, to w Rosji wynosi ona lat sześćdziesiąt osiem. Litwin! Litwin żyje o pięć lat dłużej niż Rosjanin! Nie chodziło mu o to, że ktoś żyje dłużej od kogoś innego. Rzecz była w tym, że taki mały Litwin żyje dłużej niż taki wielki Rosjanin!

Głównie szło mu o to, że Rosja, rdzenna Rosja, wyludnia się. W pięciu najbardziej rosyjskich obwodach Imperium (pskowskim, tulskim, twerskim, tambowskim, iwanowskim) ludności systematycznie ubywa. Stara Rosja pustoszeje. Najbardziej pustoszeje wieś. Ostatnio co roku ubywa dziesięć procent ludności wiejskiej. Pełno jest martwych wsi. Jedziesz latem, a tu tylko w jednym miejscu grzeją się na przyzbie stare baby. Chłopów nie ma żadnych, nawet starych. Nie widać konia, nie widać kury, w ogóle żadnej chudoby. A w zimie nawet tych bab nie zobaczysz. W zimie jakby pomór przeszedł.

– Jakie jest wyjście? – zapytał wpatrując się w audytorium tak intensywnie, jakby jechał kilka tysięcy kilometrów z Moskwy do Irkucka w nadziei, że tu właśnie dostanie odpowiedź na dręczące go pytanie. Ale myśmy siedzieli w milczeniu. Paru mężczyzn poruszyło się, jakby poczuli się w obowiązku zabrać głos i dać jakąś zbawczą radę, ale i oni za moment znieruchomieli.

– Rosja jest mądra i wieczna, odpowiedział na nasze zakłopotane i niezaradne milczenie Chorąży. Rosja znajdzie wyjście, Rosja będzie ocalona.

Miał program, jak to określił – „reanimacji Rosji". Sprowadzał się on głównie do tego, żeby przesiedlić Rosjan do Rosji. Żeby wrócili, jak powiedział, do „opustoszałej kolebki Rosji". Nie jest to łatwe nie tylko dlatego, że Rosjanie raczej starają się z Rosji wyjechać, niż tu wrócić, ale również ze względu na rozmiary i koszta tej operacji: poza granicami Federacji Rosyjskiej mieszkają 24 miliony Rosjan.

– Wracajcie, wracajcie na łono matki Rosji! zawołali wojowie kreśląc się znakiem krzyża i bijąc pokłony do ziemi. Nawa jednak nie zareagowała w żaden pozytywny sposób.

W czasie tej wielkiej akcji powrotu Rosjan do Rosji trzeba będzie uważać, żeby przy okazji nie przesiedlili się tu jacyś Uzbecy, Turkmeni czy Gruzini.

– Rosja dla Rosjan! zawołał Chorąży (fanfary, werbel, krzyż).

Była to ważna deklaracja. Chodzi o to, że świadomość

współczesnego Rosjanina rozdziera sprzeczność nie do pogodzenia. To sprzeczność między kryterium krwi i kryterium ziemi. Do czego dążyć? W kryterium krwi chodzi o utrzymanie etnicznej czystości narodu rosyjskiego. Ale taka etnicznie czysta Rosja to tylko część dzisiejszego Imperium. A co z resztą? W kryterium ziemi chodzi o utrzymanie obecnego Imperium. Ale wówczas nie może być mowy o utrzymaniu etnicznej czystości Rosjan.

Sprzeczności, sprzeczności.

Ideolog rozumie to i rzuciwszy hasło – Rosja dla Rosjan – zaraz się z niego wycofuje.

– Rosja, woła, musi pozostać wielkim światowym mocarstwem! Chcą, żebyśmy się stali jak Indianie w amerykańskim rezerwacie. Próbują nas upijać, próbują nas zatruwać. Ale my nie staniemy się Indianami. Nie będziemy bananową republiką! (Fanfary, dużo werbla).

Pogroził nam pięścią:

– Nie tańczcie pod muzyczkę Zachodu! Nie wieszajcie sobie na szyjach butelek coca-coli! (sam werbel).

– Naszym celem jest ocalenie narodowo-państwowe, powiedział z naciskiem, zdecydowanie, mocno. Naszym celem jest: jedno państwo, jedno terytorium, jeden duch, jedna Rosja! (Bardzo dużo fanfar, bardzo dużo werbla).

– Już niedługo, dodał z nadzieją, ale i z przekonaniem w głosie, naród będzie miał dosyć tego pluralistycznego chaosu, całej tej rozchełstanej maskarady i zrozumie, że ratunek może przynieść tylko Car!

Zaczęła się kolejna litania do Rosji.

– Rosjo, wybacz nam grzechy, powiedział Chorąży, grzech niewiary, grzech słabości, grzech utraty celu. Ślubujemy przywrócić ci wielkość, ślubujemy przywrócić ci siłę, ślubujemy ci wierność. Niech słońce twoje, Rosjo, świeci nad światem w imię Ojca i Syna i Ducha Świętego! (Długie fanfary , donośny werbel, krzyże i krzyże , pokłony i pokłony).

Wyszedłem na dwór, była mroźna, gwiaździsta noc, piękna, bo bez wiatru. Wracałem do hotelu, który leżał w tym samym kierunku co jezioro Bajkał. Wczoraj, z Olegiem Woroninem, wspaniałym, dzielnym, młodym naukowcem tutejszego uniwersytetu, pojechaliśmy autobusem nad jezioro, do miejscowości Listwianka. Padał gęsty deszcz ze śniegiem, przysłaniając wszystko.

Jezioro zamarznięte, z lodu wystają zardzewiałe kadłuby barek. Drugiego brzegu nie widać, nawet całej Listwianki dobrze nie widać. W osadzie są dwa sklepy i bar – wszystko zamknięte. Ani się gdzie podziać, ani co z sobą zrobić. Czekając na autobus, chodziliśmy kilka godzin po pustej drodze. Podobno jest tu wszędzie pięknie, góry, las, woda, ale trzeba przyjechać w lecie, kiedy jest słońce.

Wróciliśmy do miasta ledwie żywi, właściwie Bajkału nie widziałem na oczy. Ale kupiłem w Irkucku książkę, z której się mogę o nim wiele dowiedzieć. Autor – G. I. Gagazji pisze, że Bajkał jest bardzo głębokim jeziorem, ma masę wody. Zapytuje – gdyby ludzkość miała do dyspozycji tylko wodę z Bajkału, jak długo mogłaby jeszcze żyć? I odpowiada: czterdzieści lat.

Skacząc przez kałuże

Jak masz na imię?

Tania.

A ile masz lat?

Za dwa miesiące skończę dziesięć.

Co teraz robisz?

Teraz? W tej chwili? Bawię się.

A jak się bawisz?

Przeskakuję kałuże.

I nie boisz się, że wpadniesz pod samochód?

Przecież tu żaden samochód nie przejedzie!

Tania ma rację. Od wczoraj zelżał mróz, w południe jest nawet dwa stopnie ciepła i całe miasto pogrąża się w błocie. Miasto Jakuck, prawdziwy syberyjski Kuwejt, stolica przebogatej, leżącej na złocie i diamentach republiki. Połowa tych wszystkich diamentowo-brylantowych cudów, którymi zdobią się bogate panie na całym świecie albo które można oglądać na wystawach sklepów jubilerskich Nowego Jorku, Paryża i Amsterdamu, pochodzi właśnie z Jakucji (nie mówiąc o diamentach, których używa się przy wierceniach geologicznych i skrawaniu metali).

Tania ma bladą twarzyczkę. Zimą ciągle tu ciemno, a nawet kiedy pokaże się słońce, nie czuje się, żeby ono grzało, świeci jasno, razi w oczy, ale jest dalekie i chłodne. Dziewczynka ubrana jest w przykusy płaszcz w dużą zielonobrązową kratę. Trudno, przecież nie można mieć co roku nowego płaszcza. Skąd by mama wzięła na to pieniądze? A nawet gdyby miała tyle pieniędzy – Tania uśmiecha się marzycielsko – to kto będzie stać w kolejkach i czekać, aż do Jakucka przywiozą płaszcze dokładnie dla dziesięcioletnich dziewczynek? W dodatku tak szczupłych i wysokich.

Tania to wszystko bardzo dorośle rozważa i osądza.

Tak samo ze skakaniem przez kałuże. Skakać trzeba tak dokładnie i celnie, żeby nie wpaść do wody i nie zamoczyć butów, bo skąd wziąć buty na zmianę?

Pewnie, zgadzam się, w dodatku mogłabyś się zaziębić i dostać grypy.

Zaziębić się?, zdumiewa się dziewczynka, teraz, kiedy już topnieją lody i robi się ciepło? Ty pewnie nie wiesz, co to jest prawdziwe zimno.

I mała Sybiraczka patrzy z wyraźną, choć dyskretną wyższością na człowieka, który jest już starszy, ale zdaje się nie mieć pojęcia, co to jest wielki mróz.

Wielki mróz, tłumaczy mi, poznaje się po tym, że w powietrzu wisi jasna, świecąca mgła. Kiedy człowiek idzie, w tej mgle robi się korytarz. Korytarz ma kształt sylwetki przechodzącej osoby. Człowiek przechodzi, ale korytarz zostaje, tkwi w mgle nieruchomo. Wielkie chłopisko robi wielki korytarz, a małe dziecko – mały korytarzyk. Tania robi wąski korytarz, ponieważ jest szczupła, ale, jak na jej wiek, jest to korytarz wysoki – to zrozumiałe, przecież dziewczynka jest najwyższa w klasie. Idąc rano, według tych korytarzy Tania orientuje się, czy jej koleżanki poszły już do szkoły – wszystkie wiedzą, jak wyglądają korytarze ich najbliższych sąsiadek i przyjaciółek.

A oto szeroki, niski korytarz o wyraźnej, zdecydowanej linii – znak, że poszła już Kławdia Matwiejewna, kierowniczka szkoły.

Jeżeli rano nie ma żadnych korytarzy, które wysokością odpowiadałyby wzrostowi uczniów z podstawówki, to znaczy, że mróz jest tak wielki, iż nie ma lekcji i dzieci siedzą w domu.

Czasem widzi się korytarz, który jest bardzo nierówny i potem nagle się urywa. To znaczy – Tania zniża głos – że szedł jakiś pijak, potknął się i upadł. W wielki mróz pijacy często zamarzają. Wtedy taki korytarz wygląda jak ślepa uliczka.

Wcale nie żałuję, że przyjechałem do Jakucka, skoro mogłem tu spotkać taką wspaniałą, mądrą dziewczynkę, i to spotkać przypadkowo, kiedy chodziłem ulicami dzielnicy, która nazywa się Założnaja. Po prostu Tania była jedyną żywą istotą, jaką zobaczyłem w pustym pejzażu tej dzielnicy (było południe, ludzie o tej porze są w pracy), a ponieważ zgubiłem drogę, chciałem spytać, którędy iść do ulicy Krupskiej, gdzie miałem spotkanie.

A to ja cię zaprowadzę, powiedziała ochoczo Tania, bo możesz sam nie trafić. W praktyce oznaczało to, że musiałem przyłączyć się do jej zabawy, ponieważ dojść do ulicy Krupskiej można tylko w jeden sposób – skacząc przez kałuże.

Oto dzielnica Założnaja:

prostopadle wytyczone szerokie ulice. Ani tu asfaltu, ani nawet bruku. Każda z tych ulic jest podłużnym, płaskim, grząskim archipelagiem kałuż, bajorek, błotnistych zastoisk. Nie ma chodników, nie ma nawet kładek z desek, jakie były u nas w Pińsku. Wzdłuż tych ulic stoją drewniane, parterowe domki. Są to stare domki, ich drewno jest sczerniałe, mokre, próchniejące. Okna maleńkie, szyby grube w ramach wyłożonych watą, wojłokiem, szmatami. Z powodu tych szyb ma się wrażenie, że domki te patrzą na nas jakby przez grube okulary noszone przez babcie, które ledwie widzą.

W dzielnicy Założnej mróz jest zbawieniem.

Mróz trzyma tu otoczenie, środowisko, glebę w rygorystycznej dyscyplinie, w żelaznym porządku, w mocnej i stabilnej równowadze. Osadzone na zamarzniętej, twardej jak beton ziemi, domy stoją prosto i pewnie, po ulicach można chodzić i jeździć, koła nie grzęzną w oślizłych trzęsawiskach, buty nie zostają w mazistej brei.

Wystarczy jednak, żeby przyszedł dzień taki jak ten, w którym spotkałem Tanię, to znaczy: wystarczy, żeby przyszło ciepło.

Wypuszczone z uchwytów mrozu domki wiotczeją i osuwają się w głąb ziemi. Domki te już od wielu lat stoją znacznie poniżej poziomu ulicy, ponieważ, postawione kiedyś na wiecznej zmarzlinie, swoim ciepłem wyrobiły sobie w zlodowaciałej glebie nisze, w których z każdym rokiem pogrążają się coraz bardziej. Każdy domek stoi w osobnym i coraz głębszym dołku.

Teraz fala kwietniowego ciepła uderza w dzielnicę Założną i jej koślawe, biedne domki wykrzywiają się, pokracznieją, rozłażą i przysiadają jeszcze niżej ziemi. Cała dzielnica kurczy się, maleje, zapada tak, że w niektórych miejscach widzimy już tylko dachy – jakby wielka flota łodzi podwodnych stopniowo zanurzała się w morzu.

A to widzisz?, pyta Tania.

Spojrzałem tam, gdzie pokazywała mi ręką, i zobaczyłem rzecz następującą: rozmarznięte, rozpaciane błocko zaczyna z ulicy wężykami, strumykami, rowkami, szczelinami spływać wprost do stojących tu domków. Przyroda jest na Syberii ekstremalna, wszystko jest tu gwałtowne i skrajne, więc jeżeli błoto w Jakucku zalewa domy, to nie jest to żadne kapanie, ciurkanie rozwodnionej szarociemnej mazi, tylko atak rozpacianej lawiny, która nagle i niepowstrzymanie rusza w kierunku ganków i drzwi, zapełnia przejścia i podwórza. Ulice jakby występują z brzegów i wlewają się do domków Założnej.

W domu chodzi się w błocie, błoto pokrywa podłogę, jest wszędzie. Trochę nieprzyjemnie pachnie, dodaje Tania, bo Założna nie ma kanalizacji, więc w tym wszystkim są różne rzeczy, marszczy czoło, szuka odpowiednich słów, w końcu kapituluje i stwierdza – po prostu różne rzeczy.

Jeszcze na jedno mam zwrócić uwagę, na wetknięte w ziemię to tu, to tam tabliczki, ostrzegające, że nigdzie nie wolno tu kopać. Dlaczego? A dlatego, że przewody elektryczne idą ot tak, po prostu włożone w ziemię, i jeżeli ktoś wbije łopatę i trafi w drut, to prąd go zabije. Tak że w Założnej można utytłać się po pas, uszargać i umazać w błocie, ale także wpaść do ścieku, a nawet – zginąć. Dlatego zimą jest bezpieczniej, zimą nikomu nie przyjdzie do głowy kopać ziemię.

Już dochodząc do ulicy Krupskiej, spotkaliśmy przy jakimś domku babcię, która dziarskimi ruchami próbowała miotłą zatrzymać potok wypełzającego na ganek błota.

Ciężka praca, powiedziałem, żeby zacząć rozmowę.

A, odparła wzruszając ramionami, zawsze wiosna taka straszna. Wszystko płynie.

Zapanowało milczenie.

Jak się żyje?, zadałem najbardziej banalne i idiotyczne pytanie, ot, żeby jakoś podtrzymać rozmowę.

Babcia wyprostowała się, wsparła ręce na trzonku miotły, spojrzała na mnie, uśmiechnęła się nawet i powiedziała rzecz, która jest samym sednem rosyjskiej filozofii życia: Kak żywiom?, powtórzyła z namysłem i dodała głosem, w którym była i duma, i determinacja, i cierpienie, i radość – Dyszym!

Podobnie jak dzielnice slumsów w Ameryce Łacińskiej (Favelas w Rio de Janeiro, Callapas w Santiago de Chile itd.) dzielnica Założna w Jakucku jest zamkniętą strukturą. Bieda, brud i błoto tworzą tu jednolity, koherentny, spójny krajobraz, w którym wszystkie elementy wiążą się wzajemnie, są współzależne. Jak okiem sięgnąć, nie ma tu żadnych kontrastów, żaden symbol dobrobytu nie wynosi się ponad pejzaż ubóstwa. Istotą takich zamkniętych struktur jest to, że nie można tu poprawić jakiejś jednej poszczególnej rzeczy – natychmiast na przeszkodzie staną inne elementy i ogniwa struktury. Nie można na przykład sprawić, aby ludzie mieli czyste buty: wszechobecne błocko na to nie pozwoli.

Dzielnicę Założną można tylko zburzyć, a jej mieszkańców przenieść do nowych domów. Rzecz jednak w tym, że te nowe, ostatnio zbudowane domy nie są wiele lepsze. Być może są nawet gorsze. Ledwie zbudowane bloki z wielkiej płyty są już krzywe, popękane, tynk płatami poodpadał ze ścian. Woda ciepła i zimna, cała kanalizacja prowadzona jest rurami, które biegną na zewnątrz domów i przecinają podwórza, place, ulice we wszystkich kierunkach. Rury te, owinięte w pakuły i szmaty, w różne blachy i taśmy metalowe, powiązane dodatkowo drutem i sznurami – widać wszędzie.

Rury często pękają. Jeżeli jest zima (dziewięć miesięcy w roku), w miejscu pęknięcia tworzy się szybko ogromna góra lodowa, której nikt później nie usuwa. Góry te widać to tu, to tam – masywne, ciężkie, połyskujące w słońcu. Ta gmatwanina rur, przewodów, kolanek, kranów, wśród której przechodzą ulice, sprawia, że nowe dzielnice Jakucka wyglądają jak wielkie hale fabryczne, których nie zdążono jeszcze pokryć dachem.

W jednej z takich hal-dzielnic stoi długa, cierpliwa kolejka. Podchodzę bliżej, do stoiska, przy którym pracują dwie ubrane w białe fartuchy sprzedawczynie. Chcę zobaczyć, co sprzedają, na co czeka ten tłum skulonych i tupiących nogami ludzi. Sprzedają tort. Jeden rodzaj tortu, jeden typ, z jednym, identycznym wzorkiem z różowego kremu. Tort bierze się ot tak – prosto w ręce. Ciasto nie rozleci się, jest zamarznięte na kość.

Zamiast diamentów, złota i Kuwejtu znalazłem więc dzielnicę Założną i całe biedne miasto. Gdyby Jakuck miał diamenty! Ale on ich nie ogląda i nie dotyka. Wprost z kopalń są one wywożone do Moskwy, aby opłacać nimi produkcję czołgów i rakiet i światową politykę Imperium.

Wracam na ulicę Oktiabrską, do swojego hotelu. Mój pokój ma numer 506. Żeby otworzyć drzwi, trzeba wiele razy starać się przekręcić klucz. Od 8 do 16 prób. Wynik 8 jest optymistyczny, ale wynik 16 też jest w jakiś sposób optymistyczny, gdyż za szesnastym razem otworzą się już na pewno. Najgorzej, że nie dają się zamknąć od wewnątrz, a są tak zawieszone, że nie zamknięte same otwierają się na korytarz. Nie miałem wyjścia i poprosiłem lokatora sąsiedniego pokoju (Buriat, technik), aby zamknął moje drzwi. Odtąd utarł się pewien rytuał: pukałem do sąsiada, sąsiad wychodził, razem otwieraliśmy drzwi, sąsiad zamykał.

W małej łazieneczce w kranie nad umywalką jest woda

zimna i gorąca, natomiast w prysznicu – tylko gorąca. Nie wiedząc o tym, otworzyłem prysznic. Z hukiem lunął kipiący wrzątek. Ponieważ w łazience i w pokoju jest zimno, natychmiast buchnęła para, zrobiło się biało. Straciłem widoczność. Rzuciłem się do prysznica, ale nie dał się zakręcić. Rzuciłem się do okna, żeby wypuścić parę, ale okno nie otwiera się, jest zalepione plastrami, a klamka do otwierania – wyjęta i zabrana. Jeżeli otworzę drzwi, para buchnie na korytarz, wywołam zamieszanie i skandal. Ale dlaczego skandal? Jaka w tym moja wina? Już myślę o tym, jak tu tłumaczyć się i bronić. Tak w tym kraju wszystko jest jakoś pomyślane, ustawione, ułożone, że szary człowiek, cokolwiek by robił, w jakim by znalazł się położeniu, w jakich tarapatach i biedach – zawsze będzie mieć poczucie winy. Ponieważ (jak powiedziałem) w pokoju jest zimno, para natychmiast skrapla się na ścianach, na szybach, na szkle jakiegoś obrazka i na kawałku lusterka. Robię jeszcze wysiłek tak wielki, że mokry, wpółuduszony i poparzony w końcu zakręcam kran prysznica, przysięgając sobie niczego więcej nie dotykać. Wilgotno, wszędzie pełno wody, ale przez moment trochę cieplej.

Wyszedłem na korytarz, żeby sprawdzić, czy nikt nie zauważył kataklizmu, który wstrząsnął moim pokojem. Ale było pusto, martwo. W świetlicy włączony był telewizor, którego nikt nie oglądał. Pisarz Włodzimierz Sołouchin mówił: „Z winy Lenina w Związku Radzieckim popłynęła rzeka krwi, wylał się ocean krwi”. Pisarz powiedział, że zginęło 66 milionów ludzi, nie licząc ofiar drugiej wojny światowej. „To wszystko, powiedział Sołouchin, zrobiono w imię stworzenia raju na ziemi”. I zakończył: „Raju! Ha, ha! A dziś chodzimy bez spodni”.

Po nim wystąpił robotnik, który, mimo iż Lenin się już nie liczy, z dumą poinformował, że właśnie przeczytał 55 tomów Włodzimierza Iljicza zaledwie w kilka wieczorów. „To bardzo proste, powiedział wyraźnie z siebie zadowolony, każdy tom czytałem nie dłużej niż godzinę. Po prostu wiedziałem, że Lenin najważniejsze rzeczy w swoich tekstach pisał kursywą.

Więc szybko kartkowałem książki i czytałem tylko kursywę. Wszystkim radzę!", zachęcał pustą salę hotelu „Jakuck".

Na koniec Jurij Lubimow, dyrektor moskiewskiego teatru Na Tagance, powiedział tonem krytyki, ale i z rozpaczą: „Straciliśmy rozum, straciliśmy sumienie, straciliśmy honor. Rozglądam się wokół i widzę barbarzyństwo!". Potężny, aktorski głos Lubimowa wypełniał świetlicę, wychodził na korytarz i hol.

W holu jedyną gazetą zagraniczną, jaką sprzedawał hotelowy kiosk, była francuska „L'Humanité". Kupiłem gazetę dla jednego zdjęcia, na które normalnie nie zwróciłbym najmniejszej uwagi. Ale teraz siedziałem w swoim pokoju i wpatrywałem się w fotografię na ostatniej stronicy. Na zdjęciu widać było elegancką i czystą autostradę L'autoroute A6, którą ciągnęły nie kończące się kolumny eleganckich i czystych samochodów. Wszystko mnie nagle fascynowało: i białe pasy na jezdni, i duże, wyraźne napisy, i jasne światła latarń. Wszystko było umyte, wszystko wyczyszczone, wszystko do siebie pasowało.

„Le grand week-end pascal, mówił podpis, est commencé".

Ludzie mają dość Paryża, chcą odpocząć.

To tak daleko, myślałem patrząc na fotografię, jakby na Wenus.

I zabrałem się do sprzątania łazienki pełnej wody.

Rano goście hotelowi mogą w barze kupić śniadanie. O tej porze goście są najczęściej ubrani w dresy. Stoją w kolejce. Panuje zupełna cisza. Jeżeli ktoś chce odezwać się do sąsiada, mówi szeptem. Ta cisza może być czasem myląca, zdradliwa. Bo oto ni z tego, ni z owego wybucha krzyk, wrzask, awantura! Dwie rzeczy cechują takie sytuacje. Pierwsza to zupełna (najczęściej) irracjonalność przyczyny. O co poszło? Co się stało? Dlaczego? – nie sposób ustalić, nikt nie wie, wszyscy wzruszają ramionami. Atmosfera jest tak naładowana konfliktem jak chmura piorunami i najmniejszy drobiazg może wyzwolić niszczycielskie energie. Druga, że spięcie ma od razu najwyższą temperaturę – nie ma żadnych stopni pośrednich, żadnych przycinków, dąsów, fochów, grymasów, tylko z ciszy – od razu wrzask, jak skok w przepaść! Jakby ta wojna mogła rozegrać się tylko na jednej częstotliwości, ani milimetr niżej, ani wyżej. Trwa to straszne, rozjuszone, nieprzytomne rugatielstwo jakąś chwilę i tak samo nagle jak się zaczęło – gaśnie. Znowu zapada cisza. Znowu jeżeli ktoś chce odezwać się do sąsiada, mówi szeptem.

I oto przychodzi moment, kiedy stajemy przed obliczem bufetowej. Scena składa się z minimum słów i ma bardzo rzeczowy charakter. Bufetowa patrzy na gościa i milczy – oznacza to, że czeka na zamówienie. Nie ma tu żadnych dzień dobry ani co słychać – gość od razu przystępuje do rzeczy. Jeżeli wybór jest jaki taki, mówi: szklanka śmietany, jajko, twaróg, ogórek, chleb.

Nie mówi dziękuję, nie mówi w ogóle nic zbędnego. Bufetowa podaje, bierze pieniądze. Też bez słowa. Zamyka kasę i patrzy na następnego gościa.

Ludzie jedzą tu szybko, gwałtownie, połykają wszystko w minutę. Choć byłem w barach kilkakrotnie pierwszy, zawsze wychodziłem ostatni. Ci, którzy przyszli po mnie, zjedli i dawno już poszli. Nie wiem, na ile dochodzi tu do głosu, tak głęboko zakodowane w pamięci zbiorowej, widmo ciągle powracającego głodu, podświadomy lęk, że może już jutro nie będzie nic do jedzenia.

Wieczór u Włodzimierza Fiodorowa. Fiodorow to wybitna postać tutejszego świata kultury. Jest redaktorem naczelnym miejscowego dwumiesięcznika „Zwiezda Wostoka". W piśmie tym czytam reportaż o wsi jakuckiej – Syktiach (latem z Jakucka sześć dni statkiem, Leną, na północ). We wsi panuje gruźlica, kto może ucieka, po bochenek chleba trzeba jechać dwieście kilometrów przez bezdroża, przez śniegi, tajgę – do miasteczka Kiusiur.

Mieszkanko Fiodorowa (żona, on, dwie córki), bardzo zadbane, gustowne, przytulne, ma 30 metrów kwadratowych. Ale żona i córki wyjechały, więc spędzamy wieczór sami. Fiodorow urodził się w Jakucji, nad Leną, zna całą republikę, przeszedł ją wzdłuż i wszerz. Nosi w swoim doświadczeniu, w swojej wyobraźni jakiś świat, który jest mi nie znany i niedostępny. Tajga, rzeki, jeziora – nigdy tam nie byłem, nie wiem, co człowiek czuje po zabiciu niedźwiedzia albo kiedy chodzi głodny i nagle złapie wielką rybę.

Ciągle mam na końcu języka pytanie o Jakutów i jakoś mi niezręcznie to pytanie postawić. W Jakucji Jakuci są w mniejszości, jest ich 400 tysięcy. Jakie są ich stosunki z Rosjanami? Rosjanie są tu dopiero od XVII wieku. Dopiero i zarazem – już. Czy Fiodorow uważa, że jest tu jakiś problem? Czy uważa, że istnieje coś takiego, jak sytuacja kolonialna? Kolonialna zależność i wyzysk?

Jak to!, odpowie Fiodorow, Jakucja to jego kraj, tu się urodził i wychował, tu mieszka i pracuje. Jest to argument Afrykanerów z Południowej Afryki: tam się urodzili, nie mają innej ojczyzny! Poza tym Rosjanie i Jakuci są tu jednakowo wyzyskiwani, a wyzyskuje ich wielkie państwo-Imperium. To ono zabiera im diamenty i każe mieszkać w Założnej.

Jakucja mimo upływu lat jest pełna świeżego bólu. Było tu wiele łagrów, głównie przy kopalniach złota. Jeżeli więzień oddawał złoto ponad normę, dostawał za gram złota gram spirytusu albo gram tytoniu czy chleba. Pleniło się oszustwo, które nagminnie praktykowali nadzorcy. Ale jeden z nich, Pawłow, za 300 gramów złota przyniósł kiedyś 300 gramów spirytusu i więźniowie stwierdzili, że alkohol nie jest rozpuszczony z wodą, jest uczciwie wysokoprocentowy. Wieść o czynie Pawłowa rozeszła się po łagrach, on sam przeszedł do legendy, a ten niezwykły epizod jest, jak widać, do dzisiaj opowiadany w republice.

Fiodorow mówi i o rzeczach strasznych. Kiedy uciekali kryminaliści, namawiali kogoś z więźniów politycznych – naiwnych i nie zorientowanych – aby szedł z nimi. W ten sposób zabezpieczali się przed grożącą im śmiercią z głodu. W jakimś momencie zabijali ofiarę i dzielili się zdobyczą.

Jeżeli zdarzyła się ucieczka, NKWD zawiadamiało o tym miejscową ludność. Wystarczyło dostarczyć władzy prawą rękę dla porównania odcisków palców. Za jednego zabitego dawali woreczek mąki. Dużo przypadkowych ludzi zginęło przy tej okazji, dużo myśliwych, podróżnych i geologów.

Stalin kazał budować drogę między Jakuckiem i Magadanem. Dwa tysiące kilometrów przez tajgę i wieczną zmarzlinę. Zaczęli budować jednocześnie z obu końców. Przychodziło lato, roztopy, zmarzlina puszczała, ziemia podchodziła wodą, zmieniała się w trzęsawisko, droga tonęła. Razem z drogą tonęli więźniowie, którzy przy niej pracowali. Stalin kazał zaczynać od nowa. Ale skończyło się tak samo. Więc kazał jeszcze raz. Te drogi nigdy się nie spotkały, a ich budowniczowie może spotkali się w niebie.

Kołyma, mgła i mgła

Cztery dni czekałem na lotnisku w Jakucku, żeby mój samolot odleciał do Magadanu. Na Kołymie szalały burze śnieżne, wszystko tam podobno zawiało, zasypało, i z tego powodu wstrzymano zaplanowane loty.

Tak wygląda podróżowanie po Syberii.

Większość lotnisk jest źle oświetlona, maszyny, które tam latają, są stare i często się psują, czasem trzeba również czekać gdzieś hen, na krańcach kontynentu, żeby dowieźli do samolotów paliwo. Cały czas, będąc w podróży, człowiek żyje w napięciu, w nerwach, w lęku, że przez te nieoczekiwane postoje i zwłoki straci jakieś połączenie, jakąś rezerwację i wtedy – dramat, nieszczęście, katastrofa, bo tu nie wolno grymasić, zamieniać biletów, wybierać innych terminów i tras, można natomiast ugrzęznąć na całe tygodnie na przypadkowym, nieznanym i zawsze zatłoczonym lotnisku, bez szansy, żeby wydostać się szybko (wszystkie bilety są na miesiące naprzód wyprzedane), co wówczas z sobą zrobić, gdzie mieszkać, z czego żyć?

W takiej właśnie sytuacji jestem teraz w Jakucku. Wrócić do miasta też nie mogę, bo a nuż na Kołymie burza nagle ucichnie? Jeżeli burza ucichnie, samolot natychmiast odleci, musimy więc trzymać się go rękami i nogami, bo jeśli ucieknie, jeśli odfrunie – jesteśmy straceni.

Pozostaje więc siedzieć i czekać.

Oczywiście, okropna to bezczynność i nieznośna nuda tak siedzieć bez ruchu, w stanie myślowego odrętwienia, nic właściwie nie robiąc, ale z drugiej strony czyż nie w ten bierny i apatyczny sposób spędzają czas miliony i miliony ludzi na kuli ziemskiej? I to od lat, od stuleci? Niezależnie od religii, od kultur i ras? Wystarczy, że w Ameryce Południowej udamy się w Andy albo przejdziemy zakurzonymi uliczkami Piury czy popłyniemy rzeką Orinoko – wszędzie napotkamy biedne, gliniane wioski, osady i miasteczka, i zobaczymy, jak wielu ludzi siedzi na przyzbach domów, na kamieniach i ławkach, siedzi bez ruchu, nic właściwie nie robiąc. Jedźmy z Ameryki Południowej do Afryki, odwiedźmy samotne oazy na Saharze i ciągnące się wzdłuż Zatoki Gwinejskiej wioski czarnych rybaków, odwiedźmy tajemniczych Pigmejów w dżungli Konga, małą mieścinę Mwenzo w Zambii, urodziwe plemię Dinka w Sudanie – wszędzie zobaczymy, że ludzie siedzą, czasem odezwą się jakimś słowem, wieczorem ogrzeją się przy ognisku, ale właściwie nie robią nic, tylko bezczynnie i nieruchomo siedzą, będąc poza tym (możemy przypuszczać) w stanie myślowego odrętwienia. A czy w Azji jest inaczej? Czy jadąc drogą z Karaczi do Lāhore albo z Bombaju do Madrasu lub z Dżakarty do Malangu – nie uderzy nas, że tysiące, ba, miliony Pakistańczyków, Hindusów, Indonezyjczyków i innych Azjatów siedzą bezczynnie, bez ruchu, i przyglądają się nie wiadomo czemu? Lećmy na Filipiny i na Samoa, odwiedźmy niezmierzone obszary Yukonu i egzotyczną Jamajkę – wszędzie, wszędzie ten sam widok ludzi siedzących bez ruchu, całymi godzinami, na starych krzesłach, na kawałkach desek, na plastikowych skrzynkach, w cieniu topoli i mangowców, opartych o ściany slumsów, o płoty i framugi okien, niezależnie od pory dnia i roku, od tego, czy świeci słońce, czy pada deszcz, ludzi osowiałych i nijakich, jakby w stanie chronicznej drzemki, właściwie nic nie robiących, tkwiących tak bez potrzeby i celu, a także (można przyjąć) pogrążonych w myślowym odrętwieniu.

A tu, wokół mnie, na lotnisku w Jakucku? Czyż nie to samo? Tłum ludzi siedzący bez słowa, bez ruchu, ociężały tłum, który nie drgnie, który, mam wrażenie, nawet nie oddycha. Przestańmy więc denerwować się i miotać, przestańmy zamęczać stewardesy pytaniami, na które i tak nie mają odpowiedzi, i wzorem naszych braci i sióstr z sennej wioski San Juan pod Valdivią, z przygniecionych upałem osad na pustyni Gobi i z zaśmieconych przedmieść Szirazu – usiądźmy bez ruchu, patrząc wszystko jedno gdzie i zapadając się z każdą godziną głębiej i głębiej w stan myślowego odrętwienia.

Po czterech dniach burza na Kołymie cichnie, zażywna stewardesa biega po sali, budzi śpiących, woła donośnie: Magadan! Komu w Magadan? Pospiesznie, nerwowo zbieramy swoje torby, worki, paczki, kuferki i okręcając się szalami, zapinając kożuchy i wciskając uszanki na głowy – bezładnie pędzimy do samolotu, który zaraz kołuje na pas startowy. Lecimy. Obok mnie siedzi kobieta – leci odwiedzić syna, który na Kołymie służy w wojsku. Jest zmartwiona jego listami, wynika z nich, że źle znosi diedowszczynę.

Czy słyszałem o diedowszczynie? Tak, słyszałem. To system znęcania się podoficerów i starszych roczników żołnierzy nad rekrutami. Jeden ze złośliwych nowotworów toczących Armię Czerwoną. Społeczeństwo sowieckie sprowadzone do rozmiarów plutonu czy kompanii i ubrane w mundur. Istota tego społeczeństwa: znęcanie się silnego nad słabszym. Rekrut jest słabszy, więc starsi rangą czy stażem w armii robią z niego swojego niewolnika, pariasa, czyścibuta, spluwaczkę. Rekrut musi się wkupić w nową, zdziczałą społeczność, musi utracić osobowość i godność. W tym celu rekruta maltretują, gnębią, łamią, niszczą. Biją go i katują. Czasem nie wytrzymuje pastwienia się i szczucia, okrucieństwa i terroru, próbuje uciekać albo popełnia samobójstwo. Rekrut, który przemęczy się i przetrwa bezlitosny karcer diedowszczyny, będzie żyć tylko jedną myślą – odkuć się, zemścić, wziąć odwet za swoje upokorzenia, za to, że tarzali go w błocie i w kale, że musiał wąchać onuce kaprali, że kopali go buciorami w twarz. Ale na kim wczorajszy rekrut weźmie odwet? Komu będzie zabierać paczki z domu, komu odbije nerki? Oczywiście – słabszemu od siebie, a więc – nowemu rekrutowi.

Ten tradycyjny już, zwyczajowy sadyzm ma dziś nowe pożywki, bo w armii rozgorzały konflikty etniczne i religijne: Uzbek zabija Tadżyka, pluton prawosławnych (Rosjanie) ściera się z plutonem muzułmanów (Tatarzy), szamanista (Mordwin) wbija nóż w plecy ateiście (Niemcowi).

Strwożone, przerażone matki zaczęły się organizować w różne związki i stowarzyszenia, aby zmusić władze do walki z diedowszczyną. Można je spotkać na różnych demonstracjach i pochodach, jak idą niosąc przed sobą dwie fotografie: na jednej młody chłopiec, zdjęcie zostawione matce na pamiątkę, kiedy szedł do wojska, na drugiej ta sama twarz, ta sama głowa – już w trumnie. Jeżeli matka jest w miarę zamożna, te zdjęcia są oprawione w ramki, za szkłem. Ale widzi się też kobiety biedne, które niosą liche, wystrzępione fotografie. Deszcz i śnieg zmywa już i zaciera rysy młodej twarzy. Jeżeli, przechodząc, zatrzymacie się na chwilę, kobieta podziękuje wam za ten gest.

Sąsiadka z samolotu mówi mi o udrękach swojego syna-rekruta szeptem, na ucho: zdradza przecież tajemnice wielkiej armii. Nie wiem, czy czytała studium Michajłowskiego o Dostojewskim. Stary, wielki tekst napisany w 1882 roku. Michajłowski był rosyjskim eseistą, myślicielem. Odrzucał Dostojewskiego, nazywał go „okrutnym talentem", ale jednocześnie podziwiał jego przenikliwość, jego geniusz. Michajłowski pisze, że Dostojewski odkrył w człowieku cechę straszną – niepotrzebne okrucieństwo. Że w człowieku jest skłonność do zadawania innym cierpienia – bez przyczyny i bez celu. Człowiek zadręcza drugiego bez żadnego powodu, tylko dlatego, że dręczenie daje mu rozkosz, do której nigdy głośno się nie przyzna. Cecha ta (niepotrzebne okrucieństwo), połączona z władzą i pychą, stworzyła najokrutniejsze tyranie świata. Odkrycia tego, podkreśla Michajłowski, dokonał Dostojewski, który w opowiadaniu „Wieś Stiepańczykowo i jej mieszkańcy" opisał małą, prowincjonalną kreaturę – Fomę Opiskina, dręczyciela, potwora, tyrana. „Dajcie Fomie Opiskinowi władzę Iwana Groźnego lub Nerona, pisze Michajłowski, a nie ustąpi im w niczym i zadziwi świat swoimi zbrodniami". Ponad pół wieku przed umocnieniem się Stalina na Kremlu i przed dojściem Hitlera do władzy Dostojewski z proroczą intuicją dostrzegł w postaci Fomy Opiskina protoplastę obu tych tyranów.

Foma, pastwiąc się nad swoimi ofiarami, zaspokaja potrzebę znęcania się, dręczenia, sprawiania bólu. Foma to człowiek niepraktyczny („jest mu potrzebne to, co niepotrzebne"), zadając innym cierpienia nie osiąga nic – nie można więc rozpatrywać go w żadnych kategoriach racjonalnych, pragmatycznych. Nie myśli o tym, że znęcanie się nad ludźmi nie ma celu i do niczego nie prowadzi – ważny jest sam proces znęcania się, samo tyranizowanie, uprawianie okrucieństwa dla okrucieństwa. Istotna dla oprawcy jest tu sama czynność męczenia innych, samo sadystyczne działanie, samo bycie okrutnym. Foma „bez żadnej przyczyny bije zupełnie niewinnego człowieka". To sprawia mu rozkosz i daje poczucie władzy absolutnej. W tej czystej, nieskalanej bezinteresowności zadawania cierpienia, określonej przez Michajłowskiego jako „niepotrzebne okrucieństwo", widzi on wielkie psychologiczne odkrycie Dostojewskiego.

Ale dlaczego, zastanawia się Michajłowski, ludzie typu Fomy Opiskina znajdowali dla siebie taki podatny grunt w Rosji? Bo, odpowiada, „główną cechą Rosjanina, utrwaloną w narodzie rosyjskim – jest bezustanne dążenie do cierpienia". Tak, to musiał być Rosjanin, żeby opisać postać Fomy, żeby odkryć jego mroczną duszę, którą przepełnia „nieposkromiona, samoistna złość", żeby pokazać nam jego straszne, niepojęte Podziemie.

Pod skrzydłami samolotu przesuwa się biała, nieruchoma płaszczyzna, gdzieniegdzie poznaczona ciemnymi plamami lasów, przestrzeń monotonna i pusta, pagórki łagodne, w kształcie płaskich, przysadzistych kopców – nic, na czym można by zatrzymać oko, nic, co by przyciągnęło uwagę. To Kołyma.

W Magadanie z lotniska do miasta jest ponad 50 kilometrów, na szczęście złapałem taksówkę, poobijaną, rdzewiejącą wołgę. Jechałem z duszą na ramieniu, gdyż nie miałem do miasta przepustki, bałem się, że mnie zawrócą z drogi, a od tak dawna myślałem o tym, żeby tu przyjechać, zobaczyć to najstraszniejsze, obok Oświęcimia, miejsce na świecie. Jechaliśmy ośnieżoną szosą, między wzgórzami, czasem mijając rzadkie sosnowe zagajniki. Z jednego z tych zagajników wyszło nagle dwóch młodych ludzi w ciemnych okularach, w eleganckich, zachodnich płaszczach z podniesionymi kołnierzami. Typy jak ze sztampowego, kryminalnego filmu. Zatrzymali nas i pytają, czy weźmiemy ich do miasta. Kierowca spojrzał na mnie, ale byłem zdania, że nie ma się nad czym zastanawiać i trzeba ich wziąć. Okazało się, że zesłał ich dobry anioł, bo dziesięć kilometrów dalej był punkt kontrolny i musieliśmy stanąć. Widząc z daleka milicjantów zdjąłem i schowałem okulary. Tutaj noszą szkła w żółtej lub brązowej plastikowej oprawie, a moja oprawa jest metalowa, lekka, od razu zwraca uwagę, że inna, nie stąd, i kiedy chcę się zgubić – chowam okulary. W mojej bawełnianej tiełogrejce i reniferowej uszance wyglądałem jak ktoś z Omska czy z Tomska. W istocie, milicjanci od razu zainteresowali się tymi w ciemnych okularach, zaczęła się kłótnia, awantura, szamotanina, wywlekanie ich z samochodu. Słowem, zatrzymali tych młodych, a nam kazali jechać.

Kaukaska mafia, określił tych zatrzymanych kierowca taksówki. Słowo „mafia" robi teraz błyskawiczną karierę. Coraz częściej zastępuje ono słowo „naród". Tam, gdzie żyło kiedyś „w zgodzie i braterstwie" sto narodów, teraz pojawiło się sto mafii. Narody zniknęły, przestały istnieć. Na ich miejsce pojawiły się trzy wielkie mafie – mafia ruska, mafia kaukaska i mafia azjatycka. Te wielkie mafie dzielą się na nieskończoną liczbę mniejszych mafii. Są więc mafie czeczeńskie i gruzińskie, tatarskie i uzbeckie, czelabińskie i odeskie. Te mniejsze mafie dzielą się na jeszcze mniejsze, te z kolei na zupełnie małe. Małe, ale groźne, uzbrojone w pistolety i noże. Są więc mafie operujące w skali kraju, w skali republiki, w skali miasta, dzielnicy, jednej ulicy, ba – jednego podwórka. Geografia mafii jest bardzo skomplikowana, ale kto do jakiej mafii należy – inni mafioso dokładnie wiedzą, od tego rozeznania zależy przecież ich życie. Wszystkie mafie mają dwie cechy: a) ich członkowie nie pracują, a dobrze żyją, b) ciągle załatwiają porachunki. Kradnie, przemyca albo załatwia porachunki – tak wygląda codzienne życie członka mafii.

Ta obsesja mafii: natrętne myślenie w mafijnych kategoriach – nie jest tak zupełnie wzięta z powietrza, ma ona swoje głębokie, tragiczne korzenie. Wielki kataklizm końca lat dwudziestych: wojna światowa, październik 1917, potem wojna domowa i masowy głód – pozbawiły w Rosji miliony dzieci ich rodziców i domu. Te miliony sierot, miliony bezprizornych, krążyły drogami kraju, po wsiach i miastach, szukając jedzenia i dachu nad głową (to różnica jednak być głodnym i bezdomnym w Afryce i w Rosji, w Rosji bez ciepłego kąta zamarza się na śmierć). Wielu z tych bezprizornych żyło z kradzieży i rabunku. Z czasem część z nich wcielono do NKWD, gdzie stali się instrumentem stalinowskich represji, a część przemieniła się w zawodowych złodziei – ci później byli w łagrach prawą ręką nadzorców z NKWD i terroryzowali więźniów politycznych. Skala tej patologii jest ważna: i w jednym, i w drugim wypadku były to, na przestrzeni lat, miliony ludzi. Dziadkami wielu dzisiejszych mafioso w Rosji są owi bezdomni i często bezimienni bezprizorni. Oderwanie się od swojej przeszłości nie było łatwe, a czasem wręcz niemożliwe. Kto raz popadł w konflikt z władzą, ten swój konfliktowy status przekazywał synowi i wnukowi. To jest właśnie specyfika postsowieckiego społeczeństwa w byłym ZSRR – że istnieją tam nie jednostki, nie elementy przestępcze, ale cała, posiadająca rodowód i tradycję inną niż reszta społeczeństwa, kryminalna warstwa ludzi. Każdy kolejny kryzys – druga wojna światowa, powojenne czystki, korupcja epoki Breżniewa, rozpad ZSRR – uzupełniał i zwiększał szeregi tej warstwy.

O mafiach w Imperium można by długo. Temat intrygujący, jeżeli ktoś się tym pasjonuje. Maniakalne, uporczywe widzenie świata jako wielkiej, totalnej struktury mafijnej (Kto próbuje odłączyć się od Gruzji? Mafia abchaska. Kto atakuje Ormian? Mafia azerbejdżańska, itd.) ma dwa dodatkowe źródła. Pierwszym jest upowszechniana latami przez stalinizm spiskowa teoria dziejów (za wszystkim, co się dzieje niedobrego, stoją spiski, organizacje, mafie), a drugim jest tradycja, praktyka i klimat ogólnej tajemniczości, charakteryzujące życie polityczne i społeczne w tym państwie (Kto był u władzy? Mafia Gorbaczowa. Kto będzie rządzić na Kremlu za kilka lat? Jakaś inna mafia!).

W mieście nikt mnie już o nic nie pytał. Mimo że recepcjonistka hotelu „Magadan" była surowa i patrzyła na mnie (nie wiem dlaczego) z naganą, dała mi widny i ciepły pokój numer 256. Z okna widziałem ośnieżoną ulicę i przystanek autobusowy, a dalej mur, za którym było stare więzienie.

Do Magadanu można przyjechać jak ci trzej Japończycy z firmy tekstylnej w Sapporo, których spotykam w hotelu.

Nie wiedzą, gdzie są.

Handlują, kłaniają się, uprzejmi, czyści, wydajni. Chcą sprzedać swoje tekstylia – to jest to, co ich tutaj sprowadza. Ale można także przyjechać z zupełnie innym niż eleganckie tkaniny bagażem – to znaczy z bagażem wiedzy o miejscu, w którym właśnie rozmawiam z Japończykami. Rzecz w tym, że stoimy na ludzkich kościach. I gdyby nawet pod wpływem tej świadomości odskoczyć na krok albo nawet odbiec na kilkaset metrów, niczego to nie zmieni: wszędzie cmentarz i cmentarz.

Magadan jest stolicą północno-wschodniego obszaru Syberii, nazwanego Kołymą od płynącej tu rzeki – Kołymy. Ziemia wielkich mrozów, wiecznej zmarzliny, ciemności – pusty, jałowy, prawie bezludny teren, dawniej odwiedzany tylko przez małe plemiona koczownicze – Czukczów, Ewenków, Jakutów. Kołyma wzbudziła zainteresowanie Moskwy dopiero w naszym stuleciu, kiedy rozeszła się wieść, że jest tam złoto. Jesienią 1929 roku nad Zatoką Nogajewa (Morze Ochockie, stanowiące część Pacyfiku) zbudowano tu pierwszą bazę-osadę. Taki był początek Magadanu. W tym czasie można tu było dostać się tylko morzem z Władywostoku lub Nachodki, płynąc na północ 8-10 dni.

11 listopada 1931 KC WKP(b) podejmuje uchwałę o utworzeniu na Kołymie trustu wydobycia złota, srebra i innych metali – Dalstroj. W trzy miesiące później do Zatoki Nogajewa wpływa statek „Sachalin", na którym przybywa pierwszy dyrektor Dalstroju – łotewski komunista, generał GPU, Edward Berzin. Berzin ma wówczas 38 lat. Będzie żyć jeszcze pięć lat. Od przyjazdu Berzina liczy się początek gehenny, która pod nazwą Kołymy przejdzie, razem z Oświęcimiem, Treblinką, Hiroszimą i Workutą, do historii największych koszmarów XX wieku. W potocznym języku rosyjskim nazwa Kołymy przemieniła się w przedziwny sposób w słowo-pocieszenie. A mianowicie, kiedy jest naprawdę źle, okropnie, strasznie, Rosjanin pociesza Rosjanina: Nie rozpaczaj, na Kołymie było gorzej!

Na mroźnej pustyni Kołymy potrzeba jednak ludzi do pracy. Dlatego, jednocześnie z Dalstrojem, Moskwa powołuje tam do życia zarząd Północno-Wschodnich Obozów Pracy Poprawczej (USWITŁag). USWITŁag spełniał tę samą rolę wobec Dalstroju, co obóz koncentracyjny Oświęcim-Brzezinka wobec IG Farben – dostarczał niewolników.

Początek Magadanu to jednocześnie początek wielkiego terroru epoki Stalina. Miliony ludzi dostają się do więzień. Na Ukrainie dziesięć milionów chłopów ginie z głodu. Ale nie wszyscy jeszcze umarli. Niezliczone tłumy „kułaków" i innych „wrogów ludu" można by wysłać na Kołymę, ale wąskim gardłem jest transport. Jedna tylko linia kolejowa prowadzi do Władywostoku, kilka tylko statków kursuje stąd do portu w Magadanie. Tą właśnie drogą, nieustannie przez 25 lat, trwa przewóz żywych szkieletów ludzkich z całego Imperium do Magadanu.

Żywych, a także już martwych. Warłam Szałamow opowiada o statku „Kim", który wiózł w ładowniach trzy tysiące więźniów. Kiedy zbuntowali się, konwojenci zalali ładownie wodą. Był czterdziestostopniowy mróz. Do Magadanu dowieziono zamarznięte bryły. Inny statek, wiozący tysiące zesłańców, ugrzązł w lodach Arktyki. Dopłynął do portu po roku – nikt z więzionych już nie żył.

Oto statek „Dżurma", który wiezie skazane kobiety, dopłynął do Magadanu. Wiele z tych kobiet z głodu i wycieńczenia już umiera. Takich ludzi, już w stanie powolnej agonii, nazywa się w języku łagrów dochodiagami.

„Dochodiagów wynoszono po kolei na noszach. Wynoszono i układano na brzegu rzędami, z pewnością dla ułatwienia sprawozdawczości, żeby uniknąć bałaganu przy wystawianiu aktów zgonu. Leżałyśmy na kamieniach i oglądałyśmy się za naszym etapem, który wlókł się do miasta na męki wspólnej łaźni i dezynfekcji" (Eugenia Ginzburg – „Stroma ściana").

Do transportu dostawali się ludzie już wycieńczeni miesiącami więzienia, śledztwa, głodu i bicia. Teraz następowały tygodnie męki w zatłoczonych, bydlęcych wagonach, w brudzie, w obłędzie pragnienia (bo nie dawano im pić). Nie wiedzieli, dokąd jadą i co ich czeka na końcu podróży. Kto przeżył tę gehennę, był w Magadanie pędzony do wielkiego łagru etapowego. Tu odbywał się targ niewolników. Komendanci łagrów, rozmieszczonych przy kopalniach, przychodzili i wybierali dla siebie najbardziej jeszcze sprawnych fizycznie więźniów. Kto z komendantów stał wyżej w hierarchii władzy – wybierał sobie silniejszych skazańców.

Łagrów albo – jak nazywają je również – arktycznych obozów śmierci (Conquest) było w Magadanie i na Kołymie sto sześćdziesiąt. W ciągu lat skazańcy zmieniali się, ale w każdym momencie przebywało w tych obozach około pół miliona ludzi. Z nich – jedna trzecia umierała na miejscu, inni, po odbyciu lat katorgi, wyjeżdżali jako fizyczne kaleki lub osoby o trwałych urazach psychicznych. Kto przeżył Magadan i Kołymę, nigdy już nie był tym, kim był kiedyś.

Łagier był sadystycznie i zarazem precyzyjnie pomyślaną strukturą, mającą na celu zniszczenie i zagładę człowieka w taki sposób, aby przed śmiercią doznał on największych upokorzeń, cierpień i męczarni. Była to kolczasta sieć zniszczenia, z której, raz dostawszy się w nią, człowiek często nie mógł się już wyplątać. Składała się ona z następujących elementów:

zimno – odziany w nędzne i cienkie łachmany skazaniec ciągle cierpiał z zimna, zamarzał;

głód – zimno to odczuwał tym dotkliwiej, że był bez przerwy zwierzęco, obsesyjnie głodny, mając jako wyżywienie kawałek chleba i wodę;

katorżnicza praca – głodny i zmarznięty musiał ciężko, katorżniczo, ponad siły pracować, kopiąc i wożąc taczkami ziemię, tłukąc kamienie, ścinając las;

brak snu – zmarzniętemu, głodnemu, umęczonemu pracą i najczęściej choremu – odbierano sen. Mógł spać krótko, w lodowatym baraku, na deskach, w łachmanach, w których pracował;

brud – nie wolno mu było myć się, zresztą nie było kiedy i gdzie, był pokryty skorupą lepkiego brudu i potu, śmierdział, cuchnął nie do zniesienia;

robactwo – cały czas żarło go robactwo. W łachmanach gnieździły się wszy, prycze w barakach oblepiały pluskwy, latem zamęczały go roje komarów i strasznych syberyjskich muszek, atakujących całymi chmurami;

sadyzm NKWD – nieustannie pastwili się nad nim konwojenci i strażnicy – dozór NKWD. Krzyczeli, bili pięściami w twarz, kopali, szczuli psami i z błahego powodu – rozstrzeliwali;

terror kryminalistów – więźniów politycznych terroryzowali, okradali i znęcali się nad nimi – kryminaliści. Do nich należała faktyczna władza niższego szczebla;

poczucie krzywdy – psychiczną torturą było znosić poczucie najgłębszej krzywdy. Ci wszyscy więźniowie polityczni byli najzupełniej niewinni, nie zrobili nic złego;

t ę s k n o t a i s t r a c h – wszystkich męczyła tęsknota do najbliższych, do domu (wyroki sięgały 25 lat), zupełne odcięcie od świata, niewiadome, coraz straszniejsze jutro, strach, że każdego dnia nastąpi śmierć.

„To straszne zobaczyć łagier – pisał Warłam Szałamow, który spędził w łagrach dwadzieścia lat, z tego większość na Kołymie. – Żaden człowiek na świecie nie powinien znać łagrów. W łagrowym doświadczeniu wszystko jest negatywne – co do jednej minuty. Człowiek staje się jedynie gorszy. I nie może być inaczej. W łagrze jest wiele tego, o czym człowiek nie powinien wiedzieć. Ale ujrzeć dno życia – to nie jest najstraszniejsze. Najstraszniejsze jest to, gdy owo dno staje się własnością człowieka, gdy miara jego moralności zapożyczona jest z łagrowego doświadczenia, kiedy zastosowanie w życiu znajduje moralność kryminalistów. Gdy rozum człowieka stara się nie tylko usprawiedliwić owe łagrowe uczucia, ale też im służyć".

I dalej:

„Łagier był dla człowieka wielką próbą charakteru, zwykłej ludzkiej moralności, i dziewięćdziesiąt dziewięć procent ludzi nie wytrzymywało tej próby. Wraz z tymi, co nie wytrzymywali, umierali ci, co zdołali wytrzymać, starając się być lepszymi niż wszyscy, twardszymi dla samych siebie...". (Warłam Szałamow – „Opowiadania kołymskie")

1 grudnia 1937 Berzin zostaje odwołany do Moskwy. Stalin uznał, że ten oprawca postępował jednak zbyt łagodnie, kazał go aresztować i rozstrzelać. Na jego miejsce, tegoż samego 1 grudnia, dopływa do Magadanu statek „Mikołaj Jeżow", który przywozi dwóch nowych władców Kołymy – dyrektora Dalstroju pułkownika Karpa Pawłowa (zastrzelił się w 1956 r.) i jego zastępcę, szefa kołymskich obozów śmierci – pułkownika Stiepana Garanina. Garanin ma 39 lat. Będzie jeszcze żyć jeden rok.

Garanin to czarna legenda Kołymy.

„Iwanie Kuźmiczu, czy pamiętacie Garanina?

Czy pamiętam? Dobre sobie. Przecież widziałem go z bliska, tak jak ciebie teraz oglądam. Obchodził kolumnę więźniów. I był nie sam, ze świtą. Zanim się zjawił, przekazywano przez telefon: może tu zajechać, żeby osobiście przeprowadzić inspekcję łagru. Był jeszcze w Magadanie, kiedy myśmy już stali na baczność. Wszystko wyczyszczone, wymalowane, posypane żółtym piaskiem. Komenda ciska się we wszystkie strony, nie mogąc opanować nerwów. Nagle szept: jadą, jadą. Brama łagru otwarta szeroko. A on wjeżdża w nią swoją kolumną – kilka samochodów osobowych, kilka ciężarówek z ochroną osobistą. Wysiada z pierwszego wozu, a świta błyskawicznie ustawia się po bokach. Wszyscy z mauzerami, w półkożuszkach. On sam w niedźwiedzim futrze. Mina groźna. Wzrok pijany i ciężki jak ołów. Komendant naszego łagru, major, podbiega do niego i składa meldunek drżącym głosem: «Towarzyszu komendancie USWITŁagu NKWD. Wydzielony podobóz łagru do przeglądu». «Czy są tu więźniowie, którzy wymigują się od pracy?». «Są» z lękiem odpowiada major. I wychodzi z szeregu ze dwunastu ludzi. «Ach tak, nie chcecie pracować, kurwa wasza mać?». I już ma w ręku pistolet. Bach! Bach! Bach! Położył wszystkich. Kto się poruszył, tego dobiła świta. «A są tu rekordziści, tacy, co przekraczają normę? Przodownicy pracy?». «Są, towarzyszu naczelniku USWITŁagu NKWD». Radosny, wesoły szereg przodowników. Oni nie mają się czego lękać. Garanin podchodzi do nich ze swoją świtą, ciągle jeszcze trzymając w ręce mauzer z pustym magazynkiem. Nie odwracając się, podaje go do tyłu swojej świcie. Dostaje od nich nowy, załadowany pistolet, który chowa do drewnianej kabury, ale ręki nie spuszcza z kolby. «A więc przodownicy pracy? Przekraczacie normy?». «Tak» – odpowiadają. A on znowu ich pyta: «Wrogowie ludu przekraczają normy? Hm... Wy, przeklęci wrogowie ludu! Takich trzeba likwidować...». I znowu: Bach! Bach! Bach! I znowu z dziesięciu ludzi leży w kałuży krwi. A on jakby poweselał, oczy zrobiły mu się spokojniejsze. Nasycił się krwią. Komendant łagru prowadzi drogich, szanownych gości do stołówki na przygotowaną ucztę. I cieszy się, że sam uniknął kuli. Kiedy Garanin miał ochotę, strzelał i do komendantów łagrów. Straszna to była samowola, kiedy naczelnikiem był Garanin. Ludzie padali jak muchy" (Anatolij Żygulin – „Czarne kamienie").

Garanin rozstrzeliwał kilku, kilkunastu, a czasem kilkudziesięciu ludzi dziennie. Mordując, śmiał się albo śpiewał wesołe czastuszki. Beria kazał go rozstrzelać nagle i nie wiadomo dlaczego, niby japońskiego szpiega. A można przecież sądzić, że ten tęgi, rosły osiłek, syn białoruskiego chłopa, kowal z zawodu, półanalfabeta, nie wiedział nawet, że istnieje taki kraj – Japonia.

Przyjeżdżając do Magadanu, miałem ze sobą numery trzech telefonów. Zadzwoniłem. Pierwszy telefon – młody, męski głos odpowiedział, że ta kobieta już nie żyje. Drugi – cisza, nikt nie podnosił słuchawki. Wykręciłem trzeci numer: 23344. Odezwał się niski, pogodny głos. Przedstawiłem się i usłyszałem odpowiedź tak życzliwą, nawet – radosną, jakby tamten, po drugiej stronie linii (nie znałem go osobiście), czekał latami na moją wizytę. Umówiliśmy się na spotkanie. Spróbuje pożyczyć gdzieś wóz terenowy, abyśmy mogli trochę pojeździć, coś zobaczyć.

Rano przyjechał zielony gazik. Kierowcą była kobieta, która powiedziała, że ma 47 lat. Dziwne, ale nie zapamiętałem jej imienia (może nie podała go w ogóle), tylko ten wiek. 47 lat wyglądała na masywną, krzepką niewiastę, w której wszystko było wysunięte do przodu, wypukłe, wybałuszone, przede wszystkim – oczy i piersi. Miała potężne, silne ramiona i nie mogłem wyobrazić sobie rozmiarów mężczyzny, przy którym poczułaby się nieśmiałym, słabym maleństwem. Nic (a myślę również, że nikt) nie mogłoby się jej oprzeć.

Koło kierowcy siedział mój wczorajszy rozmówca – Albert Miłtachutdinow, pisarz, który spędził na Kołymie całe dorosłe życie – ponad 30 lat – zajmując się tu pisaniem, a także geografią tej części Syberii. (Ponieważ na Kołymę można było kiedyś dostać się tylko od strony morza, utarło się mówić o niej jak o wyspie, co jeszcze bardziej podkreślało izolację tego miejsca od reszty świata. Kto wyjeżdżał z Kołymy, mówił: jadę na kontynent.)

Pojechali!, powiedziała pytając-rozkazując 47 lat. Ledwie ruszyliśmy, zaczęła zachwycać się Rumunami. Mołodcy Rumyni!, wołała. Obcięli Ceausescu głowę! (Choć było to już dawno, nadal robiło to na niej wrażenie.) Kiedy obetniemy głowy tym, co siedzą na Kremlu?

Od razu – obciąć głowy. Pomyślałem: jestem na Kołymie, tu się mówi takim językiem. Byłem przerażony nie tyle jej słowami, ile faktem, że trzymając kierownicę jedną ręką, drugą pokazywała, jak należy obcinać głowy, a jechaliśmy ulicą o tak strasznych dziurach, wybojach i rozpadliskach, że czułem się jak astronauta w komorze próżniowej – jechałem nie wiedząc, gdzie mam głowę, gdzie nogi, to wóz stawał sztorcem, jakby startując w niebo, to leciał w bezdenną przepaść.

Ale 47 lat nie przejmowała się drogą, miała ważniejszy problem. Ach, jak oni nas duraczyli!, mówiła z wściekłością. Jak oni nas duraczyli!

Jej impet, jej furia, wszystkie działa jej nienawiści były wymierzone w Kreml. Tam byli ci, którzy przez 47 lat robili z niej idiotkę, głosząc jakieś niestworzone rzeczy, w które kazali jej wierzyć.

Ale my ich dostaniemy! – upajała się swoją oślepiającą, gniewną wizją.

Dojechaliśmy do Zatoki Nogajewa i zatrzymaliśmy się nad wodą, koło porzuconych, rdzewiejących kutrów. Jest to miejsce-symbol, miejsce-dokument, o takim ciężarze, jak brama do obozu w Oświęcimiu czy rampa kolejowa w Treblince. Ta zatoka, brama i rampa są to trzy różne scenografie tej samej sceny: zejścia do piekieł.

Spośród milionów ludzi, których wyrzucono na ten kamienisty, zasypany żwirem brzeg, na którym teraz stoimy, trzy miliony nie wróciły już nigdy.

Zatoka wygląda jak wielkie jezioro o spokojnej, szarobrunatnej powierzchni. Wejście do niej, z Morza Ochockiego, które oddziela ją od Japonii, jest tak wąskie, że, jak mówią, nawet w okresie sztormów nie ma tu wielkiej fali. Ze wszystkich stron widać ciemnoszare, niemal czarne wzgórza o łagodnych zboczach, nagie, bez śladu zieleni, jakby dawno porzucone hałdy węgla lub żużlu. Świat ponury, monotonny, martwy. Bez drzew, bez ptaków. Nie widać żadnego ruchu, nie słychać żadnych odgłosów, Chmury niskie, pełzające ziemią, zawsze jakby ciągnęły w naszym kierunku, na nas. To otoczenie prowokuje do skrajnych zachowań, można tu wpaść w szał, w obłęd albo w najbardziej przygniatającą depresję; najtrudniej ocalić normalność i wiarę, że natura może być życzliwa, że nie chce nas się pozbyć. W takim miejscu jak Kołyma przyroda brata się z oprawcą, pomaga mu w niszczeniu bezbronnej i niewinnej ofiary, wysługuje się zbrodniarzom, płaszczy się przed nimi, podsuwając im coraz to nowe narzędzia tortur – trzaskający mróz, lodowate wichry, piętrowe śniegi, ogromne, nie dające się przejść zimne pustynie.

Więc do tej zatoki dopływały statki wiozące w swoich lukach stłoczonych, półżywych z głodu i duchoty więźniów. Ci, którzy jeszcze poruszali się, schodzili trapami na brzeg. Wtedy właśnie po raz pierwszy widzieli zatokę. Pierwsze wrażenie odnotowane w dziesiątkach wspomnień: stąd się już nie wróci. Formowano ich w kolumny. Zaczynało się liczenie więźniów. Wielu strażników było właściwie analfabetami, dodawanie większych liczb sprawiało im ogromne trudności. Apel trwał godzinami. Półnadzy zesłańcy stali nieruchomo, chłostani wichurą, w śnieżycy. Wreszcie rozlegało się rutynowe ostrzeżenie konwojentów: Krok w lewo lub krok w prawo uważa się za próbę ucieczki – strzelamy bez uprzedzenia!

Formuła ta była identyczna na całym obszarze ZSRR. Dwustumilionowy naród musiał kroczyć zwartą kolumną w nakazanym kierunku. Każde odchylenie w lewo lub w prawo oznaczało śmierć.

Znad zatoki pędzono ich teraz główną ulicą Magadanu, przy której stoi dziś mój hotel. Była to pierwsza ulica w mieście. Zbudował ją Berzin i dał jej swoje nazwisko – szefowie NKWD dawali swoje nazwiska miastom, placom, fabrykom, szkołom, z wolna (czy nawet – szybko) powstawał prawdziwy NKWD-land. W 1935 roku Berzin otworzył w Magadanie Park Kultury, dając mu nazwisko swojego przełożonego, szefa NKWD – Jagody. W trzy lata później i Berzin, i Jagoda zostali rozstrzelani. Ulicę Berzina nazwano ulicą Stalina, a Park Jagody dostał imię nowego szefa NKWD – Jeżowa. W rok później rozstrzelano Jeżowa i park dostał imię Stalina. W 1956 roku ulicę Stalina zamieniono na Marksa, a park Stalina nazwano parkiem Lenina. Na jak długo – nie wiadomo. Rada miejska wpadła jednak na dobry pomysł i nadaje ulicom nazwy apolityczne. Jest więc Gazetnaja, Pocztowaja, Garażnaja, Nabiereżnaja. Przecież gazety, poczta, garaże i nabrzeża będą zawsze.

Umęczone kolumny, po przejściu ulicą Berzina-Stalina, znikały w bramach łagrów tranzytowych, których w mieście i najbliższej okolicy istniało kilka. W Magadanie było do niedawna zaledwie parę murowanych budynków i całe miasto, składające się z licznych drewnianych domków, nad którymi wznosiły się wieżyczki strażnicze, wyglądało jak wielki, rozrzucony na wzgórzach łagier, zimą zasypany śniegiem, latem tonący w błocie.

Po kilku dniach więzienne kolumny szły dalej, popędzane krzykiem konwojentów, kolbami, ujadaniem psów. Najważniejsze było dojść na miejsce, bo kto osłabł i padał – był dobijany. Kolumny posuwały się w głąb Kołymy, do wyznaczonych im obozów i prymitywnych, łopatami i kilofami drążonych kopalń złota, platyny, srebra, ołowiu, uranu. Ruszały z Magadanu czasem codziennie, czasem co tydzień, przez dziesiątki lat, jedna za drugą, setna za setną, tysięczna za tysięczną, idąc do miejsc przeznaczenia jedyną tu drogą – Północną – i kolejno znikając w wiecznie panującej, gęstej i zimnej mgle.

Albercie, spytałem, czy możemy zobaczyć stare łagry? Znad zatoki pojechaliśmy w górę, szlakiem więźniów – do miasta.

47 lat przeklinała miejscową biurokrację. Otóż Magadan i stan Alaska nawiązały współpracę. Zaproszono na dwa tygodnie grupę dzieci amerykańskich. Każde dziecko miało mieszkać z jakąś rosyjską rodziną. W mieście doszło do wojny, bo każdy chciał mieć takie dziecko u siebie. Oczywiście, nie szło tylko o małego Amerykanina, choć ludzie są tu nad wyraz szczodrzy. Rzecz w tym, że komu przyznano takiego zamorskiego gościa, tam natychmiast odbywał się remont kamienicy, malowanie ścian, wkręcanie żarówek na klatkach schodowych, wstawianie szyb w oknach, zamiatanie podwórza, reperowanie kanalizacji, naprawa kranów, wymiana zlewów i wanien, oliwienie zamków i zawiasów w drzwiach. Właśnie ktoś z bloku, w którym mieszkała 47 lat, starał się o małego Jankesa, ale, jak powiedziała nam wśród krzyków, śmiechu i przekleństw, dał za małą łapówkę. Więc klatka schodowa jest nadal ciemna i nie ma ciepłej wody.

W ogóle żyje się ciężko.

Mieszkaniec Magadanu K. I. Iwanienko skarży się w liście do swojej gazety: „Kilka dni temu w czasopiśmie «Krestianka» przeczytałem swój horoskop, z którego wynikało, że istnieje prawdopodobieństwo, iż uda mi się zakupić coś drogiego, ale użytecznego. Toteż ustawiłem się przed drzwiami sklepu «Melodia», nim jeszcze został otwarty, z nadzieją, że kupię telewizor. Niestety, nie udało się. Ale obok jest przecież sklep z obuwiem, więc pędzę kupić buty. Niestety, i tu mi się nie udało. Poszedłem do trzech kolejnych sklepów warzywnych – nigdzie nie było kartofli. Zacząłem chodzić od sklepu do sklepu, aby kupić cokolwiek, nawet żeby już niekoniecznie było drogie i niekoniecznie potrzebne, ale nigdzie nic nie dostałem. W końcu znalazłem się w sklepie nr 13, zwanym powszechnie «Trzy świnki». Sprzedawali piwo. Cóż, kiedy okazało się, że piwo sprzedają tylko wówczas, jeżeli ktoś przyniesie sobie z domu kufel" („Magadanskaja Prawda", 27 IV 1990).

Nie musieliśmy daleko jechać. Puste łagry pozostały w starych dzielnicach, przy zaśnieżonych ulicach bez chodników i latarń. Część z nich przemieniono w jakieś składy i magazyny. Reszta niszczeje i rozsypuje się. Stoją jeszcze, widoczne to tu, to tam, wieżyczki wartownicze, krzywe, pochylone, butwiejące. W śniegu i błocie leżą rozbite bramy, płoty i słupy, bez drutu już – drut rozkradli. Większość baraków została rozebrana na drewno, na opał, kilka stoi jeszcze, ale są puste, bez drzwi i okien.

Wszędzie, w Workucie, w Norylsku, w Magadanie, uderza nędza łagrowego świata, jego skrajna, żebracza bieda, nieudolna, niedbała prowizorka, niechlujstwo i prymitywizm. To świat sklecony z łat i łachmanów, pozbijany zardzewiałymi gwoździami zwykłym toporem, powiązany parcianym sznurem, ściągnięty byle jakim drutem.

Żeby zatrzeć ślad zbrodni, nic tu nie trzeba rozkuwać, rozbierać, wysadzać w powietrze. Połowa archipelagu GUŁAG już zatonęła w bagnach i w błocie. Połowę łagrów na Syberii zarósł las, a drogi do nich rozmyły wiosenne wody. W miastach na miejscu wielu łagrów stoją już nowe dzielnice, fabryki, stadiony sportowe.

Latem, jeżeli ktoś będzie jechać przez Kołymę drogą Północną – na Karamken, Strelkę, Bolszewik, a będzie wiedział, w którym miejscu, zasłonięte lasami i wzgórzami, są stare łagry, znajdzie tam stosy murszejących drągów, kawałek żelaznej szyny, resztki gliny, z której zbudowana była kuchnia. Wątpliwe, żeby znalazł jakiś przedmiot mogący mieć użytek – nie będzie tam ani łyżki, ani miski, kilofa ni łopaty, cegły ni deski, to wszystko zostało zabrane jeszcze przez więźniów lub ich konwojentów albo później rozebrane przez miejscową ludność, bo każda z tych rzeczy ma tu swoją cenę, swoją wartość.

Za kilka lat świat łagrów zatrze za sobą ostatnie ślady.

Albercie, spytałem znowu, czy w Magadanie nie zostało nic z tamtych lat? Żadnego materialnego świadectwa?

Zamyślił się. Właściwie nic, powiedział po chwili. Siedziba Dalstroju została zburzona. Koszary NKWD – zburzone. Więzienie śledcze – zburzone. Wszędzie już stoją nowe domy albo biegną tamtędy nowe ulice.

Ale jest ciągle jeden dom, ten zachował się, bo stoi trochę na uboczu, schowany między blokami dzielnicy mieszkaniowej. To dawny Dom Szkolenia Politycznego kadry NKWD kołymskich łagrów.

Wspinając się po olbrzymich zwałach śniegu, poszliśmy do tego domu. Jest piętrowy, stary i wydaje się dziś mały. W głównej sali kilkanaście szkolnych uczennic, bladych i poważnych, ćwiczyło w skupieniu figury baletowe.

W tej właśnie sali odbywały się odprawy morderców. Tu ustalano częstotliwość i rozmiary egzekucji. Tu przychodzili Garanin i Pawłow, Nikiszow i Jegorow. Setki innych, których lufy naganów były jeszcze ciepłe.

Na ich oczach, z ich pomocą, a czasem z ich ręki – zginęły trzy miliony ludzi.

Chodziliśmy po pustym budynku. A tu?, zapytałem Alberta, pokazując jakieś drzwi.

Za drzwiami była ubikacja oprawców. Miała wielkość średniego pokoju. Żadnych muszli klozetowych. Tylko w betonowej, nierówno położonej podłodze sześć owalnych dziur. Szare, pełne brunatnych zacieków ściany. Połamany kran.

To wszystko, co pozostało, Albercie? To wszystko, odpowiedział.

Mam ze sobą dwie książki: Warłama Szałamowa „Opowiadania kołymskie" i Aleksandra Weissberga-Cybulskiego „Wielką czystkę". Pasjonujące jest zestawienie tych autorów, ich światopoglądów i postaw. Porównanie to pozwala choć trochę wniknąć w myślenie rosyjskie, w jego zagadkę i specyfikę. Obie książki są opowieścią-dokumentem o tym samym doświadczeniu ofiary bolszewickiej represji, ale jakże różne są umysły ich autorów!

Obaj należą do tego samego pokolenia (Weissberg urodzony w 1901 r., Szałamow – w 1907). Obaj zostają aresztowani w 1937 r. (Szałamow, już po raz drugi, w Moskwie, Weissberg w Charkowie, gdzie pracuje jako inżynier kontraktowy). Obaj zamęczani, torturowani, gnębieni, upokarzani przez NKWD. Zupełnie niewinni, czyści, uczciwi ludzie.

Ale tu zaczynają się różnice.

Pytanie jest następujące: co będzie w nas przeważać, decydować o naszym stosunku do życia, do rzeczywistości? Cywilizacja, tradycja, w której wyrośliśmy, czy też wiara, ideologia, którą posiadamy i wyznajemy?

Austriak Weissberg jest człowiekiem Zachodu, wychowanym w duchu kartezjańskiego racjonalizmu, w duchu myśli dociekliwej i krytycznej.

Szałamow jest Rosjaninem z krwi i kości, nigdy z Rosji nie wyjechał, z myślą zachodnią stykał się sporadycznie, wszystko jest w nim od początku do końca rosyjskie.

Jednocześnie człowiek Zachodu – Weissberg jest gorliwym i przekonanym komunistą, a człowiek Rosji, dla którego Moskwa jest „najbliższym mu miastem świata" – Szałamow, jest głębokim antykomunistą.

Jak każdy z nich odniesie się teraz do swojej sytuacji ofiary barbarzyńskich represji, „niepotrzebnego okrucieństwa", do całego otaczającego ich koszmarnego świata stalinowskich czystek, więzień, łagrów, egzekucji?

Weissberg jest przekonany, że trafił do domu wariatów, że oficerowie śledczy NKWD to ludzie obłąkani, że Sowiety epoki Stalina to świat obłędu, paranoi, absurdu, To, co się tu dzieje – pisze – „jest kompletnie bez sensu, są to wybryki rozpasanego aparatu, urągające wszelkiej racjonalnej interpretacji". Albo: „Złapałem się za głowę. Czy dostałem się do domu wariatów?" Albo: „Wszystko jest przecież najczystszym szaleństwem. Brak mi po prostu słów na scharakteryzowanie tego". Rok 1937: „Nastąpił wyścig obłędu". Itd., itd. Przy czym ani na moment nie odstępuje wówczas od swoich przekonań: „Jestem niemieckim komunistą, rzuca oficerowi śledczemu, i przybyłem do tego kraju, by wziąć udział w budowaniu socjalizmu. Jestem patriotą Związku Sowieckiego".

Przekonany, że jest w domu wariatów, że jest w upiornej krainie obłędu i surrealistycznej paranoi, Weissberg nie załamuje się, jego umysł zachodniego racjonalisty w najstraszniejszych warunkach zatłoczonych, brudnych i ociekających krwią więzień pracuje intensywnie – szuka racjonalnego, rozsądnego wytłumaczenia tego, co się wokół niego dzieje. W każdej celi, do której go wrzucają, Weissberg próbuje dyskutować, pytać, chce wymieniać opinie.

Ale jego rosyjscy współtowarzysze niedoli właśnie na Weissberga patrzą jak na wariata! Czego się rzucasz?, mówią. Co tu próbujesz zwojować? Cierp i siedź cicho!

Między tymi dwiema postawami nie ma żadnej komunikacji, żadnego języka. Dlatego nie wiem, czy Weissberg i Szałamow mogliby się porozumieć.

Ponieważ dla Szałamowa wszystko, co go otacza, jest częścią świata natury. Łagry należą do porządku natury, a nie do porządku ludzkiego. Czy człowiek może buntować się przeciw temu, że nastały wielkie mrozy albo że przyszła straszna powódź? Jeżeli przyszła powódź, a ktoś zacznie wygrażać rzece, to powiedzą, że jest obłąkany, że uciekł z domu wariatów. Jeżeli przyszła powódź, trzeba wejść na najwyższe drzewo i czekać cierpliwie, aż woda opadnie. To jest racjonalność, to jest jedyne rozsądne działanie. Jeżeli człowiek trafił do łagru, nie powinien buntować się, bo za to go rozstrzelają, tylko tak żyć, żeby przetrwać. Może woda w rzece kiedyś opadnie, może z łagru kiedyś wypuszczą. Nic więcej zrobić nie da się i nawet nie trzeba.

W „Opowiadaniach kołymskich" świat poza drutami łagru właściwie nie istnieje. Wiadomość o końcu drugiej wojny światowej dociera tu z opóźnieniem i nie wywołuje wrażenia. Prawdziwym i jedynym światem jest łagier. Łagier to zborna i logiczna struktura. Dlaczego Weissberg dopatrywał się w tym wszystkim absurdu? Gdyby łagier był absurdalny, rozleciałby się natychmiast. Tyle że logika łagru jest logiką morderstwa, jest inną racjonalnością niż ta, której poszukiwał austriacki inżynier-komunista.

To umysł Szałamowa jest racjonalny i logiczny, a umysł Weissberga zbłąkany, zagubiony w abstrakcjach.

„Każda ingerencja w to, co niesie los, w wolę bogów, była czymś, co nie przystoi i sprzeczne jest z kodeksem postępowania w łagrze", wspomina Szałamow. I w domyśle – kto sądzi, że można zachowywać się inaczej, ten nigdy nie dotknął prawdziwego dna życia, nigdy nie przyszło mu dogorywać w „świecie bez bohaterów".

Tę różnicę postaw Szałamowa i Weissberga wobec świata represji, „innego świata" (Herling-Grudziński), do którego zostali wtrąceni, objaśnia może największy filozof rosyjski Władimir Sołowjow: „Przeciwstawność dwu kultur – wschodniej i zachodniej – zarysowała się ostro już u zarania dziejów ludzkości. Jeżeli Wschód budował fundamenty swej kultury na bezwzględnym podporządkowaniu człowieka sile wyższej, nadprzyrodzoności, to na Zachodzie przeciwnie, człowiek pozostawiony był inwencji własnej, pozwalającej na szeroką twórczość samorodną".

Po ulicach Magadanu chodzi się wysokimi korytarzami wykopanymi w śniegu. Jest wąsko, przy mijaniu trzeba przystawać, przepuszczać drugą osobę. Czasem zdarzy mi się tak stanąć oko w oko z jakimś starszym mężczyzną. Zawsze,

zawsze przychodzi mi wtedy do głowy pytanie: A wy kim byliście? Katem czy ofiarą?

I dlaczego mnie to intryguje i porusza? Dlaczego nie potrafię spojrzeć na tego człowieka zwyczajnie, bez tej nieznośnej i natrętnej ciekawości? Gdybym jednak zdobył się na odwagę i zadał mu to pytanie, a on zachowałby się szczerze, mógłbym usłyszeć odpowiedź: Widzicie, macie przed sobą i kata, i ofiarę.

W tym też była cecha stalinizmu – że w wielu wypadkach nie sposób oddzielić tych dwóch ról. Najpierw ktoś bił jako oficer śledczy, potem siedział i był bity, po wyroku wychodził i mścił się, itd. Był to świat zamkniętego kręgu, z którego istniało tylko jedno wyjście – śmierć. Była to koszmarna gra, w której przegrali wszyscy.

Zapuściłem się daleko, nad zatokę. W tym miejscu nie było już słychać miasta. Przede wszystkim nie było słychać Kołymy. Gdzieś za wzgórzem schodzącym do zatoki, w ciszy i ciemnościach leżeli jej zmarli. W którymś ze wspomnień przeczytałem, że wieczna zmarzlina Kołymy tak konserwuje zwłoki, iż twarze pogrzebanych zachowują nawet swój wyraz. Twarze ludzi, którzy zobaczyli to, czego, jak ostrzegał Szałamow, człowiek nie powinien widzieć.

Pomyślałem o straszliwej bezużyteczności cierpienia. Miłość zostawia swoje dzieło – to następne pokolenia przychodzące na świat, trwanie ludzkości. Ale cierpienie? Tak wielka część ludzkiego przeżycia, bolesna i najtrudniejsza, przechodzi i nie zostawia śladu. Gdyby zebrać energię cierpienia, jaką dały tu z siebie miliony ludzi, i przemienić ją w siłę tworzenia, można by z naszej planety stworzyć kwitnący ogród.

Ale co zostało?

Zardzewiałe kadłuby statków, butwiejące wieżyczki strażnicze, głębokie doły, z których kiedyś wydobywano jakąś rudę. Ponura, martwa pustka. Nigdzie nikogo, bo umęczone kolumny już przeszły i zniknęły w wiecznej zimnej mgle.

Kreml: czarodziejska góra

Do Moskwy wracałem z Magadanu przez Norylsk. Z Kołymy do Norylska leci się ponad trzy godziny nad północną Syberią. Było jasne, słoneczne południe, powietrze tak przezroczyste i rozświetlone, że dawało efekt wielkiego przybliżenia – jakby patrzyło się na ziemię przez powiększające szkło.

W dole, jak okiem sięgnąć, biel i biel, gładka, napięta płaszczyzna wypolerowana wiatrami na najwyższy, absolutny połysk. Po tej oślepiającej i martwej gładziźnie pełza mozolnie samotne, drobne, ciemnobłękitne żyjątko – cień naszego samolotu, ruchomy znak, że nasz samolot leci, że żyjemy.

Biel, jak każdy kolor, jest sama w sobie nieopisywalna. Ona istnieje, ale zaczyna się wyodrębniać i poddawać definicji dopiero w zestawie z innymi kolorami. A tu nie ma żadnych innych barw. Jest tylko nieobjęty biały Kosmos i wtopiony w jego wnętrze, jak owad w bryłę bursztynu, mikroskopijny cień naszego IŁ-62.

Ale w pewnej chwili widać, że pod nami, na jasnej, czystej powierzchni pojawia się linia. Jakiś czas biegnie samotnie. Ale oto widzimy i drugą linię. Teraz ciągną się one równolegle, prosto, do miejsca, w którym przetnie je linia wyrazista, mocna. Jakiś czas nic się nie dzieje, trzy linie rozpięte na płaskim, rozległym tle. Nagle biały bezkres zaczyna pokrywać się coraz to nowymi liniami, już ich więcej i więcej, już gęściej i gęściej rozłożone. Jednolita dotąd, monotonnie jednostajna równina łamie się i formuje w kwadraty, prostokąty, romby i trójkąty, w zawiłą, to piętrzącą się, to rozpełzającą we wszystkie strony geometryczną strukturę – to Norylsk, górniczo-metalurgiczne zagłębie Syberii: polski Śląsk, niemiecka Ruhra, amerykański Pittsburgh, tyle że za Kołem Polarnym.

Między Norylskiem a Moskwą leży Ural. W czasie lotu nad tymi górami następuje zmiana pory roku. Dotąd była zima i zima, a teraz minąwszy szczyty Uralu od razu wlatuje się w wiosnę. Ziemia odzyskuje swoją – naturalną w tych okolicach – szarobrunatną barwę, koryta rzek wypełniają się ruchliwym srebrem, tu i tam leżą płaty jasnej zieleni. Po drodze będą jeszcze jakieś miasta, będzie Wołga, będą lasy, a za lasami – Moskwa.

W Moskwie wpadam od razu w wir dyskusji, stołecznych plotek, polemik i swarów. Wszędzie spotkania, mityngi, narady i sympozja. Koło pomnika Puszkina codziennie od rana do nocy stoją jacyś ludzie, przekrzykują się, wtykają sobie palce do oczu, podsuwają pod nos garście ulotek. Ten czas to raj dla dyskutantów, dla złotoustych, dla polemistów i gadułów, kaznodziejów i oratorów, szermierzy słowa i poszukiwaczy prawdy. Takich ulicznych klubów dyskusyjnych są w tym kraju dziesiątki, setki. Zaciekłych dyskutantów zobaczycie na placach Lwowa i Omska, Archangielska i Karagandy, wszędzie. Wszystko to wyglada tak, jak na starych fotografiach z rewolucji lutowej 1917 roku.

Choć mnóstwo w tych słownych gejzerach rzeczy ciekawych i nawet niezwykłych, któregoś dnia postanawiam wymknąć się polemistom i dyskutantom i pójść na Kreml.

O tym, żeby pójść na Kreml, myślałem od dawna. Zamiar ten odżywał zawsze, ilekroć jadąc do śródmieścia z Alei Lenina (gdzie mieszkałem) mijałem wznoszące się po prawej stronie wyniosłe mury, budowle i wieże Kremla. To, co mnie wówczas zawsze uderzało, to ogromne kamienne pustkowia otaczające zewsząd zespół kremlowski – wielkie, nie kończące się place, szerokie mosty, betonowe nabrzeża, ciągnące się kilometrami bezludne, pokryte asfaltem i płytami rozległe obszary.

Na tych rozpościerających się wokół placach rozrzucone to tu, to tam stada samochodów zrywają się co chwila do biegu, pędzą na skróty i w pośpiechu znikają w gardzielach ulic, zaczynających się gdzieś daleko stąd. Rzadko rozstawieni milicjanci przezornie ustępują z drogi. Ale poza nimi nie można tu spotkać żywego ducha, mimo że jesteśmy w środku dziesięciomilionowego miasta. Tę pustynność odczuwa się zwłaszcza w niedzielę lub w czasie złej pogody. Wicher hula po pustkowiach, pędząc ze sobą deszcz lub śnieg. Czasem zapuszczałem się na te odludzia. Dołem toczyła swoje szare wody rzeka Moskwa. Z boku miałem ołowiany masyw domu dla elity – jedynego domu mieszkalnego w tej okolicy. Byłem zawieszony w pustce rozdzielającej władzę niedostępną (Kreml) od żywej tkanki miasta. Nie było tu ruchu i gwaru ulic – raczej cisza i bezkres stepu.

Moskiewski Kreml to wielki, ogrodzony ceglanym i kamiennym murem, stojący na wzgórzu zespół średniowiecznych i nowożytnych budowli. Potężny mur kremlowski wieńczy dwadzieścia wież różnej wielkości, z których największe to – Spasska, Nikolska, Narożna, Troicka i Borowicka. Wewnątrz muru znajdują się różne budynki rządowe oraz cerkwie i sobory zamienione później na muzea. Ale przede wszystkim Kreml to miejsce urzędowania, a często i rezydencja Najważniejszej Osoby w Imperium. Poczynając od roku 1918, kiedy to Lenin przeniósł stolicę z Petersburga do Moskwy (decydowały względy bezpieczeństwa: Petersburg zbyt blisko morza, zbyt blisko Europy), Rosja była i jest rządzona z wyżyn Kremla.

Najbliżej do murów Kremla jest od strony placu Czerwonego. Tu również, jeśli dzień jest słoneczny i ciepły, spotyka się najwięcej ludzi. Z jednej strony placu stoi długa, długa kolejka do mauzoleum Lenina. Z drugiej – jest Wieża Spasska. Bramą tej wieży coraz to wylatują na wielkiej szybkości czarne rządowe ziły. Wszystkie są jednakowe (z tym że najważniejsze nie mają numerów rejestracyjnych), ale kto w nich jedzie – nie wiadomo, bo okna są zasłonięte firankami. Maszyny te wyjeżdżają tak często, że można sądzić, iż na Kremlu znajduje się fabryka samochodów i ze raz po raz opuszcza taśmę nowy egzemplarz.

Wejść na Kreml, ot tak, po prostu wejść, bez powodu i celu – nie sposób. Dostać się tu można tylko w trzech wypadkach: a) do muzeum, w zbiorowej wycieczce z miejsca pracy – jest to forma wyróżnienia i nagrody, b) na jeden z różnego rodzaju ważnych zjazdów, jakie się tu od czasu do czasu odbywają – wchodzą wówczas delegaci i akredytowani dziennikarze, c) na wezwanie któregoś z urzędujących tu dygnitarzy. W każdym z tych wypadków po przejściu przez bramę obowiązuje poruszanie się najkrótszą trasą do oznaczonego miejsca – tam i z powrotem.

Spróbowałem od strony zachodniej, od bramy Troickiej, bo wiem, że to wejście dla ludzi, którzy przychodzą tu pieszo, dla szaraczków. Zatrzymało mnie dwóch oficerów milicji: przepustka! Pokazałem akredytację prasową. To za mało! Przepustka na Kreml! Gdzie idziecie? Na zjazd małych narodów Syberii.

W istocie był taki zjazd. Odesłali mnie, żebym przyniósł przepustkę. Była godzina czwarta po południu. Z Kremla tą samą bramą wychodzili z pracy drobni urzędnicy, sekretarki, woźni. Wszyscy nieśli torby wypchane zakupami z kremlowskich sklepów, siatki pełne skarbów prawdziwych – wędlin, serów, pomarańcz. Obładowani kołysali się w stronę odległych przystanków autobusowych i stacji metra.

Następnego dnia o tej samej porze zjawiłem się w bramie Troickiej z przepustką. Obejrzeli, porównali fotografię z oryginałem i upewnili się, że wiem, gdzie odbywa się zjazd, w którym budynku. W rzeczywistości nie wiedziałem, bo też nie miałem zamiaru przysłuchiwać się debatom Sybiraków, chciałem zobaczyć Kreml.

Ale nie było to proste, o czym się zaraz przekonałem. Otóż, minąwszy półmrok głębokiej i masywnej bramy, zobaczyłem przed sobą, już będąc wewnątrz, wielkie kamienne przestrzenie. Przede mną rozpościerała się równina dawnego placu Senackiego. Po prawej stronie miałem nowoczesną marmurową bryłę Pałacu Zjazdów, a po lewej – podłużny, na żółto pomalowany budynek Arsenału. Wszędzie było pusto i wszędzie czysto. Chodniki najwyraźniej świeżo zamiecione, krzewy równo, pod jeden wzorzec przycięte, krawężniki pobielone wapnem. Gdy zaszumiał wiatr, na placu i chodnikach pojawiały się suche liście, ale i one wydawały mi się czyste. Ta aseptyczna i surowa czystość w dziwny sposób pogłębiała pustkę i bezludzie tego miejsca. Miałem wrażenie, że jestem tu sam, że nikogo już nie obchodzę. Ale to właśnie było złudzeniem.

Na wprost mnie, nieco z lewa, stał budynek, który mnie najbardziej interesował – to XVIII-wieczny Pałac Senatu, a później siedziba rządu ZSRR. Budynek ten, wzniesiony na planie trójkąta, znajdował się wewnątrz samego Kremla. Stąd rządził Lenin, Stalin i Breżniew. Byli więc oni osłonięci przed resztą miasta i kraju niejako podwójną gardą: najpierw izolowała ich olbrzymia, pusta przestrzeń rozległych placów i odkrytych, nagich przestrzeni otaczających wzniesienie, na którym stoi Kreml, a potem – już wewnątrz warowni – byli oni chronieni potężnym, ceglanym murem kremlowskim i innymi budynkami stojącymi obok.

Nie dość na tym!

Już w 1920 roku wielki pisarz angielski Herbert G. Wells, który odwiedził wówczas Lenina na Kremlu, zauważył trzecią zaporę ochraniającą przywódców:

„Pamiętam Kreml z 1914 roku, kiedy można było zwiedzać go bez żadnych przeszkód, podobnie jak pałac w Windsor;

wszędzie spotykało się wtedy niewielkie grupy pielgrzymów i turystów. Dziś dostęp do Kremla zamknięto i dostać się tam jest bardzo trudno. Formalności rozpoczęły się z chwilą zbliżenia się do bramy kremlowskiej. Zanim trafiliśmy do Lenina, musieliśmy przejść przez pięć czy sześć pokoi, gdzie nasze przepustki były sprawdzane raz po raz". (H. G. Wells – „Rosja we mgle").

Ale i na tym nie dość!

Ani bezludne place wokół Kremla, ani mury i bramy warowni, ani puste przestrzenie wewnątrz twierdzy, ani kontrole w budynkach i pokojach nie dawały przywódcom poczucia bezpieczeństwa. Przyszło zejść pod powierzchnię, zaryć się pod ziemię:

„Jeszcze przed drugą wojną światową między Kremlem a gmachem KC na placu Nogina, a także niektórymi innymi budynkami w centrum miasta, zbudowano długie przejścia podziemne, żeby członkowie rządu i wyżsi dowódcy wojskowi mogli przechodzić z jednego kwartału w pobliżu Kremla do drugiego nie wychodząc na ulicę... Admirał Isakow wspomina: «Idziemy ze Stalinem długimi kremlowskimi korytarzami, na ich skrzyżowaniach stoją wartownicy i zgodnie z regulaminem służby wewnętrznej spotykają i odprowadzają wzrokiem każdego przechodzącego, dopóki w myślach nie oddadzą go pod opiekę następnemu wartownikowi. Ledwo zdążyłem o tym pomyśleć, jak Stalin powiedział z zaprawioną goryczą nienawiścią: – Ochraniają... A sami tylko patrzeć, jak strzelą w plecy»" (Roj Miedwiediew – „Pod osąd historii").

No dobrze – powierzchnia globu zabezpieczona, wewnątrz murów też wszystko pod kontrolą, pod ziemią nikt się nie przekopie, czy jednak nic nie grozi z powietrza? Ale i o tym pomyślano. Niebo nad Kremlem jest szczelnie chronione. Dopiero w bałaganie pierestrojki powstały tu niedopatrzenia i kiedy młody Niemiec – Rust wylądował nagle, Gorbaczow nusiał ukarać paru generałów za luki w ochronie napowietrznej Kremla.

Ta ochrona przywódców, mimo że jeszcze w 1920 roku

dziecinnie liberalna i prowizoryczna, nasunęła Wellsowi pewną niepokojącą go refleksję:

„Bardzo możliwe, że wszystko to niezbędne jest dla zapewnienia Leninowi osobistego bezpieczeństwa, ale też utrudnia przecież utrzymanie bezpośredniej łączności między Rosją a nim i – co wydaje się jeszcze ważniejsze, o ile chodzi o skuteczność oddziaływania rządu – łączność między nim a Rosją. Jeżeli bowiem to, co dociera do Lenina, przepuszczane jest przez pewien filtr, to również wszystko, co wychodzi od niego, musi być przefiltrowane, przy czym w toku takich operacji mogą nastąpić poważne zniekształcenia”.

Być może uwaga o tym, że zbyt szczelna izolacja przywódców może mieć dla ich myślenia fatalne skutki, nasunęła mu się po tym, kiedy tego dystyngowanego Anglika o nienagannych manierach, przestrzegającego porannych spacerów i popołudniowej herbaty z mlekiem, Lenin zaatakował serią pytań:

„Dlaczego w Anglii nie wybucha rewolucja? Dlaczego nic nie robicie, aby ją przygotować? Dlaczego nie obalacie ustroju kapitalistycznego i nie zabieracie się do budowy komunistycznego państwa? Po to, by nasza rewolucja przyniosła dodatnie wyniki, cały Zachód również musi dokonać rewolucji! Dlaczego jej nie wywołujecie?”

Poszedłem w kierunku Pałacu Senatu. Z początku nikt mnie nie zatrzymywał, zresztą wokół nie widziałem żadnych ludzi. W panującej tu ciszy mogłem słyszeć odgłosy własnych kroków, mimo woli stąpałem tak, aby nie robić hałasu. Tak, to właśnie w tym budynku, który widziałem przed sobą, było mieszkanie Stalina. To tu jego żona, Nadieżda Alliłujewa, popełniła samobójstwo:

„Współżycie Nadieżdy Alliłujewej ze Stalinem stawało się coraz trudniejsze. 8 listopada (1932) na Kremlu zebrała się grupa zaprzyjaźnionych rodzin przywódców bolszewickich, żeby uczcić piętnastą rocznicę Października. Była tu również Nadieżda Alliłujewa, Stalin jednak się spóźniał. Gdy przyszedł,

Nadieżda pozwoliła sobie na ironiczną uwagę pod jego adresem. Stalin wybuchnął gniewem i odpowiedział impertynencją. Czasami palił nie fajkę, lecz papierosy. Chcąc wyładować na żonie swój gniew, nagle rzucił w jej twarz palący się papieros, który wpadł w wycięcie sukni. Nadieżda wyciągnęła papieros i skoczyła na nogi, ale Stalin szybko się odwrócił i wyszedł. Niemal w ślad za nim wyszła Nadieżda. Jak się okazało, Stalin pojechał na daczę, a Nadieżda do mieszkania kremlowskiego. Uroczystość była zepsuta, a w kilka godzin później stało się jeszcze coś gorszego... Rano niania Swietłany i gospodyni Stalina Karolina Tiel pierwsze ujrzały Nadieżdę Alliłujewą leżącą koło swojego łóżka w kałuży krwi z malutkim pistoletem w ręku" (Roj Miedwiediew – „Pod osąd historii").

Odtąd Stalin żył sam, a w jego otoczeniu byli niemal sami mężczyźni. A przecież trzeba było się bawić, zwłaszcza kiedy przychodziły długie zimowe noce, a po pustkowiach Kremla szalała śnieżyca i wył wicher.

„Stalin skończył spóźniony obiad wznosząc toast na cześć Lenina:

– Wypijmy za Włodzimierza Iljicza, naszego wodza, naszego nauczyciela – nasze wszystko!

Powstaliśmy i milcząc uroczyście wypiliśmy, o czym po pijanemu wkrótce zapomnieliśmy. Stalin jednak miał nadal poważny, uroczysty, a nawet chmurny wyraz twarzy. Odeszliśmy od stołu, lecz nim zaczęliśmy się rozchodzić, Stalin podszedł do wielkiego, automatycznego patefonu. Próbował nawet tańczyć jakieś swoje narodowe tańce. Nie był zresztą pozbawiony poczucia rytmu. Wkrótce jednak przerwał z pełnym rezygnacji wyjaśnieniem:

– Wiek mnie przyłapał i jestem już starym człowiekiem.

Lecz jego druhowie lub lepiej powiedziawszy – dworacy, zaczęli go zapewniać:

– Nie, nie, nonsens. Wyglądacie świetnie. Trzymacie się nad podziw. Tak jest, jak na wasz wiek...

Potem Stalin puścił płytę, na której koloraturowemu szczebiotowi śpiewaczki towarzyszyło wycie i szczekanie psów. Śmiał się z przesadną, nieumiarkowaną uciechą... (Milovan Dżilas – „Rozmowy ze Stalinem").

„Stalin nastawił muzykę taneczną i zaczęliśmy tańczyć. Jedynym dobrym tancerzem wśród nas był Anastas Iwanowicz Mikojan. Tańczył Mikojan, potem tańczył Woroszyłow, tańczyli wszyscy. Ja nigdy nie przesuwałem nóg, tańczę jak krowa na lodzie, ale ja także tańczyłem. Kaganowicz tańczył. To także tancerz nie lepszej klasy niż ja. Malenkow taki sam, Bułganin kiedyś tańczył, pewnie w młodości. Przytupywał w takt coś rosyjskiego. Stalin także tańczył – przesuwał nogi i rozkładał ręce... Śpiewaliśmy, znaczy się. Śpiewaliśmy, to znaczy wtórowaliśmy płytom, które nastawiał Stalin. Potem pojawiła się Swietłanka [córka Stalina – przyp. R. K.]... Stalin od razu zażądał, żeby tańczyła. Tańczyła, znaczy się. Potem już się zmęczyła, widziałem, jak ledwie, ledwie się rusza... Stalin już chwiał się na nogach i mówi: No, Swietłanka, tańcz! A ona: Już przecież tańczyłam, tatusiu, zmęczyłam się. Ale Stalin chwycił ją tak, za włosy, całą garścią, znaczy się za czub, że tak powiem, i pociągnął, znaczy się, bardzo.... pociągnął, szarpał i szarpał" (N. Chruszczow – „ Fragmenty wspomnień").

Szedłem w stronę Pałacu Senatu, kiedy nagle wyrosło przede mną dwóch ludzi. Młodzi, dobrze zbudowani, w szarych garniturach. Nie wiem, skąd się wzięli, takie to było momentalne. Momentalne, zdecydowane, stanowcze. Jeden z nich uniósł rękę, dając znak – stop. Nic więcej, ale wszystko to wyglądało bardzo poważnie i ostatecznie. Nie zadali żadnego pytania – była to scena bez słów. Stałem chwilę, zastanawiając się, co robić, w końcu zawróciłem i zacząłem iść w stronę Arsenału (XVIII wiek itd., ale w tym momencie nie miało to znaczenia).

Szedłem, a dogasające słońce świeciło mi w oczy. Może dlatego tak późno zobaczyłem przed sobą dwóch ludzi. Młodzi, dobrze zbudowani, w szarych garniturach. Tacy sami jak ich poprzednicy, nawet identyczni, ale oczywiście inni. Jeden z nich uniósł rękę w wyćwiczonym geście – stop. Stanąłem, znowu sekundy wahania, ale potem skręciłem w bok. Natychmiast zniknęli.

Nie wiedziałem, dokąd pójść, gdzie się podziać – Kreml znałem tylko z fotografii, z albumów. Ale dostrzegłem znaną mi ze zdjęć prostokątną sylwetkę Pałacu Zjazdów. Ruszyłem w tym kierunku. Zjazd Sybiraków odbywał się jednak w innym budynku, bo kiedy tylko podszedłem bliżej, stanęło przede mną dwóch młodych ludzi. Dobrze zbudowani, w szarych garniturach. Poza tym wewnątrz pałacu było ciemno, a wszystkie drzwi wejściowe zamknięte. Postanowiłem ruszyć na południe, ponieważ tam właśnie widziałem połyskujące kopuły cerkwi i soborów. Miałem nadzieję, że może tam gdzieś pozwolą mi wejść i coś zobaczyć.

Na tym etapie wędrówki doszedłem do wniosku, że mogę liczyć na powodzenie swojej wyprawy, jeżeli wszędzie będę szedł zdecydowanym krokiem i nawet z pewnym pośpiechem, poruszając się po linii prostej od punktu A do wcześniej wybranego punktu B.

Ale i ten sposób nie uwolnił mnie od spotkań z coraz to nowymi tandemami dobrze zbudowanych ludzi w szarych garniturach. Było to tak, jakbym idąc niechcący naciskał jakiś sekretny kamień i uwalniał niewidoczną sprężynę, która wyrzucała w moją stronę dwóch bliźniaczo podobnych ludzi. Cofałem się lub skręcałem w bok, a oni z równą szybkością, z jaką się pojawiali – natychmiast znikali.

Nadal wszędzie było pusto.

Zerwał się przedwieczorny wiatr, w panującej tu ciszy słychać było tylko jego sporadyczne poszumy i zawodzenia. Szedłem przez plac Soborowy, minąwszy po drodze olbrzymi Sobór Uspieński i wyniosłą dzwonnicę Iwana Wielkiego. Człowiek wszędzie czuje się tu mały, przygnieciony ogromem tych świątyń, oszołomiony ich unikalną architekturą.

W końcu doszedłem do Wieży Borowickiej, bardzo strzeżonej, bo przez jej bramę wjeżdżają na Kreml najwyżsi przywódcy. Chciałem zobaczyć to miejsce, bo właśnie czytałem książkę o Berii, a 26 czerwca 1953 Beria wjechał tędy na Kreml po raz ostatni. Stalin nie żył już od czterech miesięcy. Jego miejsce zajął Chruszczow. Chruszczow bał się, że Beria go zastrzeli i obejmie władzę, więc chciał uprzedzić ten cios i aresztować Berię. W książce, o której wspomniałem („Beria: koniec kariery"), ówczesny dowódca okręgu Moskwy, marszałek K. G. Moskalenko, wspomina: „25 czerwca o 9-ej rano z Kremla zadzwonił do mnie Chruszczow. Powiedział, żebym wziął zaufanych ludzi i przyjechał na Kreml do gabinetu premiera Malenkowa, w którym kiedyś urzędował Stalin. Dodał, żebym wziął ze sobą mapy, a także cygara. Powiedziałem, że nie palę, rzuciłem palenie jeszcze w czasie wojny. Chruszczow roześmiał się i powiedział, że będą potrzebne cygara, ale nie te, które mam na myśli. Dopiero wówczas domyśliłem się, że chodzi o to, abym wziął ze sobą broń".

Chruszczow mówi o cygarach, nie może powiedzieć o pistoletach, ponieważ wszyscy wszystkich podsłuchują, sprawa może się od razu wydać.

O 11-ej Moskalenko i jego ludzie przyjeżdżają limuzyną marszałka Bułganina (wówczas – ministra obrony) na Kreml. Czekają. „Po kilku minutach wyszli do nas Chruszczow, Bułganin, Malenkow i Mołotow. Zaczęli opowiadać, że w ostatnim okresie Beria zachowuje się bezczelnie wobec innych członków Biura Politycznego, szpieguje ich, podsłuchuje rozmowy telefoniczne, szpicluje, podpatruje, kto do kogo jeździ, z kim spotykają się członkowie Biura, odnosi się do nich grubiańsko itd. Powiedzieli nam, że zaraz odbędzie się posiedzenie Biura Politycznego i że wówczas na dany nam sygnał mamy wejść i aresztować Berię".

Dalej relacjonuje marszałek G. K. Żukow:

„Razem z Moskalenko, jego adiutantem i generałami Niedielinym i Batickim siedzę w pokoju i czekam na dwa dzwonki, które są umówionym sygnałem. Uprzedzono mnie, że Beria jest fizycznie silny i że zna chwyty dżiu-dżitsu.

– To nic, odpowiedziałem, ja też mam siłę.

Minęła godzina, ale nie słychać żadnego dzwonka. Zacząłem się niepokoić, czy aby Beria wszystkich nie przechytrzył. Ale oto i dzwonki. Wstaję, idziemy do sali posiedzeń Biura. Beria siedzi za stołem, pośrodku. Moi generałowie okrążają stół. Podchodzę do Berii z tyłu i rozkazuję:

– Wstać! Jesteście aresztowani.

Beria jeszcze nie zdążył wstać, kiedy wykręciłem mu ręce do tyłu i pociągnąłem je w górę, tak żeby nie mógł ich wyrwać. Patrzę na niego, a on blady, bledziutki. I oszołomiony.

Prowadzimy go do poczekalni, potem do drugiego pokoju. Tu robimy mu szczegółową rewizję. Aha, zapomniałem. W chwili, kiedy wykręciłem Berii ręce, szybko sięgnąłem do jego pasa, żeby sprawdzić, czy aby nie ma przy sobie broni.

Trzymaliśmy Berię w zamkniętym pokoju do dziesiątej wieczór, a potem pod osłoną ciemności wywieźliśmy go z Kremla, zawiniętego w dywan i rzuconego na podłogę samochodu. Chodziło o to, żeby nie zauważyła go ochrona Kremla i nie zawiadomiła ludzi Berii".

Potem Berię sądzili, ale nie za jego zbrodnie, tylko że chciał przejąć władzę. I zaraz go rozstrzelali.

Berię wywoził z Kremla Moskalenko przez bramę w Wieży Nikolskiej, położonej najbliżej miasta.

Tą samą bramą wychodzę teraz na ulicę Twerską (dawniej Gorkiego). Ulicą idzie manifestacja młodzieży, podchodzę bliżej, żeby posłuchać, co skandują. Idą, trzymają się za ręce i wołają: Coca-cola ura!!!

W tę samą stronę, w górę Twerskiej, ciągną zmęczeni i głodni ludzie, którzy stali dziś w kolejce kilka godzin, żeby wejść do mauzoleum i zobaczyć Lenina. Idą stanąć do drugiej kolejki – do McDonalda, po hamburgera z keczupem i frytkami.

Pułapka

Historia ta wydarzyła się latem 1990 r. Nie mogłem opisać jej wcześniej, aby nie narazić na represje ludzi, którzy mi wówczas pomogli.

W przeddzień wyjazdu do Erewanu spotkałem się w Moskwie z Galiną Starowojtową. (Galina Wasiljewna Starowojtowa, profesor Uniwersytetu w Petersburgu. Wówczas – deputowana do Rady Najwyższej ZSRR z ramienia Armenii. Następnie doradca Borysa Jelcyna do spraw narodowosci). Widziałem ją wówczas po raz pierwszy. Była postawną kobietą, miała ujmujący sposób bycia i ciepły, życzliwy uśmiech. Wiedziałem, że następnego dnia leci do Erewanu. Spotkamy się tam, powiedziała. I dodała: może uda mi się wam pomóc, ale nie wiem, zobaczymy.

Sceptyczny ton w jej głosie był dla mnie zrozumiały. Chodziło bowiem o to, że chciałem dostać sie do Górnego Karabachu. Tymczasem sprawa była właściwie beznadziejna. Dostęp drogą lądową nie istniał: cały okręg Górnego Karabachu – który jest ormiańską enklawą na terytorium Azerbejdżanu – był otoczony przez oddziały Armii Czerwonej i milicji azerbejdżańskiej. Pilnowały one wszystkich przejść, szos, traktów i ścieżek, pilnowały szczelin i uskoków skalnych, przełęczy, przepaści i turni. Nie było mowy, aby przedrzeć się przez tę czujną, gęsto rozstawioną sieć. Ci, którzy znali te strony, nawet nie podejmowali takich prób. Zostawała więc droga powietrzna, a mianowicie – z Erewanu do stolicy Górnego Karabachu, Stepanakertu, latał od czasu do czasu (bardzo nieregularnie) mały samolot Aerofłotu. Ale i tu nie miałem szans. Nie chodziło jedynie o to, że, aby dostać miejsce w samolocie, ludzie koczują tygodniami na lotnisku w Erewanie (nie miałem na to ani czasu, ani pieniędzy). Ważniejsze jeszcze, że, aby kupić bilet, trzeba mieć paszport sowiecki z dowodem zameldowania w Górnym Karabachu, albo – z Moskwy – zgodę sztabu generalnego armii. W moim wypadku żaden z tych dokumentów nie wchodził w grę.

Przyleciałem do Erewanu nocą. Cały następny dzień spędziłem w hotelu, czekając na telefon. Miałem ze sobą kroniki staroormiańskie. Teksty tysiącletnie, piękne, ale nie da się ich wiele przeczytać, tyle tam rozpaczy, tyle bólu i łez. Los Ormian: wieki prześladowań, wieki poniewierki, diaspora, tułaczka, pogromy. To wszystko zapisane w kronikach. Na każdej stronicy ktoś modli się o przetrwanie, ktoś błaga o życie. Na każdej stronicy trwoga, w każdym wierszu drżenie i lęk.

Następnego dnia rano zadzwonił telefon. Usłyszałem głos Galiny Starowojtowej. Od wczoraj, powiedziała, myślimy o was. Zastanawiamy się, szukamy drogi. Czekajcie cierpliwie, aż przyjdzie do was młody człowiek.

Młody człowiek nazywał się Guren. Był dobrze zbudowanym, krępym mężczyzną, o energicznych, zamaszystych ruchach. Kiedy wszedł i spojrzał na mnie, od razu stropił się. Co się stało?, spytałem. Otworzył teczkę, w której miał kilka paszportów sowieckich. Były to paszporty Ormian, ale Ormian kilkunastoletnich, najstarszy miał 24 lata. Żaden z nich już nie żył. Tego spalili w Sumgaicie, powiedział Guren, a tego udusili w Górnym Karabachu. A ten? Ten nie wiem, jak zginął. Z fotografii wpatrywały się w nas oczy jednakowo czarne, poważne, skupione. W końcu Guren wybrał paszport, w którym zdjęcie było nieco zamazane (woda? pot?), i ten kazał mi zabrać.

Następnie wsadził mnie do zupełnie rozpadającego się moskwicza, w którym nie funkcjonowało już nic poza silnikiem i (miałem nadzieję!) hamulcami, i ruszyliśmy przez miasto. Od razu poczułem się w swoim Trzecim Świecie, to znaczy jakbym znalazł się na ulicy w Teheranie, w Kalkucie czy w Lagos, gdzie nikt nie przestrzega żadnych przepisów, żadnych świateł ani znaków, a jednak cały ów obłąkany, chaotyczny, oszalały ruch ma jakąś wewnętrzną (ukrytą przed okiem Europejczyka) logikę i sens, które sprawiają, że choć każdy jedzie jak chce, w dowolnie przez siebie wybrany sposób, w poprzek, do tyłu, zygzakiem, wkoło, w końcu jakoś wszyscy (w każdym razie – większość) docierają do celu. My też – cząstka owej cuchnącej spalinami, zdezelowanej i roztrąbionej lawiny – zmierzaliśmy do swojego celu. Dokąd – nie miałem pojęcia. Ale doświadczenie uczyło, że ilekroć jacyś ludzie brali mnie na ryzykowną, niepewną, nieprawdopodobną wyprawę, nie należało zadawać pytań. Jeżeli pytasz, to znaczy – nie ufasz im, nie jesteś pewien, boisz się. A przecież mówiłeś, że chciałeś. Decyduj się – jesteś gotów na wszystko czy nie? Poza tym – nie ma czasu! Jest zbyt późno na rozterki, na wahania, na alternatywy.

Stara kamienica w centrum miasta. Guren prowadzi mnie na drugie piętro. Typowe mieszkanie w tym mocarstwie – zagracone, zatłoczone. Codzienna mordercza walka, aby utrzymać choć odrobinę czystości i ładu. Walka bez sojuszników – bez mydła, bez proszków, często – bez wody. Nawet – najczęściej bez wody, ponieważ miasto wysycha, woda pojawia się rzadko, to tu, to tam, trzeba jej szukać, trzeba na nią czekać. W mieszkaniu, w którym teraz jestem, balkon zamieniono na werandę, szklane ściany werandy wychodzą na zadrzewione podwórze, w tym właśnie miejscu stoi stół i siedzi kilka osób. Znam tylko jedną z nich – Galinę Starowojtową. Inni to w większości młodzi brodacze. Obecność młodych brodaczy wskazuje, że gdzieś w okolicy musi przebiegać front, jakiś front – o wolność, o władzę. W Armenii są nawet dwa fronty – z Imperium i z Azerbejdżanem. W mieście pełno fedainów – stoją na ulicach, jeżdżą ciężarówkami, uzbrojeni jak się da, ubrani byle jak, ale wszyscy właśnie – z brodami. Fedaini siedzący za stołem witają mnie bardzo serdecznie, ale po pierwszych wylewnościach wszyscy nieruchomieją, zapada cisza.

Ryszard, słyszę czyjś głos, polecisz dzisiaj do Stepanakertu. Tym samym samolotem, co deputowana Starowojtowa. Ale polecisz jako pilot. I nie musicie znać się z Galiną Wasiljewną. Rozumiesz?

Oczywiście, powiedziałem, rozumiem. Brzmiało to prawie tak, jakbym złożył uroczystą, solenną przysięgę. Nie byłem w tym mieszkaniu długo, bo Guren powiedział, że pora jechać na lotnisko.

Czy mam opisać lotnisko w Erewanie (które znam zresztą z różnych okazji)? Czy mam opisać poranek na tym lotnisku? To, jak budzi się tłum setek i tysięcy ludzi, którzy spali na ławkach, na posadzce lastriko, na kamiennych schodach? Jak ludzie ci zaczynają się podnosić wśród wyzwisk, przekleństw, płaczu niemowląt? A od kiedyż oni tu śpią? No, jedni nie tak dawno, dopiero pierwszą noc. A ci wymięci, zarośnięci, skołtunieni? Ci – od tygodnia. A ci, do których nie można nawet zbliżyć się, bo tak strasznie śmierdzą? Ci – od miesiąca. No więc oni wszyscy, jak jeden mąż, budzą się, rozglądają, drapią, ziewają. Jakiś mężczyzna wstaje i próbuje wepchnąć koszulę w spodnie. Jakaś kobieta stara się swoje włosy wcisnąć pod chustkę. Czarne, lśniące włosy, wspaniałe, jak u Szeherezady. To jest czas, kiedy wszyscy chcieliby za potrzebą. Zaczyna się rozglądanie, coraz bardziej niespokojne rozglądanie – gdzie by tu pójść, gdzie skryć się, gdzie przycupnąć? Na lotnisku są cztery ubikacje. Gdyby nawet przyjąć optymistycznie, że są one czynne, i tak trzeba by kilku godzin, aby wszyscy mogli je odwiedzić. Niestety, są one nieczynne, a ściślej mówiąc nie da się z nich korzystać. Rzecz w tym, że kiedyś, kiedyś zatkały się sedesy. Skoro zatkały się i urosła w nich wyniosła góra, ludzie zaczęli zapełniać miejsce koło sedesów, Z niezwykłą, zdumiewającą drobiazgowością wypełnili każdy centymetr kwadratowy podłogi. Ponieważ nie mogli już znaleźć dla siebie żadnego pola działania w okolicach sedesów, zaczęli posuwać się dalej, rozprzestrzeniać, ze zrozumiałą, bo naturalną determinacją opanowywać nowe tereny, coraz szerzej i szerzej.

No dobrze, załóżmy, że dorośli poszukiwacze ustronnego miejsca, na widok tych cuchnących konstrukcji, które zastygły u drzwi czterech ubikacji, powściągną na kilka godzin swoją potrzebę. Ale dzieci? Przecież małe dzieci – muszą. Ta roczna dziewczynka – musi, ale nawet ten pięcioletni chłopczyk, choć już tak duży – też musi. Czy jednak jest sens opisywać komendanta lotniska, który chodzi i złości się na dzieci, że bez większego wstydu załatwiają się po kątach?

Część ludzi biega to tu, to tam i próbuje dowiedzieć się o jakiś samolot. Czy będzie? Kiedy będzie? itd. O to, czy są miejsca – nie pytają, bo wiadomo, że miejsc nigdy nie ma. Ci, co biegają jak zwariowani i próbują się czegoś dowiedzieć, to nowicjusze, naiwni i niedoświadczeni, którzy prawdopodobnie spędzili tu dopiero jedną-dwie noce. Weterani nie ruszają się nigdzie. Wiedzą, że to nie ma sensu, i wolą pilnować swoich miejsc na ławkach. Siedzą na nich nieruchomi, autyczni, bez kontaktu z otoczeniem, jak ludzie w zakładach dla umysłowo chorych.

Czy opisywać sceny w małym, zatłoczonym pokoiku, w którym przyjmuje się reklamacje? Ormianin, który pełni tu dyżur, sądząc po wyglądzie, musiał być jakimś bokserem, łamaczem podków, zapaśnikiem. Ale tylko taki gladiator jest w stanie fizycznie powstrzymać napierający, pomstujący, wygrażający tłum, którego wzniesione pięści coraz to suną w stronę Ormianina, jak potok śmiercionośnych kamieni. W tym tłumie ileż nieszczęść, ile dramatów. Ta kobieta musi dziś zdążyć na Ural, na pogrzeb syna, który zginął w wojsku. Nie podejmuję się opisać jej krzyku, jej twarzy, palców wczepionych we włosy. Ten mężczyzna nagle stracił wzrok. Musi lecieć do Kijowa, na operację. To jedyna szansa, aby nie został niewidomym na zawsze. Pod ścianą pokoiku stoi cicha kolejka kobiet, które też powinny jakoś odlecieć. Stoją spokojnie, im nie wolno się denerwować. Brzuchy wysokie, w każdej chwili może zacząć się poród.

Przecisnęliśmy się z Gurenem przez ludzką gęstwinę, przez tłum na coś (na kogoś?) uporczywie, zaciekle napierający i dostaliśmy się do pokoju pilotów. Na nasz widok jeden z nich wstał i przywitał się. Był szczupły, nieco ode mnie wyższy. Nazywał się Suren. Powiedział, abym poszedł za nim. Zaprowadził mnie na parking, do swojego samochodu. W bagażniku miał mundur – kurtkę i spodnie. Całą noc prasowałem, powiedział z dumą. Jeszcze musimy zdobyć naramienniki i czapkę, dodał. Przebrałem się w samochodzie, a moje ubranie włożyliśmy w torbę plastikową. Wróciliśmy do budynku, Suren odnalazł jakąś stewardesę, widziałem, że coś jej mówi. Zniknęła, a my czekaliśmy na nią, rozmawiając o czymś takim jak pogoda. W końcu przyszła i kiwnęła głową, żebym poszedł za nią. Miała klucz do szatni pilotów. Tam dobrała mi odpowiednie naramienniki i czapkę. Miałem lecieć jako kapitan samolotu. Wyprowadziła mnie na korytarz i powiedziała: ja tu zostanę w szatni, a ty idź sam do Surena. Nie chciała, żeby nas widziano razem.

Poszedłem, ale zaraz zderzyłem się z nieoczekiwaną sytuacją. Bo ledwie pokazałem się w sali lotniska, ludzie, widząc pilota, rzucili się na mnie z pytaniami, dokąd lecimy, kiedy i czy ich zabierzemy.

Z tym jeszcze jakoś bym sobie poradził, ale oto, roztrącając pasażerów, przecisnęło się do mnie dwóch ludzi, w dodatku – jak się zaraz okazało – dwóch konkurentów, którzy niemal jednocześnie powiedzieli do mnie tonem stanowczym: wszystkie bilety na samolot – tylko przeze mnie! (Słowem, posiadanie biletu legalnie kupionego było zaledwie jakby wstępnym albo nawet przedwstępnym krokiem na cierniowej drodze zdobycia papierka mającego rzeczywistą wartość biletu prawomocnego. O tym, czy ktoś poleci czy nie, decydowała łapówka dana jednej z mafii, której liderów miałem właśnie przed sobą. Oto dokładnie sytuacja, w której gubi się wielu ludzi z Zachodu, skłonnych traktować wszelką rzeczywistość dokładnie tak, jak ona wydaje im się przedstawiać: przejrzystą, czytelną i logiczną. Mając taką filozofię człowiek z Zachodu wrzucony w świat sowiecki co chwilę traci grunt pod nogami, dopóki ktoś nie wytłumaczy mu, iż rzeczywistość, którą widzi, wcale nie jest jedyną i – najpewniej – nie najważniejszą, i że tu istnieje wielość najprzeróżniejszych rzeczywistości, splatających się w monstrualny i nie dający się rozsupłać węzeł, którego istotą jest wielologiczność: dziwaczna konfuzja najbardziej ze sobą sprzecznych systemów logicznych, mylnie niekiedy nazywana nielogicznością czy alogicznością przez tych, którzy zakładają, że istnieje tylko jeden system logiczny).

Świadomość tego, że każde potknięcie może mieć teraz, w mojej sytuacji, fatalne skutki, zmusiła mnie do zdecydowanych działań. Odsunąłem wszystkich na bok i poszedłem do pokoju pilotów. Suren przedstawił mnie drugiemu pilotowi, z którym mieliśmy polecieć. Miał na imię Awerik. Od razu przypadliśmy sobie do gustu. Awerik wiedział, jak wielkie ryzyko kryje się w całej operacji, ale coś w tym wszystkim zafascynowało go i od pierwszej chwili był zdecydowany na wszystko. Wiedział, że jeżeli mnie schwytają, oni również pójdą do więzienia, poznają okrucieństwa gułagu. Ale wtedy, kiedy go spotkałem, był pogodny i pełen energii. Zupełne przeciwieństwo Surena – ten był zawsze opanowany, zamknięty w sobie, małomówny.

Samolot, który pilotują Suren i Awerik, to mały odrzutowiec JAK-40, przeznaczony dla 26 pasażerów. W Erewanie, w czasie odlotu, nie było kłopotów. Autobus zawiózł nas razem z pasażerami do samolotu, który stał daleko od budynku lotniska. Wśród pasażerów zobaczyłem Starowojtową i Gurena (leciał jako jej asystent). Resztę stanowili umęczeni Ormianie, tak już wyczerpani, iż nie umieli okazać radości, że wracają do domu. Suren, Awerik i ja weszliśmy do kabiny i zamknęliśmy drzwi. Suren zaczął uruchamiać silniki. Nastrój w kabinie był dobry, ponieważ cały plan mojej wyprawy opierał się na dosyć mocnych podstawach. Oto wysoka osobistość radziecka, bardzo znana i popularna deputowana do Rady Najwyższej, odwiedza swój okręg wyborczy, wiezie dary dla szkół, chce spotkać się z tymi, którzy na nią głosowali – jest więc zrozumiałe, że będzie przyjmowana z radością i szacunkiem, a ja – w tym nastroju ogólnej gościnności i serdeczności – będę występować jako – być może – jej osobisty pilot (gdyby ten wariant nie powiódł się, miałem udawać, że Starowojtowej nie znam).

Trasę z Erewanu do Stepanakertu nasz mały odrzutowiec pokonuje w trzy kwadranse. Leci się między dwoma górskimi pasmami Górnego Karabachu (bo jest również niższy, Dolny Karabach). Górny i Dolny Karabach tworzą wschodnią odnogę Kaukazu, która coraz bardziej łagodnymi skłonami, jakby stopniowo tracąc wigor i impet, przejdzie w dolinę rzeki Kury. Jeszcze dwieście-trzysta kilometrów bardziej na wschód, a jasne wody tej rzeki wpłyną do ciemnego, zalanego ropą naftową Morza Kaspijskiego.

Przy sterach Suren i Awerik. Siedzimy w kabinie, jak w unoszącej się w powietrzu loży, z której ogląda się niezwykły teatr pantomimy – tańczące góry. Ten taniec jest powolny, somnambuliczny, niemal nieruchomy, a jednak te milczące, skamieniałe postacie przesuwają się, zmieniają swoje położenie, obracają się, pochylają nisko do ziemi albo prostują wysoko – do chmur. Pary, grupy, korowody, coraz to nowe i nowe. Dookoła – Szwajcaria. Tu pasą się stada owiec, tu pędzą strumyki, tu zielenią się lasy i polany.

Z tej kontemplacji wyrywa nas głos kontrolera lotniska w Stepanakercie – schodzimy do lądowania. Już widać małą dolinę, ledwie widoczną linię zabudowy, a potem, po chwili, Suren pokazuje mi palcem nitkę pasa startowego. Ten pas okaże się nierówny i bardzo krótki, żaden większy samolot nie mógłby tu wylądować. W istocie, lądujemy na samym końcu tego pasa, dalej zaczyna się już skalne rumowisko. Powoli kołujemy w stronę baraku – to port lotniczy. W miarę jak zbliżamy się, miny Surena i Awerika tężeją: wszystko jest otoczone wojskiem. Jest pełno milicji. W Górnym Karabachu panuje stan wojenny, a okręgiem zarządza komisarz wojskowy. Wojska to jednostki KGB sprowadzone tu z głębi Rosji. Nigdy tu tylu nie było, mruczy Suren. Ledwie wyłączył silniki, a już widzę, jak samolot otaczają uzbrojeni komandosi i podchodzą jacyś oficerowie. Suren mówi coś do Awerika i pokazuje mnie. Awerik kiwa porozumiewawczo głową. Idź przede mną, mówi Awerik. Wychodzimy z kabiny. Jedyne drzwi w tym samolocie znajdują się w jego ogonie. Awerik otwiera te drzwi, schodki opadają do ziemi. Czuję uderzenie tropikalnego powietrza i widzę gromadzących się przy schodkach żołnierzy. Wychodź, wychodź i od razu idź przed siebie, słyszę głos Awerika.

Wiem, teraz już nie mogę przez sekundę zawahać się, zrobić niepewnego gestu, niepotrzebnego ruchu. Zbiegam więc po schodkach na dół, mijam oficerów stłoczonych już przy wyjściu, mijam komandosów i milicjantów, idę przed siebie. Obok mnie idzie Awerik, który (liczę na to) wie, co robić dalej. Najważniejsze, że nikt nas nie woła, nie każe zatrzymać się. Wychodzimy prosto na rząd wozów pancernych i siedzących w cieniu tych wozów żołnierzy. I tu nas nikt nie zatrzymuje – jesteśmy w końcu w mundurach pilotów, wszyscy widzieli, że przyprowadziliśmy przed chwilą samolot. Idziemy wzdłuż tych wozów około stu metrów, aż dochodzimy do bramy, przy której stoi drewniany domek. Tu mieści się coś w rodzaju baru, w którym jest jedna tylko rzecz – ciepła lemoniada. Awerik kupuje mi szklankę lemoniady (w zamieszaniu zapomniałem wziąć pieniądze) i mówi mi: siedź tu i czekaj, a sam, bez pożegnania – znika. Po jakimś czasie zjawił się młody, nie znany mi brodacz, który, przechodząc koło mnie, rzucił przez zęby: siedź tu i nie ruszaj się, odtąd jesteś pod moją opieką, i – zniknął.

Czekanie w tym barze zaczęło się jednak przedłużać, coraz bardziej siedziałem jak na rozżarzonych węglach. W barze było kilka stolików, ale pustych, siedziałem tu tylko ja. Ruch był jednak duży, bez przerwy ktoś tu przychodził pić lemoniadę. Największym zagrożeniem były patrole wojskowe. Wyobraźcie sobie: małe, prowizoryczne lotnisko na głębokiej prowincji, wysoko w górach. Czasem przyleci mały samolot, który zresztą zaraz odlatuje. Jedyna atrakcja to bar, który sprzedaje lemoniadę. Jest gorąco, wszystkim chce się pić. Najbardziej chce się pić patrolom wojskowym, ponieważ chodzą one w hełmach, w kamizelkach kuloodpornych i jeszcze dźwigają mnóstwo żelastwa. Cóż mają te patrole do roboty? Nic właściwie – chodzić i węszyć, chodzić i szukać, podglądać, wypytywać. I oto w tej śmiertelnej nudzie i bezdziejstwie nadarza im się taki kęs: w barze (jedynym!), w pustym barze siedzi pilot Aerofłotu. A tak by podejść i zapytać. Powiedzmy – skąd to? Albo powiedzmy – dokąd to? Zapytać przecież można, zwłaszcza jeżeli jest się patrolem wojskowym na służbie, w warunkach stanu wojennego, w tak zapalnym miejscu, jakim jest Górny Karabach. Tu bardzo rzadko ktoś przyjeżdża. Tu trudno przyjechać. Tu tak każdego nie wpuszczają.

Jeżeli zaczepi mnie patrol rosyjski – pół biedy: udam Ormianina, mówię po rosyjsku, ale z ormiańskim akcenten. Jeżeli zaczepi mnie patrol ormiański – też pół biedy: mówię po rosyjsku z takim akcentem, jakbym był Litwinem czy Łotyszem. Największym lękiem napawały mnie patrole mieszane, rosyjsko-ormiańskie. Tu już bym się nie wymknął.

Drugi kłopot polegał na tym, że nie miałem żadnych dokumentów. Owszem, z kieszeni mojej bluzy wystawał skraj paszportu sowieckiego. Ale był to paszport młodego Ormianina zamordowanego w Sumgaicie.

Po godzinie pojawił się brodacz. Słuchaj, powiedziałem, nie mogę tu siedzieć, mnie tu złapią. Widziałem, że jest zdenerwowany. Siedź, odpowiedział, nie ma wyjścia, siedź. I zniknął. Mimo że upał, wcisnąłem czapę na oczy i udałem, że drzemię. Była to czapa duża, imponująca, pełna różnych obszyć, naszyć i dębowych liści. Traktowałem ją teraz jako rodzaj tarczy, jako parawan, za który mogłem się ukryć. Starałem się również przyjąć taką pozę, która zniechęcałaby do wszelkich kontaktów. Pozę jakiegoś chama, mruka, obrzydliwca, taką, która sygnalizowałaby każdemu – lepiej nie podchodź!

Po dwóch godzinach siedzenia w tym barze usłyszałem łoskot odlatującego samolotu. Poczułem się jeszcze bardziej samotny i schwytany w potrzask. Na szczęście zjawił się brodacz i powiedział: chodź za mną. Wyszedłem z baru z takim uczuciem, jakbym opuszczał mury ciężkiego więzienia. Poszliśmy wzdłuż drogi prowadzącej z lotniska do miasta, ale nie dalej niż sto metrów, do miejsca, gdzie przy drodze, ale w dole, był parking. Przy wjeździe na parking, w cieniu przydrożnego drzewa siedział stary Ormianin. Wymienili z moim brodaczem porozumiewawcze skinienia głowy i mój przewodnik zaprowadził mnie do żółtej, kanarkowo-żółtej łady, powiedział: siedź tu, nie ruszaj się, i – zniknął. Z jednej strony poczułem się tu swobodniej niż w barze, gdzie przez cały czas byłem jak żywy cel wystawiony na strzał, z drugiej jednak, w samochodzie, który stał cały dzień na słońcu, było jak w piecu. Chciałem wyjść z wozu i przejść się po parkingu, kiedy stary, siedzący w kucki w cieniu drzewa syknął: nie wychodź, oni tu obok są! Rzeczywiście, może pięćdziesiąt metrów dalej był szlaban, a przy nim posterunek wojskowy. Nic prostszego niż widząc męczącego się w słońcu pilota Aerofłotu zaprosić go do namiotu na łyk orzeźwiającej herbaty, no i choćby dla podtrzymania rozmowy wypytać – a kto, a co, a jak, a dokąd. Przecież rozmawiać trzeba, to naturalne, to ludzkie – rozmawiać, zwłaszcza teraz, kiedy jest głasnost', teraz można pogadać nawet z obcym człowiekiem.

Najgorsze, że nadal nie wiedziałem, co się dzieje. Wyraźnie nasz optymistyczny plan, ustalony jeszcze w Erewanie, nie powiódł się. Starowojtową mieli powitać na lotnisku miejscowi notable. Ta uroczystość trwałaby kwadrans, no, może pół godziny. Następnie mieliśmy samochodami udać się do miasta, zjeść obiad, wręczyć dziatwie szkolnej podarki, zwiedzić park, spotkać się z mieszkańcami Stepanakertu. Miało więc być ciepło, gościnnie, idyllicznie. Tymczasem przy samolocie nie czekali nas żadni notable, tylko komandosi KGB. Nie było w ogóle atmosfery powitania, wpadliśmy prosto w zasadzkę.

Zapytałem starego (cały czas siedział pod drzewem, wpatrzony w stronę lotniska, nawet kiedy wymieniał ze mną jakieś słowa nie poruszał głową), czy Starowojtowa pojechała już do miasta, ale on odpowiedział strapionym głosem, że – nie. To znaczy, wnioskowałem, albo trzymają ją na lotnisku, albo kazali jej wrócić naszym samolotem do Erewanu. Ale Ormianin tego nie wiedział.

Ten stary Ormianin w cieniu przydrożnego drzewa. Wszystkie konspiracje Wschodu opierają się na takich ludziach. Tkwią nieruchomo jak głazy w kamiennym pejzażu tej ziemi. Siedzą oparci o laski w glinianych zaułkach orientalnych miast. Wszystko widzą, wszystko wiedzą. Nic nie może wyprowadzić ich z równowagi. Nikomu nie uda się ich oszukać. Nikomu – pokonać. Teraz też, dzięki obecności tego człowieka pod drzewem, było mi raźniej.

Obmyślałem historię na wypadek, kiedy mnie złapią.

Skąd wziąłeś mundur?, spyta mnie śledczy.

Skąd? Kupiłem w Warszawie. Od Rosjan możecie tam kupić mundur, jaki chcecie. Kapitana, pułkownika, nawet generała. Broń też możecie kupić, ale jak widzicie – nie mam broni.

Jeżeli to prawda, co mówisz, dlaczego kupiłeś mundur pilota Aerofłotu?

Ponieważ od dawna chciałem dostać się do Górnego Karabachu, a wiedziałem, że nie ma innego sposobu, aby tu się znaleźć. Za wszelką cenę pragnąłem być w tym miejscu, ponieważ zawsze przejmował mnie los ludów skazanych na zagładę, a mieszkańcy Górnego Karabachu są skazani na zagładę.

Tak myślicie?, spyta śledczy.

Niestety. Boję się, że tak. To mała wyspa chrześcijan, którą za kilka lat zaleje ocean islamskiego fundamentalizmu. Fale tego oceanu już się podnoszą. Nie widzicie?

Skąd wzięliście paszport tego człowieka z Sumgaitu?

Ten paszport leżał na parapecie na lotnisku w Erewanie. Nikt się nim nie interesował.

Kto wpuścił was do samolotu?

Nikt mnie nie wpuszczał, sam wszedłem. Wsiadłem do autobusu razem z pasażerami i razem weszliśmy na pokład. Dziwne by było, gdyby pasażerowie pytali pilota, dlaczego leci samolotem.

Dyżurny, woła śledczy milicjanta, odprowadzić aresztowanego do celi!

Miałem dużo czasu, więc układałem różne inne warianty zeznań, w których chodziło mi tylko o jedno – nikogo w to nie wciągać, nikogo nie obciążać.

Od naszego lądowania minęły cztery godziny, kiedy od strony miasta nadjechała czarna limuzyna i zatrzymała się w pewnej odległości przed posterunkiem. Był to wóz, którym w Imperium jeżdżą tylko wyżsi urzędnicy, więc pomyślałem – aha, już przysłali samochód, więc pewnie wpuszczą Starowojtową do miasta. Chwilę potem zjawił się nagle brodacz (cały czas bardzo napięty, konspiracyjny) i powiedział: Idź zdecydowanie! Nie musiał tego mówić – wiedziałem, że w takich sytuacjach iść zdecydowanie to połowa sukcesu.

Wsiedliśmy energicznie trzaskając drzwiczkami i wóz natychmiast ruszył. Jechaliśmy w stronę miasta, kilka kilometrów szosą asfaltową, wzdłuż której stały to wozy pancerne, to tankietki, okolica przypominała wielki obóz wojskowy. Nagle na szosie pojawiły się wysokie, ciężkie bloki betonowe, ułożone w labirynt. Samochód musiał tu zwolnić i ostrożnie przeciskać się między blokami, a stojący tu żołnierze przeprowadzali kontrolę pojazdu. Brodacz na widok tej przeszkody powiedział: połóż się i udawaj nieprzytomnie pijanego. Nic innego nie umiał wymyśleć. Natychmiast zwaliłem się na tylne siedzenie i przykryłem czapką twarz. Usłyszałem, jak brodacz mówi do żołnierza, który wsadził głowę do samochodu: pijany. Pijany i zmęczony.

Znowu pędziliśmy w stronę miasta, mając po prawej stronie zbocze wzgórza, a po lewej – głęboki rozdół i na jego dnie nitkę martwej linii kolejowej. Możesz już usiąść, powiedział brodacz, ale jeżeli nas zatrzymają, znowu udawaj pijanego. Ale posterunki, które mijaliśmy, pozwalały nam jechać dalej. Zaczęły się uliczki zadrzewione, cieniste, przecinające się pod kątem prostym. W pewnej chwili samochód wjechał na dziedziniec otoczony blokami mieszkalnymi i brodacz powiedział: wysiadaj. Wyskoczyłem, samochód razem z brodaczem natychmiast odjechał, ale nawet nie zdążyłem się rozejrzeć, kiedy podbiegła do mnie starsza kobieta, pociągnęła mnie za rękę i wcisnęła do jakiejś klatki schodowej, zdoławszy tylko powiedzieć: trzecie piętro, i zniknęła. Wszedłem na trzecie piętro, a tu już otworzyły się drzwi i znalazłem się w jakimś mieszkaniu, w otoczeniu tłumu kobiet i dzieci, wszyscy krzyczeli z radości, ściskali mnie, obejmowali, wołali coś do mnie, widziałem twarze rozpromienione, triumfujące. Łobuzy! Kanalie! Okupanci!, unosiły się kobiety. Jak długo będą nas tak jeszcze męczyć, trzymać w niewoli!, przeklinały, wyzywały reżim, grzejąc mi, wśród tych nie kończących się i coraz bardziej wymyślnych przekleństw i gróźb, dawno wystygły obiad.

Weszło kilku mężczyzn, ci też objęli mnie i wyściskali. Z ich przyjściem cały harmider uciszył się momentalnie, dzieci gdzieś pochowały się po kątach, kobiety przestały lamentować i złorzeczyć. Mogłem przebrać się. Dali mi jakieś cywilne ubranie (gospodarza domu?, któregoś z sąsiadów?).

Wieczór będzie upływać na rozmowach. Po to tu przyjechałem. Przyjechałem, żeby spotkać się z ludźmi z Komitetu Karabachskiego, którym nie wolno stąd wyjechać, którzy są skazani na milczenie, na bezgłośny opór, a chcieliby, aby świat poznał los miejscowych Ormian, ich niedolę, ich dramat. Ta chęć, by nasz głos gdzieś dotarł, to znamienna potrzeba ludzi uwięzionych, którzy jak deski ratunku trzymają się wiary w sprawiedliwość świata, są przekonani, że być usłyszanym to być zrozumianym, a tym samym dowieść swojej racji i wygrać sprawę.

Zaczyna zmierzchać. Siedzimy w dużym pokoju, przy długim, ciężkim stole. To typowe mieszkanie ormiańskie: stół jest najważniejszym meblem, jest punktem centralnym domowego ogniska. Stół powinien być zawsze zastawiony, czym kto ma, czym chata bogata, ale żeby nie był pusty, ponieważ jego nagość odstręcza ludzi, mrozi rozmowę. Im bardziej stół zastawiony, tym większą okazujemy innym życzliwość i szacunek.

Naszym pytaniem jest, mówi jeden z obecnych, jak przetrwać? Wisi ono nad Ormianami setki lat. Od wieków mamy własną kulturę, własny język i alfabet. Od siedemnastu wieków religia chrześcijańska jest religią narodową Ormian. Ale nasza kultura ma charakter pasywny, jest kulturą getta, obronnej fortyfikacji, nigdy nie narzucaliśmy innym naszych obyczajów, naszego sposobu życia. Nie znane nam jest ani poczucie misji, ani chęć panowania. Tymczasem znaleźliśmy się w otoczeniu ludów, które, niosąc sztandar Proroka, zawsze chciały zawładnąć tą częścią świata. W ich oczach jesteśmy zatrutym cierniem w zdrowym ciele islamu. Myślą oni, jak usunąć ten cierń, to znaczy, jak zgładzić nas z powierzchni ziemi.

W najgorszej sytuacji jest Górny Karabach, odzywa się ktoś inny. Kiedyś byliśmy nieodłączną częścią terytorium Armenii, ale w dwudziestym roku weszły tu wojska tureckie i wycięły w pień ludność ormiańską, która mieszkała między granicą dzisiejszej republiki Armenii a Górnym Karabachem. Natomiast nasi przodkowie uratowali się ukryci w górach Karabachu. Wyludniony pas ziemi między Armenią i Karabachem zasiedlili Turcy Kaukascy, to jest Azerbejdżanie. Ten pas ma szerokości zaledwie trzynaście kilometrów, ale jest obsadzony przez nich i nie można tamtędy przejechać ani przejść. W ten sposób staliśmy się chrześcijańską wyspą w sercu islamskiej republiki Azerbejdżanu. W dodatku Azerbejdżanie to szyici, ich natchnieniem jest Chomeini, oni nie ustąpią, dopóki nie rozprawią się z nami.

Stalin, dodaje siedzący obok mnie człowiek, Stalin dobrze

znał Kaukaz. On przecież sam jest z Kaukazu. Wiedział, że w tych górach mieszka sto narodów, które zawsze ze sobą prowadziły wojny. To zaułek świata zamknięty na cztery spusty, odcięty przez dwa morza – Czarne i Kaspijskie, zabarykadowany przez dwa niebotyczne pasma gór. Kto tu dotrze? Kto odważy się wejść w głąb? Stalin umiał dolewać oliwy do ognia. Wiedział, że Górny Karabach będzie zawsze kością niezgody między Turkami i Ormianami. Dlatego nie połączył Górnego Karabachu z Armenią, ale pozostawił nasz okręg w środku Azerbejdżanu, pod władzą Baku. W ten sposób Moskwa zajęła pozycję najwyższego arbitra.

Mimo że żyjemy tak daleko od Paryża i Rzymu, mówi starszy mężczyzna z samego końca stołu, jesteśmy częścią chrześcijańskiej Europy, a właściwie – jej końcem. Spójrzmy na mapę, argumentuje. Zachodnia część Europy kończy się wyraźną linią wybrzeży – dalej jest Atlantyk. Ale na Wschodzie? Gdzie tu wytyczyć granice? Na Wschodzie ta sprawa nie jest jasna. Tu Europa rozpływa się, rozrzedza, rozcieka. Musimy przyjąć jakieś kryterium. W tym wypadku, moim zdaniem, kryterium nie jest geograficzne, ale kulturowe. Europa sięga do miejsca, w którym żyją ludzie wierni ideałom chrześcijaństwa. My, Ormianie, jesteśmy takim najbardziej na południowy wschód wysuniętym narodem.

Są dwie linie konfrontacji między Europą a światem islamu, dodał jakiś Ormianin z tego samego końca stołu. Jedna przebiega wzdłuż Morza Śródziemnego, druga – grzbietami Kaukazu. Jeżeli wziąć pod uwagę, że coraz więcej Turków i Algierczyków mieszka w Europie, można przyjąć, że nasze dzieci dożyją chwili, kiedy Stepanakert będzie jednym z nielicznych już miast chrześcijańskich na świecie.

O ile dotrwamy, odezwało się jednocześnie kilka głosów. Żeby dowieść, iż nie jest to takie pewne, gospodarz domu poprowadził mnie do okna. Było już ciemno, Zawieszone wysoko w niebie błyszczały rzędy świateł. Tam na górze, powiedział, leży azerbejdżańskie miasteczko Szusza. Mają nas jak na dłoni, w każdej chwili mogą nas ostrzelać.

Niepewność, lęk, nienawiść, tym się tu oddychało.

Ormianie, mówi jeden z uczestników spotkania, nigdy nie pogodzili się z utratą Górnego Karabachu. Co kilka lat w Armenii wybuchały na tym tle rozruchy i powstania. Mimo okrucieństw Stalina, mimo represji Breżniewa. W czerwcu 1988 r. Rada Najwyższa Armenii przychyliła się do prośby Rady Najwyższej Okręgu Górnego Karabachu o przyłączenie nas do Armenii. Baku powiedziało – nie. Moskwa będzie zawsze brać stronę silniejszego, a Azerbejdżan jest od nas o wiele silniejszy. Górny Karabach zajmuje tylko pięć procent powierzchni Azerbejdżanu i mieszka tu zaledwie trzy procent ludności republiki. Moskwa wykorzystała fakt, że Baku zagroziło zajęciem Górnego Karabachu, ogłosiła stan wojenny i wprowadziła tu swoje wojska. Jesteśmy w pułapce. Znajdujemy się pod okupacją Moskwy, ale jeżeli Moskwa stąd wyjdzie, dostaniemy się pod okupację Baku.

W trakcie tej rozmowy zrobił się na klatce schodowej ruch, otworzyły się drzwi i w otoczeniu kilku osób weszła Starowojtowa. Była zmęczona i spięta, choć starała się zachować spokój i stworzyć pogodny, bezchmurny nastrój. Opowiedziała nam swoją historię. Otóż ledwie wyszła z samolotu, została aresztowana przez kilku oficerów – wysłanników głównego komendanta wojskowego Górnego Karabachu. Oświadczyli jej, że nie miała prawa wlecieć do Stepanakertu, i usiłowali nakłonić ją, aby wróciła do Erewanu. Ale Starowojtowa zaprotestowała i oświadczyła, że wróci, jeżeli wniosą ją do samolotu. Oficerowie zdali sobie sprawę, że będzie to problem. Raz, że Starowojtowa jest kobietą słusznej postury, a dwa, że wybuchnie skandal na pół świata. Zaczęły się nie kończące się konsultacje i namysły – co robić? Sprężyną całej akcji był I sekretarz KC Kompartii – Ajaz Mutalibow. (Mutalibow jest obecnie prezydentem Azerbejdżanu), który dzwonił z Baku do Gorbaczowa i zapowiadał ofensywę na Stepanakert, jeżeli nie wyrzucą stamtąd Starowojtowej. A Moskwa chciała mieć dobre stosunki z Mutalibowem, z islamem, z Turcją, z Bliskim Wschodem itd., co tam Starowojtowa i Górny Karabach! Starowojtowa grała na zwłokę, chciała bowiem za wszelką cenę zostać tu i spotkać się z ludźmi. Chciała, aby czuli, że ktoś o nich pamięta. Miała mocny argument: piloci, widząc, co się dzieje, i korzystając z zamieszania, odlecieli. Wiedzieli, że lotnisko w Stepanakercie nie ma oświetlenia i jest zbyt późno, aby mogli tego samego dnia lądować raz jeszcze.

Starowojtowa miała w Baku swoich przeciwników, ponieważ Azerbejdżanie, podobnie jak Ormianie, dzielą ludzkość na dwa przeciwstawne obozy:

Dla Ormian sojusznikiem jest ten, kto uważa, że Górny Karabach jest problemem. Reszta – to wrogowie.

Dla Azerbejdżan sojusznikiem jest ten, kto uważa, że Górny Karabach nie jest problemem. Reszta – to wrogowie.

Zwraca uwagę skrajność i ostateczność tych stanowisk. Bo nawet nie chodzi o to, żeby, będąc wśród Ormian, powiedzieć: uważam, że Azerbejdżanie mają rację, albo, będąc wśród Azerbejdżan, powiedzieć: uważam, że Ormianie mają rację. Nic takiego nie wchodzi w grę – znienawidzą i zabiją! Wystarczy w złym miejscu albo wśród niewłaściwych ludzi powiedzieć: jest problem! (czy: nie ma problemu!), aby narazić się na uduszenie, powieszenie, ukamienowanie, spalenie.

Nie jest również do pomyślenia, aby w Baku czy Erewanie wystąpić z następującą mową: słuchajcie, dziesiątki lat temu (kto z nas jeszcze żyje, kto by te czasy pamiętał?) jakiś turecki pasza i równie dziki Stalin wrzucili w nasze kaukaskie gniazdo to straszne kukułcze jajo i odtąd cały wiek męczymy się i zabijamy, a oni tam w swoich zatęchłych grobach chichoczą, że aż się rozlega. A przecież w takiej żyjemy biedzie, tyle wokół zacofania i brudu, więc pogódźmy się i weźmy się wreszcie do jakiejś pracy!

Więc ten ktoś nigdy by do końca owej mowy nie dotrwał, bo ledwie by się obie strony zmiarkowały, co chce powiedzieć, a już nieszczęsny moralista i negocjator zostałby pozbawiony życia.

Światu grożą trzy plagi, trzy zarazy.

Pierwsza – to plaga nacjonalizmu.

Druga – to plaga rasizmu.

Trzecia – to plaga religijnego fundamentalizmu.

Te trzy plagi mają tę samą cechę, wspólny mianownik – jest nim agresywna, wszechwładna, totalna irracjonalność. Do umysłu porażonego jedną z tych plag nie sposób dotrzeć. W takiej głowie pali się święty stos, który tylko czeka na ofiary. Wszelka próba spokojnej rozmowy będzie mijać się z celem. Nie o rozmowę mu chodzi, tylko o deklarację. Żebyś mu przytaknął, przyznał rację, podpisał akces. Inaczej w jego oczach nie masz znaczenia, nie istniejesz, ponieważ liczysz się tylko jako narzędzie, jako instrument, jako oręż. Nie ma ludzi – jest sprawa.

Umysł tknięty taką zarazą to umysł zamknięty, jednowymiarowy, monotematyczny, obracający się wyłącznie wokół jednego wątku – swojego wroga. Myśl o wrogu żywi nas, pozwala nam istnieć. Dlatego wróg jest zawsze obecny, jest zawsze z nami. Kiedy pod Erewaniem miejscowy przewodnik pokazuje mi jedną ze starych bazylik ormiańskich, kończy swoje objaśnienia pogardliwą uwagą: czy tacy Azerbejdżanie mogliby zbudować taką bazylikę? Kiedy później, w Baku, miejscowy przewodnik pokazuje mi rząd zdobnych, secesyjnych kamienic, kończy swoje objaśnienie pogardliwą uwagą: czy Ormianie mogliby zbudować takie kamienice?

Z drugiej strony, i Ormianom, i Azerbejdżanom jest czego zazdrościć. Nie trapi ich myśl o złożoności świata ani o tym, że los człowieka jest niepewny i kruchy. Obcy jest im niepokój, jaki zwykle towarzyszy takim pytaniom, jak: co jest prawdą? Co jest dobrem? Co – sprawiedliwością? Nie znane im są rozterki, jakie gnębią tych, którzy zwykli zadawać sobie pytanie: czy aby mam rację?

Ich świat jest mały – to kilka dolin i gór. Ich świat jest prosty – po jednej stronie my, dobrzy ludzie, po drugiej oni, nasi wrogowie. Ich światem rządzi czytelne prawo wyłączności – albo my, albo oni.

A jeżeli jest jeszcze jakiś inny świat, czego mogliby od niego chcieć? Żeby dał im spokój. Spokój jest im potrzebny, aby jedni drugim mogli dokładnie rachować kości.

Rano obudziło mnie słońce, zerwałem się z łóżka i podszedłem do okna. Stanąłem oniemiały. Znajdowałem się w jednym z najpiękniejszych zakątków świata! To było jak gdzieś w Alpach, w Pirenejach, w Rodopach, jakby w Andorze, w San Marino czy Cortinie D'Ampezzo. Z powodu napięcia wczoraj nie widziałem otaczających mnie krajobrazów. Dopiero teraz zobaczyłem, co tu się wokół mnie dzieje. Słońce, wszędzie słońce. Ciepło, ale zarazem rześwo, górsko. Wszędzie błękit, intensywny, głęboki, przejrzysty, kobaltowy. Powietrze czyste, krystaliczne, jasne. Daleko, wysoko – góry w białym śniegu. I bliżej też góry, ale już zielone, całe w mocnej zieleni, w kosodrzewinach, w murawach, w łąkach, w smugach.

W tym urzekającym, soczystym pejzażu tkwią odrapane, niszczejące bloki betonowych osiedli Stepanakertu, ciężka, wielka płyta, niezdarnie i niechlujnie poskładana, byle jaka, obskurna. W miejscu, w którym spałem, bloki tworzą zamknięty czworobok. Między budynkami, między balkonami mieszkańcy przeciągnęli stalowe linki, na tych linkach poruszają się bloczki, do bloczków przyczepiona jest susząca się bielizna. Manipulując odpowiednio bloczkami, można swoją bieliznę tak przesuwać, aby postępowała ona za ruchem słońca – wówczas wcześniej wyschnie. Ponieważ miejsca nie jest zbyt wiele, musi tu obowiązywać jakiś harmonogram, jakiś uzgodniony grafik – kiedy, kto, ile może swojej bielizny wywiesić. Po jej rodzaju, składzie i wyglądzie można wiele dowiedzieć się o życiu intymnym swoich sąsiadów. Można też zasięgnąć ważnej informacji handowej. Gdzie też sąsiadka z naprzeciwka dostała takie delikatne rajstopy? Sieć owych linek rozciągnięta nad podwórzem, nad rosnącymi tu drzewami jest tak zmyślna i zawiła, że pewnie tylko miejscowe kobiety potrafią zręcznie i płynnie kierować całą tą, ożywiającą się co jakiś czas i ruszającą to naprzód, to w bok lub wstecz, paradą koszul i spodni, majtek i pończoch.

Starowojtowa wraca do Erewanu i od rana w mieszkaniu, w którym jestem ukryty, trwa narada Ormian – co zrobić ze mną? Jak mnie stąd wywieźć? Meldunki przynoszone z lotniska przez różnych umyślnych brzmią fatalnie. Komendant wojskowy Górnego Karabachu (generał, którego nazwiska nigdy nie zapamiętałem), chcąc uśmierzyć gniew sekretarza Mutalibowa i jego sojuszników w Moskwie, postanowił urządzić demonstrację siły: zrobić wszystko, aby Starowojtowej nie chciało się tu więcej przyjeżdżać, aby wyjechała stąd w atmosferze zastraszenia i wrogości. Po drodze do lotniska kontrolują każdy samochód, na samym lotnisku pełno wojska, komandosów rozstawili nawet wzdłuż pasa startowego.

Widzę, że moi Ormianie są zdenerwowani i zaczynają się kłócić. Nie rozumiem treści tych sporów, ale z pewnością chodzi o mnie, ponieważ coraz to przerywają dyskusję, żeby rzucić w moją stronę: ubierz się w mundur! (Ubieram się.) Po jakimś czasie: nie! Włóż cywilne ubranie! (Wkładam.) Po kolejnej rundzie kłótni: nie! Wkładaj z powrotem mundur! Wykonuję posłusznie te sprzeczne rozkazy, ponieważ czuję, że sytuacja jest rzeczywiście poważna: jestem w pułapce. Przez tak gęsto zastawioną sieć nie przedrę się do samolotu.

W dodatku sprawę komplikuje fakt, że wieść o przyjeździe Starowojtowej (która jest tu ogromnie popularna) rozeszła się po miasteczku i przed naszym domem gromadzi się tłum ludzi. Jeżeli tłum, to zaraz zjawi się wojsko, jeżeli przyjdzie wojsko, zaczną dochodzić, dlaczego gromadzi się tłum itd., po nitce do kłębka – czyli do naszej kryjówki. Ormianie denerwują się coraz bardziej, temperatura ich kłótni podnosi się gwałtownie. Wreszcie przychodzi jeden z umyślnych (a jest to ów wspaniały brodacz, który wczoraj wywiózł mnie z lotniska) i o czymś informuje Ormian. Ormianie natychmiast uciszają się i wyglądają przez okno. Po jakimś czasie jeden z nich mówi do mnie: widzisz ten wóz milicyjny z kręcącym się kogutem? Na dachu wozu stojącego przed naszym budynkiem kręci się wolno błękitny kogut. Zejdziesz na dół, mówi Ormianin, przedostaniesz się przez tłum i w tym samochodzie usiądziesz na tylnym siedzeniu, za kierowcą. Musisz zachowywać się bardzo zdecydowanie.

Teraz, w mundurze pilota Aerofłotu, schodzę na podwórze, widzę twarze tłoczących się tu ludzi, przepycham się i idę prosto do wozu milicyjnego. W wozie jest tylko kierowca, sierżant, Ormianin. Siadam z tyłu i czekam. Pojawia się Starowojtowa, otacza ją tłum. Ale nadjeżdża patrol wojskowy – blondyni, więc Rosjanie: robi się niebezpiecznie. Starowojtowa przerywa wiec i wsiada do stojącej obok wołgi. Do mojego wozu dosiada się z tyłu dwóch milicjantów, Ormian, a obok kierowcy zajmuje miejsce kapitan milicji – też Ormianin.

Ruszamy pierwsi, wołga za nami. Patrole po drodze – zdezorientowane, bo niby powinny kontrolować, ale z drugiej strony – to przecież wóz milicyjny pod sygnałem. Jakoś przejeżdżamy przez labirynt bloków betonowych, a potem przez uchylony szlaban. Żołnierze w tych patrolach to wszystko młodzi, rośli blondyni – Słowianie. Niebieskoocy, rosyjskojęzyczni.

Słońce, gorąco, zbliża się południe.

Kapitan, który siedzi przy kierowcy – bardzo spięty. Wie, ile w tym momencie ryzykuje. Myślę, że wszyscy wiemy. Choć jedziemy dość szybko, droga staje się psychiczną Golgotą, wydłuża się w nieskończoność.

Wreszcie – lotnisko. Widzę stojący JAK-40. Jest samolot!

Ale jakże do niego daleko! Bo trzeba pokonać najtrudniejszą przeszkodę – bramę prowadzącą na pas startowy. Przy bramie – tłok: komandosi, oficerowie. Zatrzymujemy się wcześniej, za nami staje samochód wiozący Starowojtową. Jeden z milicjantów wysiada, ona zajmuje jego miejsce. Dojeżdżamy do bramy i natychmiast jesteśmy otoczeni przez wojsko. Wtedy kapitan wyjmuje legitymację i mówi: Kapitan Sarowian z komendy miasta. Mam rozkaz komendanta wojskowego dowieźć deputowaną Starowojtową do samolotu. I zaczyna to w kółko powtarzać tłoczącym się do naszych okien żołnierzom. Kapitan Sarowian z komendy miasta. Mam rozkaz, itd., itd.

Powoli wojskowi rozstępują się i uchylają szlaban. Jedziemy w stronę samolotu. Starowojtowa zatrzymuje samochód i mówi: pójdę pożegnać się z komendantem lotniska, a wy tymczasem umieśćcie Ryszarda w samolocie.

Przy schodkach samolotu stoją Suren i Awerik. Wejdź do kabiny, mówi Suren (ale mówi to cicho, bo pełno wszędzie wojska), usiądź za sterami i włóż słuchawki. Wchodzę do wnętrza, w którym żołnierz kontroluje wykrywaczem min ściany i podłogę – szuka, czy nie przywieźli broni.

Po jakimś czasie wpuszczają pasażerów. Potem wsiada Starowojtowa. Są już i Suren, i Awerik.

Piloci uruchamiają silniki i wolno kołują na start. Można jeszcze nas zawrócić?, pytam Surena. Można, mówi. Po obu stronach pasa startowego równo rozstawieni komandosi, ich maskowane gałązkami rozmarynu hełmy.

Startujemy na wschód, w słońce, w góry, w śnieg, a potem robimy nawrót i lecimy na zachód, tam, gdzie Erewan i Ararat. Minęło może pół godziny, kiedy w słuchawkach rozległ się chrypiący głos. Suren włączył swój mikrofon. Przez chwilę rozmawiali. Potem Suren zdjął słuchawki i powiedział do mnie: już nas nie zawrócą. Już jesteś wolny.

Spojrzał na mnie, uśmiechnął się i podał mi swoją chusteczkę.

Dopiero wtedy poczułem, że spod mojej wielkiej czapy ścieka mi po twarzy pot.

Azja Środkowa, zagłada morza

Samolot zatacza szeroki łuk i kiedy jego skrzydło pochyla się, widać ciągnące się w dole, zmarszczone wiatrem ławice piasku. To nowa pustynia Aral-Kum, a ściślej – dno znikającego z powierzchni ziemi morza.

Patrząc na mapę świata, jeżeli prowadzić wzrok z zachodu na wschód, zobaczymy w południowej części kontynentu euroazjatyckiego łańcuch czterech mórz: najpierw Morze Śródziemne, które przechodzi dalej w Morze Czarne, potem, za górami Kaukazu, rozciąga się Morze Kaspijskie i wreszcie, najbardziej na wschód wysunięte, leży Morze Aralskie.

Morze Aralskie czerpie wodę z dwóch rzek: Syr-darii i Amu-darii. Są to długie rzeki – Syr-daria ma 2212 km, a Amu-daria 1450 km – przecinające całą Azję Środkową.

Azja Środkowa to pustynie i pustynie, pola brunatnych, zwietrzałych kamieni, żar słoneczny z nieba, burze piaskowe.

Ale świat Syr-darii i Amu-darii jest inny. Wzdłuż obu rzek ciągną się pola uprawne, obfite sady; wszędzie tu zatrzęsienie drzew orzechowych, jabłoni, figowców, palm i granatów.

Wielką było przyjemnością usiąść w cieniu własnego ogródka, pod daszkiem przewiewnej werandy i cieszyć się spokojem rześwego wieczoru.

Wody Syr-darii i Amu-darii oraz ich dopływów pozwoliły powstać i rozkwitnąć słynnym miastom – Bucharze i Chiwie, Kokandzie i Samarkandzie. Tędy też przechodziły objuczone karawany Jedwabnego Szlaku, dzięki którym nabierały wagi i kolorytu targi w Wenecji i Florencji, w Nicei i Sewilli.

W drugiej połowie XIX wieku ziemie, przez które płyńą obie rzeki, zostały podbite przez wojska carskie, dowodzone przez generała Michaiła Czerniajewa, i stały się częścią Imperium rosyjskiego czy raczej – jego południową kolonią, nazwaną Turkiestanem, jako że miejscowa ludność mówi (z wyjątkiem Tadżyków) językami tureckimi. Wiarą niepodzielnie tam panującą jest islam – religia gorących klimatów i pustyń.

W roku 1917 antycarską rewoltę w Turkiestanie wzniecają nie Uzbecy czy Kirgizi, tylko miejscowi kolonowie – Rosjanie, i w ten sposób zachowują władzę, tym razem już jako bolszewicy. W 1924 roku Turkiestan zostaje podzielony na pięć republik: Turkmenię, Tadżykistan, Uzbekistan, Kirgizję i (w różnych etapach) Kazachstan.

Ofiarą represji w latach rządów Stalina padła masa chłopów, kler muzułmański i niemal cała (nieliczna zresztą) inteligencja. Tę ostatnią zastąpili Rosjanie z Centrum oraz miejscowy narybek zasymilowanych (tzw. obruszczonych) działaczy i biurokratów – Uzbeków, Tadżyków, Turkmenów itd.

Odstępując od masowych represji, Chruszczow, a później Breżniew wprowadzili nową politykę dominacji w swoich koloniach. Na czele każdej instytucji stawał z reguły miejscowy obruszczony, ale jego zastępcą był zawsze Rosjanin, odbierający polecenia bezpośrednio z Moskwy. Drugą zasadą nowej polityki było odrodzenie miejscowych starych struktur plemiennych i oddawanie władzy zaufanym i zaprzedanym klanom. Później, już w latach pierestrojki, zdumiewały komunikaty prokuratury generalnej byłego ZSRR o walce ze straszliwą korupcją, która panowała w azjatyckich republikach Imperium: do więzień wsadzano całe składy miejscowych KC i rad ministrów. Jak to – wszyscy kradli? A wszyscy, bo pod nazwą KC czy innej instytucji rządzącej kryła się starszyzna panującego, skoligaconego i powiązanego wielkimi interesami klanu. Jeżeli były jakieś klany rywalizujące, a nie mogły dojść do porozumienia, wybuchała lokalna wojna domowa, jak ta w 1992 roku w Tadżykistanie. Na czele każdej republiki stał wezyr – I sekretarz KC miejscowej partii. Zgodnie z tradycją wschodnią jego władza była dożywotnia. Diumuchammed Kunajew był I sekretarzem Kazachstanu 26 lat, aż musiał go zdjąć Gorbaczow. Szafar Raszidow był I sekretarzem Uzbekistanu 24 lata, aż do śmierci w 1983 roku. Gajdar Alijew był szefem KGB, a potem I sekretarzem Azerbejdżanu przez 23 lata. Przejazd każdego z nich przez miasto był wydarzeniem na długo zapamiętanym, długo wspominanym. Wymyślony kiedyś przez Anglików w Azji i w Afryce system indirect rule, przejęty przez Moskwę, pozwalał jej na pełną samowolę.

Ta dygresja o systemie władzy pozwoli lepiej zrozumieć niebywałą historię zagłady morza, jej tło i okoliczności.

Woda jest warunkiem życia, zwłaszcza w tropiku, na pustyni, ponieważ jest jej tak mało. Jeżeli mam wodę tylko na jedno pole, nie mogę uprawiać dwóch pól, jeżeli mam wodę na jedno drzewo, nie mogę posadzić dwóch drzew. Każdy kubek wody jest wypity kosztem jakiejś rośliny, roślina uschnie, ponieważ wypiłem wodę potrzebną jej do życia. Cały czas między ludźmi, roślinami i zwierzętami trwa tu walka o przetrwanie, o kroplę wody, bez której nie ma istnienia.

Walka, ale i współpraca, ponieważ wszystko opiera się tu na kruchej i chwiejnej równowadze, której naruszenie grozi śmiercią. Jeżeli wielbłądy wypiją zbyt dużo wody, nie starczy jej dla wołów, woły wymrą z pragnienia. Jeżeli wymrą woły, zginą owce, bo kto będzie ciągnął kierat napędzający wodę na łąki? Jeżeli zginą owce, jakie mięso będzie jadł i czym się okryje człowiek? Jeżeli człowiek będzie nagi i słaby, kto zasieje pola? Jeżeli nikt nie będzie uprawiać pól, zagarnie je pustynia. Wszystko zasypią piaski, zniknie życie.

Bawełnę uprawiali tu od lat. Płótno z bawełny jest lekkie i mocne, a także zdrowe, bo chłodzi ciało. Od wieków miała ona dobrą cenę, gdyż nigdy nie uprawiano jej zbyt wiele – zawsze barierą był (i jest) chroniczny w tropiku brak wody. Aby uprawić nowe pole bawełny, trzeba by zabrać wodę ogrodom, wyciąć lasy, wybić bydło. Ale jak i z czego wówczas żyć, co jeść? Wszyscy znają ten dylemat od tysięcy lat – w Indiach, w Chinach, w Ameryce, w Afryce. A w Moskwie? I w Moskwie znają!

Początek katastrofy przypada na lata sześćdziesiąte. Trzeba było odtąd dwóch dziesięcioleci, żeby połowę żyznych oaz Uzbekistanu zamienić w pustynię. Więc najpierw sprowadzono z całego Imperium buldożery. Rozgrzane, metalowe karaluchy rozpełzły się po piaszczystych równinach. Poczynając od brzegów Syr-darii i Amu-darii, stalowe tarany zaczęły ryć w piasku głębokie rowy i szczeliny, którymi następnie puszczono wodę z rzek. Musieli tych rowów wykopać nieskończoną ilość (kopią je zresztą nadal), jeśli pamiętać, że łączna długość Syr-darii i Amu-darii wynosi 3662 kilometry! Teraz, wzdłuż tych kanałów, kołchoźnicy mieli zasadzić bawełnę. Z początku robili to na pustynnych nieużytkach, ale ponieważ białego włókna było ciągle mało, władza nakazała oddawać bawełnie pola uprawne, ogrody i sady. Łatwo wyobrazić sobie rozpacz i przerażenie chłopów, którym odbiera się jedyne, co mają – krzak porzeczki, morelę, odrobinę cienia. Na wsiach sadzili bawełnę wprost pod oknami domów, na dawnych grządkach kwiatów, na podwórzach, przy płotach. Sadzili zamiast pomidorów i cebuli, zamiast oliwek i arbuzów. Samoloty i helikoptery latały zrzucając na te tonące w bawełnie wioski lawiny nawozów sztucznych, chmury trujących pestycydów. Ludzie krztusili się, nie mieli czym oddychać, ślepli.

Chruszczow chciał mieć swoje zaorane ugory w Kazachstanie, Breżniew – swoją krainę bawełny w Uzbekistanie. Obaj byli bardzo przywiązani do swoich pomysłów, a nikt nie ośmielał się pytać, jaka jest ich cena.

Obraz ziemi zmieniał się szybko. Znikały pola ryżu i pszenicy, zielone łąki, zagony jarmużu i papryki, plantacje brzoskwiń i cytryn. Wszędzie, jak okiem sięgnąć, rosła bawełna. Dziesiątkami, setkami kilometrów ciągnęły się jej pola, jej białe, puszyste morze. Krzak bawełny rośnie kilka miesięcy, potem przychodzi okres zbiorów.

„W okresie zbiorów bawełny w Azji Środkowej wszystko zamiera. Na dwa-trzy miesiące zamykają szkoły, instytuty, urzędy. Przedsiębiorstwa i fabryki pracują na pół obrotu: wszyscy idą zbierać bawełnę, pracować pod palącym słońcem. I dzieci ze szkół, i studenci, i karmiące matki, i starcy, i lekarze, i nauczyciele. Nikt, pod żadnym pozorem i w żadnym wypadku, nie będzie zwolniony z tego obowiązku. Istnieje wśród nas takie powiedzenie: jeżeli nie posadzisz bawełny – posadzą ciebie, jeżeli nie zbierzesz bawełny – zabiorą ciebie. W okresie zbiorów wszyscy mówią o bawełnie, wszyscy śledzą informacje o wykonaniu planu. Gazety, radio, telewizja, wszystko służy jednej bogini – bawełnie. W Środkowej Azji około dwudziestu milionów ludzi mieszka na wsi. Dwie trzecie pracuje przy bawełnie i właściwie nigdzie poza tym. Rolnicy, ogrodnicy, sadownicy, wszyscy musieli zmienić zawód – pracują jako robotnicy plantacji bawełnianych. Do pracy przy bawełnie goni ich przymus i strach. Przymus i strach, bo przecież nie pieniądze. Przy zbiorze bawełny zarabia się grosze. A praca jest męcząca i monotonna. Żeby wykonać dzienną normę, człowiek musi się schylić 10-12 tysięcy razy. Potworny, czterdziestostopniowy upał, oddychanie powietrzem, które cuchnie jadowitą chemią, susza i ciągłe pragnienie wyniszczają człowieka, szczególnie kobiety i dzieci. Ale przecież im więcej bawełny, tym nasz kraj szczęśliwszy i bogatszy! A tak naprawdę? Tak naprawdę to ludzie płacą zdrowiem i życiem za dobre samopoczucie i mocną pozycję garstki zdemoralizowanych karierowiczów (Grigorij Rezniczenko – „Aralska katastrofa").

Aluzja do zdemoralizowanych karierowiczów: było powszechnie wiadome, że ludzie Breżniewa w Moskwie i Raszydowa w Taszkiencie podawali wzajemnie uzgodnione, fałszywe dane o zbiorach bawełny. Chodziło o propagandę i o pieniądze – obie mafie, a właściwie jedna, bawełniana mafia, brały do kieszeni krociowe sumy za fikcyjne setki tysięcy ton bawełny.

Mafioso wzbogacili się, ale miliony ich pobratymców, nieszczęsnych zbieraczy bawełny, poszły z torbami. Rzecz w tym, że praca przy bawełnie jest tylko sezonowa, to najwyżej jeden kwartał w roku, a co robić później? Nie ma już ani sadów, ani ogrodów, nie ma kóz i owiec. Miliony ludzi chodzą bez pracy i bez żadnej szansy, żeby ją dostać. Życie przygasło, dostaje tylko gorączki w okresie zbiorów, jesienią, a potem pogrąża się w ciężkiej, rozgrzanej, dusznej, tropikalnej martwocie.

Typowo kolonialna sytuacja: kolonia dostarcza surowca, metropolia wyrabia z niego gotowe produkty. Co najwyżej 10 procent bawełny zebranej w Uzbekistanie jest przerabiane w tej republice. Resztę wysyłają do fabryk włókienniczych w centralnych częściach Imperium. Jeżeli przestać uprawiać bawełnę w Uzbekistanie, staną zagłębia włókiennicze w Rosji.

Ponieważ dyrektywa Moskwy brzmiała (i brzmi nadal) – coraz więcej bawełny, w Uzbekistanie ciągle zwiększali obszar zasiewów i ilość wylanej na pola wody. Nie było mowy o żadnych technologiach, o drenach, rurach, przewodach i temu podobnych wymysłach. Po prostu wypuszczali z rzek wodę, woda rozlewała się po polach. Nim jednak dopłynęła do zagonów bawełny, już jedna trzecia ginęła, wsiąkając bezużytecznie w piasek.

Wiadomo, że kilka, kilkanaście metrów pod każdą pustynią leżą wielkie złoża stężonej soli. Jeżeli doprowadzić do niej wodę, razem z wilgocią sól zacznie wydobywać się na powierzchnię. I to właśnie stało się teraz w Uzbekistanie. Utajona, przygnieciona, ukryta głęboko sól ruszyła w górę, zaczęła wydobywać się na wolność. Złotą ziemię Uzbekistanu, którą zasnuła najpierw biel bawełny, teraz pokryła błyszczącą skorupą biel soli.

Zresztą nie trzeba rozglądać się po ziemi. Kiedy zawieje wiatr, sól czuje się na wargach, na języku. Szczypie w oczy.

Wody Syr-darii i Amu-darii, zamiast płynąć do Morza Aralskiego, były z woli człowieka trwonione po drodze, na olbrzymim dystansie ponad trzech tysięcy kilometrów rozlewane po polach, po nie kończących się pustyniach. Z tego powodu spokojny i szeroki nurt obu potężnych rzek – jedynego źródła życia w tej części świata – zamiast w miarę ich biegu rosnąć i ogromnieć (jak to ma w swoim zwyczaju przyroda), zaczął maleć, kurczyć się, zwężać i spłycać, aż, nie dochodząc do morza, przemieniał się w słone, zatrute i rozpaciane rozlewiska, w gąbczaste i cuchnące zagony, w zdradliwe zastoiny i rzęsy, aby w końcu zapaść się pod ziemię i zniknąć ludziom z oczu.

Ta osada nazywa się Mujnak i jeszcze kilka lat temu była morskim portem rybackim. Teraz stoi w środku pustyni, morze jest stąd 60-80 kilometrów. W pobliżu osady, tam, gdzie był port, stoją na piaszczystych wydmach rdzewiejące kadłuby rybackich statków, trawlerów, kutrów, barek i łodzi. Mimo iż farba łuszczy się i odpada, można jeszcze odczytać niektóre nazwy: „Estonia", „Dagestan", „Nachodka". Pusto, nikogo nie ma w pobliżu.

W ciągu ostatnich dwudziestu lat Morze Aralskie, którego z Mujnaka nawet nie widać, straciło jedną trzecią swojej powierzchni i dwie trzecie pojemności. Inni obliczają, że została już tylko połowa powierzchni morza. Poziom wody spadł w tym czasie o trzynaście metrów. Pustynie, w jakie przekształciło się jego wczorajsze dno, sięgają już trzech milionów hektarów. Z tych pustyń ciągłe tu wichry i burze piaskowe rocznie wyrzucają w przestrzeń siedemdziesiąt pięć milionów ton soli i trucizn pochodzących z nawozów sztucznych, naniesionych tu dawniej przez rzeki.

Smutna to osada – Mujnak. Leżała kiedyś w miejscu, gdzie piękna, życiodajna Amu-daria wpadała do Morza Aralskiego, niezwykłego morza w sercu wielkich pustyń. Dzisiaj nie ma już ani rzeki, ani morza. W osadzie wyschła zieleń, zdechły psy. Połowa ludzi wyjechała, ci, co zostali, nie mają gdzie się ruszyć. Nie pracują, bo to rybacy, a ryby nie ma. Ze 178 gatunków ryb i frutti di mare zostało już tylko 38. Zresztą do morza daleko, jak tam się dostać przez pustynię? Jeżeli nie wieje silny wiatr, ludzie siedzą na ławeczkach, oparci o odrapane i kruszące się ściany swoich lichych domków. Nie sposób dociec, z czego żyją, trudno się nawet z nimi porozumieć. To Karakałpakowie, ledwie mówią po rosyjsku, dzieci nie mówią już po rosyjsku wcale. Ci pod ścianami, jeżeli się do nich uśmiechnąć, zrobią się jeszcze bardziej ponurzy, a kobiety zasłonią twarz. I rzeczywiście, uśmiech wygląda tu fałszywie, śmiech zabrzmiałby jak zgrzyt zardzewiałego gwoździa o szkło.

Dzieci bawią się w piasku jakimś plastikowym kubełkiem bez rączki. Obdarte, chude, markotne. Nie byłem w najbliższym szpitalu, który jest po drugiej stronie morza, ale pokazali mi w Taszkiencie świeży film z tego szpitala. Na tysiąc urodzonych dzieci umiera od razu sto. A te, które przeżyją? Lekarz bierze do ręki białe szkieleciki, żywe jeszcze, choć trudno się zorientować, czy żywe.

Połowa ludzi ma tu żółtaczkę. Ci, którzy mają żółtaczkę, a dostaną jeszcze dyzenterii, od razu umierają. Ale jak tu zachować odrobinę czystości? Na kartki na miesiąc wypada tu jeden kawałek mydła na osobę i – już bez kartek – wiadro wody dziennie.

Morze Aralskie i jego dopływy dawały utrzymanie trzem milionom ludzi. Ale losy tego morza i jego dwóch rzek wpływają na sytuację wszystkich mieszkańców tego regionu, których jest trzydzieści dwa miliony.

Władza radziecka od dawna myślała, jakby tu zaradzić nieszczęściu, zagładzie Morza Aralskiego, zniszczeniu Uzbekistanu i połowy Azji Środkowej. Wiadome jest przecież, że problem w tym, iż niebywały rozwój upraw bawełny doprowadził do tragicznego deficytu wody, który niszczy dużą część świata (co do dziś jest ukrywane). Trzeba więc znaleźć wodę, tysiące kilometrów sześciennych wody, bo inaczej Uzbecy umrą z pragnienia, pola bawełny zasypie piasek, staną zagłębia włókiennicze Rosji itd. Ale skąd wziąć tyle wody? Najpierw pomyślano, żeby wysadzić w powietrze góry Pamiru i Tien-szanu (skąd dwie rzeki biorą początek). Pod wpływem gigantycznych wybuchów ruszą z tych gór lawiny, wielkie jak Nil i Amazonka, które, spływając na dół, w cieplejsze regiony planety, przemienią się w wodę, woda wpłynie do wysychających rzek, rzeki dopłyną do morza i wszystko będzie, jak to kiedyś było – to znaczy dobrze, to znaczy normalnie. Projekt ten jednak miał dwie słabe strony. Po pierwsze, góry tak olbrzymie jak Pamir i Tien-szan można by wysadzić tylko przy użyciu bomb nuklearnych, a straszliwe eksplozje i trzęsienia ziemi, jakie by temu towarzyszyły, mogłyby zostać źle przyjęte przez opinię światową. Był jednak ważniejszy powód, dla którego zrezygnowano w końcu z tego pomysłu, ten mianowicie, że wysadzenie w powietrze masywów Pamiru i Tien-szanu uruchomiłoby wielkie masy wody zamrożonej w lodowcach, ale uruchomiłoby tylko jednorazowo i to w takich ilościach, że mogłyby one zatopić znaczną część ZSRR. Ale wyjścia szukano dalej.

W Taszkiencie przyjął mnie generalny dyrektor zjednoczenia „Saniiri" – Wiktor Duchowyj. Zjednoczenie to jest jedną z licznych komórek Ministerstwa Gospodarki Wodnej byłego ZSRR, które zajmuje się Morzem Aralskim oraz Syr-darią i Amu-darią, a jak się zajmuje, to właśnie widzimy. Trzeba zdać sobie sprawę, co to znaczy ministerstwo w Imperium. Otóż ministerstwo, o którym mowa, zatrudnia dwa miliony osób. Codziennie rano dwa miliony osób wstają z łóżek, idą do pracy, siadają za biurkami, wyjmują papier i ołówek i coś muszą zacząć robić. Szczęśliwcy, którzy mają pracę w terenie. Ci wyciągają jakieś instrumenty miernicze, jakieś lupy i sekstanse, suwaki i łaty, i wszystko dokładnie mierzą i liczą. Ale nawet uwzględniając, że na świecie jest tyle rzeczy do zmierzenia i policzenia, nie jest łatwo znaleźć pracę dla dwóch milionów ludzi. Dlatego nad każdym, nawet zupełnie fantastycznym pomysłem pracuje tu masa ekspertów i urzędników.

W swoim gabinecie dyrektor Duchowyj podszedł do dużej mapy wiszącej na ścianie. Była to mapa byłego ZSRR i kontynentu euroazjatyckiego. Duchowyj: sympatyczny, energiczny pan, o bardzo miłym sposobie bycia. Jest wyjście, powiedział do mnie, proszę spojrzeć. I pociągnął dłonią po mapie z góry w dół. Trzeba po prostu, skomentował ruch swojej dłoni, skierować bieg wielkich rzek syberyjskich z północy na południe. Wtedy woda popłynie do nas.

Potem sprawdziłem, jak to daleko do tych rzek. Do najbliższej trzeba kopać kanał długości dwóch i pół tysiąca kilometrów.

Pisząc to wszystko, zadzwoniłem do Anwara, inżyniera ze zjednoczenia, którym kieruje Duchowyj. Co nowego?, spytałem. Normalnie, powiedział, pracujemy. Nad czym?, spytałem znowu. Jak skierować wody syberyjskich rzek w naszą stronę!

Pomona miasteczka Drohobycz

W Doniecku widziałem kobietę sprzedającą krowie racice. Było to na jednej z głównych ulic – Uniwersyteckiej. Stała zmarznięta, rozcierała ręce, a przed nią na stole leżało kilka par złuszczonych krowich racic. Podszedłem i spytałem, do czego one służą. Można na nich ugotować zupę, odpowiedziała, w racicach jest tłuszcz.

Nieco dalej jest dom towarowy „Biały Łabędź". Tutaj, w świecie handlu, rozogniony i zdeterminowany tłum spełnia tę samą funkcję, którą na Zachodzie sprawuje kolorowa reklama – przyciąga klientów. Oto masa ludzi pędzi do stoiska na parterze, napiera, szturmuje. Przywieźli buty. Poszedłem przyjrzeć się z bliska. Sprzedawali buty po jednej parze na osobę. Wszystko jedno – jaką parę, wszystko jedno – komu, bo sprzedawczynie nie zaglądały nawet, co jest w pudełkach. Każdy chwytał pudełko, wyrywał się z tłumu i stawał z boku, w miejscu, gdzie natychmiast utworzył się punkt wymiany. Stopniowo, drogą łańcuszkowych transakcji, dyskusji i kompromisów, ludzie zbliżali się tam do ideału, którym było – mieć takie buty, jakie są każdemu potrzebne.

Profesor ekonomii Galina Gobierna powiedziała mi, jak wygląda podział dochodu fabryki lub kopalni w Doniecku: 54 procent zabiera Moskwa, 30 procent zabiera Kijów, 11 procent zabierają władze Doniecka, 5 procent pozostaje dla zakładu pracy.

Zapytałem stojącą na przystanku dziewczynę, którędy iść do dworca kolejowego. A to wam pokażę, zaproponowała. Mimo że było to śródmieście, brnęliśmy po kostki w błocie. Było pochmurno, zacinał wiatr.

Donieck to centrum zagłębia górniczego Ukrainy, w niektórych dzielnicach hałdy węgla i żużlu leżą wprost na ulicy. Czarny pył osiada na ścianach domów, tworząc na fasadach ciągnących się kilometrami jednakowych bloków ciemne smugi, szarooołowiane zacieki, brunatne, rdzawe liszaje.

Podoba wam się Donieck?, spytała niepewnie dziewczyna. Ludzie są wrażliwi na takie sprawy, odczuwają przykrość, jeżeli powie się im coś krytycznego. Zacząłem gorączkowo i pilnie szukać jasnych stron miasta, ale widocznie nie było w moim głosie szczerości, bo kiedy zamilkłem, odpowiedziała z determinacją, nawet hardo: Ale za to w lecie w naszym mieście kwitną róże. Milion róż. Możecie sobie wyobrazić? Milion róż!

Czekając na pociąg, spędziłem na dworcu w Doniecku połowę nocy. Wieczorem wszystko tu jest już zamknięte: i jedyny bar, w którym sprzedają herbatę z cukrem, i kiosk z gazetami, i kasy biletowe. W dużej, ledwie oświetlonej sali śpią na drewnianych ławkach ciasno usadzeni i rozłożeni ludzie. Zmęczeni podróżą i czekaniem, spoczywają w czasie snu w najbardziej niezwykłych, katatonicznych pozycjach. Owinięci w szale i chusty, schowani w uszanki i w palta, wyglądają z daleka jak rozłożone rzędami, nieruchome, pękate tobołki, tłumoki, zawiniątka.

Cisza, zaduch i mrok.

Ale nagle, w kącie sali, z niewidocznych głębi jednego z tych tobołków wydobywa się krzyk. Kobieta zrywa się, krąży po sali, miota się bezradnie. Wory! Wory!, woła zrozpaczona. Pewnie obudziła się i poczuła, że nie ma torebki. Jakiś czas kołuje między ławkami, biega, dziwi się na głos – że jakże, dlaczego jej właśnie? Wzywa Boga na pomoc, ale nikt się nie rusza, więc błąka się jeszcze jakiś czas, rozczochrana, zaspana, w końcu wraca na swoje miejsce, sadowi się, zwija w tobołek i milknie.

Za chwilę jednak – znowu, w jakimś innym miejscu, inny głos, równie trwożny, przerażony: Wory! Wory! I jakaś biegająca między nami kobieta pokazuje, że ma puste ręce, ale nikt tego nie widzi, wszyscy skuleni, pochowani, pozwijani w kłębki.

Tylko siedząca koło mnie babcia na moment otwiera oko, mówi ni to do mnie, ni to do siebie: Żyt' straszno!, jeszcze mocniej przyciska do siebie ceratową torbę i znów zapada w swój płytki, czujny sen.

W naszym przedziale jechała kobieta do Odessy, na ślub syna. Mieszkała gdzieś na Syberii, nad Leną. W przedziale jadą zwykle dwie, cztery albo sześć osób. Kobiety i mężczyźni razem. Zwyczaje są surowe. Najpierw kobiety ścielą sobie łóżka i przebierają się, potem – mężczyźni. Kiedyś jako strój wieczorowo-nocny popularne były piżamy, teraz, coraz częściej – dresy. Czas w przedziale kolejowym spędza się przyjemnie. Wszyscy częstują się nawzajem, dzielą się, czym kto ma, a to pierogami, a to pieczonym kurczakiem, a to chlebem i serem. Zdarzyło mi się jechać z panią, która wiozła zupę oraz miseczki i łyżki – specjalnie, żeby poczęstować innych. Zwykle w przedziale znajdzie się butelka wódki albo koniaku, ktoś zawsze pomyśli, żeby wziąć ją na drogę. Bywało tak, że nie miałem nic do jedzenia, od razu inni oddawali mi, co mieli. Dawniej ludzie bali się siebie nawzajem i w przedziale panowało milczenie, ale teraz jest głasnost' i wszyscy mówią, jeden przez drugiego. Kiedy już pękną tamy, osłabnie wzajemna nieufność, zaczynają się opowieści, zwierzenia, wymiana zdań.

Syberię nazywają największym więzieniem na świecie. Tu car zsyłał setki tysięcy swoich poddanych, tu bolszewicy więzili miliony niewinnych ludzi. Ale nasza Sybiraczka, Kławdia Mironowa, uważa Syberię za miejsce azylu, za oazę wolności. Niezmierzone przestrzenie, ogromna tajga i brak dróg ułatwiały izolację, dawały schronienie, pozwalały zniknąć z oczu. A to, mówi Kławdia Mironowa, przechowały się tu całe komuny innowierców. I cara przeżyły, i bolszewików – nikt nie wiedział, gdzie są. A to, opowiada, dopłynął kiedyś do nich człowiek na łódce. Miał ze sobą papier i farbki, miał ołówki i kredki. Płynął Leną, zatrzymywał się w wioskach i w chutorach i z małych, szkolnych albo paszportowych zdjęć malował matkom portrety ich synów, którzy zginęli na wojnie. Każda płaciła mu, ile mogła. Z tego żył, od nikogo nie zależał. A ona sama, Kławdia Mironowa? Kiedy pędzili wszystkich do kołchozu, ona nocą z mężem, z krową i dwoma prosiakami uciekli głęboko w tajgę. Tam się osiedlili, zbudowali szałas, a potem nawet domek i zagrodę. Przez cały stalinizm, mówi z dumą, nie widziała obcego człowieka. Jako tajemnicę przetrwania podaje swoją sztukę robienia weków ze słoniny. Słonina – oto w czym tkwi sekret życia. Sekret życia i warunek wolności. Jeżeli nie będziecie mieć słoniny – to znaczy, jeżeli nie będziecie mieć tej podstawowej, elementarnej zamożności – nie będziecie wolni. Oto, co mówi Kławdia Mironowa, dzieląc się z nami swoim największym doświadczeniem. Potem tłumaczy, jak trzeba parzyć bańki i słoje, aby słoninę dobrze zawekować. Jakich użyć ziół, które można zebrać w tajdze. Podaje proporcje i sposób przyrządzenia wywaru. Objaśnia, jak wypatroszyć prosiaka i jak go pokroić.

Widzę przez okno zatopione w równolegle z torami biegnącej niby to drodze zgrupowanie artyleryjskie – działa średniego kalibru. Z błota wystaje kilkanaście nowych jeszcze luf i osłon, reszta już pogrążyła się w bagnie i w wodzie. I zaraz, w kilka minut później, może dwadzieścia wozów pancernych też zatopionych. Nigdzie żywego ducha, pustkowia i pustkowia, płaska ukraińska równina.

Aż do samej Odessy jemy słoninę, którą Kławdia Mironowa kroi ostrym kozikiem z wielkiego połcia i kładzie nam na chleb jej pożywne, pachnące płaty.

Tym razem nie zatrzymuję się w Odessie (właśnie oświetla ją ciepłe, wczesnowiosenne, popołudniowe słońce), bo po co? Żeby znowu błądzić i szukać śladów Mołdawianki, jej dziurawych, pokrzywionych ulic? Żeby patrzeć, czy gdzieś nie przesunie się cień Froima Gracza lub Beni Krzyka – prawdziwego Króla? Żeby odnajdywać miejsca, które lubił Izaak Babel? Myśleć o tym, jak idzie na rozstrzelanie bez okularów i nie widzi własnej śmierci?

Kolejka podmiejska, która jeździ z Odessy do Kiszyniowa, jest zrujnowanym, pozbijanym gwoździami i blachą, połatanym deskami i dziurawą dyktą rupieciem. Wszędzie ślady zniszczeń. Ile już razy każdy wagon był demolowany, rozbijany, łamany i pruty? Wewnątrz typowo podmiejska ferajna: kolesie, żule, suki, błatniacy. Ich jest ten pociąg, ten peron, ten świat. Napierają, ryczą ze śmiechu, ale ryczą niewesoło, jest to ryk ostrzegawczy, agresywny, który ma cię sprowokować. Słowo daję, ponieważ stoimy w ścisku, czekam, aż poczuję pod żebrem ukłucie noża albo zobaczę żyletkę przy swoim oku. Tak do Tiraspola. Ferajna wysiada, dalej jadą już tylko chłopi rumuńscy, potulni, milczący, wpatrzeni w gęstniejący za oknami zmierzch.

„Ranek cały spędziliśmy na oglądaniu szczegółowym Kiszyniowa. We wszystkim mieszanina i zbiegowisko najdziwaczniejsze; napisy francuskie, polskie, ruskie, niemieckie, ormiańskie krzyżują się na szyldach ulicznych. Język wszędzie panujący, uliczny, jest mołdawski, tj. rumuński, i w tym języku wywołują roznoszący swój towar, bułki (franzoli), gruszki, kawony i inne owoce (wszystkie sprzedaje się na wagę). Na zajezdnym domie, w którym staliśmy, jedna z desek nosiła napis polski; był faktor, jak u nas Żydek, a najęty dorożkarz okazał się rodem z Wilna. Gospodarz domu miał nazwisko włoskie. We wszystkim podobna mieszanina; i nie dziw, że Kiszyniów przedstawia w sobie to, co jest cechą zaludnienia całej Besarabii: zbiegowisko najróżniejszego pochodzenia ludzi. Obok niedobitków Wschodu przemyka się wytworność we fraku z Wiednia sprowadzonym i żółtych glansowanych rękawiczkach, tak jak obok golarni ormiańskiej gra szejne-katarynka arie Donizettiego i Belliniego, walce Straussa..." (Józef Ignacy Kraszewski – „Wspomnienia Odessy, Jedynasu i Budżaku").

Co zostało z tamtego Kiszyniowa? Dzisiaj są to dwa miasta. Jedno zbudowane w ostatnich dziesięcioleciach – osiedla wysokich bloków, pokryte jasną wapienną płytą. To miasto szeregowych mrówkowców dość szybko wypiera i znosi z powierzchni stary Kiszyniów – urocze, na zielonych wzgórzach rozłożone południowo-wschodnie miasteczko, z którego zostało jeszcze kilka sennych zaułków, trochę prostopadle przecinających się uliczek. Po tych uliczkach można chodzić bez końca. Jeżeli świeci słońce, toną one w cieniu starych, rozłożystych wiązów, jesionów i kasztanów. Po obu stronach jezdni aż gęsto od bzów i jaśminów, berberysu i forsycji. Idąc tędy, widzi się w głębi podwórka, ogródki, altanki i werandy, ukwiecone, ciepłe, życzliwe.

Krętą i stromą drogą pojechaliśmy wieczorem na cmentarz. Było bardzo ciemno. Siąpił deszcz. Przy głównej bramie stał ledwie widoczny w ciemnościach barak, w którym mieszkał dozorca cmentarza. W baraku ma też pokoik ksiądz Antoni Anglonietis, młody, mówiący po polsku Litwin, który od kilku lat pełni swoją posługę w Kiszyniowie. Ksiądz zaprowadził mnie do stojącej obok starej, zniszczonej kaplicy cmentarnej, a kiedy ją obejrzeliśmy, otworzył skryte drzwiczki i po schodach zeszliśmy do katakumb, w których mieściła się przestronna i nawet dobrze oświetlona kaplica. Katakumby i kaplicę zbudowali po kryjomu miejscowi wierni – Niemcy, jako ukryte miejsce modlitwy. Budowali je latami, nocą albo w święta, w wielkiej konspiracji, aby nie wykryły ich władze. Wydobytą ziemię rozrzucali po otaczających cmentarz wzgórzach w różnych miejscach, bo świeża góra ziemi mogłaby wzbudzić podejrzenie.

Potem ksiądz, wysoki, szczupły blondyn o energicznych, zamaszystych ruchach, zawiózł mnie swoim rozklekotanym moskwiczem do kościoła w centrum starego Kiszyniowa. Otworzył masywne wrota i zapalił światła. Władze dopiero oddały kościół, w którym dawniej był jakiś magazyn, ale już wierni zdążyli postawić prosty ołtarz i wybielić ściany.

Było jasno, cicho i pusto.

Kiedy szliśmy, wokół dźwięczało wysokie echo naszych kroków. Stanęliśmy przed prezbiterium.

Zostałem sam, powiedział ksiądz. Wszyscy moi wierni, tysiąc pięciuset Niemców, właśnie wyjechali z Kiszyniowa.

Zaprowadzili mnie do jakiegoś domu, gdzie w dużej, betonowej i ciemnej piwnicy pracował Leonid Niedow. Niedow poszedł do łagru na siedem lat, ponieważ powiedział: „Za Rumuna było więcej kiełbasy". Kiedy wyszedł w 1964 roku, Sołżenicyn przysłał mu z Riazania depeszę: „Wsiej duszoj pozdrawlajem, radujemsia". W tym czasie usunęli Chruszczowa, władzę na Kremlu objął Breżniew. Po wyjściu z łagru głodny i bezrobotny Niedow zastanawiał się, z czego będzie żyć. Ponieważ miał jakieś zdolności plastyczne (powiedzmy: pewną plastyczną zręczność), postanowił odlewać z ołowiu figurki przywódców partii, a następnie sprzedawać je instytucjom i ludziom na rynku. Był to niezły pomysł, w tamtych czasach kto by odmówił kupna podobnych dewocjonaliów, mógłby zostać oskarżony, że jest wrogiem władzy radzieckiej. Zaczął od Lenina, ale że miał mało ołowiu i brakowało mu doświadczenia, figurki Włodzimierza Iljicza wypadły małe, tak małe jak ołowiane żołnierzyki. Niedow wystraszył się, ponieważ od razu wyobraził sobie, za co powędruje znowu do łagru.

Lenin jest wielki, powie śledczy, a u ciebie on wypada nie większy niż ołowiany żołnierzyk.

Tak się przeraziłem, opowiadał mi dalej Niedow, że w nocy wrzuciłem do kociołka i stopiłem cały zapas figurek Lenina. No dobrze, ale kogo teraz odlewać? Stalina – nie, bo potępiony, Chruszczow – potępiony, stanęło na Breżniewie. Ale teraz Niedow był już ostrożny – zadbał o znaczny zapas ołowiu, a także zrobił większą formę. W ten sposób, dzięki Breżniewom, których odlewał w różnych postaciach – a to główek, a to popiersi, a to w planie amerykańskim – przeżył dwadzieścia lat. Kiedy zszedłem do ciemnej, aż czarnej piwnicy, przy rozpalonym piecu odlewniczym, niczym krzepki i pracowity Hefajstos, stał w dławiących, trujących oparach gorącego ołowiu ledwie widoczny za osłoną dymu Niedow. Była to już nowa epoka i Niedow przetapiał Breżniewów na figurki Świętego Jerzego i lokalnego patrona – Świętego Stefana.

Nocą z Kiszyniowa do Kijowa. Nie śpię, czekam, aż pociąg zatrzyma się na stacji w Winnicy. Jest trzecia nad ranem. Głębokie ciemności, kilka słabych latarń ledwie oświetla stary dworzec. Jakieś nieruchome postacie na peronie. Siąpi deszcz, krople ściekają po szybie. Nic więcej nie widać, reszta, ta straszna reszta, jest tam, za budynkiem stacji, w głębinie nocy. Winnica to miejsce masowego mordu – inny Katyń, na terenie Ukrainy. W latach 1937-38 NKWD rozstrzelało tu tysiące i tysiące ludzi. Ilu dokładnie – nie wiadomo. Jeszcze w 1943 roku Niemcy odkopali zwłoki 9432 ofiar i dalszą ekshumację zawieszono – do dziś. W grobach leżą głównie Ukraińcy i Polacy. W jednym miejscu, w samym mieście, obok kępy starych dębów odkopano 13 masowych grobów. Leży w nich 1383 zabitych ludzi. Na grobach owych 1383 ofiar, zamordowanych strzałem w tył głowy, zrobiono natychmiast Park Kultury i Wypoczynku. Po zakończeniu egzekucji na kilku grobach zbudowano estrady dla potańcówek, a na jednym – gabinet śmiechu.

W Kijowie mieszkam przy Bulwarze Drużby Narodów, u starszej pani – M. Ż. Mam swój mały i ciepły pokoik, pełen książek, w tym również po hiszpańsku, gdyż gospodyni jest tłumaczką z tego języka. Maleńka ubikacja, jak większość jej podobnych w tym kraju, jest od podłogi do sufitu wypełniona rolkami papieru toaletowego i torebkami proszku do prania. Poczciwa M. Ż. dba o mnie i nawet kiedy wracam bardzo późno, odgrzewa mi jakąś zupę, w której jest zawsze kawałek mięsa z kością. Właśnie kiedy jem zupę, M. Ż. opowiada mi, jakim cudem zdobyła to mięso z kością, bo, oczywiście, jest to najprawdziwszy cud – M. Ż. i ja wiemy o tym dobrze .

Wspominam M. Ż., ponieważ niedawno musiałem powiedzieć grupie ludzi, co to jest dramat, dramat losu, dramat życia, a także dać jakiś przykład. Dla mnie przykładem jest M. Ż. Dziesięć lat temu mąż M. Ż. wyemigrował do Nowego Jorku. Najpierw biedował, ale potem pomogła mu gmina żydowska i mąż M. Ż., o którym może ona teraz powiedzieć – były mąż, stanął na nogach. Jedyną bliską osobą, która została mojej gospodyni, jest jej wnuczka. Wnuczka ma piętnaście lat. M. Ż. jest już bardzo chora, za dużo waży i ma trudności z chodzeniem. Jednego dnia wracam, a M. Ż. trzyma w ręku list i jest wyraźnie zdenerwowana. To list od jej męża, byłego męża, który pisze – przyślij mi naszą wnuczkę, ja ją tu wykształcę, ja ją rozwinę, dam jej wszystko. M. Ż. dobrze rozumie, że jej mąż, były mąż, ma rację: jaka przyszłość może czekać jej wnuczkę w Kijowie? A to dziecko jest takie zdolne! Ale jeśli wnuczka pojedzie, M. Ż. zostanie sama, zupełnie sama, a, co tu dużo mówić, trzeba się liczyć z okropnymi prawami wieku, trzeba patrzeć życiu w twarz. Z drugiej jednak strony, czy wolno odebrać wnuczce taką złotą szansę? Przecież mogłaby tam i zostać lekarzem, i grać na skrzypcach, i poznać bogatego człowieka.

I co pan o tym wszystkim myśli? pyta mnie zrozpaczona M. Ż. Patrzę, jak drży jej pełne ciało, jak ciągle czyta zdanie po zdaniu ów radosno-złowieszczy list (którego treść przez cały dzień skrywa przed wnuczką), i czuję, że stanąłem w środku ludzkiego dramatu. Milczę, a potem zaczynam prosić M. Ż. o przebaczenie. Proszę mi wybaczyć, mówię, proszę się nie gniewać, ale ja naprawdę nie wiem, co odpowiedzieć.

Polityka tak tu teraz panuje nad wszystkim, że odruchowo chciałem tę relację zacząć od streszczenia kolejnej uchwały, którą przyjął właśnie parlament Ukrainy, lub od rozmowy z jednym z miejscowych działaczy, ale zaraz pomyślałem, że – nie, jednak na początek powiem co innego, a mianowicie pochwalę Kijów jako miasto. Jest to jedyne z wielkich miast w dawnym ZSRR, w którym ulice służą nie do pośpiesznego przemykania się do domu, ale do chodzenia, do spacerowania. Podobnie jest może tylko w Petersburgu, ale tam przeszkadza klimat znacznie chłodniejszy, wietrzny, deszczysty lub mroźny. Natomiast Kijów jest ciepły, zaciszny, wygrzany w słońcu. Po południu w śródmieściu widzi się tłum ludzi, i to tłumy wcale nie polityczne, nie wiecujące, ale zwyczajnie tysiące przechodniów, którzy wyszli z dusznych, ciasnych biur i mieszkań, aby zaczerpnąć świeżego powietrza. Kijów poza tym jest miastem, w którym zachowały się ślady dawnych kawiarń. Można w nich – odstawszy swoje w kolejkach – dostać szklankę herbaty i ciastko, rzecz np. w Moskwie nie do pomyślenia.

Miasto leży na wzgórzach, niektóre ulice są kręte i bardzo strome. Ze szczytów wzgórz widać dolinę Dniepru i sam Dniepr – rzekę rozległą jak Amazonka, jak Nil, spokojną, powolną, o nie kończącej się liczbie odnóg, zatok i wysp. Kiedy Ukraińcy staną się zamożni, pełno będzie tu żaglówek i jachtów – na razie jest głucho i pustawo.

Architektura Kijowa to temat na osobną opowieść. Można tu zobaczyć wszystkie epoki i style – od cudem uratowanych średniowiecznych klasztorów i cerkwi po straszliwy, stalinowski socrealizm. A pomiędzy tym i barok, i neoklasycyzm, i przede wszystkim bujna, przebogata secesja. Jakież to musiało być kiedyś piękne miasto! Dewastacja tej architektonicznej perły zaczęła się po roku 1917 i trwa praktycznie do dziś. Któregoś dnia kupiłem sobie wydany ostatnio przez miłośników Starego Kijowa niezwykły dokument – plan miasta i spis celowo zburzonych budynków, kościołów, pałaców, cmentarzy. Spis wymienia 254 obiekty, zrównane przez bolszewików z ziemią, aby zatrzeć ślady kultury Kijowa. 254 obiekty – toż to całe miasto! Na szczęście nieudolność i niewydajność systemu działały tu na korzyść sztuki. Reżym nie był w stanie wszystkiego zniszczyć, zostało jeszcze wiele cerkwi i budynków, które przyciągają naszą uwagę i budzą podziw.

Ten zewnętrzny urok miasta nie powinien jednak mylić. W wielu domach, ba, w całych osiedlach, mieszka się fatalnie. Klatki schodowe brudne, szyby powybijane, w oficynach i na podwórkach ciemno, bo żarówki bądź skradzione, bądź stłuczone. W wielu domach nie ma albo wody zimnej, albo ciepłej, albo w ogóle żadnej. Powszechną plagą tych mieszkań są karaluchy i wszelkie inne natarczywe robactwo. Mieszkałem tam i odwiedzałem moich znajomych, wiem, jak to wygląda. Tzw. człowiek radziecki to przede wszystkim człowiek śmiertelnie umęczony, jeżeli nawet nie ma on siły cieszyć się uzyskaną właśnie wolnością, nie można mu się dziwić. To długodystansowiec, który dobiegł do mety i padł umordowany, niezdolny nawet unieść ręki w geście zwycięstwa.

Wspominam o tych utrapieniach i zmorach codziennego bytowania, ponieważ w powodzi informacji, jakie płyną w świat o wydarzeniach w byłym ZSRR, zupełnie brak obrazów życia zwykłych ludzi, tych milionów i milionów skołatanych, wyniszczonych i ubogich obywateli poszukujących jedzenia, okrycia, a często po prostu dachu nad głową. Niewiele może ich już ucieszyć, wzbudzić radość i entuzjazm.

Kijowski Kreszczatik to coś w rodzaju miejscowych Pól Elizejskich. Kiedyś było tam kilka dobrze zaopatrzonych księgarń, ale teraz w księgarniach pusto: klasyków marksizmu-leninizmu już nie drukują i nie sprzedają, a nowej literatury jeszcze nie ma. Po prostu – okres przejściowy. Wszystko tłumaczy się teraz jednym określeniem-kluczem: okres przejściowy. Komunizm rozpadł się, a co będzie dalej – zobaczymy. Każdy wypełnia przyszłość swoją własną wizją, ilu ludzi – tyle oczekiwań, nadziei i marzeń. Ale są tysiące, a może i miliony takich, którzy nie mają złudzeń. Ci dzień i noc oblegają tłumem konsulaty innych państw (w Moskwie widziałem gromadę ludzi nawet przed ambasadą Konga. Do Konga? A niech będzie Kongo! Byleby dalej od tego... i tu nieprzyzwoite, bardzo niepatriotyczne słowo). Ludzie radzieccy przypominają sobie teraz, że nie są żadnymi obywatelami ZSRR, tylko po prostu Grekami, Niemcami, Żydami, Hindusami, Hiszpanami, Anglikami, Francuzami itd. i że najzwyczajniej w świecie chcą wrócić do swoich krajów, do swoich symbolicznych domów, na ziemię swoich praprzodków. Chcą wyjechać i porzucić dorobek swojego życia? Jaki dorobek? – odpowiadają zdumieni. W tym kraju nikt się nigdy niczego nie dorobił! No, może kilku lat zsyłki, może ciemnego kąta w komunalnym mieszkaniu, może emerytury w wysokości 3 dolarów miesięcznie.

W połowie Kreszczatika jest plac (wczoraj – Rewolucji Październikowej, teraz – Niepodległości) wznoszący się pod górę do miejsca, w którym dziś jeszcze (jest 31 sierpnia 1991) stoi pomnik Lenina. Dziś jeszcze, ponieważ właśnie od rana robotnicy montują dźwig – będą zdejmować pomnik. Operacji tej przygląda się gawiedź miejska oraz kilkanaście ekip telewizji zachodniej, które nudzą się w Kijowie setnie, a oto nareszcie będą miały zajęcie. Pomnik trzeba zdjąć, ponieważ, poza wszystkim, na kamiennej postaci Wodza Rewolucji pojawiły się nieprzychylne mu napisy w rodzaju – KAT, SS czy – najłagodniej – LUCYFER. Pomników Lenina są na Ukrainie krocie, podają, że 5 tysięcy. Skąd wzięto tę liczbę? To proste. Wystarczy dodać liczbę fabryk, szkół, szpitali, kołchozów, jednostek wojskowych, portów, dworców, uczelni, wiosek, miasteczek, miast, skrzyżowań dróg, większych placów, mostów, parków itd. itp., wystarczy to wszystko zsumować wiedząc, że wszędzie musiał stać pomnik Lenina, a otrzymamy ową liczbę pięciu tysięcy.

Zresztą ze stawianiem pomników Lenina bywały kłopoty wcale nie mniejsze niż teraz z ich zdejmowaniem. W sąsiadującej z Ukrainą Mołdowie poznałem człowieka, który spędził 10 lat w łagrze za to, że musiał umieścić w świetlicy na piętrze ciężkie popiersie Lenina. Drzwi były za wąskie, więc ów nieszczęśnik postanowił wciągnąć popiersie przez balkon, okręcając szyję autora „Marksizmu i empiriokrytycyzmu" grubym sznurem. Jeszcze nie zdążył odsupłać pętli, a już wrzucili go na dno więziennego lochu.

Jeżeli miniemy pomnik i pójdziemy jeszcze wyżej w górę, dojdziemy do małej i zacisznej uliczki imienia Ordżonikidze, na której (symbolicznie) rozegrała się cała obecna rewolucja ukraińska. Na początku tej uliczki stoi niepozorny i dość zniszczony pałacyk – siedziba Związku Pisarzy Ukrainy, kwatera główna rewolucji. Natomiast w pobliżu, niemal naprzeciw, wznosi się potężne, gigantyczne, przygniatające gmaszysko – KC Komunistycznej Partii Ukrainy – miejsce urzędowania tych, którzy byli postrachem republiki – Kaganowicza, Szczerbickiego, Iwaszko. Dwa domy – architektoniczny Dawid i Goliat, częste między nimi zmagania i finał tym razem pomyślny: Dawid pokonał Goliata.

W pałacyku przy Ordżonikidze byłem przed rokiem, ponieważ powiedziano mi, że tu mogę spotkać przywódcę Ludowego Ruchu Ukrainy na Rzecz Przebudowy (RUCH), poetę Iwana Dracza. RUCH powstał stosunkowo późno – we wrześniu 1989, a weszły do niego różne ugrupowania niezależne i opozycyjne, latami prześladowane i tępione, z których głównym była Ukraińska Grupa Helsińska. Jest charakterystyczne, że do gnębionych i zwalczanych należało Towarzystwo Języka Ukraińskiego. Jak każda rewolucja, tak i ta, na Ukrainie, rozgrywała się m.in. o język. Połowa mieszkańców 52-milionowej Ukrainy albo nie mówi po ukraińsku, albo zna go słabo. 350 lat rusyfikacji musiało dać taki wynik. Przez całe dziesięciolecia obowiązywał zakaz drukowania książek po ukraińsku. Już w 1876 Aleksander II poleca, aby nauka w szkołach na Ukrainie odbywała się tylko po rosyjsku. Niedawno, bo kilka miesięcy temu, byłem w trzecim co do wielkości mieście Ukrainy – Doniecku. Drugi rok trwała tam walka o otwarcie bodaj jednej szkoły powszechnej z językiem ukraińskim. Nauczycielki zbierały dzieci w parku i tam uczyły je ukraińskiego. Uczyć ukraińskiego? Toż to była kontrrewolucja, imperialistyczna intryga!

W tymże Doniecku, w czasie jakiejś manifestacji, młody działacz RUCH-u odważył się wyjąć spod marynarki i unieść do góry żółto-niebieską flagę ukraińską. Ludzie patrzyli zdumieni, oszołomieni. „Niech się przyzwyczajają”, powiedział do mnie porozumiewawczo.

W wielkim uproszczeniu można powiedzieć, że są dwie Ukrainy: zachodnia i wschodnia. Zachodnia (dawna Galicja, tereny, które wchodziły w skład przedwojennej Polski) jest bardziej „ukraińska” niż wschodnia. Jej mieszkańcy mówią po ukraińsku, czują się stuprocentowymi Ukraińcami, są z tego dumni. Tu przetrwał duch narodu, jego osobowość, jego kultura. Inaczej wygląda to na Ukrainie Wschodniej – terytorialnie większej niż Zachodnia. Tu mieszka ponad 13 milionów rdzennych Rosjan i co najmniej drugie tyle pół-Rosjan, tu rusyfikacja była bardziej intensywna i brutalna, tu Stalin wymordował niemal całą inteligencję. W latach 1932-33 Stalin zagłodził na śmierć kilka milionów chłopów ukraińskich i kazał rozstrzelać dziesiątki tysięcy ukraińskich inteligentów. Uratowali się ci, którzy uciekli za granicę. Kultura ukraińska przechowała się lepiej w Toronto i Vancouver niż w Doniecku i Charkowie.

Różnice między Ukrainą Zachodnią (zwaną ukraińskim

Piemontem) a Wschodnią widoczne były i teraz, w miesiącach walki o niepodległość. Wychodzący w Moskwie miesięcznik „Drużba narodów" (nr 4/90) podaje: w Kijowie, który liczy 3 miliony mieszkańców, na manifestację niepodległościową przyjdzie 40 tys. ludzi, a we Lwowie (stolica zachodniej Ukrainy), który liczy 1 mln mieszkańców, na manifestację przyjdzie 300 tysięcy. W Doniecku, który jest większy niż Lwów, na manifestację przyjdzie 5 tysięcy.

Wracam na ulicę Ordżonikidze, do pałacyku literatów. Do Iwana Dracza trudno dostać się. Jego pokój oblegają dziesiątki ludzi. Przyjechali tu z całej Ukrainy, chcą podzielić się swoimi kłopotami, szukają porady i pomocy. Widzę, że nie ma szansy na rozmowę. Późnym wieczorem, już z hotelu, dzwonię do niego do domu. „Spróbujmy jutro" – mówi zmęczonym głosem.

Jest świetnym poetą, o znacznym dorobku, ale teraz nie ma czasu na pisanie. Trzeba odłożyć poezję, a ratować Ukrainę, jej kulturę – mówi. Rusyfikacja posunęła się tak daleko, że za kilka lat nie miałby kto czytać ukraińskiej literatury. Zresztą tę literaturę trzeba dopiero przywrócić tutejszemu czytelnikowi. Przeciętny Ukrainiec nie zna nawet nazwisk ich największych pisarzy XX wieku – Mykoły Chwylowego i Wołodymira Wynnyczenki. Były to nazwiska, które reżym chciał skazać na zapomnienie. Ilu mieszkańców Ukrainy miało dostęp do wierszy Wasyla Stusa, Aleksego Tichego, Jurii Litwina – ukraińskich poetów zamordowanych w ostatnich latach przez KGB?

Książki w języku ukraińskim stanowią tylko 20 procent książek tutaj drukowanych. Reszta – to głównie książki rosyjskie. Jeszcze w 1863 Moskwa wydała zakaz drukowania na Ukrainie jakichkolwiek książek po ukraińsku z wyjątkiem dzieł literatury pięknej.

Któryś kolejny raz przyjechałem do Kijowa w końcu stycznia 1990. Moi rozmówcy byli bardzo przejęci tym, co opowiadali. A wszyscy opowiadali o jednym – o tym, że 21 stycznia, w rocznicę proklamowania krótkotrwałej niepodległości Ukrainy w 1918 roku, setki tysięcy ludzi podało sobie ręce i utworzyło łańcuch długości ponad 500 kilometrów między Kijowem, Lwowem i Iwano-Frankowskiem. Dzisiaj, wobec tego, co stało się w sierpniu 1991, wobec zawalenia się całej połaci świata (a dla wielu ludzi – całego świata), takie wydarzenie, jak utworzenie łańcucha z rąk nawet długości 500 kilometrów, może wydawać się błahym gestem, ale dla moich rozmówców był to wstrząs, cud, rewolucja. Z kilku przyczyn. A więc – po raz pierwszy została przeprowadzona wielka akcja nie z polecenia KC, ale z inicjatywy młodej, niezależnej organizacji – RUCH. Tak, okazało się, że tzw. „kierownicza rola partii" to fikcja, że kierowniczą rolę sprawują organizacje, które powołało do życia samo społeczeństwo i ich tylko to społeczeństwo chce słuchać. Po drugie – okazało się, że Ukraińcy zachowali pamięć o swojej pierwszej niepodległości, pamięć, którą bolszewia przez 70 lat próbowała wymazać. Ten łańcuch miał więc wielkie znaczenie psychologiczne. Zacisnął się on wokół największej zmory sowietyzmu, jaką jest poczucie bezwyjściowości, beznadziejności.

Od tego momentu na Ukrainie historia przyspiesza swój bieg. Jeszcze w styczniu Papież Jan Paweł II zatwierdza strukturę Ukraińskiej Cerkwi Katolickiej (stosunki między czterema wspólnotami chrześcijańskimi – Ukraińską Cerkwią Katolicką, Kościołem Rzymskokatolickim, Cerkwią Prawosławną i Ukraińskim Autokefalicznym Kościołem Prawosławnym – to osobny, pełen napięć, emocji i bólu rozdział w życiu współczesnej Ukrainy). W marcu odbywają się w całej republice wybory do rad wszystkich szczebli. W trzech obwodach (znowu – jest to zachodnia Ukraina) władzę zdobywa opozycja demokratyczna (jakby cieszył się mój ulubiony pisarz ukraiński, twórca idei Ukrainy demokratycznej – Wynnyczenko!). Wreszcie przychodzi dzień 16 czerwca – parlament uchwala

Deklarację o suwerenności USRR. Deklaracja ustala wyższość praw republiki nad ustawodawstwem ZSRR, a także prawo republiki do posiadania własnej armii i własnej waluty. Deklaracja głosi, że Ukraina będzie państwem neutralnym i bezatomowym (to ostatnie ma wielkie znaczenie, gdyż na terenie republiki znajdują się wielkie arsenały broni masowej zagłady). Przy całym swoim przełomowym znaczeniu i historycznej wymowie, Deklaracja z 16 czerwca jest w owym momencie bardziej proklamacją intencji niż dokumentem stwierdzającym stan faktyczny.

Toteż walka trwa nadal. Jesienią wybuchają strajki górników i studentów. Studenci okupują centrum Kijowa, domagają się ustąpienia sowieckich liderów republiki. W ciągu tegoż roku na Ukrainie powstaje około 20 partii politycznych, z których wielką rolę odgrywa Ukraińska Partia Republikańska i m.in. Ukraińska Partia Zielonych (Czarnobyl leży tylko 80 km na północ od Kijowa!).

Przychodzi 19 sierpnia 1991.

Próba zamachu stanu w Moskwie. Na Ukrainie panuje spokój, Ukraina czeka. Ale w kilka dni później w Kijowie zbiera się Rada Najwyższa Ukrainy, która 24 sierpnia, „kontynuując tysiącletnią tradycję państwowości", proklamuje „utworzenie samodzielnego państwa ukraińskiego – Ukrainy". Proklamacja dodaje, że „terytorium Ukrainy jest niepodzielne i nietykalne". W nawale wydarzeń, jakie toczą się wówczas przez świat z szybkością i siłą potężnej lawiny, ten fakt, że Europie przybywa nagle wielkie (w standardach naszego kontynentu) państwo, nie wywołuje oszałamiającego wrażenia. Nasza wyobraźnia (prawo to opisał kiedyś Walter Lippmann) pozostaje w tyle za wydarzeniami, potrzebuje czasu, aby zgłębić ich sens i ogarnąć wymiar.

Ale Rosjanie pojęli w lot, co się stało. Oto przyglądam się w Moskwie sesji Rady Najwyższej ZSRR. Moment jest dramatyczny, ponieważ przemawia Łukianow, dotychczasowy przewodniczący tej Rady, prawa ręka Gorbaczowa, teraz oskarżony o to, że był ideowym przywódcą spisku przeciw

Gorbaczowowi. Na tej zwykle hałaśliwej sali panuje idealna cisza. Nagle prowadzący sesję deputowany Łaptin przerywa obrady i mówi nerwowym głosem: „Towarzysze, są wydarzenia w Kijowie. Musi tam natychmiast lecieć delegacja Rady Najwyższej Rosji i ZSRR!" Na czele delegacji odlatują – zastępca Jelcyna, Ruckoj, i burmistrz Petersburga – Sobczak. Obaj odegrali wiodącą rolę w obaleniu neostalinowskiego puczu, ale obaj są Rosjanami i rozumieją, czym jest Rosja bez Ukrainy. „Bez Ukrainy – pisał jeszcze w latach trzydziestych polski historyk J. Wąsowicz – Moskwa zostaje zepchnięta do lasów północy".

Przyszłość Ukrainy będzie rozwijać się w dwóch kierunkach. Pierwszy – to stosunki Ukrainy z Rosją, drugi – to stosunki Ukrainy z Europą i ze światem. Jeżeli relacje te będą układały się pomyślnie, szanse Ukrainy są ogromne. Jest to bowiem kraj żyznej ziemi i cennych surowców, obdarzony ciepłym, przychylnym klimatem. Jest to duży, ponad 50-milionowy naród – mocny, prężny i ambitny.

Jesienią 1990 roku Aleksander Sołżenicyn ogłosił swój projekt państwa, jakie jego zdaniem powinno powstać na miejsce ZSRR. Tytuł tej publikacji – „Jak zbudować Rosję?" Sołżenicyn proponuje, aby przyszłe państwo składało się z Rosji, Białorusi, Ukrainy i północnego Kazachstanu. Resztę oddajmy, proponował Sołżenicyn, ponieważ „nie mamy siły na peryferie".

Ukraińcy odrzucili ten projekt. „Jedynym rozwiązaniem problemu ukraińskiego – napisał ostatnio jeden z ukraińskich dysydentów, Leonid Pluszcz – jest stworzenie własnego państwa, które zorganizuje mechanizmy obronne i odpowiednie środki dla rozwoju kultury". Ukraińscy intelektualiści, którzy bali się rosyjskich komunistów, teraz śledzą czujnie postawę rosyjskich demokratów. Związanym z tym niepokojom daje wyraz jeden ze świetnych ukraińskich eseistów, Mikołaj Riabczuk, który pisząc o programie rosyjskiego Ruchu Reform

Demokratycznych zadaje wręcz pytanie – „Imper-demokraci" zamiast „Imper-komunistów"? W podobnym duchu wypowiedziała się w początkach września wdowa po Sacharowie – Irena Bonner. Boję się tego, powiedziała, co tkwi w Rosjanach, ich „ducha ekspansji i dominacji".

A stosunki Ukrainy ze światem? Przede wszystkim do roku 1917, a na znacznych obszarach aż do roku 1939, Ukraina to był jeden z najbarwniejszych na świecie kobierców kultur, religii, języków, przebogaty, kolorowy ogród, w który ludzie z Zachodu zagłębiali się ze zdumieniem i fascynacją. Ileż tu ciągle mimo dewastacji i zniszczeń śladów polskich, rosyjskich, żydowskich, węgierskich, włoskich, austriackich, niemieckich, rumuńskich. We wrześniu byłem na polskim cmentarzu w Żytomierzu (150 km od Kijowa na drodze do Lwowa). Grób syna Moniuszki, żony Kraszewskiego, siostry Paderewskiego, rodziny Conrada. Grobowiec rodziny generała Dąbrowskiego, służący do niedawna za przygodny dom publiczny.

Siłą Ukrainy jest jej emigracja. Duża część pszenicy kanadyjskiej rośnie na polach ukraińskich farmerów w Albercie i Ontario. Ukraińcy tworzą wpływowe, ekonomicznie i kulturalnie silne społeczności w Detroit, Nowym Jorku i Los Angeles. Także w Europie Zachodniej. Ci emigranci są bardzo przywiązani do Ukrainy, patriotyzm ukraiński ma chłopską cechę: jest silnie zakorzeniony w ziemi rodzimej. Już dzisiaj w Kijowie pełno Ukraińców z Kanady i USA. Chcą zakładać banki i przedsiębiorstwa, chcą handlować, otwierać wydawnictwa. Już wkrótce Ukraina będzie miała własne linie lotnicze, własną flotę morską. Własną walutę i armię.

Zapytany o przyszłą Ukrainę, jeden z jej przywódców – Michaiło Horyń, powiedział nam w Kijowie: „Chcemy, aby Ukraina była państwem światłym, dobrym, demokratycznym i humanistycznym".

Światłym, dobrym, demokratycznym i humanistycznym.

Amen.

Lwów. Któregoś wieczora ksiądz Ludwik Kamielowski zabiera mnie do swojego domu. Mieszka z matką i właśnie chce, abym ją poznał.

Pani Bronisława jest starszą kobietą o ciepłej, dobrotliwej twarzy. Pochylona, dźwigająca niewidoczny ciężar, mówi spokojnym, zrównoważonym głosem, jakby to, co opowiada, dotyczyło jej, ale w jakimś innym wcieleniu, z którym ona, ta, która teraz siedzi przede mną, nie ma już właściwie wiele wspólnego. Kiedy myślałem o niej później, przypomniało mi się zdanie starego Paula Claudela: „Patrzę na swoje dawne życie jak na oddalającą się wyspę". Szalone przyspieszenie i przemienność historii, co jest istotą czasu, w którym żyjemy, sprawia, że w wielu z nas żyje jednocześnie kilka postaci, niemal obojętnych sobie, a nawet nawzajem sprzecznych.

Pani Bronisława urodziła dziesięcioro dzieci. Sześcioro z nich umarło na jej rękach z głodu. Jest ona kobiecym wcieleniem Hioba, Hioba epoki Wielkiego Głodu. To, że właśnie ona – kobieta – przeżyła ów kataklizm, potwierdza tylko tę prawdę, że Wielki Głód pochłonął najwięcej ofiar spośród dzieci i mężczyzn. Kobiety okazały się stosunkowo najsilniejsze, najbardziej odporne. Jaki ten Pan Bóg dobry, mówi w pewnej chwili pani Bronisława, że on mnie tyle dał siły!

Tu, w małym mieszkanku, oglądam sceny Wielkiego Głodu oczyma matki księdza Ludwika (ksiądz jest jej najmłodszym dzieckiem). Nie pytam ani o imiona zmarłych, ani czy istnieją ich mogiłki, bo myślę, że nie powinienem pytać o nic i słuchać tylko tego, co będzie mi zwierzone.

Najpierw krótko o historii Wielkiego Głodu: Na początku 1929 roku XVI Konferencja WKP(b) zatwierdza program powszechnej kolektywizacji. Stalin postanawia, że do jesieni 1930 roku całe chłopstwo w jego państwie (co oznacza wówczas trzy czwarte społeczeństwa, ponad sto milionów ludzi) ma znaleźć się w kołchozach. Ale chłopi nie chcą wstępować do kołchozów. Wówczas Stalin dławi ich opór dwiema metodami. Setki tysięcy chłopów osadza w łagrach albo przymusowo wywozi i osiedla na Syberii, resztę chce zmusić głodem do posłuszeństwa.

Główny cios spadł na Ukrainę, na tę ziemię, gdzie we wsi Butryn, powiat Szepietówka, mieszkała ze swoim mężem Józefem i z dziećmi pani Bronisława.

Formalnie rzeczy przedstawiały się tak: Moskwa ustaliła dla każdej wsi wysokość obowiązkowych dostaw dla państwa zboża, ziemniaków, mięsa itd. Rozmiary tych dostaw były znacznie większe niż wszelkie realne plony i zbiory osiągane na tych ziemiach. Zrozumiałe, że chłopi nie byli w stanie wykonać narzuconego im planu. Wówczas siłą, zwykle – siłą militarną, zaczęto odbierać im i konfiskować wszystko, co było na wsi do zjedzenia. Chłopi nie mieli co jeść i nie mieli co siać. Od roku 1930 zaczął się masowy i śmiertelny głód, który trwał przez siedem lat, zbierając najbardziej ponure żniwo w 1933 roku. Większość demografów i historyków jest dziś zgodna, że w tych latach Stalin uśmiercił głodem około dziesięciu milionów ludzi.

„Straszne i różnorodne są postacie głodu. Głód stał się regułą życia. W całym kraju tylko jednostki miały dostateczną ilość pożywienia. Byli to najwyżsi przywódcy oraz ludożercy. Ale obie te kategorie stanowiły znikomą część społeczeństwa. Miliony głodnych były gotowe na wszystko, byle dostać kawałek chleba... Głód rozdzielał ludzi. Wielu z nich utraciło zdolność współczucia, chęć pomocy innym... Na zdjęciach z tego okresu widzimy ludzi przechodzących obojętnie obok leżącego w rynsztoku dziecka, widzimy kobiety, które rozmawiają spokojnie obok walających się na drodze trupów, widzimy woźniców rozsiadłych na wozach, z których wystają martwe ręce i nogi... Sześcioletnia Tania Pokidko zerwała na grządce sąsiada – Gawryły Turko główkę czosnku. Ten zbił ją tak, że kiedy dowlokła się do domu – umarła. Jej ojciec – Stiepan, były czerwony partyzant, wziął czworo swoich opuchłych już z głodu dzieci i poszedł do władz powiatowych prosić o pomoc. Kiedy mu odmówiono, powiedział do sekretarza rady powiatowej, Połońskiego: «Lepiej je zjedzcie, niż mam patrzeć, jak się męczą». I powiesił się na drzewie przed budynkiem rady. Chłopka Fiedorczuk zlitowała się nad dziećmi sąsiada – sześcioletnim Nikołą i dwuletnią Olą, i obiecała, że będzie im dawać po kubku mleka dziennie. Ale dzieci mleka nie dostawały, gdyż ich ojciec powiedział żonie: «U wszystkich sąsiadów dzieci dawno pomarły, dlaczego mamy karmić nasze? Trzeba ratować się samemu, póki nie jest za późno». Siedmioletni chłopak kradnie na bazarze rybę. Rozwścieczony tłum pędzi za nim, dopada go, rozdeptuje i rozchodzi się dopiero wówczas, kiedy ciało dziecka leży już martwe. Chłop Wasyl Łuczko żył z żoną Oksaną, z jedenastoletnią córką i dwoma synami – sześcio- i czteroletnim. Jego żona, kobieta energiczna, jeździła do Połtawy szukać żywności. Kiedyś zachodzi do Wasyla jego sąsiad i widzi, że starszy chłopiec wisi we framudze drzwi.

Coś ty zrobił, Wasyl?

Powiesiłem chłopca.

A gdzie drugi?

Drugi leży w komorze, powiesiłem go jeszcze wczoraj.

Dlaczegoś to zrobił?

Nie ma co jeść. Kiedy Oksana przywozi chleb, wszystko oddaje dzieciom. A teraz, kiedy przywiezie, mnie też da zjeść...

Straszne tragedie rozgrywały się wówczas, kiedy ci, którzy jeździli do innych regionów, aby zdobyć pożywienie, po powrocie nie zastawali już nikogo żywego. Wsią rządziła śmierć. Zawczasu wykopywano zbiorowe mogiły na kilkadziesiąt trupów – nikt nie wątpił, że za kilka dni doły te wypełnią się i trzeba będzie kopać nowe... wozy wożące zwłoki do tych mogił stały się powszechnym elementem wiejskiego pejzażu... po domach chodzili przedstawiciele władzy, pytając, kto umarł, i jeśli tak, pomagali wieźć ciało do wspólnego dołu... Co ludzie jedli? Żołędzie uchodziły za delikates. Poza tym otręby, plewy, liście buraków, liście drzew, wióry, trociny, koty, psy, wrony, dżdżownice, żaby. Wiosną, kiedy pojawiała się trawa, dyzenteria i biegunka brały jeszcze większe żniwo niż głód. W połowie lat trzydziestych sytuacja ludności wiejskiej stała się tak straszna, że kogo wtrącili do więzienia, uważał się za wybrańca losu – przynajmniej dostawał tam kawałek chleba (Siergiej Maksudow – „Zwienja”, Moskwa 1991).

Żeby złamać opór chłopski, we wsiach zamykano sklepy, szkoły i ośrodki zdrowia. Chłopom nie wolno było wyjeżdżać z wiosek, nie wpuszczano ich do miast. Przy drogach, przed wjazdem do wiosek uznanych za opozycyjne, umieszczono tablice: Tu nie wolno zatrzymywać się, nie wolno z nikim rozmawiać! Z wiosek leżących wzdłuż torów kolejowych chłopi wychodzili, kiedy nadjeżdżał pociąg. Padali na kolana, wznosili ręce, wołali: Chleba! Chleba! Załoga pociągu miała obowiązek zamykać okna, zaciągać zasłonki.

Wymierały całe rodziny, potem – całe wsie:

„Zawyła wieś, widząc, że zbliża się śmierć. W całej wsi wyli chłopi – nie był to głos rozumu czy duszy, to było jak szum liści na wietrze czy jak szelest słomy. Złość mnie wtedy brała: dlaczego oni tak żałośnie wyją, ludźmi już nie są, a krzyczą tak żałośnie. Wychodziłam czasem w pole i nasłuchiwałam: wyją. Szłam dalej, no, jakby już ucichło, ale robię jeszcze kilka kroków i znów słyszę – to już sąsiednia wieś wyje. I wydaje mi się, że cała ziemia wyje razem z ludźmi. Boga nie ma, więc kto usłyszy?” (Wasilij Grossman – „Wszystko płynie”).

Pani Bronisława mówi, że najgorsze zaczęło się latem 1932. Wyszła wówczas ustawa, którą chłopi nazwali ustawą o kłosku. Tę ustawę wymyślił i napisał Stalin. Mówiła ona o ochronie mienia kołchozowego. Według niej można było wymierzyć kilka lat łagru albo nawet rozstrzelać, jeżeli ktoś ukradł choćby kłosek zboża albo marchewkę czy buraka. Podobna kara czekała traktorzystę, jeżeli zepsuł mu się traktor, albo kołchoźnika, jeżeli zgubił motykę lub łopatę.

Tę ustawę ogłoszono na początku sierpnia, kiedy zboże stało jeszcze na polach. W wielu miejscach, tam, gdzie rosła pszenica albo żyto, zbudowano wieżyczki strażnicze. Na wieżyczkach stali enkawudziści z bronią gotową do strzału – mieli odpędzać każdego, kto by chciał zerwać w polu choćby kłosek.

Skrajem pól i po drogach jeździły na koniach patrole NKWD – pilnowały zbiorów. Nawet pionierów przysyłali do pilnowania, ale ich potem zabrali – to były dzieci, a dzieci ginęło najwięcej, nie tylko z głodu, ale także dlatego, że porywali ich ludożercy.

Więc ludzie widzieli zboże, widzieli kłosy. Kto miał jeszcze siły, wychodził z chałupy zobaczyć rosnące łany. Ale chłopi musieli stać z daleka od pola. Wiedzieli, że jeśli kto zbliży się do pola – huknie strzał. A lata wtedy wypadały gorące, upalne, słoneczne. Z okna chałupy widziało się z daleka tkwiące na horyzoncie czarne plamy – były to odziane w łachmany, trawione gorączką i głodowym tyfusem ludzkie szkielety. Niektórzy nie wracali już do wsi, zostawali tam na zawsze.

Zdarzało się, wspomina pani Bronisława, że pod enkawudzistą padł koń, bo ich zwierzyna też była chuda i słaba. Widziało się nad łanem zboża sylwetkę enkawudzisty, który siedział na koniu. Siedział, rozglądał się, a potem nagle znikał. Po prostu padł pod nim koń. Wtedy następował rzadki moment nadziei, bo wśród enkawudzistów robiło się zamieszanie i to były takie sekundy, że można było dopaść zboża i zerwać trochę kłosków. To już było coś, na dzień, na dwa, ale jednak – coś.

Śmierć była z głodu, ale była też z jedzenia. Czasem z miasta przyjeżdżała brygada agitacyjna i przywoziła chleb. Ludzie rzucali się, jedli, jedli, a potem krzyczeli, zwijali się z bólu. A byli wśród nich tacy, którzy od razu umierali.

Najgorsze były rewizje. Zrywali podłogi, ryli każdy kawałek ogródka, kopali w polu. Szukali, czy gdzieś nie ma ukrytego jedzenia. Wtedy zabierali wszystko, a gospodarza brali do więzienia. Jej męża, o którym mówi – Józik, brali sześć razy. Chodziła do gminy, klęczała, płakała. Była szczęśliwą kobietą, bo jakoś go wypuszczali. A była szczęśliwa dlatego, że wierzyła w Boga. Bóg człowieka nigdy nie opuści, mówi mi z przekonaniem. Ona jest tego najlepszym przykładem. Bo później zesłali ją do Kazachstanu, a męża wzięli na wojnę. W Kazachstanie było tak ciężko jak na Ukrainie, a w dodatku gorszy klimat. Osiem kilometrów szła do kołchozu do pracy przez lód i wicher. Że męża zabili u Niemczyny, tego była pewna. I patrzcie, a tu mój mąż z wojny spadł! A ja myślała dawno, że on nie żyje! Z tego właśnie spotkania urodził się ksiądz Ludwik, który siedzi tu z nami i uśmiecha się.

Co bolszewiki wyprawiali, tego nie opowiesz. Przywiózł ktoś z miasta gazetę. A tam na zdjęciu zboże wielkie. I napisane, że miasta głodują, że kolejki dzień i noc po chleb, bo chłopi lenią się, nie chcą zboża zbierać, wszystko marnuje się w polu. Nienawiść do chłopów była straszna, a przecież oni umierali z głodu! Kiedy wieźli ich do transportu na Kazachstan, jechali przez puste wsie. Okna zabite deskami, drzwi otwarte, kołyszą się i skrzypią na wietrze. Ludzi żadnych, może tylko jaki enkawudzista. Żadnego bydła – bydło wyrżnięte albo padło. Nawet pies nie zaszczeka – psy dawno zjedzone.

Maksudow uważa, że zbrodnia ludobójstwa, jaką był Wielki Głód na Ukrainie, który oficjalnie nazywał się kolektywizacją rolnictwa i budowaniem ustroju kołchozowego, rzuciła na to rolnictwo tak straszne przekleństwo, że nie podniosło się ono i nie stanęło na nogi do dnia dzisiejszego: „Ale życie zwycięzców w tej okrutnej wojnie, pisze, okazało się nie tak znów wesołe. Było to bowiem zwycięstwo pyrrusowe. Produkcja ziarna, która w latach 1923-28 prawie podwoiła się, po kolektywizacji utrzymywała się przez 25 lat na tym samym niskim poziomie, choć liczba ludności oczywiście rosła. Hodowla bydła nigdy już nie otrząsnęła się z tego ciosu, jakim było wyrżnięcie lub zagłodzenie ponad stu milionów koni, krów, byków, owiec i świń. Nie ulega wątpliwości, że trwający w ZSRR kryzys rolnictwa sięga swoimi korzeniami tych odległych lat, tego «zwycięstwa», które okazało się klęską. Ziemia i chłopi wzięli odwet, taki, na jaki było ich stać, na tych, którzy ich pokonali. Ziemia przestała rodzić, a chłopi utracili zamiłowanie do pracy na roli. Była to straszna, ale sprawiedliwa zemsta".

Historycy w różny sposób objaśniają ludobójstwo na Ukrainie (i północnym Kaukazie). Historycy rosyjscy widzą w tym narzędzie niszczenia tradycyjnego społeczeństwa rosyjskiego i budowania na jego miejsce bezkształtnej, uległej, półniewolniczej masy homo sovieticus. Historycy ukraińscy (m.in. Walentin Moroz) uważają, że celem Stalina było ratowanie Imperium. Imperium nie może istnieć bez Ukrainy. Tymczasem lata dwudzieste to dekada odrodzenia narodowych ambicji ukraińskich, które rozwija się pod hasłem: Z daleka od Moskwy! Głównym depozytariuszem ducha ukraińskiego jest chłopstwo. Żeby złamać tego ducha, Stalin musi zniszczyć chłopstwo. Chłopów-Ukraińców było wówczas około 30 milionów. Technicznie można by znaczną ich część unicestwić budując sieć komór gazowych, ale Stalin nie popełnił tego błędu. Ten, kto budował komory, brał na siebie całą winę, okrywał się hańbą mordercy. Natomiast Stalin obarczył winą za zbrodnię same ofiary: umieracie z głodu, bo nie chcecie pracować, nie widzicie korzyści, jakie daje kołchoz. W dodatku, żalił się, przez was głoduje ludność miast, kobiety nie mogą karmić niemowląt, bo nie mają mleka, dzieci nie mogą chodzić do szkoły, bo są zbyt słabe.

Wieś ukraińska konała w milczeniu, w izolacji od świata, gryząc korę drzew i łyko własnych łapci, otoczona pogardą i nienawiścią ludzi z miast, stojących na ulicach w nie kończących się kolejkach po chleb.

We Lwowie wstaję nad ranem. Kiedy wychodzę na ulicę, jest jeszcze ciemno. Ale oto daleko kołysze się światełko: zbliża się pierwszy tramwaj. Tramwajem jadę na dworzec i kupuję bilet na pociąg podmiejski do Drohobycza. Kiedy przyjeżdżam, jest już jasny dzień, a nawet, między rzednącymi chmurami, pojawia się blade słońce (jest luty). Na peronie czekają na mnie Leszek Galas i Alfred Szrejer. Pan Galas spieszy się do pracy, ale pan Szrejer jest już emerytem i może mi poświęcić swój dzień.

Do Drohobycza ciągną pielgrzymki, ponieważ jest to miasteczko, w którym żył, tworzył i zginął Bruno Schulz. Właśnie pan Szrejer był uczniem Schulza, który, poza tym, że pisał i malował, uczył w Gimnazjum im. Władysława Jagiełły robót ręcznych i rysunku. Kiedy nie chciało nam się nic robić na lekcji, prosiliśmy, aby opowiedział nam bajkę. Przerywał lekcję i opowiadał, bardzo to lubił.

Schulz mieszkał w parterowym domku przy ulicy Floriańskiej 12, skąd miał do gimnazjum na ulicy Zielonej bardzo blisko, może kilkaset metrów, wystarczyło przejść przez dwie małe uliczki i piękny, stary skwer. Niedaleko stoi kościół i znowu skwer. Za tym kościołem, na skraju skweru, jest dziś piekarnia. W tym miejscu, w 1942 roku, na ulicy – gestapowiec Karl Günter zastrzelił Bruno Schulza. Günter miał mały, damski pistolet.

Życie wielkiego Schulza upłynęło więc w tym małym miasteczku, a nawet w zupełnie małym trójkącie między Floriańską, Zieloną i skwerem przy piekarni. Dzisiaj ludzie mogą przejść tę trasę w kilka minut, zastanawiając się nad tajemnicą niezwykłej wyobraźni Schulza. Ale wątpliwe, żeby doszli do jasnych i rozumnych konkluzji. Raz jeden to piękne miasteczko odsłoniło swoje niezwykłe sekrety. Raz jeden i tylko Bruno Schulzowi, który był jego czujną i wrażliwą cząstką, jego dyskretnym, w milczeniu przesuwającym się duchem.

Dlatego zupełnie niedorzeczne jest moje pytanie: Panie Alfredzie, a w którym miejscu były sklepy cynamonowe? Szrejer przystaje, w jego wzroku jest mieszanina zaskoczenia, ironii i nawet nagany. Gdzie były sklepy cynamonowe?, powtarza. Przecież one były w wyobraźni Schulza! Tam świeciły. Tam pachniały w taki niepowtarzalny sposób!

Pan Szrejer chce mi pokazać swoje włości, a ściślej to, co kiedyś należało do jego rodziny. Więc ta apteka byla własnością jego dziadka, a ten dom miał jego ojciec, który robił doktorat z chemii w Zurychu i był kierownikiem laboratorium rafinerii ropy naftowej w Jaśle.

Jego rodzina zginęła w getcie, a ocaleli ci, którzy mieszkają w Argentynie.

Sam pan Alfred po wojnie przez szesnaście lat grał na skrzypcach i śpiewał w orkiestrze kinowej, najpierw kina „Kirow" (dawniej – „Wanda"), a poten w kinie „Komsomolec" (dawniej – „Sztuka"). Potem uczył w szkole muzyki.

A tu, mówi pan Alfred, bo chodzimy już bardzo długo po miasteczku, tu była bóżnica, obecnie – skład mebli. Te suche badyle, które pan widzi? W lecie rośnie tu wielkie zielsko. Czy mogła tu mieć swoje łóżko ta zidiociała dziewczyna Tłuja? Może mogła mieć.

Wszystko jest takie niejasne, takie niepojęte. Schulz pisał „Sklepy cynamonowe" w 1933 roku. Był to najstraszniejszy rok Wielkiego Głodu na Ukrainie, a więc niedaleko od Drohobycza. Schulz o tej wielkiej tragedii, tak skrywanej przed światem, z pewnością nic nie wiedział. Ale jakie działają tu siły, jakie prądy, jakie nie znane nam samym skojarzenia, związki i opozycje, które sprawiają, że jego książka zaczyna się wielką, odurzającą wizją sytości?

„Adela wracała w świetliste poranki, jak Pomona z ognia dnia rozżagwionego, wysypując z koszyka barwną urodę słońca – lśniące, pełne wody pod przejrzystą skórką czereśnie, tajemnicze, czerwone wiśnie, których woń przekraczała to, co ziszczało się w smaku; morele, w których miąższu złotym był rdzeń długich popołudni; a obok tej czystej poezji owoców wyładowywała nabrzmiałe siłą i pożywnością płaty mięsa z klawiaturą żeber cielęcych, wodorosty jarzyn, niby zabite głowonogi i meduzy – surowy materiał obiadu o smaku jeszcze nie uformowanym i jałowym, wegetatywne i telluryczne ingrediencje obiadu o zapachu dzikim i polnym".

Powrót do rodzinnego miasta

Pierwszy raz w Petersburgu. Jest sierpień, a mimo to panuje chłód i siąpi deszcz. Dostojewski uważał, że chmurna skandynawska pogoda jest cechą tego miasta: „Szary, jesienny dzień, zamglony i błotnisty, tak ponuro i z takim krzywym uśmiechem zajrzał przez mętną szybę do pokoju, że pan Gołatkin całkiem już nie mógł wątpić, że nie znajduje się w jakimś tam królestwie za siedmioma górami, lecz w mieście Petersburgu..." (F. Dostojewski – „Sobowtór").

Autor „Notatek z podziemia" często sugerował, że rozdrażnienia, złości i melancholie jego bohaterów mają swój związek z klimatem i nastrojem miasta: „Od samego rana zaczęło mi dokuczać jakieś dziwne przygnębienie. Wydało mi się nagle, że mnie, samotnego, wszyscy opuszczają i że wszyscy odwracają się ode mnie. Naturalnie, każdy ma prawo zapytać: któż to ci wszyscy? Bo przecież już osiem lat mieszkam w Petersburgu i nie umiałem zawrzeć prawie żadnej znajomości" (F. Dostojewski – „Białe noce").

Szedłem z dworca (przyjechałem nocnym pociągiem z Moskwy), myśląc o panu Gołatkinie i jego niezwykłych przygodach. Nie tylko zresztą o nim. Petersburg tak wiele razy pojawiał się w powieściach, w wierszach i w legendach, że wydaje się być miastem tyle rzeczywistym, co wymyślonym, a siła talentu Puszkina, Gogola i Dostojewskiego sprawia, że momentami ich bohaterowie są dla nas bardziej realni niż ci, których właśnie mijamy idąc ulicą.

Ulica nazywa się Newski Prospekt i przecina stary Petersburg ze wschodu na zachód. Im bardziej zbliża się ona do Newy, tym stojące po obu jej stronach kamienice, gmachy i budowle stają się większe i bogatsze. To sama architektura, coraz bardziej okazała i dostojna, zapowiada, że dochodzimy do miejsca wagi szczególnej, doniosłej, najwyższej. I rzeczywiście, na końcu Newskiego Prospektu, z prawej strony, nagle jakby ktoś odsłonił kurtynę, otwiera się rozległa panorama placu Pałacowego.

Imponujący widok!

Po lewej stronie placu, wzdłuż całej jego długości ciągnie się zielona, szafirowo-biała, zdobna w przemyślne koronki, ażury i pilastry bryła Pałacu Zimowego – siedziba carów.

Naprzeciwko, po drugiej stronie placu stoi długi, pokryty jasną ochrą, masywny gmach Sztabu Generalnego.

A między tymi wspaniałymi budowlami leży rozległa, płaska i pusta, tak wielka, że chciałbym powiedzieć – niezmierzona, przestrzeń placu Pałacowego. Coś tam na jej końcu się majaczy, gdzieś tam przewinie się jakiś pojazd, przejdzie jakiś człowiek, ale wszystko to tylko podkreśla ogrom tego miejsca, jego niewzruszoną, nieruchomą statykę.

Widok tego placu, jego koncepcja, plan i kompozycja mają w sobie głęboką symbolikę mówiącą więcej o tym kraju niż dziesiątki rozpraw i podręczników. Ponieważ plac ten jest egzemplifikacją charakteru i struktury władzy. Jej formę najwyższą symbolizuje Pałac Zimowy – siedziba panującego. Natomiast jej prawym ramieniem, najważniejszym i jedynym, nie jest ani władza duchowa (nie widać tu cerkwi), ani władza przedstawicielska (nie widać budynku parlamentu), ale armia, wojsko, oręż (gmach Sztabu Generalnego).

Monarcha i jego armia – czy to dlatego orzeł rosyjski, herb i symbol państwa, ma dwie głowy, a nie jedną?

Po ulicach starego Petersburga można chodzić bez końca. Tyle tu ciekawej architektury, tyle kanałów, tyle skwerów, tyle zakątków. Stąd wyjechał Puszkin na swój śmiertelny pojedynek (róg Newskiego Prospektu i Mojki), tu Achmatowa pisała swoje wstrząsające „Requiem", tędy jeździł karetą bohater powieści „Petersburg" Andrieja Biełego – Apollon Apollonowicz Ableuchow, który powiedział: Poza Petersburgiem – nie ma nic. Kiedy tak wędruję ulicami zabudowanymi tysiącami solidnych mieszczańskich kamienic, ciągle nasuwa mi się pytanie, jak w takiej twierdzy kapitału, własności prywatnej i bogactwa mogli zwyciężyć bolszewicy? Przecież w tych domach mieściła się ogromna siła społeczna, wielkie interesy, finansowa i organizacyjna potęga! Gdzież byli ci wszyscy ludzie, co myśleli, co robili, kiedy Lenin sięgnął po władzę?

Historyk amerykański – Richard Pipes tak odpowiada:

„Curzio Malaparte opisuje dezorientację i zdumienie angielskiego pisarza Israela Zangwilla, który bawił z wizytą we Włoszech, kiedy faszyści przejmowali tam władzę. Zaskoczony brakiem barykad, walk ulicznych i trupów na chodnikach, Zangwill nie chciał uwierzyć, że jest świadkiem rewolucji. Jednakże, jak twierdzi Malaparte, cechą charakterystyczną współczesnych rewolucji jest właśnie to, że całą operację przeprowadzają wyszkolone grupy uderzeniowe, które w sposób bezkrwawy i niemal po cichu opanowują ważne punkty strategiczne. Atak jest przeprowadzony z taką chirurgiczną precyzją, że społeczeństwo nie ma pojęcia o tym, co się wydarzyło.

Opis ten pasuje również do przewrotu październikowego w Rosji (który Malaparte studiował i traktował jako jeden z modeli coup d'état). W październiku bowiem bolszewicy zrezygnowali z masowych zbrojnych demonstracji i starć ulicznych, które organizowali na polecenie Lenina w kwietniu i w lipcu tegoż roku, a zaniechali ich dlatego, że tłum okazał się trudny do kontrolowania, a ponadto prowokował on władze do kontruderzenia. Zamiast tego, oparli się teraz o małe, zdyscyplinowane oddziały żołnierzy i robotników dowodzone przez Organizację Militarną partii, działającą pod kryptonimem Komitetu Wojskowo-Rewolucyjnego. Oddziały te zajęły główne komunikacyjne i transportowe punkty Piotrogrodu oraz zakłady użyteczności publicznej miasta – a więc newralgiczne punkty każdej współczesnej metropolii. Zorganizowanie kontrataku ze strony rządu uniemożliwili oni po prostu przecinając połączenie telefoniczne między rządem a Sztabem Generalnym. Cała operacja była przeprowadzona tak gładko i sprawnie, że dokładnie w czasie jej trwania kawiarnie i restauracje, a także opera, teatry i kina, były oblężone przez tłumy, które poszukiwały zabawy i rozrywki" (R. Pipes – „The Russian Revolution").

Od razu przypomina się zdumienie Alexisa de Tocqueville'a, kiedy pisze o nastrojach w przededniu rewolucji francuskiej: „Jest rzeczą zadziwiającą, w jak niezwykłym poczuciu bezpieczeństwa żyli ci wszyscy mieszkańcy najwyższych i średnich pięter społecznego gmachu w chwili, kiedy wybuchła rewolucja; w całej naiwności ducha rozprawiają o cnotach ludu, o jego łagodności, przywiązaniu, o jego niewinnych uciechach, kiedy już wisi nad nimi rok 93: komiczny i straszny to widok" (A. de Tocqueville – „Dawny ustrój i rewolucja").

Inny kraniec Europy, 125 lat różnicy, a jednak są podobieństwa. W obu wypadkach tym, którzy ruszają do szturmu, przynosi zwycięstwo ten sam czynnik – czynnik zaskoczenia.

Ale celem mojej wyprawy nie był Petersburg, lecz położony 150 kilometrów na południe Nowogród Wielki i mieszkający tam profesor Aleksander Pietrowicz Grekow.

Nowogród był w średniowieczu słynnym miastem, czymś w rodzaju Florencji czy Amsterdamu Północy – dynamicznym skupiskiem handlu i rzemiosł, kwitnącym wiekami ośrodkiem wszelkich sztuk, zwłaszcza architektury sakralnej i malarstwa ikon. Istniał tu unikalny ustrój polityczny. Przez 400 lat (XI – XV wiek) Nowogród był rodzajem niezależnej, samorządnej republiki feudalnej, w której najwyższą władzą był wiec ludności miejskiej i okolicznego wolnego chłopstwa. Ludność wybierała księcia, który sprawował w jej imieniu rządy i mógł być w każdej chwili odwołany. Jak na te czasy i na tę część świata były to zwyczaje niebywałe. Symbolem wolności i samodzielności tego miasta-państwa był wielki dzwon, którym zwoływano mieszkańców na wiec. Toteż kiedy Iwan III moskiewski podbił ostatecznie Nowogród w 1478 roku i nakazał ów dzwon usunąć, oznaczało to, że miasto utraciło swoją niezależność. Są historycy, którzy uważają, że był to jeden z tych dziejowych momentów, które rozstrzygnęły o kierunku, w jakim poszła Moskwa i Rosja. Nowogród był miastem demokratycznym, ludowładczym, otwartym na świat, utrzymującym kontakty z całą Europą. Moskwa była ekspansywna, przesiąknięta wpływami mongolskimi, wroga wobec Europy, wchodząca już z wolna w mroczną epokę Iwana Groźnego. Gdyby więc Rosja poszła drogą nowogrodzką, mogłaby stać się innym państwem niż to, na którego czele stanęła Moskwa. Ale stało się inaczej.

Wołodia P. żyje z tego, że pod pękatym, odlanym z ciemnego brązu pomnikiem Tysiąclecia Rosji robi pamiątkowe zdjęcia wycieczkom, które przyjechały do Nowogrodu zobaczyć arcydzieło starej architektury i malarstwa – miejscowy kreml (kreml to rodzaj cytadeli eklezjastycznej, otoczone murami skupisko cerkwi, klasztorów i budynków gospodarczych, kiedyś – siedziba władzy książęcej). Ponieważ dolną część pomnika tworzą rzeźby postaci 129 wielkich Rosjan, Wołodia może zrobić wam zdjęcie na tle takiej grupy sław i bohaterów, jaką sobie wybierzecie. Jeżeli będzie to wycieczka wojskowych, Wołodia ustawi ich na tle Aleksandra Newskiego, Dymitra Dońskiego, Aleksandra Suworowa, Michaiła Kutuzowa i Iwana Paskiewicza. Jeżeli przyjedzie wycieczka jakiegoś Związku Literatów, będą mieli w tle Michaiła Łomonosowa, Iwana Kryłowa, Aleksandra Gribojedowa i Michaiła Lermontowa. Nauczyciele zobaczą, że na fotografii zrobionej przez Wołodię znajdują się w towarzystwie Cyryla i Metodego, Maksyma Greka i Tichona Zadońskiego. Wycieczkę działaczy państwowych i gospodarczych Wołodia rozstawi pomiędzy Michaiłem Romanowem – twórcą dynastii, a szczupłą, z wdziękiem siedzącą Katarzyną II, zamyślonym Piotrem I i dumnie wyprostowanym Mikołajem I.

Zajęcie Wołodi musi mu przynosić niezłe profity, bo kiedy bierze mnie do siebie do domu, widzę w jego kawalerskim mieszkaniu opalizujące ciemnym metalem rozliczne baterie, kolumny i wieże wszelkich Panasoniców, JVC i Sonnych, które gospodarz natychmiast uruchamia. Jest też ładna i zgrabna dziewczyna, która już po chwili rozmowy prosi mnie zupełnie serio, abym wstawił się za nią i namówił Wołodię do żeniaczki. Bo on się za nic nie chce ze mną ożenić!, tłumaczy strapiona i trochę nadąsana.

Wróciliśmy na kreml, pod pomnik. Jakaś wycieczka szkolna czekając na Wołodię, który obiecał im zdjęcie (Wołodia jest tu jedynym fotografem), stała w siąpiącym deszczu, pochylona nad stolikiem, za którym Anna Andrejewna sprzedawała pamiątkowe pocztówki. Kiedy dzieci poszły ustawiać się do fotografii, zacząłem wybierać dla siebie widokówki. Nie wiem, co było przyczyną, ale w pewnej chwili Anna Andrejewna, kobieta lat może czterdziestu, a może sześćdziesięciu, wyciąga do mnie z przykusych rękawów płaszcza swoje dłonie.

Patrzcie, mówi do mnie wzburzona i zrozpaczona, patrzcie, zrobili mi męskie ręce!

Pokazuje swoje żylaste, szorstkie, masywne dłonie i powtarza:

Zrobili mi męskie ręce!

W jej ustach brzmi to jak najstraszniejsze oskarżenie, jak horror, jak przekleństwo.

Od młodej dziewczyny, wyjaśnia krzycząc i wybuchając płaczem, musiałam pracować jako ślusarz. Całe życie – jako ślusarz.

I dziś patrzcie, mówi mi z mieszaniną bólu i grozy w głosie, dziś mam męskie ręce!

I choć obcuje z nimi od dzieciństwa, choć widzi je codziennie, patrzy na swoje dłonie z mieszaniną wstydu i przerażenia.

Szczupła, drobna Anna Andrejewna, kobieta o siwiejących włosach i bladej mizernej twarzy, wygraża przy mnie stalowymi pięściami mocnego spracowanego ślusarza.

A jednak w tym swoim przeklętym losie odnajduje w końcu pewną jasną iskierkę, kruszynę jakiejś ludzkiej satysfakcji, bo za moment dodaje:

Zrobili mi męskie dłonie, zrobili mnie stalinistką, ale komunistką nigdy mnie nie zrobili!

Powoli uspokaja się, a kiedy odchodzę, mówi już zwykłym głosem, łagodna i pogodzona:

Żeby jeszcze trochę dali pożyć normalnie.

Trzeba minąć wielki Sobór Sofijski (arcydzieło, XI w.) i pójść w głąb kremla, przejść przez różne podwórza i dziedzińce, aż dojdzie się do wielkiego, starego budynku, w którego podziemiach pracuje profesor Grekow i jego żona Walentina Borisowna. Jest to rozległe pomieszczenie, a właściwie kilka połączonych piwnic, w których stoi rząd długich i obszernych stołów pokrytych stosami drobnych kawałków muru. Wszędzie palą się światła, inaczej byłoby tu mrocznie, a nawet ciemno. Przy każdym stole siedzą dwie–trzy osoby, z których każda coraz to wybiera kawałek muru i przygląda mu się uważnie. Panuje zupełna, uważna i skupiona cisza, rzadko tylko – i jest to ważny moment – przerywana okrzykiem:

Mam oko Eliasza!

Mam błękit! To chyba męczennicy Paraskiewej!

I zaczyna się dyskusja, narady, porównywania.

A oto, co się tu dzieje:

W pobliżu kremla nowogrodzkiego stało wiele pomniejszych cerkwi i klasztorów. Należała do nich cerkiew Przemienienia Pańskiego zbudowana w połowie XIV wieku na małym wzgórzu o trzy kilometry od kremla. W 1380 roku grupa anonimowych malarzy (prawdopodobnie Serbów) ozdobiła wnętrze cerkwi wspaniałymi freskami. Powierzchnia tych fresków wynosiła około 350 metrów kwadratowych. W czasie drugiej wojny światowej Rosjanie zamienili cerkiew na bunkier i punkt obserwacji artyleryjskiej (jest to jedyne wzniesienie na płaskiej, pokrytej łąkami, bezdrzewnej równininie), w który Niemcy ciągle strzelali z dział i moździerzy. Ponieważ bili w cerkiew ponad dwa i pół roku, kiedy zakończyła się wojna, zamiast świątyni leżała na wzgórzu ponad pięciometrowa góra gruzu. Przez następnych dwadzieścia lat góra porastała trawą, zielskiem i krzakami, aż w roku 1965 ktoś zaczął w tym gruzie grzebać i wynajdywać małe, kolorowe fragmenty fresków. Przez następnych kilka lat przekopali uważnie 300 metrów sześciennych gruzu i odsiali z niego 10 metrów sześciennych kolorowego drobiazgu, który przewieziono do nowogrodzkiego kremla, do tego miejsca, w którym profesor Grekow z żoną i grupą entuzjastów próbują od dwudziestu lat na nowo poskładać z owych kamyczków, kęsków i drobinek, dokładnie rozbitych i przemielonych przez ogień artyleryjski, stare, czternastowieczne freski, w których anonimowi malarze (prawdopodobnie Serbowie) przekazali swoją wizję Przemienienia Pańskiego.

Wzdłuż ścian całej pracowni rozmieszczone są drewniane ramy, w których leżą znalezione już fragmenty a to głowy Chrystusa, a to aureoli Świętego Jefrema, a to szaty młodego męczennika.

Największa trudność, mówi profesor, że freski nie były nigdy dokładnie sfotografowane, że nie ma dokumentacji, że czasem trzeba opierać się na chwiejnym i złudnym świadectwie naocznych świadków.

Rozmawiając z Aleksandrem Pietrowiczem mam świadomość, że w tej chwili obcuję z człowiekiem o szczególnej i niezwykłej wyobraźni. Wyobraźnię tę muszą wypełniać tysiące znaków zapytania, dylematów. Ta kostka muru, na której zachował się ślad płomyka: czy jest to fragment płomienia, w którym objawia się Bóg, czy przeciwnie, jest to część ognia piekielnego, do którego Najwyższy strąci zatwardziałych i niepoprawnych grzeszników. A ta kruszyna muru, na której zachował się wyraźny ślad łzy? Czy to łza Matki, kiedy składa Syna Człowieczego do grobu, czy łza szczęścia na twarzy jednej z niewiast, kiedy dowiaduje się, że Chrystus zmartwychwstał?

„A po sześciu dniach, mówi Ewangelia świętego Mateusza, wziął Jezus Piotra i Jakuba i Jana, brata jego, i wyprowadził ich na górę wysoką osobno. I przemienił się przed nimi. A oblicze jego rozjaśniało jak słońce, szaty zaś jego stały się białe jak śnieg” (Mat. 17, 1-2).

Które z tych złotych promieni, rozsypanych na jednym ze stołów, są częścią owego słońca? Które z tych białych odłamków, leżących w jednej ze skrzynek, to fragmenty tych szat, które stały się białe jak śnieg?

„Kto by zaś zgorszył jednego z tych małych, którzy we mnie wierzą, lepiej by mu było, aby zawieszono kamień młyński u szyi jego i zatopiono go w głębokościach morskich" (Mat. 18, 6).

Czy te odłamki fal, które ktoś tu ogląda uważnie pod żarówką, symbolizują właśnie te groźne głębokości morskie, czy raczej są obrazem morza, po którym Chrystus idzie suchą stopą do swoich uczniów?

„Co wam się zdaje? Gdyby kto miał sto owiec, a zabłądziłaby jedna z nich, czy nie opuszcza dziewięćdziesięciu dziewięciu na górach i nie idzie szukać tej, która zabłądziła?" (Mat. 18, 13).

Czy ten lok wełny, którego rysunek zachował się na jednym z fragmentów, należy do jednej z owych dziewięćdziesięciu dziewięciu grzecznych i posłusznych owieczek, czy też jest śladem lekkomyślnej i niesfornej owieczki, której cierpliwy Pasterz szuka po górach?

I tak patrząc, jak z tysięcy drobin, grudek i okruszyn, z pyłków, cząstek i kamyków profesor i jego uczniowie od lat składają zagubione obrazy świętych, ludzi i legend, czuję się, jakbym w tym chłodnym i zakurzonym podziemiu był świadkiem narodzin nieba i ziemi, wszystkich kolorów i kształtów, aniołów i królów, światła i ciemności, dobra i zła.

Z Nowogrodu do Mińska, na zjazd Frontu Narodowego Białorusi. Na zjazd ten wziął mnie ich wielki pisarz – Wasyli Bykau. Bykau jest wysokim, rosłym mężczyzną, małomównym, nawet milczącym, ale milczącym życzliwie, przyjaźnie. Bohater jednej z jego powieści („Piaskowisko") – Agiejew bardzo przypomina z wyglądu i zachowania samego Wasyla. Agiejew odwiedza swoje rodzinne miasteczko, szuka śladów przeszłości:

„Rozejrzał się. Plac zmienił się nie do poznania, ale cerkiew pozostała i ona właśnie pomogła mu zorientować się w terenie. Należało teraz skręcić w zaułek i pójść ulicą w dół. Starając się opanować niepokój, Agiejew szybkim krokiem skierował się w stronę przedmieścia, najpierw na Zieloną, doskonale mu znaną uliczkę, zabudowaną typowymi, drewnianymi domkami z malutkimi ogródkami i sadami, sięgającymi do głębokiego jaru ze strumykiem i starymi drzewami na zboczach" (W. Bykau – „Piaskowisko").

W całej Białorusi, która jest krajem równinnym, płaskim jak spokojne morze, w lecie zielonym i szafirowym od chabrów, a w zimie białym i czarnym od wron, pełno takich miasteczek jak to, które odwiedza Agiejew. Białoruś jest krajem rolniczym, chłopskim i język białoruski przechował się właśnie na wsi. Znajduje to wyraz i w czasie obrad zjazdu. Wielu delegatów z miasta mówi kilka zdań po białorusku, a potem przeprasza i przechodzi na rosyjski – w tym języku łatwiej im mówić. Delegaci z wiosek nie mają tych trudności. Ważne dla Moskwy strategiczne położenie Białorusi sprawiło, że i carat, i bolszewicy prowadzili tu metodyczną, brutalną i zaciekłą politykę rusyfikacji. W latach trzydziestych rozstrzelano albo wywieziono prawie całą inteligencję białoruską. Masakry organizował zaufany Berii i jego przyjaciel, Gruzin Canawa. Tych, którzy ginęli, oskarżono, że są agentami Polski. Moskwie chodziło o to, aby Białoruś zamieszkała rosyjskojęzyczna ludność, nawet nie naród rosyjski, tylko rosyjskojęzyczna ludność.

Na zjeździe mówi się dużo o skutkach katastrofy w Czarnobylu. Bo fala radioaktywna z elektrowni uderzyła przede wszystkim w Białoruś. Wychodzący w Mińsku miesięcznik „Nemań" drukuje zdjęcie białoruskiego chłopca urodzonego po eksplozji w Czarnobylu. Chłopiec jest porcelanowo biały, ma wielkie, czarne i smutne oczy i zamiast włosów – jasny puch na całej głowie.

Zamieniam się w słuch, kiedy jeden z delegatów rozważa, która dominacja jest dla Białorusi groźniejsza – Rosji czy

Polski? I dochodzi do wniosku, że Polski, bo Polska jest bardziej atrakcyjna.

Cały dzień autobusem z Mińska, do mojego rodzinnego Pińska. Ten sam pejzaż od rana do wieczora, jakby stało się w miejscu. Gdzieś tylko płytkie i kręte koryto Niemna. Gdzieś prosta linia Kanału Ogińskiego.

Pińsk. Czuję się jak Agiejew:

„Starając się opanować niepokój, Agiejew szybkim krokiem skierował się w stronę przedmieścia, najpierw na Zieloną, doskonale mu znaną uliczkę, zabudowaną typowymi, drewnianymi domkami z malutkimi ogródkami i sadami, sięgającymi do głębokiego jaru ze strumykiem i starymi drzewami na zboczach".

W południe poszedłem do kościoła. Po mszy, kiedy wychodzili ludzie, podszedłem i spytałem, czy ktoś pamięta moich rodziców, którzy uczyli tu w szkole. I powiedziałem, jak się nazywam. Okazało się, że ci, którzy wychodzili ze mszy, to byli uczniowie mojej mamy i taty, starsi o pięćdziesiąt lat.

Wróciłem do domu swojego dzieciństwa.

Ciąg dalszy trwa
(1992–1993)

Ciąg dalszy trwa

Wiek XX w historii współczesnej zaczęła Rosja rewolucją 1905 roku i zamyka go rewolucją, która skończyła się rozpadem ZSRR w 1991 roku.

Historia w tym kraju jest żywym wulkanem, ciągle burzy się i trwa i nie widać, żeby chciała się uspokoić, żeby chciała odetchnąć.

Pisarz rosyjski Jurij Boriew porównał historię ZSRR do jadącego pociągu:

„Pociąg jedzie w świetlaną przyszłość. Prowadzi go Lenin. Nagle – stop, dalej nie ma torów. Lenin wezwał do dodatkowej pracy w soboty, położono szyny i pociąg pojechał dalej. Teraz poprowadził go Stalin. Znów skończyła się droga. Stalin kazał rozstrzelać połowę konduktorów i pasażerów, a resztę zmusił do kładzenia nowych torów. Pociąg ruszył. Stalina zastąpił Chruszczow, a kiedy skończyły się szyny, polecił rozbierać te, po których pociąg już przejechał, i układać je przed parowozem. Chruszczowa zamienił Breżniew. Kiedy znowu skończył się tor, Breżniew decyduje się zasłonić okna i tak kołysać wagonami, żeby pasażerowie myśleli, iż pociąg jedzie dalej" (J. Boriew – „Staliniada").

I tak dochodzimy do Epoki Trzech Pogrzebów (Breżniewa, Andropowa, Czernienki), w której pasażerowie pociągu nie mają nawet złudzenia, że gdzieś jadą. Ale oto w kwietniu 1985 pociąg rusza znowu. Jest to jednak jego ostatnia podróż. Potrwa ona sześć i pół lat. Tym razem maszynistą jest Gorbaczow, a na lokomotywie wymalowane jcst hasło: Głasnost' – Pierestrojka.

O Rosji tym łatwiej jest mówić, im bardziej nazwie tej nadaje się sens abstrakcyjny. „Rosja szuka drogi", „Rosja mówi – nie", „Rosja idzie na prawo" itd. Na tak wysokim szczeblu ogólności wiele problemów traci na znaczeniu, przestaje się liczyć, znika. Ideologiczno-państwowa makroskala odsuwa na margines i unieważnia codzienną, trudną i dokuczliwą mikroskalę. Czy Rosja pozostanie supermocarstwem? W zestawieniu z tak wielkim pytaniem jakie znaczenie ma sprawa, która nurtuje Annę Andrejewną z Nowogrodu, a mianowicie – czy dadzą jej jeszcze pożyć normalnie? Język wszechobecnej polityki usuwa ze środków masowego przekazu, a co gorsze – i z naszej pamięci, słownictwo, w którym można wyrazić czyjeś prywatne kłopoty, czyjś osobisty dramat, czyjś jednostkowy ból. Ktoś nie ma dachu nad głową? Tym się już nie zajmujemy, to sprawa dla Armii Zbawienia czy Czerwonego Krzyża.

A jednak nie da się uniknąć tego abstrakcyjnego podejścia. Ogromną skalę dziejących się wydarzeń można przedstawić tylko używając języka i pojęć ogólnych, syntetyzujących, właśnie – abstrakcyjnych, mając świadomość, że raz po raz będzie się wpadać w pułapkę uproszczeń i łatwo podważalnych twierdzeń.

Są pisarze, którzy nadają pojęciu „Rosja" sens mistyczny, wymiar tajemniczego, niezgłębionego sacrum. Poeta Fiodor Tiutczew pisze, że „Rosji nie można pojąć rozumem... w Rosję można tylko wierzyć". Dostojewski uważa, że Rosja jest dla Europy czymś zagadkowym i niepojętym: „Dla Europy Rosja to jedna z zagadek Sfinksa. Zachód prędzej wynajdzie perpetuum mobile lub eliksir życia, niż zgłębi istotę rosyjskości, ducha Rosji, jej charakter i nastawienie".

Wiara w Rosję przybiera niekiedy zabarwienie religijne. W Moskwie widziałem manifestację, w czasie której wielki tłum wygłaszał litanię do Rosji z takim nabożeństwem, z jakim pielgrzymki na Jasnej Górze mówią litanię do Matki Boskiej.

Inni pisarze rosyjscy podkreślają, że Rosja nie jest podobna do żadnego innego kraju, że powinno się traktować ją jako coś wyjątkowego, jako odrębny i unikalny fenomen. „Gdy mówi się o Rosji, pisze Piotr Czaadajew, często sądzi się, że jest ona państwem takim jak inne; w istocie jest zupełnie inaczej. Rosja jest całym odrębnym światem". To samo twierdzi Konstanty Aksakow. „Rosja, pisze on, to kraj najzupełniej samoistny, ani trochę podobny do państw i krajów europejskich".

Z początku nie myślałem o wielkiej podróży. Chciałem tylko pojechać za Kaukaz, tam, gdzie byłem dwie dekady wcześniej, w końcu lat sześćdziesiątych. Tamten mały obszar, podbity przez Rosję, a potem siłą wcielony do ZSRR, ciekawił mnie rzeczywiście, ponieważ to, co interesuje mnie najbardziej, to mentalna i polityczna dekolonizacja świata, a tam, za Kaukazem, taki się właśnie proces rozwijał. Wiek XX to nie tylko wiek totalitaryzmów i wojen światowych, ale także największa w dziejach epoka dekolonizacji: na mapie świata pojawia się ponad sto nowych państw, całe kontynenty zdobywają – co najmniej formalną – niepodległość. Rodzi się Trzeci Świat i zaczyna się wielka eksplozja demograficzna – ludność krajów słabo rozwiniętych rośnie odtąd w tempie trzykrotnie szybszym niż krajów zamożnych. Wynika z tego tuzin problemów, które będą zmartwieniem XXI wieku.

Ten sam proces ekspansji Trzeciego Świata, który spowodował rozpad imperiów kolonialnych Anglii, Francji i Portugalii, dawał się już odczuwać i wewnątrz ostatniego kolonialnego imperium na ziemi – w ZSRR. W końcu lat osiemdziesiątych nierosyjska ludność tego państwa stanowiła blisko połowę jego mieszkańców, podczas gdy elita władzy składała się w 95 procentach z Rosjan lub zrusyfikowanych przedstawicieli mniejszości narodowych. Było już tylko kwestią czasu, kiedy świadomość tego faktu stanie się dla owych mniejszości sygnałem do wystąpień emancypacyjnych.

Więc początkowo planowałem pojechać, jak dawniej, z Moskwy do Gruzji, a potem – do Armenii i Azerbejdżanu. Ale powiedziano mi, że to niemożliwe. Granica między Armenią i Azerbejdżanem jest zamknięta, trwa wojna, na którą nikt nie ma wpływu.

Był to dla mnie szok.

Żeby ktoś tu oświadczył, iż na to, co dzieje się w ZSRR, Moskwa nie ma wpływu? To właśnie, to przyznanie się władzy imperialnej do jakiejś niemożności, było dla mnie prawdziwą rewolucją! Przecież pamiętam, jak dwadzieścia lat temu, będąc w Azerbejdżanie, zamiast kołchozu im. Kirowa chciałem zobaczyć kołchoz im. Swierdłowa, ale usłyszałem odpowiedź, że to niemożliwe: Taki program dała nam Moskwa, nie możemy niczego zmienić. Zaczęły się telefony, pytania, wyjaśnienia. W końcu przyszła odpowiedź: Zgoda, niech będzie Swierdłowa. A przecież szło o drobiazg, o głupstwo. Ale system polegał na tej drobiazgowości, psychopatycznie szczegółowej kontroli wszystkiego, obsesyjnej chęci panowania nad wszystkim. Jurij Boriew mówi, jakimi m.in. sprawami zajmował się Stalin. Wydawał on zarządzenia w rodzaju: „Przekazać maszynę do szycia należącą do zakładu krawieckiego numer 1 fabryce numer 7. J. Stalin".

A tu wielkie wydarzenie: dwie republiki zamykają granice i prowadzą wojnę, a Moskwa nic nie może poradzić!

Drugi szok przeżyłem w dzień później, kiedy przyleciałem do Erewanu. Poszedłem na spacer i nagle spotykam na ulicach uzbrojone grupy brodatych ludzi. Widzę, że nie jest to Armia Czerwona. Przechodnie mówią, że to oddziały samodzielnej ormiańskiej armii wyzwoleńczej. Było dla mnie czymś niepojętym zobaczyć w Imperium jakieś wojska, które nie były częścią Armii Czerwonej ani KGB. Znając ten kraj i system z dawnych lat, czekałem, kiedy dywizje wojsk rosyjskich ruszą na stolicę Armenii, zmasakrują młodych Ormian, a tysiące mieszkańców miasta przesiedlą za karę na Syberię. Ale nic takiego nie następowało.

Trzecim zaskoczeniem, jeszcze tegoż dnia wieczorem, była scena, którą zobaczyłem na ekranie telewizora. Trwała relacja z obrad Rady Najwyższej. Jeden z deputowanych zaczął gwałtownie kłócić się z sekretarzem generalnym KC – Gorbaczowem. Zmartwiałem. Kłócić się z sekretarzem generalnym? Kiedyś groziło to rozstrzelaniem. Później – złamaniem kariery do końca życia. A teraz – deputowany zszedł z mównicy zbierając dużo oklasków.

Podsumowując to wszystko, pomyślałem: koniec Sowietów! Dla mnie Imperium rozpadło się wówczas, jesienią 1989, na trasie Moskwa – Erewan. Wszystko, co zdarzyło się później, było już tylko dorzucaniem odłamków do wcześniej usypanego rumowiska.

Myślę, że tylko ci, dla których stalinizm-breżniewizm jest częścią doświadczenia ich życia, mogą dostrzec i zrozumieć głębię, niezwykłość i wielkość tej przemiany i tego przewrotu, jaki dokonał się w latach 1985-91 w ZSRR. Spotykałem tam na moich szlakach młodych kolegów reporterów. To, co widzieli, było dla nich ciekawe, ale normalne i oczywiste. Dla mnie wszystko było niesłychane i zdumiewające, nie wierzyłem własnym oczom.

Kilka zdań o roku 1985.

Kryzys systemu komunistycznego, w tym – ZSRR, staje się w tym czasie coraz głębszy, wyraźniejszy, ostrzejszy:

– przeżywa się i zamiera związany z Moskwą ruch narodowowyzwoleńczy w krajach Trzeciego Świata;

– rozpadają się i tracą znaczenie partie komunistyczne w krajach zachodnich;

– „Solidarność" w Polsce, mimo represji stanu wojennego, stwarza w systemie realnego socjalizmu wyłom trwały i rozszerzający się;

– Moskwa coraz bardziej przegrywa wyścig zbrojeń z Zachodem, coraz wyraźniej zostaje w tyle ze swoją przestarzałą technologią i niską wydajnością pracy, traci pozycję za pozycją w grze o świat.

W miarę jak supermocarstwo traci siły i pogrąża się w zmierzchu, razem z nim odchodzi cała generacja przywódców. W ciągu kilku lat poprzedzających historyczny rok 1985 umierają kolejno Kułakow, Raszidow, Susłow, Breżniew, Kosygin, Ustinow, Andropow. Ostatni z tej grupy, Czernienko, umiera 11 marca 1985 roku. Inni, jak Gromyko i Griszin, są już coraz bardziej niedołężni albo, jak Romanow, toną w alkoholizmie czy, jak Alijew – w monstrualnej korupcji.

Istnieje w tym kraju także opinia publiczna, choć w latach przedpierestrojkowych wyrażana inaczej niż w krajach demokratycznych. Ludzie wypowiadali swoje zdanie milczeniem, a nie mówieniem. Ale sposób, w jaki milczeli, był ważny i mówił wiele. Sposób, w jaki na kogoś czy na coś patrzyli, miał swoją wymowę. Gdzie pojawiali się, a gdzie ich nie było. Sposób (powolny), w jaki się na przymusowe zebranie schodzili, i sposób (momentalny), w jaki się rozchodzili. Mimo pogardy i arogancji władzy wobec społeczeństwa, jednocześnie zwracała ona uwagę na rodzaj milczenia, jaki w tymże społeczeństwie panował. W Petersburgu spotkałem studenta, który na miejskim zjeździe Komsomołu (w epoce Breżniewa) miał funkcję „odpowiedzialnego za nastrój na sali". Otóż opinię społeczną w roku 1985 najlepiej wyraża tytuł filmu zrobionego w końcu lat osiemdziesiątych przez rosyjskiego reżysera Stanisława Goworuchina – „Tak żyt' nielzia".

A wszystkie te kryzysy, w jakich pogrążone jest wówczas Imperium, i na arenie międzynarodowej, i w życiu wewnętrznym, dzieją się w warunkach powszechnej, codziennej biedy ludzkiej, w ogólnym materialnym niedostatku i beznadziei. Trzeba bowiem pamiętać, że to, co nazywało się „przywilejem klasy rządzącej", było przywilejem względnym, istniejącym na tle nędzy. Mieszkaniec kraju zamożnego często uśmiałby się z takich przywilejów. Gdzieś na Ukrainie wybuchł skandal, ponieważ jakiemuś pracownikowi instancji partyjnej otworzył się w czasie jazdy bagażnik i przechodnie zauważyli, że w bagażniku tym jest kiełbasa. Sam byłem w Ufie świadkiem innego skandalu – chodziło tam o to, że na rynku sprzedawano zgniłe jabłka, a pracownikom aparatu – co prawda robaczywe, ale nie zgniłe! Ileż to razy na progach mieszkań, w których przyszło mi się zatrzymać, gospodarze witali mnie słowami: „Riszard, izwini naszu sowietskuju niszczetu!" (wybacz naszą sowiecką nędzę). Czasem wieczorami tematem rozmowy był poziom i jakość życia w krajach zamożnych. Na końcu moich opowieści Rosjanie uśmiechają się i mówią z pewną rezygnacją w głosie: „Eto nie dla nas...".

W takiej to sytuacji, w marcu 1985, sekretarzem generalnym KC KPZR zostaje wybrany, z rekomendacji Andrieja Gromyki, Michaił Gorbaczow. W miesiąc później na kwietniowym plenum partii wygłasza referat, którym otwiera epokę pierestrojki i głasnosti. W jakimś sensie pierestrojka i głasnost' to sztuczne płuca, podłączone do coraz mniej wydolnego, ginącego organizmu ZSRR. Dzięki nim ZSRR przeżyje jeszcze sześć i pół roku. Wspominam o tym, ponieważ wrogowie Gorbaczowa twierdzą, że stanął na czele kwitnącego ZSRR, a doprowadził do jego rozpadu. Było akurat przeciwnie – ZSRR rozpadał się dawno, a Gorbaczow przedłużył jego żywot, na ile to było możliwe. Wspominam też i dlatego, że (jest to jeden z paradoksów świata) dokładnie przed rozpadem ZSRR upowszechniła się w sowietologii zachodniej, a zwłaszcza wśród części politologów amerykańskich, teoria, że ZSRR reprezentuje model najbardziej stabilnego i trwałego systemu na świecie. Głównym przedstawicielem tej szkoły myślenia jest profesor Duke University, Jerry F. Hough. Jak pisze Theodore Draper („The New York Review of Books", 11 VI 1992), wśród politologów amerykańskich nie było nikogo, kto przewidywałby rozpad ZSRR.

Stąd, kiedy w końcu roku 1991 ZSRR przestaje istnieć, na świecie słychać głosy konsternacji i zaskoczenia. Jak to – taki stabilny i rozleciał się? Taki niepodzielny i rozsypał się? Z dnia na dzień? Ale to „z dnia na dzień" dotyczyło już tylko aktu finalnego. W rzeczywistości proces rozpadu zaczął się znacznie wcześniej.

Dla mnie pierestrojka była połączeniem dwóch wielkich procesów, jakim zostało poddane społeczeństwo Imperium:
– była masową kuracją odwykową od lęku, oraz
– zbiorową podróżą do świata informacji.

Ktoś, kto nie był wychowany w atmosferze powszechnego, zwierzęcego lęku i w świecie bez informacji, będzie miał trudności w zrozumieniu, o co tu chodzi.

Fundamentem Imperium sowieckiego był terror i jego nieodłączna, drżąca latorośl – strach. Ponieważ Kreml zarzuca politykę masowego terroru wraz ze śmiercią Stalina i Berii, można powiedzieć, że ich odejście jest początkiem końca Imperium. Odwilż chruszczowowska, a potem lata zastoju łagodzą nieco koszmar strachu epoki Stalina, jednakże nie likwidują go w stopniu radykalnym. Trwają prześladowania dysydentów, wyrzucają z pracy, jeżeli ktoś myśli inaczej, niż trzeba, szaleje cenzura itd. Dopiero pierestrojka i głasnost' wnoszą tu zasadniczą zmianę. Ludzie po raz pierwszy zaczynają wyrażać własne opinie publicznie, mieć zdanie – krytykować i postulować. Ludzie się oczywiście tym zachłystują i upajają, co jednak na dalszą metę staje się niesłychanie męczące, gdyż wszyscy i wszędzie bez przerwy mówią, mówią i mówią. Albo – piszą, piszą i piszą. Zalew słów, miliardy słów na salach zebrań, na wszystkich falach eteru, na tonach, setkach ton kartek papieru. Tej przeobfitości mowy, temu wzburzonemu słowotokowi sprzyja i sam język rosyjski o frazie szerokiej, rozległej, nieskończonej jak ziemia rosyjska. Żadnej tu kartezjańskiej dyscypliny, żadnej aforystycznej ascezy. Trzeba brnąć i brnąć przez strumień czyjegoś wykładu albo przez wiele stron tekstu, żeby dotrzeć do zdania o wielkiej wartości. Ileż trzeba się natrudzić, żeby dotrzeć do tej perły!

Nie tylko wolno mówić, chodzi o to, że jest już i o czym mówić. Bo jednocześnie zaczęła się podróż do świata informacji. Mówiąc bardzo ogólnie i upraszczając: jedną z zasadniczych różnic między pierwszą połową naszego wieku a połową drugą (dotyczy to zwłaszcza lat ostatnich) jest ta – w każdej z tych epok żyło (i żyje się) w zupełnie różnym świecie informacyjnym. Pod tym względem człowiek żyjący w pierwszej połowie wieku, zwłaszcza w ZSRR, był bliższy człowiekowi jaskiniowemu niż temu, który siedzi dziś przy komputerze i naciskając klawisze może otrzymać natychmiast wszystkie informacje. Na tę różnicę zwraca uwagę jeden z rosyjskich pisarzy dysydentów, Lew Kopieliew, w swojej książce „Bożyszcza mojej młodości", w której pisze, że pod względem informacyjnym nawet dorośli byli wówczas dziećmi, podczas gdy dziś – nawet dzieci są dorosłymi. Ludzie naprawdę mało wówczas wiedzieli. Jednym z rzeczywistych przywilejów był właśnie dostęp do informacji. Archiwa KGB były bardziej strzeżone niż arsenały broni masowej zagłady. Jeden z dziennikarzy rosyjskich (nie pamiętam jego nazwiska) wspomina, że kiedy po inwazji sowieckiej na Czechosłowację spytał Breżniewa, co wolno pisać o sytuacji w tym kraju, ten odpowiedział mu: „Piszcie wszystko, ale tylko w jednym egzemplarzu i wysyłajcie tylko do mnie".

A tu nagle pojawiają się wzmianki i o Katyniu, i o Kuropatach, i o Sołowkach.

Po pięciu latach wielkiego wysiłku i napięcia Gorbaczow jest coraz bardziej zmęczony, zagubiony i zdenerwowany. Widać, że traci inicjatywę i dynamizm, a jego polityka, tak dotąd twórcza i w warunkach Rosji nowatorska i niezwykła, zaczyna charakteryzować się rutyną, brakiem zdecydowania, ustępliwością. W grudniu 1990 jego minister spraw zagranicznych i wypróbowany sojusznik – Eduard Szewardnadze ostrzega publicznie, że w kraju siły konserwy przygotowują zamach stanu, i podaje się do dymisji. Ale Gorbaczow nie reaguje na ten alarm. Jego otoczenie to teraz ludzie, których sam powołał do najwyższych stanowisk, a którzy wkrótce go zdradzą i wystąpią przeciw niemu. To wszystko biurokraci partyjni, neostalinowska reakcja.

Przychodzi rozstrzygający rok 1991, który wejdzie do annałów najnowszej historii świata. Zaczyna się on krwawymi wydarzeniami w Wilnie i w Rydze. Wojska KGB atakują czołgami bezbronną manifestację w Wilnie – ginie kilkanaście osób, są dziesiątki rannych. Litwini otaczają betonowymi zaporami budynek swojego parlamentu. Kiedy tam wchodzę, wnętrze przypomina pomieszczenia warownego zamku w okresie oblężenia. Worki z piaskiem w oknach, wszędzie czuwają młodzi ochotnicy z bronią w ręku – w każdej chwili oczekują ataku z zewnątrz. Spięty, ale opanowany i spokojny prezydent Landsbergis jest między nimi, dodaje im otuchy. Podobnie jak w Wilnie, betonowe zapory chronią budynki narodowych już parlamentów w Rydze i w Tallinie. Najbardziej imponujące są barykady w Tallinie. Żeby dostać się do parlamentu, trzeba przejść przez korytarze zbudowane przemyślnie jak labirynt Minosa.

Kto odpowiada za krew przelaną w Wilnie i w Rydze? – pytają demokraci w Moskwie i wskazują na szefa KGB – Kriuczkowa i ministra spraw wewnętrznych – Pugo. Ale Gorbaczow nie wyrzuca ich z rządu. Brak mu siły? Nie wie, co robić?

Latem wyjeżdża z rodziną na odpoczynek, na Krym.

Całe jego otoczenie, z wiceprezydentem Janajewem na czele, rusza do ataku. 19 sierpnia zaczyna się trzydniowy pucz. Czołgi otaczają tzw. Biały Dom – siedzibę rządu i parlamentu Federacji Rosyjskiej oraz miejsce urzędowania jej prezydenta

– Borysa Jelcyna. Jelcyn potępia zamachowców i organizuje obronę Białego Domu.

Pucz zostaje stłumiony, a jego organizatorzy idą do więzienia. Okazuje się, że czołgiści wysłani w bój o władzę nad nuklearnym supermocarstwem od dwóch dni nie dostają nic do jedzenia. Wielu z nich nie ma butów – chodzi w tenisówkach. Kobiety, które bronią siedziby władz Rosji, litują się nad głodnymi czołgistami, rozjeżdżają się do domów i przywożą im coś do jedzenia. Nakarmieni czołgiści zapewniają litościwe niewiasty, że nie będą strzelać – i dotrzymują obietnicy. W kilka dni później prasa moskiewska informuje, że kiedy zaczynał się pucz, matka przywódcy zamachu – Janajewa leżała w szpitalu Kremla. Na wiadomość o przewrocie, który dał władzę jej synowi, pacjenci szpitala zwlekli się z łóżek i poszli do staruszki składać jej najszczersze gratulacje. Kiedy przewrót nie udał się, a Janajewa osadzili w areszcie, ci sami pacjenci znowu zwlekli się z łóżek, ale tym razem udali się do dyrektora, kategorycznie żądając wyrzucenia staruszki ze szpitala.

Gorbaczow wraca z Krymu. W niedzielę, 25 sierpnia, odbywa się w Moskwie pogrzeb trzech Rosjan – ofiar ostatnich wydarzeń. Milion ludzi przychodzi pod Kreml, skąd zaczyna się pochód, aby oddać im cześć. Słyszę z oddali dobiegający mnie przez głośnik czyjś głos. Ale w tłumie ludzie rozmawiają, nikt nie zwraca uwagi. Kto przemawia? – pytam, Ktoś odpowiada: Gorbaczow. I rozmawia dalej. Już nikt Gorbaczowa nie słucha, przestał ludzi interesować.

Historia dzieje się na naszych oczach, w każdej chwili, w każdej godzinie. W czasie tego pogrzebu jestem świadkiem narodzin nowej klasy. Kiedy stoimy na Prospekcie Kalinina w oczekiwaniu na czoło pogrzebu, podchodzi wysoki, młody człowiek w lichym, ceratowym płaszczu i mówi:

– Obrońcy Białego Domu, wystąp!

Milczenie, nikt się nie rusza. Po którymś jednak kolejnym wezwaniu wychodzi z tłumu, sądząc po wyglądzie – student.

Za nim, po chwili, ktoś następny. I tak zaczęła się zbierać coraz większa gromada owych obrońców. W końcu człowiek w ceratowym płaszczu zorientował się, że ci chętni zaczynają tworzyć nowy tłum, i przerwał nabór. Zaczął spisywać nazwiska ochotników i kazał im przyjść na zebranie w najbliższy wtorek. Utworzą organizację czy ruch Obrońców Białego Domu. Dostaną znaczki i legitymacje. A za ileś tam lat będą ministrami, generałami, ambasadorami.

Po puczu sierpniowym Gorbaczow ustępuje ze stanowiska sekretarza generalnego KPZR. Wkrótce potem Jelcyn rozwiązuje i delegalizuje partię komunistyczną. Jestem w tym czasie w Kijowie. Potężny gmach ukraińskiego KC świeci pustką. Przed głównym wejściem stoją dwaj policjanci, którzy na każde zadane im pytanie odpowiadają milczeniem i wzruszeniem ramion. A gdzie jest podpora systemu, aparat partyjny? Już zdążyli objąć nowe stanowiska w administracji państwowej i gospodarczej albo stanęli na czele spółek mieszanych – forpoczty rodzącego się kapitalizmu.

Gorbaczow musi czuć się coraz bardziej osamotniony. Nadal jest ogromnie popularny na Zachodzie. Zachód chciałby dobrze żyć z władcami Kremla, ale ma jeden warunek: żeby to byli ludzie sympatyczni, żeby się uśmiechali, żeby chodzili dobrze ubrani, rozluźnieni, pogodni, dowcipni, uprzejmi. I oto po sześciuset latach beznadziejnych oczekiwań – pojawia się taki człowiek: Gorbaczow! Londyn i Paryż, Waszyngton i Bonn – wszyscy otwierają ramiona, cieszą się. Jakież odkrycie! Jaka ulga!

Starsze Panie, amerykańskie turystki, ruszają strumieniem do Rosji:

– Let's go to Moscou! Let's have a lunch with Gorbi!

Rosjanie patrzą na to wszystko wielkimi oczyma.

Rosyjskie rówieśnice amerykańskich turystek, stojące godzinami w kolejkach po kawałek mięsa albo sera, myślą o genseku z mniejszym entuzjazmem.

Musi on oczywiście być tego świadom. Musi czuć rosnącą wokół niego pustkę. Jednym z filarów systemu jest tzw. telefonnoje prawo. Wyższy stanowiskiem dzwoni do niższego i wydaje mu polecenia. Smirnowa wyrzucić z pracy. Korsakowa – rozstrzelać. Niższy nie pytając o nic musi to wykonać. Jeżeli odmówi – sam będzie wyrzucony albo rozstrzelany. Dzięki takiej zasadzie komunikacji nie ma później żadnego dokumentu, żadnego dowodu decyzji. Odpowiedzialność rozpłynęła się w powietrzu. Telefonnoje prawo działa i w odwrotnym kierunku. Niższy, nim podejmie jakąś decyzję, dzwoni do wyższego i prosi o zgodę. Otóż właśnie m.in. po liczbie telefonów z dołu do góry, po ich rodzaju i znaczeniu, wyższy orientuje się, czy jeszcze jest ważny. Wielu bossów partyjnych pisze we wspomnieniach, że o tym, iż szykowano ich upadek, wnioskowali stąd, że telefony na ich biurku odzywały się coraz rzadziej, aż zamilkły na dobre. Oznaczało to koniec kariery, degradację, dymisję, a kiedyś – zagładę.

W końcu 1991 roku telefony w gabinecie Gorbaczowa dzwonią coraz rzadziej. Ośrodek władzy nad krajem przesunął się już gdzie indziej: od 12 czerwca prezydentem Federacji Rosyjskiej jest Borys Jelcyn, który stopniowo przejmuje ster rządów nad większą częścią terytoriów Imperium.

To właśnie Jelcyn w listopadzie zawiesza i delegalizuje rządzącą partię komunistyczną (liczy ona w tym momencie blisko dwadzieścia milionów członków). To z jego inicjatywy, bez wiedzy (w każdym razie – bez zgody) Gorbaczowa, na początku grudnia spotykają się w Białowieży przywódcy Federacji Rosyjskiej oraz republik Białorusi i Ukrainy i postanawiają utworzyć nowy związek – Wspólnotę Niepodległych Państw. Dwa tygodnie później do tej inicjatywy przyłączają się przywódcy pięciu republik środkowoazjatyckich. Zaczyna się wyłaniać kształt nowego Imperium.

Gorbaczow zostaje sam.

25 grudnia składa rezygnację z funkcji prezydenta ZSRR. Z Kremla zdejmują czerwoną flagę z sierpem i młotem.

ZSRR przestaje istnieć.

Losy pierestrojki i proces upadku Imperium śledziłem jednocześnie na dwóch ekranach:

– na ekranie telewizora (a raczej dziesiątków telewizorów, bo ciągle zmieniałem miasta, dworce, hotele i mieszkania) oraz

– na ekranie otaczającej mnie w tej podróży codziennej, zwyczajnej rzeczywistości kraju.

Było to niezwykłe zderzenie dwóch teatrów:

– teatru wielkiej polityki (telewizja transmitowała godzinami obrady Rady Najwyższej, różnorodnych zjazdów i konferencji najwyższego szczebla) oraz

– teatru przyziemnego bytowania – kolejek o ciemnym i lodowatym poranku, nocy w zimnych mieszkaniach na Syberii, radości, że otworzyli stołówkę i będzie można zjeść talerz ciepłej zupy.

To schizofreniczne egzystowanie w dwóch różnych światach skierowało moją uwagę na zasadniczą, a nawet przepastną różnicę, jaka występuje w naszej epoce między czasem kultury materialnej (albo codziennego życia) a czasem wydarzeń politycznych. W średniowieczu oba te czasy miały mniej więcej zbieżny, zgodny rytm: miasta budowano wiekami i dynastie trwały wiekami.

Dziś jest inaczej: miasta nadal budują się przez dziesięciolecia, ale władcy często zmieniają się co kilka lat lub nawet kilka miesięcy. Scena polityczna obraca się wielokrotnie szybciej niż scena naszego codziennego bytowania. Zmieniają się ustroje, zmieniają się partie rządzące i ich przywódcy, a człowiek żyje, jak żył, nadal nie ma mieszkania albo pracy, nadal domy stoją odrapane, a w jezdniach są dziury, nadal od świtu do nocy trwa mozolne wiązanie końca z końcem.

Może dlatego wielu ludzi odwraca się od polityki: to dla nich inny świat, żyjący rytmem różnym niż ten, w którym upływa życie przeciętnego człowieka.

Telewizja przyczyniła się walnie do upadku Imperium. Przez sam fakt, że pokazywała przywódców jako normalnych ludzi, że każdy mógł ich zobaczyć z bliska, widzieć, jak się kłócą i denerwują, jak się mylą i pocą, jak wygrywają, ale również jak przegrywają – przez samo to odsłonięcie kurtyny i wpuszczenie ludu do najwyższych i najbardziej ekskluzywnych salonów dokona się zbawczy i wyzwoleńczy proces desakralizacji władzy.

Albowiem uznanie sakralnego charakteru władzy było jednym z kanonów kultury politycznej Rosjan. Jeszcze do połowy XIX wieku portrety cara – jako świętego – wisiały w cerkwiach. Bolszewicy chętnie i skwapliwie przejęli tę tradycję. Życie przywódców otaczała największa tajemnica. Przywódca przypominał faraona-mumię. Chodził sztywno, nie uśmiechał się, milczał, patrzył w nieokreśloną przestrzeń. Sztaby sowietologów określały układ sił na Kremlu badając, w jakiej kolejności występują w komunikatach nazwiska przywódców. I mieli rację, ponieważ szczegółowe i sztywne instrukcje ustalały, w jakiej kolejności, ile razy, na której stronie gazety i jaką czcionką można wydrukować nazwisko danego przywódcy. Funkcjonariusze protokołu partyjnego czuwali nad tym z obsesyjną czujnością. O, patrzcie, Mikojan wszedł na trybunę przed Ustinowem, coś w tym jest! I cała Moskwa trzęsła się od plotek i domysłów.

Rosnąca rola telewizji w polityce sprawia, że na świecie zmienił się kierunek ataku wszelkich zamachowców: dawniej szturmowali oni pałace prezydentów, siedziby rządu i parlamentu, teraz starają się przede wszystkim opanować budynek stacji telewizyjnej. Walki w Wilnie i w Tbilisi, w Bukareszcie i w Limie toczyły się o stacje telewizyjne, a nie o pałac prezydenta. Scenariusz najnowszego filmu o zamachu stanu: czołgi ruszają o świcie, żeby zdobyć stację telewizyjną, natomiast prezydent śpi spokojnie, a w parlamencie jest ciemno, nie ma żywego ducha; zamachowcy jadą tam, gdzie jest rzeczywista władza.

Każdy proces wielkiej przemiany, transformacji ustrojowej, społecznej rewolucji, dzieli się na trzy etapy:

– okres niszczenia starego systemu,

– okres przejściowy,
– okres budowania nowego porządku.

Byłe imperium sowieckie znajduje się obecnie w okresie przejściowym, w którym mieszają się elementy starego systemu i zręby nowego porządku. To pojęcie okresu przejściowego jest dziś odpowiedzią na wszystko. Źle się dzieje? Trudno, jest okres przejściowy. Szwankuje zaopatrzenie? To zrozumiałe, jest okres przejściowy. Rządzą starzy bonzowie? Nie martw się, to tylko okres przejściowy.

Zważywszy na ogrom kraju i jego zapóźnienie, a także na fakt, że głębokie procesy dziejowe trwają długo, można przyjąć, że okres przejściowy utrzyma się tam przez wiele lat.

Głównym zadaniem, treścią i ideą okresu przejściowego jest wielka reforma ekonomiczna i polityczna, zmiana ustroju i stworzenie nowej jakości życia.

Dwaj historycy: rosyjski – Natan Ejdelman i amerykański Richard Pipes, określili dwie cechy zasadnicze wszystkich reform w Rosji na przestrzeni jej dziejów.

Ejdelman: reformy w Rosji miały zawsze charakter odgórny. Hasło musiało paść z samego wierzchołka władzy, stopniowo schodzić w dół i tam być realizowane. Ta odgórność reform w Rosji decydowała o ich ograniczonym charakterze. W pewnym momencie reforma słabła, grzęzła, stawała w miejscu.

Pipes: reformy w Rosji są wymuszane przez okoliczności i siły zewnętrzne. Taką okolicznością może być porażka Rosji na arenie międzynarodowej, jej nadmierna marginalizacja w grze o świat. Ta malejąca rola Rosji w świecie jest argumentem dla obozu reform, który przekonuje konserwatystów i oponentów, że należy usprawnić i zmodernizować kraj, aby mógł on odzyskać międzynarodową pozycję.

Tak było dotychczas. Jak będzie w przyszłości – pokaże czas.

Jak wspomniałem, sowietolodzy amerykańscy nie przewidzieli nagłego upadku ZSRR. Ale nawet ci ludzie, którzy wierzyli i prorokowali, że mocarstwo to kiedyś upadnie, podnosili obawy, że bolszewicy, nim oddadzą władzę i odejdą, podpalą kraj i utopią go w morzu krwi.

Nic takiego nie nastąpiło.

Upadek komunizmu dokonał się w tym państwie stosunkowo bezkrwawo, a w rdzennej Rosji – zupełnie bezkrwawo. Wielka Ukraina ogłosiła niepodległość bez jednego wystrzału karabinowego. Podobnie – Białoruś.

W istocie, w świecie współczesnym obserwujemy rozszerzające się zjawisko aksamitnych rewolucji, rewolucji bezkrwawych, albo – jak to określał Isaac Deutscher – nie dokończonych. Ich cechą jest to, że choć stare siły odchodzą, to nie odchodzą zupełnie, a walce nowego ze starym towarzyszą jednocześnie różnorodne procesy adaptacyjne, zachodzące po obu stronach barykady. Dominuje zasada unikania drapieżnych, krwiożerczych konfrontacji.

Ciekawe, że krew leje się dziś tam, gdzie do natarcia rusza zaślepiony nacjonalizm albo religijny fundamentalizm czy zoologiczny rasizm, a więc trzy czarne chmury, które mogą zaćmić niebo XXI wieku. Natomiast tam, gdzie chodzi o zmianę ustroju społecznego i towarzyszące jej różne formy walki klasowej, tam proces transformacji przebiega znacznie łagodniej i właśnie – bezkrwawo.

Wracając do Rosji:

co dzisiaj, w roku 1993, pozostało ze starego systemu, z byłego ZSRR? Pozostały:

– stara nomenklatura. Jest ona nadal u władzy. Jest to biurokracja państwowa, gospodarcza, wojskowa i policyjna. Łącznie, jak obliczają rosyjscy socjologowie – około 18 milionów ludzi. Dla tej nomenklatury nie ma na razie alternatywy. Opozycja jako zorganizowana siła polityczna – nie istniała. Dysydentów było niewielu i większość z nich wyjechała. Upłynie jakiś czas, nim ukształtuje się inna, nowa klasa polityczna. Tąki proces trwa zawsze latami;

– pozostały dwie olbrzymie armie: armia rosyjska (dawniej Czerwona) oraz wojska wewnętrzne. Pozostały wojska graniczne i kolejowe. Lotnictwo i marynarka wojenna. Łącznie kilka milionów ludzi;

– pozostało potężne KGB i milicja;

– w rękach państwa znajduje się nadal cały średni i ciężki przemysł, w tym rozbudowany wojskowo-przemysłowy kompleks, wielka zbrojeniówka zatrudniająca około 16 milionów ludzi w produkcji i w instytutach badawczych. Kapitanowie tego przemysłu odgrywają w życiu politycznym ważną i aktywną rolę;

– państwo jest ciągle właścicielem ziemi. W rolnictwie panują kołchozy i sowchozy;

– pozostała cała sfera starych nawyków myślowych, zachowań społecznych i poglądów światłoćmiących wpajanych ludziom przez dziesiątki lat;

– pozostało stare prawo.

Oprócz tych instytucji starego ustroju pozostała jeszcze wielka i tragiczna spuścizna po komunizmie – jest nią świadomość o ofiarach terroru i represji, o prześladowaniach, które zaczęły się w 1917 roku i trwały dziesiątki lat, przybierając w różnych latach charakter masowej eksterminacji. Zajmujący się tą problematyką historycy i demografowie różnią się znacznie w ocenie skali popełnionego mordu. Ocena minimum została sformułowana przez demografa Siergieja Maksudowa. Według niego w latach 1918-1953 (łącznie z ofiarami I i II wojny światowej) zginęły 54 miliony obywateli ZSRR. Ocenę maksimum podaje prof. I. Kurganow, który obliczył, że w latach 1918-1958 w łagrach, w więzieniach i na frontach obu wojen światowych zginęło łącznie 110,7 miliona obywateli ZSRR („Znamia”, 1/1990).

Innym rodzajem spuścizny, jaki pozostawił tu po sobie system totalitarny, jest powszechna bieda tego społeczeństwa. Bieda mieszkań, bieda ubrań, bieda kuchni, bieda życia.

Trzecią spuścizną po starym systemie jest zatrważająca demoralizacja znacznych grup społecznych – eskalacja wszelkiego rodzaju gangów, terror zbrojnych band, przestępcze rządy reketu. Poza tym – powszechna obecność najróżniejszych mafii, sięgających wysokich ogniw władzy. Aktywny i bezczelny czarny rynek bronią, z rakietami włącznie. Wyzywające i przerażające złodziejstwo. Nagminna korupcja. Pijaństwo, gwałt, cynizm oraz wszechwładne, najpospolitsze chamstwo.

Wreszcie czwartą spuścizną są zniszczenia ekologiczne – zadymione miasta, powszechny brak wentylacji w miejscach pracy, zatrute rzeki i jeziora, składowiska odpadów. I przede wszystkim – 15 przestarzałych i przeciążonych elektrowni atomowych: 15 potencjalnych Czarnobylów, których jednak nie można zamknąć, gdyż oświetlają one wiele miast i dają energię wielu fabrykom.

Okres przejściowy, w którym Imperium jest obecnie i w którym na lata pozostanie, zaczął się faktycznie w końcu roku 1991. W tym trwającym obecnie okresie jeszcze wyraźniej może wystąpić różnica między czasem kultury materialnej a czasem wydarzeń politycznych. Tych ostatnich będzie zapewne dużo, postępu materialnego – znacznie mniej.

Co dzieje się na scenie politycznej? Toczy się tu zaciekła walka różnych grup o władzę. Grupy antyjelcynowskie chcą obalić prezydenta Jelcyna i jego władzę. Trudno wyraźnie określić, która z tych grup stojących po obu stronach barykady jest postępowa, a która konserwatywna, trudno odpowiedzieć, czy takie kryteria mają tu w ogóle sens i zastosowanie. Oficjalnie twierdzi się, że grupa Jelcyna chce reformy, a grupy opozycyjne (działające głównie w parlamencie) – nie. Ale czy tak jest w istocie? Potrzeba reformy jest dziś koniecznością obiektywną, jest przymusem czasu i sytuacji i każda ekipa, która będzie tam u władzy, musi jakoś reformować i zmieniać rozsypującą się gospodarkę, ponieważ inaczej kraj zginie, a razem z nim i owa ekipa.

Oczywiście, pozostaje sprawa tempa reformy. Ale jak to obliczyć i określić? Znawcy twierdzą, że w roku 1992 Rosja zrobiła krok naprzód, ale że krok ten mógł być większy, a nawet – znacznie większy. Słowem – niby zrobiła krok, ale w gruncie rzeczy drepce w miejscu. W rezultacie – społeczeństwo tego kraju jest zmęczone i rozczarowane. Może rozczarowane dlatego, że Jelcyn i wielu doradzających mu ekspertów zachodnich oceniało szanse reformy zbyt optymistycznie, zapominając, że reforma to zmiana rzeczywistości, która przez 70 lat została krwią i żelazem uformowana w granitową skałę. A skruszyć taką skałę – ileż to trzeba czasu, sił i pieniędzy! Dla mnie zapóźnienie tego kraju, jego niedostatek, zaniedbania i zniszczenie są tak wielkie, że rok to zbyt krótki okres, aby oczekiwać wyraźnego postępu. Poczekajmy dziesięć, dwadzieścia lat.

A jednak już ten rok rozczarowań wystarczył, aby zwarzyć atmosferę polityczną kraju.

O pierestrojce i głasnosti wszyscy zapomnieli. Obóz demokracji, tak aktywny w walce z komunizmem, został odsunięty na margines sceny politycznej i znajduje się bądź w rozsypce, bądź w zapomnieniu. W ogóle coraz mniej mówi się dziś w Rosji o demokracji.

W społeczeństwie panuje nastrój biernego wyczekiwania i apatii, panuje apolityczność.

Górę biorą siły, których hasłem jest konsolidacja władzy (zwłaszcza – władzy centralnej) i mocne, wielkie państwo. Jest to klimat sprzyjający umacnianiu się autorytarnych metod rządzenia, przychylny wszelkim formom dyktatury.

A przyszłość?

Trudne pytanie. Prawie żadne prognozy na temat współczesnego świata nie sprawdzają się. Futurologia przeżywa kryzys, utraciła prestiż. Wyobraźnia ludzka, kształtowana tysiącami lat przez świat mały, prosty i statyczny, nie obejmuje dziś, nie jest w stanie sprostać otaczającej ją rzeczywistości, która w gwałtownym tempie ogromnieje (zwłaszcza dzięki postępom elektroniki i przyrostowi informacji), w której wszystkiego jest coraz więcej, w której miliony cząstek, elementów, jednostek i bytów są w ciągłym ruchu, w walce, w nowych konfiguracjach, układach i zbiorach, czego już ani uchwycić, ani zatrzymać, ani opisać – nie sposób.

Mimo tych trudności można przyjąć, że trzy procesy będą dominować na scenie życia rosyjskiego.

Pierwszy – to walka między siłami integracji i dezintegracji. Nacjonalizm. Rosjanie będą chcieli utrzymać duże i silne państwo, państwo mocarstwowe i imperialne, natomiast różne mniejszości nierosyjskie mogą coraz wyraźniej dążyć do własnych, autonomicznych celów. Mniejszości te stanowią obecnie tylko 20 procent ludności Federacji Rosyjskiej (80 procent to Rosjanie, których w Federacji mieszka 120 milionów), ale ludność nierosyjska przyrasta tam pięciokrotnie szybciej niż rosyjska, co oznacza, że procentowy udział Rosjan będzie szybko maleć. Podobnie kurczy się zasięg języka rosyjskiego. Coraz mniej ludzi na obszarze ZSRR mówi po rosyjsku i coraz rzadziej uczy się rosyjskiego. W kilku miejscach w czasie swojej podróży miałem kłopoty w porozumieniu się po rosyjsku, zwłaszcza gdy byli to młodzi ludzie. Starsi lepiej znają rosyjski, młodzi – mniej, a małe dzieci – już prawie wcale.

(Jeszcze o Rosjanach: poza granicami Federacji Rosyjskiej mieszka 26 milionów Rosjan. Ich przyszłość jest niepewna i niejasna. Rosjanie ci mieszkają głównie na Ukrainie i w Kazachstanie).

Proces „azjatyzacji" Federacji Rosyjskiej, spowodowany szybkim przyrostem ludności nierosyjskiej, przyspieszany jest także przez emigrację Niemców, a zwłaszcza liczną emigrację Żydów. Ci ostatni czują się zagrożeni narastającym antysemityzmem, widmem nowych prześladowań i pogromów. Ta walka między siłami integracji i dezintegracji może rozegrać się również wokół granic międzyrepublikańskich. Granice na tych obszarach, na których istniał ZSRR, to dziś potencjalna bomba zegarowa. W latach 1921-1980 ówczesne republiki związkowe dokonały między sobą ponad 90 zmian terytorialnych i rewizji granic. W roku 1990 między tymi republikami istniało ponad

50 sporów granicznych, dzisiaj liczba tych konfliktów jest znacznie większa. Wiele z tych granic, podobnie jak w Afryce, przecinało ziemie zamieszkane przez ten sam lud (tak właśnie jest z granicą między Tadżykistanem i Uzbekistanem).

Inną płaszczyzną konfliktów może stać się konfrontacja między chrześcijaństwem i islamem. Islam odradza się gwałtownie, jest religią ludów mówiących w językach tureckich, a liczą one na terytorium byłego ZSRR około 60 milionów.

Drugim procesem, obok walki sił integracji i dezintegracji, będzie postępujące w społeczeństwie zróżnicowanie materialnych warunków życia. Na jednym biegunie będą gromadzić się bogaci (coraz bogatsi), na drugim – biedni (coraz biedniejsi). Jak w każdym społeczeństwie mającym niski poziom życia, tak i w Rosji kontrasty będą szczególnie ostre, rzucające się w oczy, wyzywające. Będzie to kapitalizm czy pseudokapitalizm w swojej najbardziej pierwotnej, bezwzględnej, agresywnej formie.

Trzecim procesem będzie sam rozwój. Rozwój ten określam niezgrabnym terminem – rozwój enklawowy. Otóż jeżeli jesteśmy w kraju wysoko rozwiniętym, np. w Holandii czy Szwajcarii, zwróci naszą uwagę, że cała otaczająca nas rzeczywistość materialna jest wysoko rozwinięta: domy są czysto pomalowane, szyby wszędzie wprawione, asfalt na szosach równy, a pasy zaznaczone, sklepy wszędzie dobrze zaopatrzone, w restauracjach jest ciepło i schludnie, latarnie na ulicach świecą się, a trawa na trawnikach jest równo wystrzyżona. W kraju o rozwoju enklawowym pejzaż wygląda inaczej. Tam luksusowy bank stoi wśród odrapanych kamienic, elegancki hotel otaczają brudne ulice zabudowane slumsami, z jasno oświetlonego lotniska wjeżdża się w ciemności ponurego, nieprzytulnego miasta, obok błyszczącej wystawy sklepu Diora – brudne, puste i wygaszone wystawy tubylczych sklepów, obok imponujących aut – stare, śmierdzące, zatłoczone autobusy miejskie. Bo kapitał (głównie obcy) wybudował swoje pachnące i świecące azyle, właśnie owe doskonałe enklawy, ale reszty kraju ani nie może, ani nie myśli rozwijać.

Wśród Rosjan trwa dyskusja – co robić? Jedni mówią: wrócić do korzeni, do starej Rosji. Sołżenicyn twierdzi, że carska Rosja była wspaniałym krajem, „bogatym i kwitnącym" (A. Sołżenicyn – „Jak odbudować Rosję?"), niestety, przyszli bolszewicy i wszystko zniszczyli. Jednakże świadkowie tamtej epoki dają mniej sielankowy obraz Rosji:

„I znów po latach tylu przemierzam twoje drogi,
I znów cię odnajduję, tę samą, bez zmiany!
Martwotę twoją, bezruch i bezsens. Twe odłogi
I chaty bez poszycia, i zmurszałe ściany,
Twą nędzę, zaduch, nudę, ten sam co dawniej brud,
I niewolniczy wzrok, to czelny, to zgnębiony.
I choć z niewoli został uwolniony,
Z wolnością nie wie, co ma począć – lud...
I wszystko po dawnemu".

(Iwan Turgieniew – „Sen". Tłum. Aleksander Wat).

A Antoni Czechow w 1890 roku pisał:

„...zamęczyliśmy w więzieniach miliony ludzi, zamęczyli za nic, bezmyślnie, po barbarzyńsku; gnaliśmy po mrozie zakutych w kajdany ludzi dziesiątki tysięcy wiorst, zarażaliśmy ich syfilisem, deprawowali, mnożyli przestępców i to wszystko szło na karb zapijaczonych strażników więziennych. Teraz cała kulturalna Europa wie, że nie strażnicy są winni, tylko my wszyscy, ale to nas nie obchodzi, to nieciekawe" („Listy", t. I).

Wrócić do starej kultury? Ale kultura rosyjska była albo arystokratyczna, albo wiejska, chłopska – tymczasem nie ma już ani arystokracji, ani chłopstwa. Klasa średnia, mieszczaństwo było tu zawsze nieliczne i często – cudzoziemskie.

Problemy, dylematy, które stoją przed tym społeczeństwem, przede wszystkim przed inteligencją, przed gronem demokratów.

Np. społeczeństwo a państwo. Jak wciągać społeczeństwo do współrządzenia krajem? Jak demokratyzować państwo?

Ziemia rosyjska, jej właściwości i zasoby stoją po stronie

państwa. Bo gleba rdzennej Rosji jest licha, klimat zimny, dzień przez większą część roku – krótki. W tych warunkach naturalnych ziemia daje marne plony, coraz to powracają lata głodu, chłop jest biedny, zbyt biedny, żeby się uniezależnić. Pan albo państwo mieli nad nim zawsze wielką władzę. Chłop tonął w długach, nie miał co jeść, był niewolnikiem.

Jednocześnie jest to ziemia bogata w surowce – w ropę naftową, w gaz, w rudy żelaza. Ale są to właśnie surowce, których eksploatację i zyski łatwo monopolizować, w wypadku silnego państwa biurokratyczno-autorytarnego – monopolizować przez państwo. Tak więc i bieda gleby, i jej bogactwa są przeciw ludowi, a wspierają władzę. To jeden z wielkich paradoksów Rosji.

A jednak przyszłość rysuje się dla tego kraju optymistycznie. Wielkie społeczeństwa mają wielką siłę wewnętrzną. Mają one w sobie dość żywotnej energii i niewyczerpanych zasobów wszelkiej mocy, aby podnieść się z najdotkliwszych porażek i wyjść z najcięższych kryzysów.

Chiny umiały podnieść się z dna poniżenia i głodu i zacząć rozwijać się samodzielnie i pomyślnie. Podobnie – Indie. Podobnie Brazylia i Indonezja. Liczebność tych narodów, ich spójna kultura, ich zdolność trwania i ambicja tworzenia dają, nawet w trudnych warunkach, zdumiewające rezultaty. To ogólne prawo rozwoju ludzkości odnosi się z pewnością i do Rosji.

I jeszcze jedno: Zachód, który Rosja fascynuje, ale i napawa lękiem, gotów jest zawsze przyjść jej z pomocą, choćby w interesie własnego spokoju. Zachód odmówi innym, ale Rosji pomoże zawsze.

Polami Rosji, zimą, Mikołaj z „Wojny i pokoju" Lwa Tołstoja prowadzi swoją trojkę:

„Znów wstrzymując konie Mikołaj obejrzał się: dookoła była wciąż ta sama, na wskroś przepojona księżycowym światłem, zaczarowana równina z rozsypanymi po niej gwiazdami.

Zachar krzyczy, żebym wziął na lewo; a dlaczego na lewo? pomyślał Mikołaj. – Czyż jedziemy do Mielukowów?

Jedziemy Bóg wie dokąd i Bóg wie, co się z nami dzieje!"

Książki cytowane w „Imperium”

Arakel z Tebryzu, *Księga dziejów*, tłum. W. Dąbrowski i A. Mandalian, PIW, Warszawa 1981.

Beria: koniec kariery, red. W. F. Niekrasowa, IPL, Moskwa 1991.

Biblia, tłum. Jakuba Wujka, Wyd. Ojców Franciszkanów, Wisconsin 1982.

Biełyj Andriej, *Kocio Letajew*, tłum. M. Leśniewska, Czytelnik, Warszawa 1976.

Bilewicz Marian Marek, *Wyszedłem z mroku*, LSW, Warszawa 1989.

Billington James H., *The Icon and the Axe*, Vintage Books, New York 1966.

Boriew Jurij, *Staliniada*, Sowieckij Pisatiel, Moskwa 1990.

Bykau Wasyli, *Piaskowisko*, tłum. E. P. Melech, PIW, Warszawa 1990.

Cendrars Blaise, *Proza transsyberyjskiej kolei i małej Żanny z Francji* (w: A. Ważyk, *Wybór przekładów*, Czytelnik, Warszawa 1979).

Chateaubriand François René de, *Pamiętniki zza grobu*, tłum. J. Guze, PIW, Warszawa 1991.

Chruszczow Nikita S., *Fragmenty wspomnień*, Krąg, Warszawa 1984.

Claudel Paul, *Dzienniki*, tłum. J. Rogoziński, PAX, Warszawa 1977.

Cournot Antoine A., *Essai sur les fondements de nos connaissances*, Paris 1851.

Czarenc Egisze, *Poezje wybrane*, red. A. Mandalian, tłum. W. Woroszylski, PIW, Warszawa 1962.

Czechow Antoni, *Listy*, t. 1-2, tłum. N. Gałczyńska, A. Sarachanowa, WL, Kraków 1988.

Deutscher Isaac, *Russia, China, and the West 1953-1966*, Penguin Books, London 1970.

Dżilas Milovan, *Rozmowy ze Stalinem*, tłum. A. Ciołkosz, Iskry, Warszawa 1991.

Dostojewski Fiodor, *Białe noce*, tłum. W. Broniewski, PIW, Warszawa 1963.

Dostojewski Fiodor, *O literaturze i sztuce*, tłum. M. Leśniewska, WL, Kraków 1976.

Dostojewski Fiodor, *Sobowtór*, tłum. S. Pollak, PIW, Warszawa 1962.

Ejdelman Natan, *„Rewolucja s wierchu" w Rossii*, Kniga, Moskwa 1989.

Ginzburg Eugenia, *Stroma ściana*, tłum. A. Mandalian, Czytelnik, Warszawa 1990.

Grekow A. P., *Freski cerkwi Spasa Preobrażenija na Kowalewie*, Iskusstwo, Moskwa 1987.

Grossman Wasilij, *Wszystko płynie*, tłum. W. Bieńkowska, Współpraca, Warszawa 1990.

Grzegorz z Nareku, *Księga śpiewów żałobliwych*, red. A. Mandalian, PIW, Warszawa 1990.

Herling-Grudziński Gustaw, *Inny świat*, Czytelnik, Warszawa 1989.

Hough Jerry F., *Opening Up the Soviet Economy*, The Brookings Institution, 1988.

Iłowańska-Alberti Irina, *Razruszenije Chrama Christa Spasitiela*, Overseas Publ. Interchange Ltd., London 1988.

Ingarden Roman, *Z teorii języka i filozoficznych podstaw logiki*, PWN, Warszawa 1972.

Kapuściński Ryszard, *Kirgiz schodzi z konia*, Czytelnik, Warszawa 1968.

Kraszewski Józef I., *Wspomnienia Odessy, Jedynasu i Budżaku*, PIW, Warszawa 1985.

Leonardo da Vinci, *Traktat o malarstwie* (w: M. Rzepińska, *Historia koloru w dziejach malarstwa europejskiego*, WL, Kraków 1983).

Lippmann Walter, *The Public Philosophy*, A Mentor Book, New York 1955.

Magadan, konspekt proszłogo, Magadan 1989.

Memmi Albert, *Portrait du Colonisé*, Buchet /Chastel, Corrûa 1957.

Michajłowski Mikołaj, *Okrutny talent* (w: *Okrutny talent*, wybór Z. Podgórzec, WL, Kraków 1984).

Mickiewicz Adam, *Dzieła*, t. X, Czytelnik, Warszawa 1952.

Miedwiediew Roj, *Pod osąd historii*, t. 1-2, Bellona, Warszawa 1990.

Mlynár Zdenék, *Mróz ze Wschodu*, tłum. P. Heartman, NOW, Warszawa 1989.

Morin Edgar, *O naturze Związku Radzieckiego*, Volumen, Warszawa 1990.

Pipes Richard, *The Russian Revolution*, Alfred A. Knopf, New York 1990.

Pruszyński Ksawery, *Noc na Kremlu*, tłum. J. Roszko, M. Wójtowicz, Rój, Warszawa 1989.

Saint-Exupéry Antoine de, *Ziemia, planeta ludzi*, tłum. W. i Z. Bieńkowscy, WL, Kraków 1971.

Schulz Bruno, *Proza*, WL, Kraków 1973.

Sienkiewicz Henryk, *Quo vadis? Wybór pism*, t. XI, PIW, Warszawa 1955.

Sołowiow Władimir, *Wybór pism*, t. 1–3, „W drodze", Poznań 1988.

Sołżenicyn Aleksander, *Jak odbudować Rosję?*, tłum. J. Zychowicz, Arka, Kraków 1991.

Sudba Arała, Mexnat, Taszkient 1988.

Szałamow Warłam, *Opowiadania kołymskie*, t. 1-3, tłum. J. Baczyński, Atext, Gdańsk 1991.

Tiutczew Fiodor, *Sto wierszy*, wybór R. Łużny, WL, Kraków 1989.

Tocqueville Alexis de, *Dawny ustrój i rewolucja*, tłum. A. Wolska, Czytelnik, Warszawa 1970.

Tołstoj Lew, *Wojna i pokój*, t. 1–4, tłum. Z. Petersowa, Czytelnik, Warszawa 1950.

Turgieniew Iwan, *Sen* (w: Aleksander Wat, *Poezje zebrane*, Znak, Kraków 1992).

Vauvenargues Luc de Clapiers de, *Uwagi i myśli*, tłum. J. Kasprowicz, Księgarnia Polska B. Połonieckiego, Lwów 1909.

Walicki Andrzej, *W kręgu konserwatywnej utopii*, PWN, Warszawa 1964.

Weil Simone, *Myśli*, wybór A. Olędzka-Frybesowa, PAX, Warszawa 1985.

Wells Herbert G., *Rosja we mgle*, tłum. J. Brodzki, Książka i Wiedza, Warszawa 1967.

Weissberg-Cybulski Aleksander, *Wielka czystka*, tłum. A. Ciołkosz, Czytelnik, Warszawa 1990.

Wojnowicz Władimir, *Moskwa 2042*, tłum. H. Broniatowska, PIW, Warszawa 1992.

Żygulin Anatolij, *Czarne kamienie*, tłum. E. P. Melech, PIW, Warszawa 1992.

Spis treści

Spółdzielnia Wydawnicza „Czytelnik"
ul. Wiejska 12a, 00-490 Warszawa
Warszawa 2010. Wydanie XVIII
Ark. wyd. 16,3; ark. druk. 21
Drukarnia Narodowa SA, Kraków